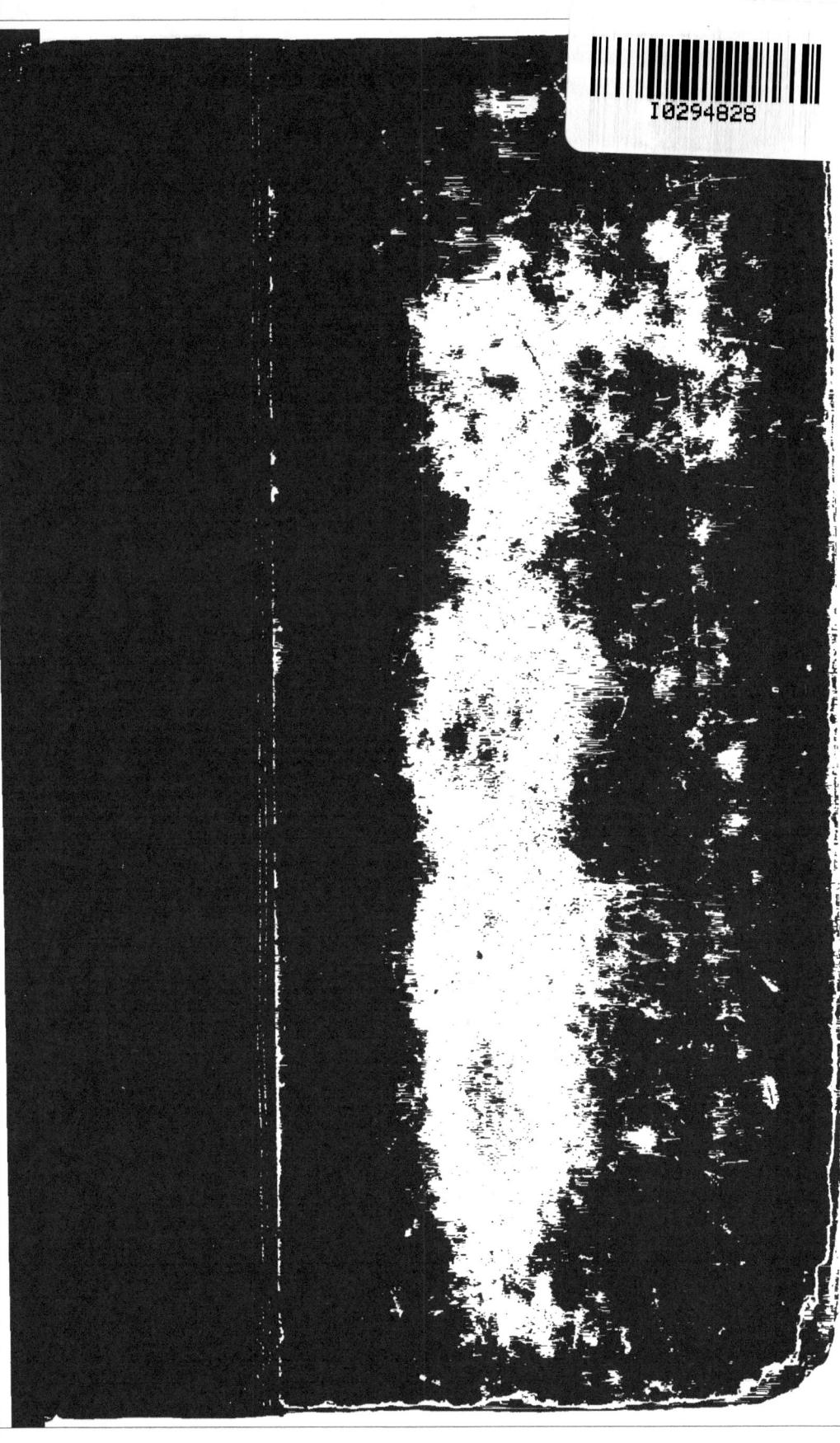

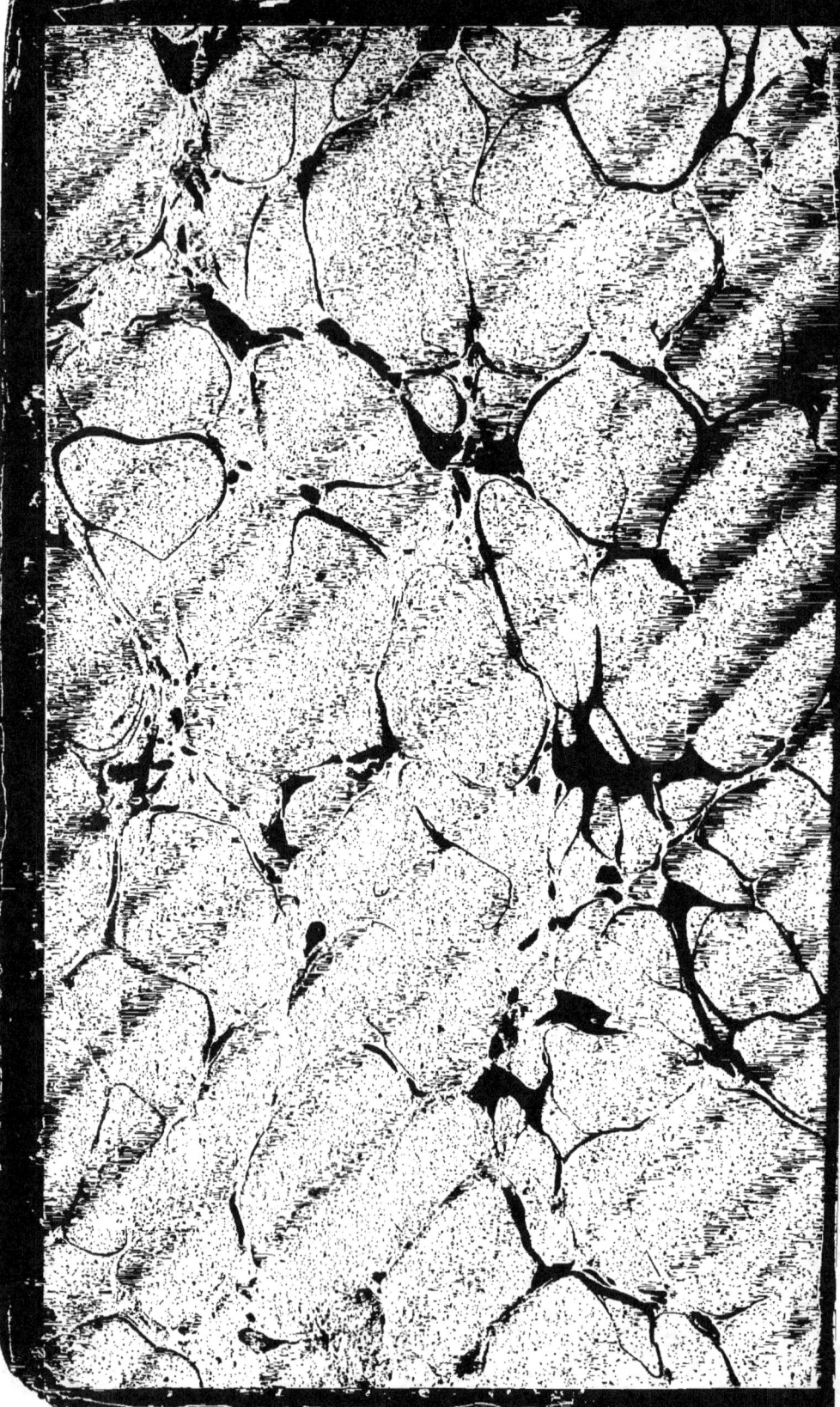

9682

HISTOIRE GÉNÉRALE
DE LA GUERRE
FRANCO-ALLEMANDE

Tous droits de traduction et de reproduction réservés pour tous pays, y compris la Suède et la Norwège.

LA SECONDE CAMPAGNE DE FRANCE

HISTOIRE GÉNÉRALE
DE
LA GUERRE
FRANCO-ALLEMANDE
(1870-71)

PAR

LE COMMANDANT ROUSSET
DE L'ÉCOLE SUPÉRIEURE DE GUERR

L'ARMÉE IMPÉRIALE
★

PARIS

A LA LIBRAIRIE ILLUSTRÉE

8, RUE SAINT-JOSEPH, 8

Tous droits réservés.

AVANT-PROPOS

La guerre mémorable qui, il y a vingt-quatre ans, a si profondément bouleversé l'assiette politique des Etats européens, compte déjà un grand nombre d'historiens, dont le labeur consciencieux fournit à l'étude des éléments de haute valeur. Les généraux, les personnages politiques qui y ont pris part, ont tous, ou presque tous, publié des ouvrages, véritables rapports officiels, où sont relatés, avec exactitude et indépendance, les actes auxquels ils ont été mêlés. Les volumineux dossiers de la Commission d'enquête instituée en 1871 par l'Assemblée nationale, la correspondance échangée entre les chefs d'armée et le Gouvernement, les historiques des corps, bien que souvent fort incomplets, forment d'autre part un ensemble de documents qui ont permis de reconstituer, avec toute chance de vérité, la plupart des événements de cette période si douloureuse et si passionnante à la fois. Cependant, pour qui cherche à approfondir les choses, il semble que certains faits soient encore imparfaitement connus; que les effets ne soient pas toujours rattachés à leurs vraies causes; que parfois même, la rectitude des appréciations soit déviée par la passion, dont en pareille matière, il est, en vérité, bien difficile de s'affranchir. On cherche vainement aussi un tableau d'ensemble, embrassant tous les événements de la guerre, et montrant, en même temps que leur action réciproque, les lois de leur enchaînement successif.

C'est ce travail que j'ai essayé de faire. J'ai cherché à présenter dans une exposition générale tous les actes du drame, et à montrer quelles relations existaient entre eux ; comment nos premiers désastres ont été la conséquence immédiate et fatale, non pas, comme on l'a dit trop souvent, de notre insuffisance numérique, mais bien plutôt de cette décadence professionnelle qui nous avait fait oublier jusqu'aux premiers éléments de la science guerrière; comment l'incontestable valeur de l'ancienne armée n'a pu suppléer à l'incohérence du commandement, au désordre de la mobilisation, au vice irrémédiable de l'éparpillement du début ; comment ont été dédaignés les rares sourires de la fortune, à laquelle un maréchal de France, égaré dans des machinations ténébreuses, n'a su répondre que par l'inertie ; comment des considérations intéressées ont détourné les opérations militaires de leur développement rationnel ; comment enfin le défaut d'unité, de méthode, et le triomphe d'utopies trop longtemps caressées ont annihilé les prodigieux efforts du pays, quand celui-ci, galvanisé par un ardent patriote, s'est levé tout entier contre l'étranger.

Mon but unique a été de soumettre à mes camarades et à ceux qui s'intéressent à l'histoire de cette période émouvante le résultat de mes propres études, c'est-à-dire l'exposé d'un ensemble de faits dont chacun repose sur des documents certains. De leur examen attentif résulte pour moi cette conviction définitive, que rien, ni le courage, ni le dévouement, ni l'abnégation, ne suppléent à l'insuffisance de la préparation et au défaut d'institutions militaires ; qu'à la guerre, le commandement est le premier facteur du succès, et que si l'on peut, à la grande rigueur, improviser quelquefois des soldats, il est impossible de jamais improviser des chefs.

Assurément, le soin de défendre le pays ne doit être confié qu'à ceux qui en sont dignes ; mais une fois investi de cette mission sacrée, le chef militaire ne peut, sans péril, rester soumis à ces influences funestes que l'on voit tout à coup naître de la raison politique ou de la crainte de l'opinion, et qui, en substituant l'irrésolution au sentiment exact de la responsabilité, étouffent toute initiative et détruisent toute volonté. C'est là, à mon sens, l'enseignement le plus utile et le plus complet à tirer de l'étude de la dernière guerre ; c'est celui qu'il faut méditer sans cesse, si l'on veut que la leçon douloureuse porte des fruits.

Au fond, cette étude, si pénible qu'elle soit, n'est pas sans laisser au cœur, en dernière analyse, un sentiment d'espérance et de consolation. Il est impossible de suivre nos vaillants et malheureux soldats sur les champs de bataille de Frœschwiller, de Metz, de Champigny, de Loigny, de Bapaume et de la Lisaine sans se sentir pénétré d'une émotion profonde, sans éprouver une réelle fierté pour tant d'héroïsmes et tant de résignation. Quand on songe à l'effort sans précédent qu'a fait le pays pour sauver son honneur, à l'immensité des ressources qu'il a tirées de son sein ravagé, à l'acharnement désespéré de sa résistance dernière, aux souffrances que tous, riches et pauvres, vieux et jeunes, ont si noblement supportées, on reste confondu d'admiration, et on sent grandir encore l'amour passionné qu'inspire cette terre généreuse, si belle, si féconde, si rayonnante encore malgré sa mutilation sacrilège. On oublie les défaillances dont l'histoire ne peut malheureusement effacer le souvenir, et des erreurs dont il faut se dire que les dures leçons de l'adversité empêcheront le retour, pour se livrer sans réserve à la foi robuste d'un avenir réparateur.

Un mot maintenant sur la manière dont est conçu le présent travail. Bien qu'écrivant une histoire générale de la guerre, je n'ai pas cru pouvoir imiter le procédé de l'état-major allemand, qui présente presque jour par jour le tableau d'ensemble des opérations, et passe sans transition, suivant les dates, d'un théâtre à un autre. Une semblable méthode, d'ailleurs positive et rigoureuse au point de vue de la réalité historique, entraîne avec elle une sécheresse trop grande, et des arrêts qui coupent brutalement l'intérêt. J'ai jugé préférable de séparer nettement les théâtres d'opérations et d'écrire ainsi une série de narrations distinctes ayant trait chacune à une armée française agissant isolément. Néanmoins, je me suis efforcé de faire ressortir les liens qui rattachaient chacune de ces armées à la défense générale, ainsi que les quelques points communs de leur action parallèle. C'est ainsi qu'on trouvera parfois dans le rapprochement de deux événements très éloignés l'un de l'autre, l'explication de certains mouvements dont l'exposé proprement dit appartient à des chapitres ou même à des volumes différents. Quant aux faits eux-mêmes, je le répète encore, ils sont toujours basés sur des documents authentiques, dont les sources sont indiquées dans les notes. Celles-ci paraîtront peut-être trop multipliées. Je les crois toutes indispensables pour fixer la religion du lecteur.

Dans un ouvrage d'aussi longue haleine, il est possible que certaines erreurs ou omissions m'aient échappé. Comme elles sont certainement indépendantes de ma volonté, je ne demande qu'à les réparer, et je serai reconnaissant à ceux qui voudront bien me les signaler. Ma seule prétention est d'avoir écrit avec conscience, mon seul désir est d'être utile à ceux qui pensent que l'enseignement du malheur est, de tous, le plus profitable et le plus salutaire.

L. R.

LA SECONDE CAMPAGNE DE FRANCE

HISTOIRE GÉNÉRALE
DE LA GUERRE
FRANCO-ALLEMANDE
(1870-1871)

LIVRE PREMIER
LA DÉCLARATION DE GUERRE

CHAPITRE PREMIER
LES CAUSES DE LA GUERRE

Durant la période triomphale pour nos armes qui s'écoula de 1792 à 1808, la Prusse avait tenté par deux fois de se faire le champion de la féodalité terrassée et des trônes menacés par la Révolution française. Son premier essai d'intervention n'aboutit qu'à un rude échec d'amour-propre; le second faillit la démembrer à jamais. La déroute de Valmy et l'inconcevable débâcle qui s'ensuivit auraient dû cependant, ce semble, la mettre en garde contre de nouvelles velléités de don-quichottisme et la prémunir contre les dangers d'une imprudente exaltation; il n'en fut rien. Dès 1805, son gouvernement, bien que lié par un traité formel avec la France, adoptait vis-à-vis de celle-ci une politique tortueuse, que Napoléon, couronné des récents lauriers d'Austerlitz, n'était pas d'humeur à supporter. L'année suivante, ce même gouvernement, entraîné par une cour qu'aveuglaient des illusions incurables, se précipitait tête baissée dans une aventure où devait, pour un temps du moins, sombrer la monarchie du grand Frédéric.

Ce que furent Iéna et Auerstædt, nul ne l'ignore, et le souvenir de ces journées mémorables éclairera éternellement notre histoire nationale de son flambeau lumineux. L'armée prussienne tout entière anéantie, ses misérables restes se rendant successivement à nos colonnes, le territoire entier du royaume tombant en notre pouvoir, avec ses places fortes, ses arsenaux, ses approvisionnements et ses magasins, le roi de 14 millions d'âmes réduit au territoire de Kœnigsberg et bientôt même à la forteresse de Mémel, et contraint de paraître devant son vainqueur en suppliant; enfin l'empire de Charlemagne reconstitué au profit du César populaire : tels furent les résultats de cette campagne extraordinaire, la dernière où le génie de Napoléon ait été d'accord avec le bon droit. La paix de Tilsitt consacra nos conquêtes, et si, *en considération de l'empereur de Russie,* elle rendit au malheureux Frédéric-Guillaume quelques lambeaux de ses anciennes possessions, ce fut avec des entraves telles dans l'exercice de la souveraineté, que le nouvel État ne pouvait être désormais autre chose qu'un de ces nombreux satellites qui gravitaient alors autour de l'astre impérial.

Les historiens ont porté sur cette paix de Tilsitt, qui marque l'apogée de la puissance française, des jugements fort divers. Les uns, et Napoléon lui-même est du nombre, ont regretté depuis que la Prusse, ennemie héréditaire de notre nation, n'ait pas été punie davantage de sa duplicité, de sa politique louche et de sa haine séculaire contre le nom français. L'occasion était unique, ont-ils dit, pour terrasser définitivement un adversaire dangereux et rayer de la carte d'Europe cette puissance turbulente, ambitieuse, dont les instincts soldatesques et les appétits toujours inassouvis constituaient pour la paix du continent une menace perpétuelle. D'autres, au contraire, ont pensé que l'Empereur aurait eu tout à gagner en traitant la Prusse avec plus de générosité, et qu'au lieu de se jeter dans les bras d'Alexandre, prince séduisant, à la vérité, chevaleresque même, mais indécis, mobile et trop facilement accessible aux chimères, il eût mieux fait de s'attacher le roi Frédéric-Guillaume, homme honnête et sage, qui se reprochait sans cesse d'avoir cédé à un fol entraînement, et dont, à défaut de reconnaissance, la probité politique et l'aversion pour la guerre lui eussent garanti la fidélité. Il est malaisé assurément, quand on songe aux extrémités où son insatiable ambition a entraîné Napoléon par la suite, d'affirmer après coup que tel ou tel de ces deux systèmes aurait été capable de conserver à la France sa situation grandiose et sa prépondérance incontestée sur tous les peuples de l'univers. Ni l'un ni l'autre ne nous eût préservés probablement de l'aventure espagnole, de l'outrance des représailles vis-à-vis de l'Angleterre non plus que de la fatale campagne de Russie. Ce qui est historiquement certain, c'est que tous deux furent écartés ; c'est que Napoléon, qui, comme l'a écrit très justement M. Thiers, faisait la guerre avec son génie et la politique avec ses passions, aima mieux démembrer la Prusse que de la détruire ou de la reconstituer, et la laissa ulcérée et meurtrie, sans prestige comme sans influence, mais pas assez abattue cependant pour qu'elle ne conservât pas dans son haineux isolement l'espoir d'une vengeance que la fragilité visible du colosse impérial lui permettait déjà d'entrevoir.

Aussi, dès que l'Empereur eut tourné les talons pour aller relever dans la Péninsule ses affaires compromises, se mit-elle résolument et virilement à l'œuvre. Condamnée à n'entretenir qu'une faible armée de 40,000 hommes et à en prêter la plus grande partie à Napoléon, elle s'ingénia à tourner la difficulté, et par sa création de la *landwehr*, s'assura une force réelle, tangible, d'hommes peu aguerris à la vérité, mais suffisamment instruits pour paraître avec honneur sur un champ de bataille éventuel. Des hommes de guerre qui avaient fait leurs preuves, des organisateurs remarquables, les Scharnhorst, les Gneisenau, les Massembach, créèrent de toutes pièces, pour remplacer l'armée de première ligne dont la méfiance du maître redouté ne voulait plus, une armée de réserve grossissant d'année en année, et prête, au premier signal, à se lever contre nous. La perspicacité de l'Empereur ne s'était cependant pas laissé prendre en défaut, car, dès 1810, mis au courant des progrès accomplis en dépit du traité de Tilsitt, il avait fait des observations sévères et exigé que le roi Frédéric-Guillaume renvoyât du ministère le général Scharnhorst. Mais si la Prusse, obligée de céder par la loi du plus fort, s'exécuta officiellement, les choses n'en continuèrent pas moins comme par le passé, et Scharnhorst dirigea les affaires dans la coulisse avec la même opiniâtreté qu'il avait mise à les engager. Le résultat fut qu'au moment de la guerre dite de l'Indépendance, en 1813, la Prusse put mettre sur pied 180,000 hommes, qui contribuèrent pour une large part à nous écraser à Leipzig, à nous envahir en 1814 et à nous ramener, par le traité de Paris, aux frontières de 1790. En 1815, elle en arma 264,000, lesquels, bien plus que les Anglais de lord Wellington, donnèrent le dernier coup à l'Empire et à la France, dans les champs tristement célèbres de Waterloo.

Mais cette part prépondérante prise au succès final devait, par cela même qu'elle avait été décisive, réveiller les ambitions assoupies et les rêves d'hégémonie que les désastres de 1792 et de 1806 avaient éteints pour un temps. L'Allemagne, composée de tronçons épars, de monarchies minuscules que ne rattachait plus entre elles aucun lien politique ni aucune direction commune, depuis que le Saint-Empire, bientôt suivi dans son effondrement par la Confédération du Rhin, avait disparu, l'Allemagne, épuisée par une guerre de vingt ans, n'ayant plus ni commerce, ni industrie, ni agriculture, semblait vouloir chercher dans une unification définitive et complète à la fois un remède à sa faiblesse et des garanties contre le retour à la féodalité dont elle avait tant souffert. Des symptômes non équivoques de cette tendance se manifestaient en des points séparés par de grandes distances, et il était à prévoir qu'un mouvement spontané, général et puissant allait bientôt donner un corps aux aspirations encore un peu vagues de tant de peuples de même langue, de même race et de mêmes intérêts. La défiance de celui que les événements venaient de faire l'arbitre de l'Europe, de l'empereur Alexandre, ne le permit pas. Pour ne point être obligé d'adjuger soit à la Prusse, soit à l'Autriche, la couronne impériale restaurée, le congrès de Vienne, docile aux inspirations du czar, se contenta d'un moyen terme, qui était d'englober l'Allemagne tout entière dans un système fédératif, où l'influence de l'une des deux puissances fût sans cesse contre-balancée par celle de l'autre, où les petits demeurassent impuissants par eux-mêmes, les grands intéressés, par jalousie réciproque, à maintenir le *statu quo*, et l'ensemble groupé contre l'ennemi commun, la France, par le faisceau des haines accumulées depuis cent cinquante ans dans tous les cœurs allemands. Ce système hybride et imparfait, qui reçut le nom de *Confédération germanique,* n'était en réalité et ne pouvait être qu'un expédient, car il ne satisfaisait ni les princes, dont les ambitions demeuraient presque partout inassouvies, ni les peuples, encore tout secoués du grand souffle de liberté qui avait passé sur leur tête. Il n'avait plus rien de la grandeur morale du vieux Saint-Empire, et ne créait pas, entre les différents peuples allemands, ce lien intime qui seul pouvait leur donner la force, la richesse au dedans et la puissance au dehors. Il devait n'avoir qu'une existence éphémère et craquer au premier choc.

C'est ce que la Prusse, il faut en convenir à l'honneur de sa sagacité, reconnut dès le début. Trop faible encore et pas assez remise de ses sanglantes blessures pour tenter du premier coup de faire à son profit l'unification politique, elle chercha un terrain moins glissant, plus facilement abordable, pour y jeter les bases de son hégémonie future, et le trouva dans l'inextricable enchevêtrement des tarifs douaniers. Les transactions commerciales à travers l'Allemagne étaient, en effet, à cette époque, à peu près impossibles par suite de la multiplicité des frontières à franchir et des retards qu'apportaient la perception et la restitution répétées des droits. Il en résultait un malaise évident et une misère pitoyable que la Prusse s'empressa d'exploiter habilement. Préconisant le remède à cette situation et prêchant d'exemple, elle commença par abattre les barrières qui existaient entre ses propres provinces, puis, cela fait, invita les Etats de la Confédération à agir de même les uns vis-à-vis des autres, afin que l'Allemagne, bien que politiquement divisée, devînt, au point de vue commercial, une seule et puissante nation. C'était là ce qu'on a appelé le *Zollverein* (Union douanière).

Chose étrange! tandis que les peuples accueillaient avec enthousiasme cette ouverture, les gouvernements, qui peut-être prévoyaient le danger, n'y répondaient qu'avec une certaine froideur. Les discussions à la Diète fédérale furent longues et laborieuses, et c'est seulement en 1854 que le traité fut solennellement proclamé. Il devait avoir une durée de onze ans et s'appliquait à l'Allemagne entière, non compris l'Autriche, les deux Mecklembourg et les villes hanséatiques (Brême, Hambourg et Lübeck). Ce traité venait à peine d'expirer quand éclata le coup de foudre de Sadowa, et il va sans dire que les modifications qu'il subit alors de ce fait tendirent uniquement à affermir la prédominance de la Prusse et à donner à celle-ci une action encore plus directe sur l'application du règlement organique auquel les autres peuples allemands étaient soumis.

Cependant, tandis qu'il gagnait cette victoire pacifique, le gouvernement prussien ne négligeait rien pour en préparer d'autres plus éclatantes. Mettant à profit les loisirs créés par une longue paix, laissant la Russie s'embrouiller dans les affaires de Pologne et de Turquie, l'Autriche s'user dans une lutte sans fin contre ses provinces italiennes toujours frémissantes, la France s'épuiser en révolutions et en expéditions glorieuses mais stériles, il augmentait sans répit sa puissance militaire et dotait son armée d'une organisation solide qui la faisait, dès 1860, la plus redoutable de l'Europe après l'armée française[1]. Le prestige de la Prusse en grandit aussitôt à ce point qu'elle jeta presque le masque et ne dissimula plus son intention d'abattre en Allemagne l'influence autrichienne pour y substituer la sienne propre, sans partage, cette fois. En même temps ses écrivains prenaient à tâche de préparer l'opinion à ce qu'ils appelaient *sa mission historique*, insistaient sur la nécessité de donner satisfaction aux aspirations générales et cherchaient à personnifier dans l'exaltation de la Prusse l'idée de la patrie allemande que les poètes populaires célébraient en des chants enflammés. Bien plus, la littérature prussienne indiquait déjà la France comme l'obstacle le plus sérieux à la réalisation des vœux universels d'unité et demandait à grands cris qu'on achevât contre celle-ci l'œuvre de 1815, en lui reprenant les pays d'origine allemande qu'on l'accusait d'avoir arrachés par la force à l'empire germanique, au temps de ses malheurs.

Or, rien n'était plus contraire à la vérité que cette façon d'envisager l'histoire. Car, outre que l'annexion de l'Alsace et plus tard de la Lorraine s'était effectuée à une époque où le principe de nationalité n'existait pas[2], ces deux pays n'avaient été pour la France autre

---

1. On sait qu'en 1859 Napoléon III, menacé d'avoir à combattre la Prusse, qui arguait de sa situation de puissance fédérale pour armer, dut s'arrêter court après la victoire de Solferino.
2. Voici ce qu'écrivait M. Ernest Lavisse dans le *Figaro* du 15 mars 1892 : « Est-ce qu'il y avait une Allemagne au dix-septième siècle? Est-ce que ce chaos de princes grands, moyens et minuscules, les uns mitrés, les autres casqués, où s'entremêlait le chaos des républiques; est-ce que ce désordre et cette médiocrité des esprits, cette concurrence effrontée des égoïsmes et le pédantisme des institutions surannées; est-ce que tout cela composait un être conscient de lui, intellectuel et sensible, capable de penser et qui pût souffrir?... Il n'y avait pas au dix-septième siècle, une patrie allemande, et c'est pour cela que les armes et la politique de la France n'ont pas taillé dans la chair vive. Il y avait en 1870, une patrie française, dans la chair vive de laquelle il a été taillé... »

Puis, répondant à ceux qui arguent de je ne sais quel vague prétexte d'ethnographie et de communauté de dialecte, M. Lavisse ajoute : « En somme, parmi nos adversaires, les uns nient le mouvement dans l'histoire, les autres nient la liberté des âmes. Ceux-là comparent deux faits à deux siècles de distance, comme si ces faits

chose que le prix d'interventions sollicitées par les *Allemands eux-mêmes* et de la protection accordée contre la maison d'Autriche à ses vassaux du Nord[1]. « Dans le traité de 1551, qui trouvait bon que le roi Henri II s'impatronisât dans les villes qui ne sont pas de langue germanique (Metz, Toul et Verdun), les princes allemands du Nord disaient à leur allié : *Et attendu que le Roi Très Chrétien se porte avec nous Allemands en cette affaire, avec secours et aide, non seulement comme ami, mais comme père charitable, nous en aurons tout le temps de notre vie une reconnaissance éternelle* »[2]. En 1633, l'électeur de Brandebourg, ancêtre des rois de Prusse, en sollicitant de Louis XIII le secours de son alliance, dont l'Alsace devait être le prix, suppliait très humblement le Roi *de prendre en main l'œuvre de protection et de médiation qu'on réclamait de lui et de s'y porter avec une promptitude salutaire*[3].

Rien ne ressemble moins à la spoliation et à la violence. Mais que peut avoir de commun la saine notion de l'histoire avec les appétits déchaînés des masses, quand on exploite habilement et constamment leurs passions et leurs haines, quand on surexcite à haute pression leur amour-propre national ? Ce qu'espérait la Prusse ne manqua pas d'arriver : ces étranges théories de revendication eurent bientôt acquis dans toute l'Allemagne, et principalement dans les régions voisines du Rhin, la puissance des faits acquis, et attisè-

---

n'étaient pas devenus dissemblables ; ceux-ci ordonnent aux hommes de demeurer là où la nature les a classés. »

On ne saurait mieux détruire au nom de la raison et de l'équité ces théories spécieuses d'assimilation derrière lesquelles s'abrite l'ambition du plus fort. Voici d'ailleurs comment s'exprime le grand poète Schiller au sujet de la cession à la France de l'Alsace et de la Lorraine : « Ce honteux démembrement de l'empire germanique *fut l'œuvre des souverains de cet empire*, que la peur poussa à trafiquer lâchement avec une puissance qui, sous le masque de l'amitié et à titre de protection, ne songea qu'à profiter des calamités générales pour agrandir ses États déjà si riches et si étendus. » (*Histoire de la guerre de Trente ans*, livre V.)

1. Albert SOREL, *Histoire diplomatique de la guerre franco-allemande*.
2. *Ibid.*
3. *Ibid.*

rent la sourde antipathie qui y couvait contre les anciens vainqueurs. On verra avec quelle ténacité la Prusse sut préparer l'explosion de ces sentiments inquiétants ; mais dès 1863, M. de Bismarck, qui déjà dirigeait la politique de son pays, jugea que le moment était venu pour celui-ci d'accomplir ses destinées. La machine militaire dont il disposait semblait avoir atteint son complet perfectionnement ; ses rouages en parfait état étaient prêts à prouver leur souplesse et leur force. Il était temps de les essayer.

Or pour cela un prétexte était nécessaire. Ce fut la question *des duchés* qui le fournit. On sait comment les deux grandes puissances allemandes s'unirent pour fondre ensemble sur le petit royaume de Danemark, toujours sous couleur de revendications à exercer au nom de la Confédération germanique ; comment, ce qui ne faisait malheureusement de doute pour personne, le Danemark fut écrasé malgré sa résistance énergique, sa vaillance et l'héroïsme de ses soldats ; comment enfin, la Prusse, sûre maintenant de la supériorité de ses armes, s'empressa de se brouiller avec son alliée de la veille, en refusant, au mépris des traités, de lui céder sa part du butin, et absorba, d'une bouchée, le fruit de la conquête commune. Cette attitude rendait la guerre inévitable ; mais si la Prusse en envisageait l'issue avec tranquillité, l'Europe, qui n'avait peut-être pas suivi l'expérience d'assez près et ignorait encore en partie les redoutables secrets d'une organisation formidable, l'Europe en attendit avec une certaine anxiété les résultats. Quelques gouvernements même firent preuve d'étranges illusions et comptèrent jusqu'à la fin sur une victoire complète de l'Autriche... La catastrophe de Sadowa fut pour eux un coup de tonnerre, et il en est, tel celui de l'empereur Napoléon III, qui ne s'en relevèrent pas.

C'était bien, en effet, comme on l'a dit, une ère nouvelle qui se levait pour les armées et pour les peuples. C'était le début de profondes perturbations apportées à l'organisation politique, sociale et économique de l'Europe, perturbations que l'avenir ne devait qu'aggraver et dont il est impossible encore de prévoir la fin ; c'était enfin la rupture de l'équilibre européen, l'invasion du règne de la force et l'obligation, pour les nations qui ne veulent pas mourir, de s'imposer des sacrifices hors de toute proportion. La Prusse victorieuse dictait ses lois à l'Allemagne, annulait de sa seule volonté les traités antérieurs, détruisait la Confédération germanique, excluait sa rivale de toute ingérence dans les pays allemands, s'annexait violemment et sans le consentement des populations un territoire de 73,125 kilomètres carrés, avec 4 millions d'âmes, et enchaînait étroitement à sa politique tous les États allemands, les uns directement, par la constitution de la Confédération du Nord, les autres subrepticement, par des conventions militaires. Elle devenait d'un seul coup puissance de premier ordre, constituait un État formidable au centre de l'Europe, et donnait pour appui à son hégémonie souveraine, d'une part un *Zollverein* refondu à son gré, d'autre part une organisation militaire telle qu'aucun peuple n'en avait connu de pareille jusqu'à ce jour.

Bien évidemment la France, avec ses traditions généreuses, son passé glorieux et la fierté légitime de sa situation jusqu'alors prépondérante, ne pouvait se défendre d'une certaine amertume en présence des faits accomplis. Elle sentait sa suprématie contestée, son influence compromise et les idées dont elle était le champion séculaire foulées aux pieds par un triomphateur implacable, qui traitait d'idéologie les droits les plus sacrés des nations. Mais elle n'était malheureusement pas en état de jeter dans la balance le poids de son épée : la désastreuse expédition du Mexique, gouffre sans fond, où s'engloutissaient depuis quatre années son or et ses soldats, lui interdisait pour le moment toute intervention péremptoire dans les affaires de l'Europe, et la condamnait de fait à une impassibilité qui n'était ni dans ses intérêts ni dans son tempérament. Aussi, bien que la cession de la Vénétie par l'empereur d'Autriche à l'empereur des Français ait fait l'office d'un léger baume appliqué sur notre blessure, celle-ci était trop vive encore pour se refermer, et l'amour-propre national trop profondément atteint pour se contenter d'une aussi infime compensation. L'empereur Napoléon le comprit, et voulut tenter d'en obtenir de plus positives ; mais les démarches officieuses entreprises dans ce sens auprès de M. de Bismarck par M. Drouyn de Lhuys, ministre des affaires étrangères, au nom du cliché démodé de l'équilibre européen, n'aboutirent qu'à un échec complet. Le ministre se retira et le gouvernement impérial, obligé d'accepter les faits accomplis, demeura en butte aux reproches d'imprévoyance, voire même d'impuissance, que ses adversaires ne lui ménagèrent pas.

A ces difficultés si graves venaient d'ailleurs s'en ajouter d'autres, d'ordre intérieur et politique. La guerre déclarée par le libéralisme au pouvoir absolu devenait chaque jour plus ardente, et l'hésitation du gouvernement dans le choix définitif d'une voie nouvelle portait atteinte à son prestige et à son autorité. De là un malaise de jour en jour plus accentué, auquel les concessions successives faites par l'Empereur, et l'abandon à petite dose de ses prérogatives autoritaires n'apportaient que des palliatifs insuffisants. L'entoutourage immédiat du souverain, qui ne voyait pas sans regret le maître s'engager dans la voie libérale, désirait ardemment qu'une guerre extérieure, au succès de laquelle il croyait, vînt mettre un terme à cette situation, et, en rendant au régime impérial son ancienne popularité, lui permit de remettre la main sur son autorité despotique. De là l'existence, à la cour, d'un parti belliqueux qui ne manquait pas une occasion de signaler les dangers extérieurs, et d'aviver les regrets du chauvinisme français. De là aussi l'acuité grandissante des moindres incidents diplomatiques, et la tension progressive des rapports entre les deux nations. Un an ne s'était pas écoulé depuis la défaite de l'Autriche, que déjà la paix était de nouveau menacée, et qu'une étincelle inopinément allumée menaçait d'embraser l'Europe occidentale. Il s'agissait de la question du Luxembourg.

Ce grand-duché, attribué par les traités de Vienne à la maison d'Orange-Nassau, mais rattaché à la Confédération germanique, a pour capitale la ville de Luxembourg, qui, en sa qualité de forteresse fédérale, possédait une garnison mixte d'Autrichiens et de Prussiens. La Confédération dissoute, le droit de garnison semblait aboli de fait; cependant la Prusse déclara le maintenir pour son compte, sous prétexte qu'il lui appartenait en vertu de traités particuliers. C'était aussi un traité particulier que le gouvernement français négociait dans le même moment avec la Hollande, dans le but d'obtenir la cession de ce même Luxembourg; le secret ne fut malheureusement pas gardé jusqu'au bout à son sujet, puisque le roi de Hollande, pris de scrupules à l'instant décisif, jugea prudent d'en informer le ministre de Prusse à la Haye. L'irritation des Allemands, vraie ou feinte, fut alors à son comble. Permettre à la France de mettre la main, même avec le consentement du principal intéressé, sur un pays de Zollverein, ancien fief impérial au temps déjà lointain des Césars germaniques, était, aux yeux de gens que l'annexion violente du Hanovre, de la Hesse et du Nassau n'avait nullement choqués, une idée odieuse, quelque chose comme l'abomination de la désolation. Un Hanovrien rallié, M. de Benningsen, d'accord avec M. de Bismarck, la signala à la vindicte publique, dans une interpellation portée le 1er avril 1867 à la tribune du Reichstag de l'Allemagne du Nord, et le chancelier n'eut garde, en y répondant, de jeter de l'eau sur le feu. Les choses s'envenimèrent, des communications aigres-douces furent échangées entre les deux gouvernements, qui armèrent aussitôt, et un vent de guerre souffla pendant plusieurs jours à travers le Rhin et les Vosges, menaçant de tout embraser.

Mais la France était hors d'état d'accepter la lutte. Privée de ses meilleurs régiments, qui étaient encore au Mexique, réduite à un noyau d'armée qu'aucun système de réserves ne venait encore renforcer, elle eut le bon sens de suivre les conseils de la prudence, et d'accepter l'intervention des puissances, qui lui procura, somme toute, sinon un accroissement de territoire, du moins des satisfactions suffisantes. Le traité de Londres, en effet, signé le 31 mai, déclara le Luxembourg État neutre, tout en le maintenant sous le sceptre de la maison de Nassau, obligea la Prusse à retirer sa garnison, et prescrivit que la forteresse serait démantelée. Ce n'était pas là, évidemment, tout ce qu'on avait espéré; c'était assez cependant pour modérer l'effervescence générale, et ramener au moins momentanément le calme dans les esprits. Malheureusement l'orage qui grondait sourdement, et qu'on venait de si heureusement détourner, n'avait rien perdu de son intensité menaçante. Les mêmes causes continuaient à produire les mêmes effets, et si l'Exposition universelle de 1867, en faisant pendant six mois de Paris la capitale de l'Europe, détourna un moment l'attention publique des graves complications qui se préparaient, elle eut aussi pour résultat d'augmenter les haines jalouses de nos voisins, et de leur montrer de trop près sur quelles fragiles bases reposait notre apparente prospérité.

Au reste, si la France était en proie à des agitations intérieures, l'Allemagne, de son côté, semblait ne pas vouloir se résoudre sans difficultés au système inauguré par le traité de Prague. La Prusse ne rencontrait pas partout, en effet, surtout dans les États du Sud, l'entière soumission qu'elle entendait obtenir. Des tiraillements s'en suivaient, gros de menaces, et pour en triompher, M. de Bismarck n'eut bientôt plus, lui aussi, d'autre ressource qu'une puissante diversion. I savait que la haine du nom français ferait taire toutes les divisions et toutes les rancunes, et que, le cas échéant, les Allemands se lèveraient en masse contre l'ennemi commun, pourvu toutefois que celui-ci prît l'initiative des hostilités. C'était là seulement, dans ce sentiment de patriotisme unitaire, qu'il fallait chercher la solution du problème; c'était lui seul qu'il fallait exploiter pour réussir. On revint donc, à Berlin, aux idées belliqueuses, et l'on se mit en devoir de provoquer une occasion décisive, si celle-ci tardait trop à se présenter.

Cette assertion n'est en aucune façon une appréciation gratuite, faite après coup, quand, l'événement s'étant produit, toutes les suppositions sont possibles. Les écrivains allemands eux-mêmes, avec une admirable candeur, se sont chargés d'éclairer à cet égard la postérité, et la meilleure preuve en est dans les pages suivantes, où l'état des esprits se trouve exposé sous un jour suffisamment clair.

> Au printemps de 1870, écrit M. Klüpfel, on ne pouvait se dissimuler que le mouvement unitaire rétrogradait. Le parlement douanier avait perdu toute signification nationale; en Bavière et en Wurtemberg, des Chambres particularistes se donnaient pour tâche d'anéantir les traités d'alliance... M. de Bismarck considérait l'état des choses en Allemagne comme *malsain et insupportable*, et comptait sur certains événements, pour *mûrir les résolutions* dans le Sud. Il savait sans aucun doute qu'il y avait sur le métier une affaire qui non seulement confirmerait l'alliance du Sud avec la Prusse, mais l'étendrait, ou donnerait à la Prusse, d'une autre manière, le droit de tirer les choses au clair... Il savait qu'il se préparait des événements qui présenteraient une occasion plus favorable d'unir non seulement Bade, mais tout le Sud, au Nord de l'Allemagne. Il savait que la guerre avec la France était inévitable, mais il ne voulait pas qu'on pût accuser la Prusse d'avoir provoqué la crise par son impatience d'étendre sa sphère d'action. Il voulait que la France *trouvât, dans d'autres circonstances, un motif de commencer la guerre*, et de telle manière qu'elle assumerait évidemment le rôle d'agresseur et de perturbateur de la paix... *Cet homme d'État sut exploiter si bien la situation* que le conflit, conséquence nécessaire de la politique française, *éclata au moment opportun*. Cette guerre *qu'il tenait comme indispensable à l'exécution de ses desseins*, il n'eut pas besoin de la chercher, il n'eut qu'à l'accepter[1].

Voilà qui est clair. Ajoutons que la situation dépeinte ici, d'une plume assurément sincère, par l'auteur allemand, remontait un peu plus haut qu'il ne le dit, car déjà en 1868, le ministre de France à Berlin, qui pouvait juger *de visu* de la situation, écrivait à son gouvernement cette phrase caractéristique : « La guerre est à la merci d'un incident. » Cet incident, à jamais déplorable, se produisit au milieu de 1870, et quand on songe aux catastrophes qu'il a déchaînées sur notre malheureux pays, on est en droit d'envelopper d'une égale malédiction, et l'homme dont l'ambition démesurée en a rendu l'explosion si terrible, et le ministère au cœur léger,

---

1. Klüpfel, *Histoire de l'Unification allemande* (passim).

qui s'est jeté tête baissée dans le piège tendu à son incapacité vaniteuse, entraînant ainsi son pays dans une des plus épouvantables aventures dont l'histoire fasse mention.

Si l'on ne connaissait d'ailleurs par le menu les détails qui précèdent, il serait difficile de s'expliquer comment un événement en apparence aussi futile a pu avoir les conséquences que l'on sait. Certes, l'affaire du Luxembourg, dont on avait pu se tirer sans encombre, présentait des dangers bien autrement redoutables que l'acceptation ou le refus du trône d'Espagne par un cadet sans avenir de la maison de Hohenzollern. Mais les temps n'étaient déjà plus les mêmes. Le gouvernement de l'Empereur, abandonnant définitivement la forme césarienne, avait cédé à la pression de l'opinion publique, et à la mise en demeure qui lui avait été adressée, dans une interpellation célèbre, par 116 membres du Corps législatif. Après quelques nouvelles concessions jugées insuffisantes, après la promulgation d'un sénatus-consulte qui n'était qu'un moyen terme, et n'empêcha pas l'arrivée à la Chambre, aux élections de 1869, d'une minorité d'opposants trop importante pour être négligée, Napoléon III, déjà malade de l'affection organique qui devait l'emporter, physiquement usé et moralement affaibli, ne se sentit plus de taille à lutter seul contre une nation qui semblait exiger sa liberté. Il abdiqua les pouvoirs qu'il tenait de la constitution de 1852, et, le 27 décembre 1869, chargea M. Émile Ollivier de former un ministère, responsable devant les Chambres, et pris, en grande majorité, dans leur sein.

Or, le personnage auquel incombait ainsi la tâche difficile de réconcilier l'Empire avec ses adversaires, s'il avait en lui-même une confiance absolue, manquait totalement de l'autorité morale nécessaire pour s'imposer. Ancien ennemi résolu du régime napoléonien, membre de ce fameux groupe des Cinq, qui avait pendant si longtemps personnifié à lui tout seul l'opposition libérale, il était considéré par ses anciens coreligionnaires politiques comme un renégat, et par les dynastiques comme un ambitieux vulgaire qui, jugeant par les faits de l'inanité de ses premiers efforts, s'était brusquement, suivant une expression célèbre, tourné du côté du manche. Non qu'il fût médiocre, tant s'en faut. C'était, au contraire, un orateur remarquable, un écrivain distingué, un dialecticien habile. Mais de là à devenir un homme d'État, capable d'enrayer la crise actuelle, et de présider d'une main ferme et sûre à un changement de régime aussi radical, il y avait tout un abîme, au fond duquel M. Émile Ollivier ne pouvait manquer d'être précipité.

Dès ses débuts au pouvoir, il se trouva aux prises avec des embarras qu'il n'avait pas prévus. Le malheureux événement de Neuilly, qui faisait d'un membre de la famille de l'Empereur un meurtrier, le déchaînement d'injures et d'outrages qui en fut la conséquence de la part des intransigeants, visant la personne même du souverain, mirent M. Ollivier dans l'alternative ou de capituler vis-à-vis de ses anciens amis ou de rompre complètement avec eux par un acte d'énergie. C'est à ce dernier parti qu'il se résolut, voulant, a-t-on dit, montrer aux mameluks du césarisme qu'il avait autant de « poigne » qu'eux. Il fit donc arrêter à la fois le prince Pierre Bonaparte, qui fut traduit devant la Haute Cour de justice, et M. Henri Rochefort, député radical, qui passa en police correctionnelle. Mais ce qui advint de ces deux actes de fermeté, à savoir, l'acquittement du prince et la condamnation du journaliste à trois mois de prison et 6,000 francs d'amende, produisit des résultats tout différents de ceux que le ministère avait espérés. On épilogua avec passion, dans les milieux populaires, sur l'anomalie de ces deux sanctions pénales, pourtant bien explicable si l'on tient compte des circonstances inhérentes à chacune des deux affaires et de la différence des juridictions. La presse, dont certains représentants avaient passé sans transition de la contrainte à l'extrême licence, attisa par une campagne des plus violentes les ferments d'effervescence qui commençaient à se manifester dans les faubourgs de Paris, et bientôt l'émeute, encouragée peut-être par une police maladroite, releva la tête assez haut pour légitimer de fréquents déploiements militaires et provoquer un malaise inquiétant.

Les choses en étaient là, quand l'Empereur, qui, malgré le régime parlementaire, entendait rester le César de la démocratie, jugea à propos de faire ratifier par le peuple les modifications qu'il venait d'apporter aux constitutions de l'Empire. Certes, si quelqu'un s'était jamais, par ses paroles et ses écrits, prononcé ouvertement contre la doctrine plébiscitaire, c'était bien M. Émile Ollivier. Ce fut lui cependant qui, par une amère ironie du sort, dut en faire accepter le principe au ministère, et en assurer l'exécution, malgré l'opposition de deux de ses collègues, MM. Daru et Buffet, qui préférèrent se retirer. Or, quelle que soit la théorie gouvernementale que l'on professe, l'appel au peuple, en un pareil moment, devenait une double faute. La majorité était, il est vrai, assurée au gouvernement, parce que les campagnes aimaient l'Empereur, et parce que le peuple français est généralement porté à accepter ce qui existe. Mais l'armée, fortement travaillée par les révolutionnaires, n'était déjà plus unanime, et elle le prouva, aussi bien par le chiffre relativement élevé de ses votes négatifs que par les scènes regrettables dont certaines casernes furent le théâtre, scènes peu compatibles avec les idées que l'on se fait généralement de la discipline et de la dignité de l'uniforme. En outre, ce qui était plus grave, le nombre total des votes militaires, qui ne s'élevait qu'à 331,867, accusa trop formellement la faiblesse de nos effectifs et l'infériorité numérique manifeste de nos forces nationales. La Prusse en fit plus que personne son profit, et se résolut, dès lors, à hâter la guerre qu'elle désirait de tous ses vœux. Un point noir qui grossissait à l'horizon lui donna l'espoir que le prétexte ne se ferait pas attendre. Ce point noir était la situation des affaires espagnoles.

On sait en effet qu'en renversant le trône d'Isabelle II, les auteurs du pronunciamiento de 1868 n'avaient entendu faire qu'une révolution dynastique. Le peuple espagnol, et moins encore le gouvernement provisoire à la tête duquel était le maréchal Serrano, ne désirait nullement proclamer la République, et cherchait, au contraire, un prétendant de bonne volonté, pour poser sur sa tête la couronne que la fille de Ferdinand VII avait laissée tomber. Les candidats ne manquaient pas, à vrai dire; on n'avait que l'embarras du choix. Malheureusement, tous n'étaient pas également acceptables, en sorte qu'après avoir oscillé entre le duc de Montpensier, trop antipathique, le roi *in partibus* de Portugal, don Ferdinand[1], trop ami de son repos, et le duc d'Aoste, trop indécis, on se décida, pour ne pas arriver à don Carlos, qui sentait son ancien régime d'une lieue, à offrir le sceptre des Espagnes à un prince allemand.

Il existait à Berlin une branche de la maison régnante, qui possédait autrefois deux fiefs dans la Souabe, mais les avait cédés depuis 1849 à ses puissants cadets. Le chef de cette branche, Charles-Antoine de Hohenzollern-Sigmaringen, général prussien, était fils d'une nièce du roi Murat, et veuf d'une princesse de Bade, fille elle-même de la princesse Stéphanie, proche parente de la reine Hortense et par suite de Napoléon III. On voit que ces liens de famille le rapprochaient bien moins du roi de Prusse que de l'empereur des Français. De son mariage avec la princesse Joséphine de Bade, Charles-Antoine avait eu cinq enfants :

Léopold, né en 1835, prince héritier; Charles, actuellement roi de Roumanie, né en 1830; Antoine, né en 1841, et mort des blessures qu'il avait reçues à Sadowa, dans les rangs prussiens; Frédéric, né en 1843; Marie, née en 1845. C'est au prince Léopold que s'adressèrent les offres du gouvernement provisoire espagnol et, dès le mois de mars 1869, des pourparlers s'engagèrent à cet effet[2]. Un mois plus tard, M. Salazar y Mazarredo, député aux Cortès et ancien attaché à l'ambassade de Berlin, se rendait auprès de M. de Bismarck et entamait

---

1. Don Ferdinand avait renoncé à la couronne du Portugal en faveur de son fils, don Luis, père du roi actuellement régnant, et, tout en conservant son titre de roi, vivait complètement éloigné des affaires, à Oporto.
2. *Rapport de l'ambassadeur de France* (31 mars 1869).

des négociations officieuses[1]. Mais le gouvernement prussien, résolu à ne s'engager qu'à bon escient, refusa tout d'abord de donner un acquiescement formel. M. Salazar, éconduit une première fois, retourna en Espagne, et ne revint à Berlin qu'au mois de novembre, porteur cette fois d'une lettre du maréchal Prim qui parut triompher des résistances pour la forme rencontrées tout d'abord ; on lit en effet, dans une dépêche officielle, écrite par le chancelier au maréchal Prim : « *La candidature du prince de Hohenzollern est en elle-même une excellente chose, qu'il ne faut pas abandonner et qui pourra, à un moment donné, devenir opportune*[2]. » Ce fut cependant seulement six mois plus tard, en juin 1870, que le prince Léopold demanda au roi de Prusse son consentement, lequel fut accordé sans difficulté. Aussitôt les ministres espagnols se réunirent en conseil, le 3 juillet, et convoquèrent les Cortès pour le 22 du même mois. L'élection était fixée au 1er août, et le nouveau roi devait faire son entrée solennelle dans sa capitale, le 1er novembre suivant.

L'émotion causée à Paris par ces nouvelles fut prodigieuse. On traversait précisément, à cette époque, une période d'accalmie qui semblait devoir reculer pour longtemps encore toute chance de conflit, et divers symptômes, auxquels nul ne pouvait se tromper, indiquaient clairement que le gouvernement, rassuré par la terminaison pacifique des derniers incidents, ne croyait plus à une guerre prochaine[3]. C'est ainsi que le ministre de la guerre, en présence de la rareté des fourrages, due à une sécheresse excessive, venait de donner l'ordre de vendre un nombre important de chevaux ; c'est ainsi que le 30 juin, le Corps législatif

---

[1]. *Rapport de l'ambassadeur de France* (11 mai 1869).
[2]. Duc de Gramont, *La France et la Prusse*.
[3]. Ces incidents étaient le percement du tunnel du Saint-Gothard et l'affaire des chemins de fer belges. Le premier amena une interpellation dont la discussion calma les craintes que ce projet avait soulevées. Le second, survenu à la suite d'une offre d'achat faite aux Compagnies belges par notre Compagnie de l'Est, se termina à l'amiable, par un simple traité d'exploitation, que le président du conseil des ministres belges, M. Frère-Orban, était venu en personne négocier à Paris.

abaissait, sans discussion, le contingent annuel de 100,000 à 80,000 hommes, et que M. Emile Ollivier déclarait à cette occasion que jamais la paix de l'Europe n'avait été mieux assurée. Enfin le camp de Châlons ne reçut cette année qu'une série de troupes, au lieu de deux, et nombre d'officiers étrangers y furent invités. D'ailleurs l'Empereur, « qu'il faut, pour être juste, séparer du parti de la cour, qui connaissait mieux l'Allemagne qu'elle n'est connue généralement en France, qui eût fait volontiers une guerre victorieuse pour donner à sa race un nouveau relief, mais gardait jusqu'à la dernière heure des doutes sur la supériorité militaire des Français en face des Allemands[1], » l'Empereur ne voulait pas faire la guerre, et ne la subit, plus tard, qu'à son corps défendant. Ce fut donc avec colère et stupeur qu'on apprit à Paris l'état déjà si avancé des négociations pendantes et la réponse dilatoire faite par M. de Thiele, sous-secrétaire d'Etat de M. de Bismarck, aux demandes d'explications formulées par notre ambassadeur, le comte Benedetti : « Le gouvernement prussien, avait dit M. de Thiele, *ignorait cette affaire, et elle n'existait pas pour lui.* » C'était obliger la France à s'adresser directement au chef de la maison de Hohenzollern, c'est-à-dire au roi de Prusse en personne.

La presse parisienne, en commentant la nouvelle avec aigreur, contribua à augmenter l'excitation générale, que le gouvernement, de son côté, ne chercha pas à calmer. Partout retentirent des paroles belliqueuses, et un député, M. Cochery, crut devoir se faire l'écho de l'opinion publique, en lançant, le 5 juillet, une interpellation à la tribune du Corps législatif.

Si l'on eût dû trouver quelque part, dans ces circonstances difficiles, la réflexion et le calme dont tout le monde avait besoin, c'est, à coup sûr, sur les bancs du ministère qui tenait entre ses mains les destinées du pays. Par malheur, ce ministère n'était ni assez sûr de lui, ni assez maître de sa parole, pour remettre d'un

---

1. W. Rustow, *Guerre des frontières du Rhin*. Paris, Dumaine, 1873.

mot les choses à leur place. La déclaration qu'il lut, dans la séance du 6 juillet, par l'organe de M. de Gramont, ministre des affaires étrangères, n'était qu'un tissu d'affirmations vagues, couronnées par une phrase comminatoire dont il était difficile de méconnaître le caractère belliqueux. On ne manqua pas en tous cas, à l'étranger, de l'interpréter dans ce sens, en sorte que la crise, au lieu d'être apaisée, prit tout à coup une acuité singulière, qui devait précipiter son dénouement. Voici le texte de cette déclaration :

Il est vrai que le maréchal Prim a offert au prince Léopold de Hohenzollern la couronne d'Espagne et que ce dernier l'a acceptée ; mais le peuple espagnol ne s'est point encore prononcé, et nous ne connaissons pas encore les détails vrais d'une négociation qu'il nous a cachée. Nous n'avons cessé de témoigner nos sympathies à la nation espagnole, et d'éviter tout ce qui aurait pu avoir les apparences d'une immixtion quelconque dans les affaires intérieures d'une noble et grande nation en plein exercice de sa souveraineté. Nous ne sommes pas sortis, à l'égard des divers prétendants au trône, de la plus stricte neutralité, et nous n'avons jamais témoigné pour aucun d'eux, ni préférence ni éloignement. Nous persisterons dans cette conduite.

Mais nous ne croyons pas que le respect des droits d'un peuple voisin nous oblige à souffrir qu'une puissance étrangère, en plaçant un de ses princes sur le trône de Charles-Quint, puisse déranger à notre détriment l'équilibre actuel des forces en Europe, et mettre en péril les intérêts et l'honneur de la France. Cette éventualité, nous en avons le ferme espoir, ne se réalisera pas. Pour l'empêcher, nous comptons à la fois sur la sagesse du peuple allemand et sur l'amitié du peuple espagnol.

S'il en était autrement, forts de votre appui, Messieurs, et de celui de la nation, *nous saurions remplir notre devoir sans hésitation et sans faiblesse.*

Tenir un pareil langage, avant toute espèce de tentative de conciliation diplomatique, était pour le moins une imprudence. Son effet fut immédiat, et les rares amis de la France n'eurent plus qu'à déplorer, sans pouvoir y porter remède, l'esprit de vertige dont son gouvernement semblait atteint.

Cependant, tandis qu'il se coupait ainsi par avance la retraite, le duc de Gramont donnait mission à son ambassadeur M. Benedetti de se mettre en relation directe avec le roi de Prusse. Il devait demander à celui-ci « *d'intervenir sinon par des ordres, au moins par des conseils, auprès du prince Léopold, pour faire disparaître, avec les projets formés par le maréchal Prim sur cette candidature, les inquiétudes profondes qu'elle avait partout suscitées*[1] ». Le roi Guillaume se trouvait à Ems. M. Benedetti l'y rejoignit le 9 juillet, et eut avec lui une première entrevue, qui, bien que fort courtoise, n'aboutit à aucun résultat, le roi de Prusse persistant à ne vouloir considérer la candidature du prince que comme une affaire espagnole au point de vue diplomatique, dont il n'avait été informé qu'en sa qualité de chef de la maison de Hohenzollern. Deux jours après, le 11, M. Benedetti revint à la charge, et obtint cette fois que le roi consentit à faire connaître au prince qu'il l'approuverait s'il envoyait en Espagne sa renonciation. Cette attitude un peu fermée du roi Guillaume était bien évidemment due à la malencontreuse déclaration du gouvernement français, et M. Benedetti ne s'était pas mépris lui-même sur le désir qu'avait son interlocuteur d'aboutir à une solution pacifique ; mais il était visible que celui-ci ne voulait pas paraître céder à une mise en demeure, et considérait toute concession officielle comme une atteinte à sa dignité de souverain.

Quoi qu'il en soit, les affaires prenaient une meilleure tournure, et bien que l'agitation commençât à gagner l'Allemagne, où les esprits, travaillés par la presse bismarckienne, s'enflammaient à leur tour, on était en droit d'espérer que si le prince Léopold voulait suivre les conseils de la sagesse, et consentir à une renonciation, l'incident se terminerait à la satisfaction de tous, sauf peut-être du seul M. de Bismarck. Or, cette renonciation, M. de Olozaga, ambassadeur d'Espagne à Paris, prévenu officiellement par un télégramme venu de Sigmaringen, la communiqua le 12 juillet au gouvernement français. Elle était d'ailleurs, à la même date, publiée par le *Mercure de Souabe*, sur l'ordre du prince Antoine de Hohenzollern, et notifiée par ce dernier lui-

---

[1]. Documents diplomatiques.

même au roi de Prusse dans une lettre qui parvint à son adresse le 13 dans l'après-midi.

La solution qui devait assurer le maintien de la paix, tout en sauvegardant la dignité et l'amour-propre du peuple français, et qui était certainement conforme aux désirs des deux souverains, intervenait donc d'elle-même. C'était pour M. de Bismarck, dont l'attitude en cette affaire avait montré trop clairement les intentions, un échec grave, pour la diplomatie française un succès incontestable, pour le ministère une victoire éclatante et inespérée. Comment donc celui-ci, dont l'imprudence avait déjà une première fois failli tout compromettre, ne sut-il pas s'en contenter? Comment, à peine sorti d'une aventure dont l'heureuse issue n'était certainement pas due à l'habileté de sa politique, se lança-t-il sans transition dans une autre, plus périlleuse encore, qu'il pouvait si facilement éviter? C'est ici qu'il faut rendre à chacun sa part des responsabilités, et montrer quel étrange aveuglement poussait à une catastrophe inévitable ceux qui formaient le parti belliqueux de la cour.

Le 12 juillet, un député de la majorité, adversaire, on pourrait presque dire ennemi personnel de M. É. Ollivier, M. Clément Duvernois, demanda à interpeller le gouvernement sur « les garanties qu'il s'était assurées contre le retour d'éventualités semblables à celle qui venait de se produire ». L'interpellation fut fixée par la Chambre au vendredi 15 juillet. Mais, sur ces entrefaites, dans la séance du 12, M. de Gramont vint apporter à la tribune la nouvelle officielle du désistement du prince Léopold, en ajoutant maladroitement à sa communication que c'était là tout ce qu'il pouvait faire connaître à la Chambre, les négociations avec la Prusse « n'ayant pas encore donné de résultat ». Aussitôt, un autre membre de la droite, le baron Jérôme David[1], se leva, et d'un ton véhément, déposa une demande d'interpellation nouvelle, sur les causes des

---

1. M. Jérôme David était fils naturel du prince Jérôme, frère de Napoléon Ier, et ancien roi de Westphalie. Sa mère était une fille du grand peintre David.

lenteurs « dérisoires » apportées par la Prusse aux négociations, lenteurs qui, disait-il, constituaient un danger autant pour la fortune publique que pour notre honneur national. Des murmures et des protestations nombreuses accueillirent ces paroles plus qu'imprudentes ; aucun des ministres présents ne crut cependant devoir les relever. Bien plus, elles exercèrent sur l'esprit de certains d'entre eux une impression déplorable, et les poussèrent, par crainte d'être renversés s'ils paraissaient faiblir, dans une voie fatale. Ils crurent voir dans l'excitation toute factice de leur interlocuteur un reflet de l'opinion générale, et ne se sentirent point assez forts pour résister à des sommations si violemment formulées. La légèreté des uns, la fatuité des autres leur masqua le précipice qui s'ouvrait devant eux. Ils s'y jetèrent tête baissée, à la grande joie de leur terrible adversaire, sûr, cette fois, qu'ils ne lui échapperaient plus.

Dans la journée même du 13, M. Benedetti recevait à Ems une dépêche lui enjoignant de demander au roi de Prusse qu'il interdît à jamais au prince Léopold d'accepter la candidature du trône d'Espagne, si elle lui était offerte de nouveau. On juge quel effet désastreux cette attitude nouvelle et imprévue, qui voulait paraître énergique, et n'était qu'insensée, produisit en Europe. quelle explosion de colère elle provoqua dans les pays allemands, et quelle satisfaction elle causa à M. de Bismarck, assuré maintenant de prendre telle revanche qu'il entendrait. Quant au roi, après avoir, le matin du 13, annoncé lui-même à M. Benedetti le désistement du prince Léopold, qu'il ne connaissait encore que par les journaux, et chargé un de ses aides de camp de confirmer la nouvelle, aussitôt qu'il l'eut officiellement reçue, il fit répondre aux dernières ouvertures de l'ambassadeur « *qu'il avait consenti à donner son approbation entière et sans réserve au désistement du prince de Hohenzollern, mais qu'il ne pouvait faire davantage* ». Le comte Benedetti, dont les instructions étaient trop précises pour qu'il pût se contenter de cette fin de non-recevoir, revint alors à la charge et sollicita une entrevue qui ne lui fut pas accordée. Le roi se borna à lui adresser, le soir à cinq heures et demie, son aide de camp le prince Radziwill, avec mission de déclarer qu'à ses yeux l'incident était clos, qu'il n'y avait plus lieu d'en parler, et qu'on devait purement et simplement s'en rapporter à la déclaration communiquée précédemment. Dès le lendemain, le roi quittait Ems pour se rendre à Coblentz. Comme il allait monter en wagon, il aperçut à la gare le comte Benedetti, qui partait de son côté pour Paris. Il le salua avec urbanité, mais froidement.

C'était, cette fois, au gouvernement français de reculer, s'il ne voulait pas absolument et décidément la guerre. Mais l'effervescence grandissante et l'exaltation générale qui se manifestaient à la fois dans la Chambre et dans l'opinion, l'acculaient déjà à ce dilemme, ou céder, ou se retirer. Il préféra ne pas céder, et, dès lors, les événements se précipitèrent. On répandit aussitôt dans Paris le bruit que notre ambassadeur avait été outragé par le roi de Prusse, bien qu'il n'y eût absolument rien de vrai dans cette allégation. On laissa les journaux et certaines personnalités très en vue entretenir dans les esprits une excitation fâcheuse, que des bandes avinées traduisaient dans les rues par les cris répétés de « A Berlin ! » Enfin, les représentations théâtrales elles-mêmes devinrent l'occasion de manifestations soi-disant patriotiques, où la *Marseillaise*, chantée ou déclamée par des artistes en vogue, était chaque soir acclamée par un auditoire dont l'ardeur belliqueuse ne se connaissait plus.

Disons pour être juste, qu'une excitation pareille se montrait de l'autre côté du Rhin, et qu'à Berlin M. de Bismarck, certain maintenant de pouvoir se dire provoqué, l'entretenait soigneusement par ses journaux. La *Gazette nationale* et la *Gazette de la Bourse* tenaient, dès le 12, un langage menaçant. Le 13, la *Gazette de l'Allemagne du Nord* publiait le télégramme suivant, qui, daté d'Ems, semblait émaner du roi lui-même :

Après que la nouvelle de la renonciation du prince de Hohenzollern a été officiellement donnée au gouvernement français par celui de Madrid, l'ambassadeur français a fait demander au roi Guillaume de l'autoriser à télégraphier à Paris que Sa Majesté le roi s'engageait pour l'avenir à ne jamais donner son consentement aux Hohenzollern, dans le cas où ceux-ci reviendraient sur leur renonciation. Sa Majesté *le roi a refusé de recevoir encore une fois l'ambassadeur français,* auquel il a fait savoir par l'aide de camp de service qu'il n'avait plus rien à lui communiquer.

Ce télégramme fut envoyé le 14 aux représentants de la Confédération du Nord près des puissances étrangères, avec ce commentaire significatif du chancelier « *que du moment où la Prusse penserait être arrivée à la limite que lui traçait l'honneur national, elle serait plus ferme qu'on ne le croyait peut-être d'un autre côté.* » C'était mettre le feu aux poudres. Aussitôt une agitation pareille à celle dont Paris était le théâtre se manifesta à Berlin ; par une réciprocité singulière, on y colporta la fable d'une offense commise par l'ambassadeur de France contre le roi. Les esprits se montèrent au point que tout apaisement devenait impossible, et la guerre se trouva déclarée de fait.

Or, la dépêche, cause de toute cette effervescence, non seulement n'émanait pas du roi directement, mais même elle n'était pas conforme au texte rédigé à Ems par l'aide de camp chargé de tenir au courant de ce qui se passait le chancelier resté à Berlin[1]. Elle avait été altérée, ou tout au moins tronquée par M. de Bismarck en personne, avant d'être livrée à la publicité. Tout ce qui, dans la minute officielle, pouvait, en expliquant

---

[1]. M. de Bismarck, invité par le roi à venir le rejoindre à Ems, s'y était refusé sous prétexte d'affaires urgentes. Mais le motif réel de son abstention était ailleurs. Le moment lui paraissait venu, comme il l'a dit lui-même, *de faire blanc de son épée.* L'affaire Hohenzollern était l'incident si impatiemment attendu, qui pouvait mettre le feu aux poudres et peut-être que l'occasion ainsi offerte, si on la laissait échapper, ne se représenterait jamais plus. L'intérêt du chancelier était donc, non pas d'arranger les affaires, en les traitant diplomatiquement, mais bien plutôt de les brouiller, ce qui ne pouvait se faire que par des moyens subreptices et de loin. « Je m'étais fait depuis longtemps, a-t-il dit encore, des idées claires sur la situation, et je me disais : Si je vais à Ems, tout s'en ira à vau-l'eau. Dans le cas le plus favorable, nous arriverons à faire un compromis pourri, et alors la seule solution possible, la seule solution honorable, *la seule grande solution* nous échappera... » Et il était resté à Berlin pour y faire ce qu'on sait!

l'attitude du roi Guillaume, apporter une atténuation à son refus de rouvrir des négociations sur un fait au sujet duquel il s'était prononcé déjà, avait été rayé d'un trait de plume ; en sorte que la version nouvelle n'était plus, sous sa forme brutale, que le procès-verbal véritable d'une incivilité commise à l'égard de notre ambassadeur. M. de Bismarck n'a pas craint de révéler lui-même, avec une précision qui tient réellement du cynisme, tous les détails de son odieuse supercherie. Il s'est dénoncé comme l'auteur principal de cette guerre sauvage, comme le fauteur volontaire de la politique sans scrupules qui devait causer tant de ruines et faire couler tant de sang. Son titre de créateur de l'unité allemande ne saurait lui constituer devant l'histoire une excuse du crime qu'il a commis ainsi contre l'humanité[1].

Cependant le gouvernement français, ou plutôt l'Empereur, hésitait encore. Le conseil des ministres, qui fut tenu dans la nuit du 14 au 15, au château de Saint-Cloud, et rappelait la séance fatale où avaient été résolues les ordonnances de 1830, ne parvint qu'avec quelque peine à vaincre les répugnances du souverain, répugnances d'ailleurs platoniques, puisque les réserves avaient été, dès le 14, rappelées sous les drapeaux par le ministre de la guerre, maréchal Le Bœuf. L'assurance donnée par celui-ci « qu'il ne manquait pas un bouton de guêtre », finit cependant par l'emporter. A deux heures du matin, M. Émile Ollivier rentrait à Paris, ayant en poche la déclaration des hostilités, et se préparait à la notifier, dès le lendemain, au Parlement. Le ministre de Prusse avait déjà quitté Paris dans la journée.

Rien ne pouvait donc plus désormais triompher de la folle obstination du ministère. L'Angleterre essaya bien, tant à Paris qu'à Berlin, d'offrir sa médiation en faveur de la paix. M. Émile Ollivier la remercia poliment de ses bons offices. Quant à M. de Bismarck, « déjà instruit de ce refus, il déclara qu'il accepterait avec reconnais-

---

[1]. Voir la pièce justificative n° 1.

sance la médiation anglaise, mais à la condition que la France l'accepterait également[1]. » Il savait qu'il ne s'engageait à rien.

Le 15, à l'ouverture de la séance du Corps législatif, M. Émile Ollivier lut une nouvelle déclaration ministérielle qui levait tous les doutes, et réclama l'urgence pour le vote d'un crédit de 500 millions de francs. Il l'obtint naturellement, malgré les protestations de l'opposition, qui s'abstint tout entière, et un discours plein de sagesse de M. Thiers. Le vieil homme d'État s'efforça de démontrer, en des paroles éloquentes et émues, que la guerre, entreprise dans les circonstances présentes, était une faute, parce que l'occasion n'était pas bonne, parce que la France se trouvait isolée et sans alliances fermes sur qui compter, enfin parce qu'elle n'était pas prête. Il disait vrai, malheureusement! Mais de cet état d'infériorité militaire, que la Prusse ne connaissait que trop, M. Thiers eût pu, avec ses collègues de la gauche, prendre sa part de responsabilités. N'était-ce pas, en effet, aux efforts désespérés de l'opposition que les projets du maréchal Niel, en faveur d'une reconstitution nécessaire de l'armée française sur les bases du service obligatoire et personnel, avaient dû de ne pas aboutir? N'était-ce pas ce même M. Thiers qui, deux ans auparavant, avait traité de *fantasmagorie* le tableau trop exact que le ministre de la guerre, mort à la peine quelques mois plus tard, traçait de la puissance formidable qui nous menaçait? N'était-ce pas la gauche enfin, qui, par ses discours violents, avait entraîné la Chambre dans une voie de parcimonie désastreuse, dont les tristes résultats devenaient évidents aujourd'hui?

Certes, M. Thiers avait grandement raison quand il signalait au gouvernement les dangers de sa politique insensée. Mais qui dit que cette politique eût pu être ainsi qualifiée, si le ministère l'eût appuyée sur des forces suffisantes pour lutter à armes égales, et rétablir en Europe cet équilibre dont la destruction avait porté à son repos et à la dignité de la France un si rude coup?

---

1. Rustow, *loc. cit.*, page 116.

Faire la guerre dans les conditions où nous nous trouvions était une incontestable folie, et il fallait l'incapacité suffisante du ministère pour l'entamer. Mais cette guerre, comme on l'a vu, était inévitable. Elle devait éclater un jour ou l'autre, parce que M. de Bismarck ne pouvait s'en passer. La sagesse du Parlement eût donc été de la préparer en silence, et le devoir du gouvernement de ne la provoquer jamais, mais surtout de ne l'accepter que quand il serait sûr de pouvoir la soutenir. Cette sagesse, la Chambre, impressionnée par les théories spécieuses de l'opposition, ne l'a pas eue. Quant au gouvernement, il suffit, pour jauger sa notion des responsabilités, de rappeler que, dans cette mémorable séance du 15 juillet 1870, il a déclaré, avec une assurance qui tient vraiment de l'inconscience, les assumer « d'un cœur léger ! »

Le vote des crédits était donc enlevé. La déclaration ministérielle faisait allusion à la note diplomatique envoyée de Berlin, le 14, aux cours étrangères, note que nous avons reproduite plus haut. Suivant le gouvernement, la guerre était rendue nécessaire par l'injure qui avait été faite au comte Benedetti, injure que la note susdite venait encore d'aggraver, en notifiant officiellement à l'Europe le refus formel du roi Guillaume de recevoir l'ambassadeur français. Aussitôt la gauche demanda communication de la note ; mais, fort d'une majorité acquise qui s'opposait tumultueusement à ce que la discussion fût prolongée, le ministre s'y refusa. Après quoi, la Chambre, par 245 voix contre 10, vota un crédit de 50 millions pour l'armée et de 16 millions pour la marine ; le 18, elle vota de nouveau 440 millions pour l'armée et 60 millions pour la marine. Le 18, la déclaration de guerre fut envoyée de Paris à Berlin, et remise le 19 à une heure de l'après-midi au gouvernement prussien, par M. Le Sourd, premier secrétaire et ambassadeur par intérim, en l'absence de M. Benedetti. Elle était conçue en ces termes :

> Le soussigné, chargé d'affaires de France, conformément aux ordres de son gouvernement, a l'honneur de porter la communication suivante à la connaissance de Son Excellence le mi-

nistre des affaires étrangères de Sa Majesté le roi de Prusse.

Le gouvernement de Sa Majesté l'Empereur des Français, ne pouvant considérer le projet d'élever un prince prussien au trône d'Espagne que comme une entreprise dirigée contre la sécurité territoriale de la France, s'est vu forcé de demander à Sa Majesté le roi de Prusse l'assurance qu'une pareille combinaison ne se reproduirait plus à l'avenir avec son assentiment.

Sa Majesté le roi de Prusse ayant refusé cette assurance, et ayant, au contraire, déclaré à l'envoyé de Sa Majesté l'Empereur des Français, qu'il voulait se réserver, pour cette éventualité comme pour toute autre, de consulter les circonstances, le gouvernement impérial a dû voir dans cette déclaration du roi une arrière-pensée menaçante pour la France et pour l'équilibre européen. Cette déclaration a reçu un caractère encore plus sérieux par la communication faite aux cabinets étrangers du refus de recevoir l'envoyé de l'Empereur et d'entrer avec lui dans de nouvelles explications.

En conséquence, le gouvernement français a cru de son devoir de songer sans délai à la défense de sa dignité blessée, de ses intérêts menacés, et résolu, dans ce but, à prendre toutes les mesures qui lui sont ordonnées par la situation qui lui est faite, il se considère, dès à présent, comme en état de guerre avec la Prusse.

Ainsi M. de Bismarck était arrivé à ses fins ; la guerre, dont il avait besoin pour obtenir en Allemagne l'hégémonie de la Prusse, lui était déclarée, et semblait, tant la conduite du gouvernement français avait été légère et imprévoyante, lui être imposée. Il pouvait exploiter à son aise l'irritation de l'Allemagne, et montrer la Prusse attaquée, obligée d'entreprendre une lutte dont les prétentions de la France semblaient maintenant être le seul motif.

La France, répondait-il, le 18 juillet, aux offres de médiation de l'ambassadeur anglais, lord Loftus, et répétait-il deux jours après au Reichstag, la France a pris l'initiative de la guerre, et y a persisté après que la première complication eut été matériellement écartée, de l'aveu même de l'Angleterre. Si nous prenions maintenant l'initiative des négociations, cette démarche ne serait pas comprise du sentiment national des Allemands, qui s'est trouvé profondément blessé par les menaces de la France. Notre force réside dans le sentiment national, de justice et d'honneur de la nation, tandis que le gouvernement français a montré qu'il n'avait pas le même besoin de cet appui dans son propre pays.

De son côté, le roi de Prusse ne négligeait pas l'occasion qui lui était offerte de solidariser l'Allemagne tout entière avec les griefs de la Prusse. Dans le discours d'ouverture du Reichstag, prononcé le 19 juillet, on lit clairement, à travers la phraséologie pompeuse et mystique qui est la manière ordinaire des Hohenzollern, un appel au peuple germanique tout entier, comme si ce peuple eût formé déjà un État unique, soumis au sceptre d'un nouveau César, ou comme si Dieu lui-même ayant été outragé dans la personne du maître de M. de Bismarck, ce ne soit pas trop de l'effort de toute l'Allemagne pour punir un tel crime de lèse-majesté.

Si, dans les siècles précédents, disait le roi Guillaume, l'*Allemagne* a supporté en silence les atteintes portées à son honneur, elle ne les a supportées que parce que, dans son déchirement, elle ne savait pas combien elle était forte. Aujourd'hui que le lien d'une *union morale et légale*, lien que les guerres de l'indépendance ont commencé à établir, unit ensemble, avec une connexité *qui sera d'autant plus étroite qu'elle durera plus longtemps*, les membres de la famille allemande ; aujourd'hui que les armements de l'Allemagne ne laissent plus de porte ouverte à l'ennemi, l'Allemagne porte en elle-même la volonté et la force de se défendre contre les nouvelles violences de la France. Ce n'est pas l'outrecuidance qui me dicte ces paroles. Les gouvernements confédérés, ainsi que moi-même, agissent dans la pleine conscience *que la victoire ou la défaite sont entre les mains du Dieu des batailles*. Nous avons, d'un regard calme et clair, mesuré la responsabilité qui, devant le jugement de Dieu et des hommes, incombe à celui qui pousse à des guerres dévastatrices deux grands et *paisibles* peuples habitant au cœur même de l'Europe....., etc.

Et le Reichstag, qui comptait parmi ses membres d'anciens sujets du roi de Hanovre, du duc de Nassau, de l'Électeur de Hesse, le Reichstag répondait dans un accès de lyrisme vraiment un peu vieillot :

Nous avons confiance en Dieu *dont la justice punit le crime sanglant*. Des rivages de la mer jusqu'au pied des Alpes, le peuple s'est levé à l'appel de ses princes, réunis dans une même pensée... Le *peuple allemand* trouvera enfin, sur un sol respecté de toutes les nations, une *libre et paisible unité*.

Le mot y était cette fois ; il ne s'agissait plus que de lui donner une sanction effective. C'est ce que fit M. de Bismarck, en mettant en demeure, au moment même où partait de Berlin l'ordre de mobilisation de l'armée fédérale, les gouvernements du Sud d'exécuter les traités d'alliance offensive et défensive qui les liaient à la Prusse, et auxquels la brusque agression de la France leur faisait, disait-il, un devoir de se conformer sur-le-champ. Dans l'état de surexcitation générale qui régnait alors, la réponse ne pouvait être douteuse. Le grand-duché de Bade et la Bavière mobilisèrent leurs contingents le 17 ; deux jours après le Wurtemberg en faisait autant[1]. L'armée fédérale allait se trouver ainsi renforcée de 150,000 hommes et l'Allemagne, oubliant ses dissensions récentes, se lever tout entière contre l'ennemi héréditaire.

Mais un succès aussi complet n'était cependant pas encore pour satisfaire pleinement la politique fielleuse du chancelier de l'Allemagne du Nord. Usant tout à coup d'un procédé encore inconnu dans les usages diplomatiques, il fit ou laissa publier par le *Times* un document tenu secret jusqu'alors, et qui n'était autre qu'un projet de traité établi après 1866 entre lui et le comte Benedetti, ambassadeur de France, à l'effet de favoriser cette dernière puissance dans des entreprises sur le Luxembourg et la Belgique, tandis que la Prusse mettrait la main sur les États du Sud. Et comme en Angleterre l'opinion paraissait émue de ces révélations, si invraisemblables qu'elles parussent, il adressa lui-même, le 26 juillet, au comte Bernstorff, ambassadeur de Prusse à Londres, un télégramme confirmatif de la véracité du fait ; puis, le 29, dans une dépêche circulaire envoyée à ses agents, il raconta l'affaire dans tous ses détails, disant qu'il avait entre les mains le projet de traité tout entier de la main du comte Benedetti, et affirmant que les ambassadeurs présents à Berlin avaient reconnu sans hésitation l'écriture de leur collègue.

Mais la perfidie n'eût pas été complète, sans le trait

---

1. Voici en quels termes le roi Louis II de Bavière s'exprimait, à l'ouverture de la Chambre des députés : « Fidèle au traité d'alliance dans lequel j'ai engagé ma parole royale, je suis prêt, si le devoir l'exige, à marcher avec mon puissant allié pour l'honneur de la Bavière. »
Quant au roi de Wurtemberg, il faisait, le 21, déclarer à son Parlement « qu'il regardait l'intégrité de l'Allemagne comme menacée et qu'il jugeait nécessaire de se réunir à la Prusse. »

que, comme une flèche du Parthe, M. de Bismarck lançait à la fin de son factum.

Je pense que ce n'est que la conviction qu'il n'arriverait pas par nous à agrandir le territoire français qui a décidé l'Empereur Napoléon à chercher cet agrandissement en nous faisant la guerre. J'ai des raisons de croire que sans la publication de ce projet de traité, la France nous aurait proposé d'exécuter ses premières propositions lorsque nos armements respectifs auraient été terminés, car nous nous serions trouvés alors à la tête d'un million de combattants en présence de l'Europe sans armes ; elle nous aurait proposé, soit avant, soit après la première bataille, de faire la paix sur les bases des propositions de M. Benedetti, et aux dépens de la Belgique.

Qui veut trop prouver ne prouve rien. En dépassant à ce point les limites de la vraisemblance, M. de Bismarck démontrait que l'affaire n'était pas aussi claire qu'il voulait bien le dire. Cependant le gouvernement français ne voulut point rester sous le coup de ces révélations insolites, et risquer ainsi de perdre le peu de sympathies étrangères sur lesquelles il se croyait encore en droit de compter. Il fit donc insérer, dans le *Journal officiel* du 27 juillet la note suivante :

Le *Times* a publié un prétendu traité entre la France et la Prusse ayant pour objet de faciliter à la France l'acquisition du Luxembourg et de la Belgique, à la condition que la France ne s'opposerait pas à l'union des États du Sud de l'Allemagne avec la Confédération du Nord.

Après le traité de Prague, plusieurs pourparlers ont eu lieu en effet, à Berlin, entre M. de Bismarck et l'ambassadeur de France, au sujet d'un projet d'alliance. Quelques-unes des idées contenues dans le document inséré par le *Times* ont été soulevées, mais le gouvernement français n'a jamais eu connaissance d'un projet formulé par écrit, et quant aux propositions dont on avait pu parler dans les entretiens, l'Empereur Napoléon les a rejetées.

Il n'échappera à personne dans quel intérêt et dans quel but on cherche aujourd'hui à tromper l'opinion publique en Angleterre.

De son côté, M. Benedetti écrivait, le 29 juillet, au ministre des affaires étrangères, une longue lettre, également publiée par l'*Officiel*, où il disait que les propositions d'agrandissement, loin de venir de lui, avaient été faites par M. de Bismarck ; que lui s'était borné à écrire pour ainsi dire sous la dictée du chancelier et que le document en question n'avait jamais eu qu'un caractère privé. « Si l'initiative d'un pareil traité, disait M. Benedetti, eût été prise par le gouvernement de l'Empereur, le projet aurait été libellé par le ministère, et je n'aurais pas eu à en prendre une copie de ma main. » Enfin, dans une dépêche adressée le 3 août aux agents diplomatiques de la France à l'étranger, M. de Gramont protestait avec indignation contre le procédé déloyal de M. de Bismarck, qui ne craignait pas d'attribuer aux autres les intentions qu'il avait eues seul; et il rejetait sur le chancelier la réprobation que ces intrigues soulevaient en Europe. C'était de bonne guerre et parfaitement exact d'ailleurs[1]. Cependant l'émotion vraie ou feinte, manifestée par certaines puissances, n'en fut pas calmée. L'Angleterre, en particulier, exigea des garanties que la neutralité de la Belgique ne serait pas violée, et un traité en ce sens fut signé à Londres, le 9 août, par le marquis de Lavalette pour la France, lord Grandville pour la Grande-Bretagne, et le comte de Bernstorff pour la Confédération de l'Allemagne du Nord.

Mais déjà la guerre était déchaînée, cette guerre que le peuple français, quoi qu'on en ait dit, subissait bien

[1]. Au mois d'avril 1892, M. Frère-Orban, ancien ministre des affaires étrangères de Belgique, a fait spontanément la déclaration suivante : « En 1866, il fut question de l'annexion de la Belgique à la France; mais l'initiative de cette combinaison venait de M. de Bismarck et non de l'Empereur. Ne croyant pas pouvoir s'assurer la complaisance, puis la complicité de la France pour sa politique agressive contre l'Autriche par l'abandon de territoires allemands, M. de Bismarck dit à Napoléon III : — *Prenez donc la Belgique, je vous y aiderai.* A cette époque, il est vrai de dire que l'Empereur eut un moment de tentation, et qu'il envisagea comme possible l'agrandissement de la France par l'annexion de ce petit royaume en compensation de l'agrandissement de la Prusse en Allemagne. Cette pensée fut cependant fugitive et ne se traduisit par aucun acte d'exécution; elle fut presque aussitôt abandonnée qu'écoutée; à partir de 1867, elle ne demeure plus dans l'esprit de l'Empereur que comme un mauvais cauchemar, et ne tient plus aucune place dans ses projets diplomatiques. Il y eut encore entre la France et la Belgique des difficultés relatives aux chemins de fer luxembourgeois. Mais ces difficultés furent suscitées par M. de Bismarck et la Belgique, et non par la France; d'ailleurs, l'Empereur prêta complaisamment la main à leur arrangement. Voilà, résumée en quelques mots, l'exacte vérité sur la politique de l'empereur Napoléon III à l'égard de la Belgique; de nombreux documents officiels pourraient au besoin l'attester. Tout le reste est de pure fantaisie. » (Journal *le Temps* du 18 avril 1892.)

plus qu'il ne l'avait désirée. La majorité de la presse et de la population parisiennes, surexcitées par le tumulte des derniers jours, d'ailleurs facilement impressionnables, et convaincues de l'invincibilité de nos armes, continuaient à la vérité leurs manifestations belliqueuses, parsemées de ces cris « *A Berlin!* » que l'on croyait prophétiques. Mais les départements, où l'argent est moins facile, le travail plus dur, et le poids d'une guerre plus lourd, étaient loin d'accuser de pareils transports. Sur 87 rapports envoyés par les préfets, 34 se prononçaient nettement contre le recours aux armes; 37 se montraient hésitants; 16 seulement acceptaient sans regret la lutte.

Aussi bien, cette constatation n'avait plus qu'un intérêt documentaire, et le sort des armes allait désormais prononcer seul. Mais avant d'entamer le récit des opérations militaires, où la France ne devait sauver que son honneur, il est nécessaire d'exposer en détail la constitution des deux armées en présence, et de montrer quelles désastreuses illusions nourrissaient, à cette époque, ceux qui croyaient nos forces en état de facilement triompher.

CHAPITRE II

L'ARMÉE FRANÇAISE EN 1870

Au moment où les événements de 1866, éclatant comme un coup de foudre, vinrent jeter dans la vieille Europe une si profonde perturbation, le recrutement de l'armée française était assuré par la loi de 1832, œuvre d'une commission qu'avait présidée le vainqueur de Wattignies et de Fleurus, l'illustre maréchal Jourdan. Cette loi contenait, en résumé, les dispositions suivantes : la durée du service était de sept ans, le chiffre du contingent annuel devait être fixé chaque année par une loi spéciale, et ce contingent se divisait en deux portions, dont la première, plus ou moins élevée suivant les crédits budgétaires alloués, était incorporée tout entière, tandis que l'autre, formant la réserve, demeurait provisoirement dans ses foyers. Cette réserve pouvait toujours, par une simple ordonnance, être appelée à l'activité, et, en outre, le Ministre avait le droit de la réunir pour être exercée. Enfin, chaque appelé conservait la faculté de se faire remplacer, mais en restant responsable de son remplaçant, et obligé de rejoindre les drapeaux immédiatement, si celui-ci venait à déserter. On avait évalué à 500,000 hommes le contingent de guerre que cette loi pouvait fournir, et l'expérience de l'année 1848, pendant laquelle le gouvernement provisoire de la République porta l'effectif total de l'armée à 502,000 hommes[1],

---

1. Duc d'Aumale, *Institutions militaires de la France*, pages 137-

en appelant toutes les réserves sous les drapeaux, prouva plus tard la justesse de ces calculs.

L'armée que donna à la France la loi de 1832 est celle qui conquit l'Algérie, celle qui triompha à Sébastopol de la bravoure superbe et de l'indomptable ténacité des Russes. Comme l'a écrit si justement M. le général Thoumas, elle demeura « un admirable instrument de guerre jusqu'au jour où les opérations militaires atteignirent ces proportions colossales que de cruels événements nous ont appris à connaître, alors que les hostilités n'éclataient pas comme la foudre, concentrées pour ainsi dire dans le premier choc de deux adversaires, dont le mieux et le plus vite préparé doit presque fatalement l'emporter sur l'autre[1] ». Malheureusement, la loi de 1832 était entachée d'un vice capital, qui était l'impossibilité presque absolue d'instruire les réserves. Les crédits budgétaires, toujours insuffisants, ne permettaient en effet que des appels irréguliers, sinon nuls, en sorte qu'il restait là près de 300,000 hommes qu'une déclaration de guerre pouvait du jour au lendemain jeter dans les rangs, sans qu'ils eussent jamais appris à marcher ou à tenir une arme quelconque.

Cependant, la première modification apportée à la loi de 1832 ne visa nullement ces défectuosités patentes, mais seulement l'institution du remplacement. Dès le début de la guerre de Crimée, on vit se reproduire contre celui-ci les attaques auxquelles, au nom du privilège et de la morale, il était en butte depuis le général Foy, et une nouvelle loi, promulguée le 26 avril 1855, vint lui substituer l'exonération. Au lieu de se chercher à soi-même un remplaçant, le jeune soldat appelé, et qui ne voulait pas servir, se bornait désormais à verser dans une caisse, dite de la *Dotation de l'armée,* une somme variable suivant les années, laquelle somme servait à constituer des primes attribuées à ceux qui, déjà sous les drapeaux, s'offraient à signer un renga-

---

165. — Général Thoumas, *Les Transformations de l'armée française.* Paris, Berger-Levrault, 1887, tome Ier, page 17.
1. Général Thoumas, *Ibid.*

gement pour sept nouvelles années. C'était là, à proprement parler, une simple affaire de mots, car pour qu'il n'y ait point de déchet, il eût fallu que le nombre des rengagés fût, chaque année, sensiblement égal à celui des exonérés. Or, on ne tarda pas à être loin de compte, puisque, en 1859, il ne se trouva que 13,713 des premiers contre 42,717 des seconds[1]. Il fallut donc que l'État se procurât lui-même des remplaçants, et devînt à son tour *marchand d'hommes*. La morale n'y gagnait rien, mais, en revanche, le prestige de l'État en était singulièrement compromis, et les agences de remplacement singulièrement relevées, puisqu'elles traitaient maintenant directement avec le ministère. En outre, cette masse de remplaçants qui encombraient les cadres alourdissait l'armée, et la privait des éléments plus jeunes et plus actifs que lui eût fournis un contingent annuel élevé[2]. La facilité donnée par la loi de se dispenser, à prix d'argent, des charges du service, était une prime offerte à l'égoïsme, qui détruisait l'esprit d'abnégation et le sentiment des devoirs qu'une nation virile ne devrait jamais oublier ! Enfin, elle jetait sur les pauvres diables que l'appât du gain retenait seul sous les drapeaux, une déconsidération fâcheuse, peu faite pour développer en eux ce qui pouvait y rester de sentiments élevés. On les traitait en mercenaires, et la plupart, il faut bien l'avouer, se conduisaient comme tels, au moins en temps de paix. De cette armée « vaillante, unie, leste, désintéressée, sobre, intelligente, nationale[3] », qu'avaient connue les générations du règne de Louis-Philippe et des premières années du second Empire, il restait assurément quelque chose, et la campagne d'Italie en 1859 le prouva ; mais, plus on allait, et plus ce quelque chose diminuait, réduisant les éléments vraiment solides à n'être plus qu'un noyau.

Telle était la situation quand se produisirent les événements de 1866. La prépondérance militaire de la

1. Général Thoumas, *Les Transformations*, etc., page 17.
2. On comptait, au 1ᵉʳ janvier 1870, 69,163 remplaçants.
3. Duc d'Aumale, *loc. cit.*, page 169.

Prusse qui s'affirma tout à coup par de si rapides succès, démontra clairement au gouvernement de l'Empereur l'insuffisance de notre organisation et l'urgence d'y porter remède. Le maréchal Randon quitta le ministère, et fut remplacé par le maréchal Niel, sur lequel on comptait pour relever nos forces militaires. C'est par ce dernier que fut proposée la loi du 1er février 1868, destinée, dans la pensée de son auteur, à assurer à l'armée l'appoint de nombreuses et fortes réserves, mais dont les résultats, par suite de circonstances qu'il est à propos de méditer, se trouvèrent malheureusement à peu près nuls.

Cette loi, empruntant à la précédente quelques-unes de ses dispositions organiques, maintenait le vote annuel du contingent par les Chambres, et sa division en deux portions, dont l'une passait cinq ans et l'autre cinq mois seulement sous les drapeaux. Le remplacement était rétabli, ainsi que la substitution, mais l'exonération supprimée. La durée du service était fixée à cinq ans dans l'armée active, et à quatre ans dans la réserve, celle-ci ne pouvant être appelée qu'en temps de guerre. Enfin, la disposition nouvelle et essentielle de la loi était la création d'une *garde nationale mobile* comprenant les jeunes gens qui, bien que reconnus propres au service, ne figuraient pas, pour une raison quelconque, dans une des deux portions du contingent, et ceux qui, y étant inscrits, s'étaient fait remplacer. Le remplacement ne dispensait donc plus du service actif que pendant le temps de paix, puisque la garde mobile où l'on servait cinq années pouvait, par une loi, être versée dans l'armée active, si une guerre se produisait. C'était là un premier essai, bien timide à la vérité, du service obligatoire. Il fallut nos désastres, pour que celui-ci devînt une règle, qui aujourd'hui ne comporte plus d'exception.

Cette organisation était bien loin encore de ce qui eût été nécessaire pour s'assurer la supériorité sur la Prusse. Elle n'obligeait en effet les bataillons ou batteries de la garde mobile, constitués dans chaque département, qu'à *quinze* exercices par an, chacun d'une durée maximum de vingt-quatre heures, *déplacement compris*. Il était absolument illusoire, dans ces conditions, de prétendre les instruire. Les officiers, nommés par l'Empereur, et choisis surtout d'après leur situation sociale, paraissaient enchantés de parader en uniforme aux cérémonies, mais demeuraient, à part quelques exceptions fournies par les officiers démissionnaires de l'armée, aussi étrangers aux choses militaires qu'avant leur nomination. Quant aux sous-officiers, n'ayant jamais servi, ce n'était que des porte-galons, parfaitement incapables de remplir leurs fonctions d'instructeur.

Et cependant, quand on se rappelle quelle fut la tenue au feu de certains de ces bataillons, ceux de la Sarthe à Loigny, de la Dordogne à Coulmiers et de tant d'autres, on est en droit de se demander si l'institution de la garde mobile, en dépit de ses imperfections, n'eût pas, avec un peu plus de résolution et de sérieux, donné des résultats satisfaisants. Le maréchal Niel le croyait, tout au moins, et l'opinion d'un homme de cette valeur mérite bien quelque créance. Mais il ne put malheureusement en faire l'expérience lui-même. Obligé de défendre pied à pied devant une opposition aveugle et sourde les principes qu'il jugeait avec raison inséparables de la sécurité nationale ; condamné à mendier des crédits qu'on ne lui accordait qu'avec une étroite parcimonie, quand on ne les lui refusait pas ; en butte aux intrigues de l'entourage immédiat du souverain, il ne tarda pas à succomber à la peine, sans avoir pu convoquer une seule fois cette garde mobile, qui était son œuvre ; et en qui il avait foi. Son successeur, peu désireux apparemment de lutter avec les mêmes difficultés, laissa l'institution se dissoudre elle-même. D'ailleurs les populations, nourries d'illusions et trop avides de bien-être, ne paraissaient pas l'accepter avec enthousiasme ; dans quelques villes du Midi même, les tentatives d'organisation qu'on fit soulevèrent une résistance marquée. Le maréchal Le Bœuf ne s'entêta pas. Il laissa les choses en l'état et se borna à déclarer à la Chambre, peu de temps avant la guerre, que la garde mobile « n'ayant pu parvenir à s'organiser, ne figurait sur les contrôles que pour mémoire ».

L'armée française était donc, au mois de juillet 1870, soumise à deux législations différentes : celle de 1832, insuffisante en elle-même, et rendue néfaste par le correctif de 1855, et celle de 1868, dont la disposition la plus essentielle demeurait, jusqu'à ce jour, lettre morte. Il fallait être très optimiste pour voir dans un pareil amalgame des gages de sécurité, ou pour affirmer, avec le gouvernement, que « notre puissance avait atteint un développement indispensable » et que « les ressources militaires de la France étaient désormais à la hauteur de ses destinées dans le monde[1] », enfin pour accepter sans réserve le tableau flatteur que le *Journal officiel* de l'Empire traçait, le 16 août 1869, de la situation :

> Une armée de 750,000 hommes disponibles pour la guerre, près de 600,000 hommes de garde nationale mobile, l'instruction dans toutes les branches poussée à un degré inconnu jusqu'ici ; 1,200,000 fusils fabriqués en dix-huit mois, les places mises en état, les arsenaux remplis, un matériel immense prêt à suffire à toutes les éventualités, quelles qu'elles soient, et, en face d'une telle situation, la France confiante dans sa force.

Tout cela eût été bien beau, si c'eût été vrai. Mais il fallait malheureusement en rabattre, et les chiffres suivants, puisés à des sources authentiques, montrent à quel point le gouvernement, volontairement ou non, s'abusait.

L'armée active se montait réellement, *sur le papier*, à 639,748 hommes. Mais en défalquant de ce nombre les indisponibles, et les troupes nécessaires à la garde de l'Algérie, à la constitution des dépôts et à la division d'occupation de Rome, on ne trouvait déjà plus que 407,082 combattants. En outre, comme la garde mobile n'était ni constituée, ni équipée, ni habillée, ni armée, ni instruite, il fallait prélever tout d'abord sur l'armée active un chiffre de 57,000 hommes environ, pour former la garnison des places fortes. Reste

---

1. Discours du trône du 18 janvier 1869.

350,000 hommes, dont il convient de défalquer la gendarmerie (19,374 hommes), l'escadron des Cent-Gardes de l'Empereur (338 hommes), et les services administratifs (11,830)[1]. On voit qu'en tenant compte des déchets inévitables et des difficultés inhérentes au rappel des réserves, que l'absence de toute réglementation du détail rendait fort aléatoire, il devenait difficile de tabler sur un nombre rond supérieur à 300,000 hommes, même en comptant largement. C'était là une évaluation que tout le monde, j'entends dans le gouvernement, pouvait faire, et que personne ne fit. Le plébiscite d'abord, la mobilisation ensuite, se chargèrent de démontrer malheureusement qu'elle était encore exagérée.

Nous allions donc nous trouver, dès le début, dans un état d'infériorité numérique manifeste vis-à-vis de nos adversaires. Mais telle était la valeur de l'immense majorité de nos soldats, et la confiance qu'ils avaient en leur bravoure, que cette infériorité, si elle eût été la seule, ne nous condamnait pas irrémédiablement à la défaite. On verra par la suite à quoi il a tenu qu'au moins dans la première partie de la guerre, nous n'ayons pas été victorieux. C'est donc ailleurs qu'il faut chercher les véritables causes de nos désastres. Pour se les expliquer complètement, il est nécessaire de connaitre dans le détail non seulement l'état matériel et moral de l'armée, mais encore celui de la nation française en 1870, et de savoir comment nos institutions militaires, naguère données en exemple à l'Europe, étaient à ce point dégénérées à cette époque qu'on n'y trouvait plus aucune trace de leur ancienne splendeur.

I. ORGANISATION ET COMMANDEMENT. — Aux termes de la Constitution, l'Empereur était le chef de l'armée. Il en avait le commandement suprême, en choisissait les généraux, et se mettait à sa tête, s'il le jugeait convenable, quand elle entrait en campagne. Mais, du moins dans le temps de paix, ce commandement ne s'était jamais exercé d'une manière effective, en ce sens que

1. Colonel V. DERRECAGAIX, *La Guerre moderne*, tome 1er, page 12.

sa direction n'était pas ostensible, et semblait, aux yeux du soldat, s'effacer devant l'autorité plus directe de chefs qu'il connaissait mieux, pour les avoir vus sur les champs de bataille, participant à sa gloire et partageant ses dangers. L'heureuse issue et les faciles succès de la guerre de 1859, en Italie n'avaient pas réussi, peut-être en raison de leur rapidité, à établir entre le souverain qui y commandait en chef et ses soldats ces liens d'affection enthousiaste que le premier Empereur savait si bien exploiter pour exalter les courages et provoquer les dévouements. C'est que celui-ci, vivant toujours au milieu de ses troupes, connaissait par le menu leurs besoins, entrait par lui-même dans tous les détails de leur existence et, ne laissant à personne le soin de s'en occuper, affirmait dans les circonstances les plus minimes en apparence son autorité souveraine et son rôle de général en chef. Napoléon III, au contraire, ne se montrait guère à ses soldats, si ce n'est dans les rassemblements périodiques du camp de Châlons, et c'était plutôt comme un inspecteur général d'un rang supérieur que comme un chef véritable, qui met, à l'occasion, l'épée à la main. En sorte que si la majorité de l'armée française, qui connaissait sa bonté, faisait preuve à son égard de loyalisme absolu, et lui témoignait, en toute circonstance, le respect dû à la majesté du trône, elle était bien loin de lui accorder le prestige militaire dont jouissaient certains de ses généraux, et la confiance qu'ils avaient su lui inspirer. De là un vice grave dans le commandement, où se faisait trop sentir l'absence d'une autorité incontestée.

Le ministre de la guerre, de son côté, n'était pas en droit de revendiquer à son profit ce rôle de chef suprême, nominalement attribué au souverain. Il dirigeait l'armée, exerçait sur son personnel, son organisation, son instruction, son matériel, sa discipline et son administration une action prépondérante, mais ne pouvait en prendre le commandement. Ceux qui étaient les vrais dépositaires de celui-ci, maréchaux et généraux, ne trouvaient donc nulle part la direction ferme et unique qui eût assuré l'unité des vues, la continuité des efforts et l'indivisibilité des résultats. On verra combien plus l'armée prussienne était, à cet égard, avantagée.

Quant à l'exercice même du commandement, il était assuré par l'existence, auprès des généraux, d'un corps spécial d'état-major, créé en 1819 par le maréchal Gouvion-Saint-Cyr, et fournissant à la fois les aides de camp et les états-majors proprement dits. Ce corps se recrutait par voie de concours, parmi les élèves de Saint-Cyr et les sous-lieutenants de l'armée, et par voie directe, parmi les élèves de l'Ecole Polytechnique, dont deux ou trois par an étaient admis, sans examen, à l'Ecole d'application d'état-major. Après deux années de cours, ces officiers étaient classés définitivement dans le corps, avec le grade de lieutenant, mais n'en exerçaient les fonctions qu'après des stages d'une durée totale de cinq ans dans les trois armes de l'infanterie, de la cavalerie et de l'artillerie.

Tel était le corps d'état-major, a écrit M. le général Thoumas, corps essentiellement fermé, comme on le voit, composé d'officiers instruits ou tout au moins ayant reçu une instruction spéciale, peu familiers avec le service des troupes et formant eux-mêmes deux catégories assez tranchées : d'une part, les officiers brillants et hommes du monde, recherchés comme aides de camp; d'autre part, les officiers travailleurs, ferrés sur les règlements, occupés dans les bureaux à un métier peu fait pour développer les aptitudes militaires, forcés en tout cas de persévérer jusqu'au bout dans une carrière qu'ils avaient choisie à un moment où leurs idées n'étaient pas encore bien arrêtées et où, pour ainsi dire, ils ne se connaissaient pas eux-mêmes. On avait, en créant le corps d'état-major, coupé court à de graves abus et remédié à un mal profond; mais si le principe était bon, l'application en laissait fort à désirer. Aussi, de nombreuses plaintes s'élevèrent-elles contre les officiers d'état-major, jalousés par les officiers de troupe pour des avantages souvent plus apparents que réels, pour l'avancement rapide donné aux plus brillants d'entre eux et dont le plus grand nombre était loin de profiter, pour le ton de supériorité et les airs de commandement que certains puisaient dans le commerce journalier des généraux [1].

Ajoutons qu'aucun règlement ne fixait les attribu-

---

1. Général Thoumas, *Les Transformations de l'armée française*, tome Ier, page 202.

tions ou les fonctions de l'état-major, en sorte que le service y était uniquement dirigé par les habitudes de chacun, quelques traditions et surtout la routine, qui excluait de parti pris le corps d'état-major de toute participation à la préparation de la guerre, exclusivement réservée aux bureaux du ministère. Il en résultait pour les officiers d'état-major une situation effacée et indigne du réel mérite qui était l'apanage de la plupart d'entre eux, condamnés à confiner leur activité et leur intelligence dans les limites très bornées d'un champ d'action où leurs qualités ne tardaient pas à s'émousser. Placés, après quelques années de ce régime, aux prises avec les difficultés de la guerre, ils se montraient généralement inférieurs à leur mission, et ne rendaient ni dans les reconnaissances, ni dans la préparation et la rédaction des ordres, les services qu'on eût été en droit d'attendre d'eux.

Une pareille situation ne pouvait échapper à la perspicacité du maréchal Niel. Aussi, en 1868, essaya-t-il de tirer l'état-major de la torpeur où on le laissait s'enlizer, en demandant à ses membres des travaux sur les armées étrangères et des études sur les principaux problèmes qui étaient alors à l'ordre du jour. Plusieurs répondirent à cet appel, et il en résulta des brochures intéressantes et utiles, parmi lesquelles on doit citer en première ligne celles que publièrent M. le commandant Fay, sur l'armée prussienne et la campagne de 1866, et M. le colonel Lewal, sur le service de marche, dont personne ne s'était soucié avant lui. Mais ces travaux individuels, qui émanaient de personnalités déjà en vue, ne constituaient aucun changement dans le fonctionnement général du service d'état-major. Celui-ci continuait à s'user dans une bureaucratie improductive et ne se préparait en aucune façon aux responsabilités redoutables qui allaient bientôt lui incomber.

Si maintenant nous examinons la répartition des troupes sur le territoire, nous voyons qu'elle, non plus, ne répondait malheureusement pas aux exigences d'une mobilisation rapide ni à une conception logique de la sécurité nationale. La France était, depuis 1858, partagée en sept grands commandements, confiés à des maréchaux ou à des généraux ayant commandé en chef, et dont les chefs-lieux étaient placés respectivement à Paris, Lille, Nancy, Lyon, Toulouse, Tours et Alger. Mais cette institution, survenue après l'attentat d'Orsini et dictée par des considérations plutôt politiques que militaires, assurait peut-être, comme le disait le décret impérial de 1858, « l'action des sommités militaires et la cohésion des forces divisionnaires », sans toutefois qu'il y eût aucun rapport entre ces dernières et les grandes unités de combat. Chacun de ces grands commandements, improprement appelé *corps d'armée*, comprenait un nombre variable de divisions militaires dont le chef exerçait son commandement, purement territorial, sur les troupes qui y étaient stationnées. Enfin, chaque division était elle-même partagée en autant de subdivisions qu'elle contenait de départements, les subdivisions ayant à leur tête un général de brigade. L'armée française tout entière était donc ainsi territorialement répartie, et exception était faite seulement pour la garde impériale, qui formait un corps d'armée permanent, les troupes réunies dans les camps d'instruction, que l'on constituait temporairement en une ou plusieurs divisions, l'armée de Paris et, enfin, l'armée de Lyon.

Les défectuosités de ce système avaient été clairement démontrées une première fois lors de l'expédition de Crimée et, une seconde fois, dans des conditions encore plus fâcheuses, au début de la guerre d'Italie. On avait vu les difficultés que présentait, au moment de la déclaration des hostilités, la constitution hâtive d'un certain nombre de corps d'armée et de divisions actives qu'il fallait composer de pièces et de morceaux, avec des éléments venus des quatre coins de la France, sans cohésion parce qu'ils ne se connaissaient pas, et sans confiance, au moins jusqu'aux premiers engagements, envers des chefs nouveaux, obligés eux aussi de quitter leur commandement la veille de la lutte, pour se mettre à la tête de troupes que le hasard seul leur confiait.

En 1859, notre organisation militaire n'avait permis d'autres préparatifs que le travail des arsenaux et quelques mouvements ayant pour objet de rapprocher de la frontière les troupes destinées à entrer en Italie; puis, quand l'ultimatum de l'Autriche avait mis le Piémont en danger, il avait fallu, coûte que coûte, pour arrêter les Autrichiens, lancer à travers les Alpes ou sur la Méditerranée nos divisions à peine organisées, incomplètes en hommes et en matériel, en même temps que se formaient les états-majors de l'armée et des corps d'armée. Vingt-cinq jours suffirent pour opérer ce mouvement; mais, malgré les habiles dispositions inspirées par le maréchal Canrobert au roi Victor-Emmanuel et prises par lui-même pour l'avant-garde du 1er corps d'armée, malgré l'apparition de nos premiers bataillons à Suse et à Gavi, sur la route de Gênes à Alexandrie, il faut convenir que les Autrichiens y mirent de la bonne volonté et qu'il était hardi, sinon imprudent, de nous en aller organiser nos corps d'armée et compléter nos bataillons et nos batteries à quelques dizaines de kilomètres d'une armée sérieuse par la qualité comme par le nombre. Nous fûmes heureux, soit! mais nous avons payé cher ce bonheur, parce qu'il nous a endormis sur la pente où nous nous laissions aller[1].

Il semblait, en effet, qu'une pareille expérience eût dû porter des fruits. L'empereur Napoléon III lui-même avait eu l'air de le promettre quand, dans un toast porté à l'armée le 15 août 1859, il disait aux trois cents officiers réunis en un banquet, aux Tuileries : « Que le souvenir des imperfections signalées revienne à votre mémoire, car pour tout homme de guerre, le souvenir c'est la science même! » Au surplus, ces imperfections ne présentaient rien d'irrémédiable, et il n'était pas besoin de remonter bien haut dans l'histoire de France pour s'apercevoir qu'elles n'avaient pas toujours existé. Sans parler, en effet, de la permanence des corps de la Grande Armée, due surtout à la continuité de l'état de guerre, il existait un document qui prouvait que déjà, sous l'ancienne monarchie, on s'était préoccupé d'avoir tout constitués, dès le temps de paix, les éléments des armées de campagne. Ce document n'est autre que l'ordonnance royale du 17 mars 1788, élaborée par le Conseil de la Guerre, et précédée de ce préambule remarquable :

Sa Majesté veut que les troupes soient toujours disposées à en-

---

1. Général Thoumas, *Les Tranformations, etc.*, page 540.

trer en action et qu'elles soient à cet effet organisées, équipées et pourvues de tous les effets de campement comme elles doivent être à la guerre, en sorte que la paix soit pour elles une école constante de discipline et d'instruction, en même temps qu'elle sera pour les généraux une école de commandement.

Cette ordonnance partageait le territoire du royaume en 17 commandements, dont les trois plus importants, Lille, Metz et Strasbourg, devaient être affectés à des maréchaux de France, et les troupes embrigadées en permanence se répartissaient dans ces 17 commandements, aux ordres directs des commandants en chef[1]. Les événements ne laissèrent point à ce système le temps de s'asseoir définitivement, et bientôt les armées, appelées à la frontière, durent, avant de recevoir une organisation rationnelle, passer par bien des péripéties diverses. Mais le principe qui l'avait inspiré fut soigneusement recueilli par la Prusse et appliqué, dès 1813, à son armée reconstituée. Pour nous, nous l'avions totalement oublié, et personne, avant le maréchal Niel, ne songea à le remettre en vigueur.

Ce ministre si regrettable se souvenait, en effet, des désordres dont il avait été le témoin au début de la campagne d'Italie ; aussi, son premier soin, quand le 20 janvier 1867 il arriva aux affaires, fut-il de chercher à en éviter le retour. Dans ce but, il arrêta d'avance et fixa sur le papier la constitution des armées de campagne, que des raisons politiques l'empêchaient de former effectivement dès le temps de paix. La répartition des troupes, les ordres nécessaires à leur concentration et à la préparation des mouvements, les lettres de service, en un mot, ce qu'on appelle aujourd'hui la mobilisation fut établi d'avance, non pas peut-être aussi complètement qu'il eût été à désirer, mais très suffisamment tout au moins pour qu'on ne fût plus pris au dépourvu. C'était un pas décisif fait en avant, au prix, il est vrai, d'un travail énorme, puisqu'au 1ᵉʳ janvier de cette année 1867, il n'existait en

---

1. Le principe de la division, unité de combat, ne fut adopté que plus tard, en 1793.

ce genre absolument aucun préparatif[1]. Bien malheureusement, l'affolement général qui s'empara des esprits, au moment de la déclaration de guerre, détruisit net tout ce qui avait été fait. La répartition établie trois années auparavant, et qu'il était si facile d'utiliser en inscrivant simplement sur les lettres de service les noms des destinataires, fut laissée de côté. « Effectuée à temps, puis employée avec habileté, elle aurait peut-être modifié le résultat des premières rencontres[2]. » On préféra tout remettre en chantier, à la hâte, au hasard, sans vue d'ensemble, et au lieu de trois armées que voulait le maréchal Niel, en constituer une seule, au dernier moment, sans s'inquiéter de savoir comment on pourrait, dans ce fatal désordre, lui assurer la possession de tout ce qui lui était indispensable, aussi bien en personnel qu'en matériel. Le résultat de cet incompréhensible égarement fut que l'armée du Rhin, privée de ses réserves et d'une partie de son matériel, se trouva, comme nous le verrons bientôt, réduite à l'immobilité sur la frontière et condamnée, dès le début, à une défensive passive qui lui ôtait tout espoir de succès.

On voit, d'après ce qui précède, combien le commandement et l'organisation de l'armée française étaient précaires, et quel mince profit on avait tiré de l'expérience du passé. Mais ce n'était pas tout. A ces causes matérielles d'infériorité, il faut aussi, hélas ! en ajouter d'autres, toutes morales, il est vrai, mais non moins essentielles. Il faut se rappeler combien l'état militaire était déchu, depuis de longues années déjà, de son indispensable prestige, combien la séparation entre l'armée et le pays s'était creusée plus profonde, après que le remplacement et l'exonération eurent éloigné du métier des armes toute l'élite de la nation, quel était devenu l'esprit de ce peuple, naguère encore si accessible aux idées généreuses, mais rongé alors par le scepticisme et l'illusion. Il faut se rappeler les théories extra-

---

1. Général Thoumas, *loc. cit.*, page 468.
2. Colonel V. Derrécagaix, *La Guerre moderne*. Paris, Baudin, 1885, tome Ier, page 103.

ordinaires que soutenaient, dans la presse et dans le public, des sophistes à courte vue qui rêvaient déjà de fraternité universelle, de désarmement général, de baisers Lamourette donnés de peuple à peuple à travers les frontières veuves de leurs murailles et de leurs canons. Il faut se rappeler quel souverain mépris professaient pour la guerre les philosophes à la mode, qui proposaient bénévolement, au nom des principes, de désarmer sur toute la ligne, pendant que nos voisins restaient armés jusqu'aux dents, et de quelles acclamations on saluait les élucubrations de rhéteurs utopistes qui flétrissaient les armées permanentes comme un reste de barbarie odieux de la civilisation ! Vraiment, quand on songe à tant de folie, suivie à si courte échéance de tant d'héroïsmes, on se demande comment est fait ce pays étrange, qui sait à un sommeil aussi funeste donner un si éclatant réveil !

La valeur intrinsèque de l'armée avait singulièrement baissé, elle aussi. La loi de 1855, nous l'avons vu, avait détruit l'homogénéité si précieuse qu'on devait à celle de 1832. Il restait dans les rangs quantité de bons soldats, cela est certain, mais il y en avait aussi quelques-uns de médiocres, et si le dévouement des régiments à la patrie et au drapeau demeurait incontestable, il ne pouvait plus s'appuyer sur l'universalité des individus, comme cela existait en Afrique et en Crimée, où chaque homme avait fait des prodiges. La qualité avait donc diminué, en même temps que la quantité. Bien plus, cette loi fatale de 1855 avait profondément modifié la constitution des cadres inférieurs et presque tari la source de ces excellents sous-officiers, serviteurs modestes, dévoués et braves, qui étaient la moelle de l'armée et faisaient la force des régiments : en sorte que la dégénérescence menaçait de s'accuser tous les jours davantage.

Quant aux officiers, je ne puis mieux faire, pour exposer l'état moral où les trouva la guerre de 1870, que de citer intégralement cette page typique, où un écrivain militaire considérable a consigné, dans un langage vivant et admirablement net, des impressions auxquelles sa grande expérience donne une incontestable valeur [1] :

> Mêlés à la vie commune, les officiers voyaient tout le monde chercher à s'enrichir et beaucoup y réussir ; le prix de toutes choses avait augmenté à un tel point que leur solde était devenue absolument insuffisante, d'autant plus que grand nombre d'entre eux avaient été endettés par la guerre de Crimée, guerre pendant laquelle la presque totalité de leurs appointements avait été dépensée à se mal nourrir. Ils devinrent donc forcément ambitieux ; la lecture de l'*Annuaire* et le calcul de leurs chances d'avancement formèrent la base de leur instruction militaire, et tandis qu'à l'époque de notre entrée au service on aurait honni quiconque eût parlé de ces choses-là à une table d'officiers, elles y étaient devenues le sujet principal des conversations. L'étude était en défaveur, le café en honneur, les officiers qui seraient restés chez eux pour travailler auraient été suspectés comme vivant en dehors de leurs camarades. Pour arriver, il fallait avant tout avoir un beau physique, une bonne conduite et une tenue correcte : avec cela, dans l'infanterie, comprendre le service de l'officier comme celui du caporal et tenir correctement la main sur la couture du pantalon, les yeux fixés à quinze pas devant soi, en écoutant parler le colonel ; dans la cavalerie, réciter par cœur le littéral de la théorie et faire du *passage* dans la cour du quartier avec un cheval bien dressé ; dans l'artillerie, affecter le plus profond mépris pour les connaissances techniques... ; enfin, dans toutes les armes, *être recommandé*. Un nouveau fléau s'était en effet abattu sur l'armée et sur le pays : *la recommandation !* Et, tandis que tous les fléaux sont passagers, comme la peste, le choléra, le vol des sauterelles, la recommandation a persisté ainsi qu'un mal chronique, destiné à tuer le malade si l'on ne prend pas des mesures énergiques pour tuer le mal.
>
> Comme si ce n'était pas assez de ces causes d'amoindrissement, la littérature et le théâtre vinrent s'en mêler. Un romancier de talent inventa le type du *capitaine Bitterlin*, et, pour le bon public, tous les capitaines furent des Bitterlin. Bientôt tous les généraux furent, pour le même public, modelés sur le type ridicule du *général Boum*, personnage d'opérette imaginé par deux hommes d'esprit. Enfin, un autre écrivain, beaucoup moins amusant que ceux-là, ce qui aurait dû le rendre moins dangereux, trouva moyen de populariser la lâcheté et fit école, grâce aux dispositions entretenues dans l'esprit public par des conférences sur la suppression des armées permanentes. Des orateurs de talent se firent applaudir en vantant la tendresse de nos bons voisins d'outre-Rhin, qui ne demandaient qu'à nous serrer dans leurs bras, et en s'écriant qu'au bout du compte, s'ils s'avisaient de nous chercher noise, nous les mettrions en fuite rien qu'en prenant chacun un fusil pour courir à la frontière. Voilà ce que nous avons entendu

---

1. Général Thoumas, *loc. cit.*, tome II, page 636.

dire et vu applaudir par une foule composée d'hommes réputés intelligents !...

Et M. le général Thoumas ajoute :

Cependant l'armée française avait encore assez, pour vaincre, de ce qui lui restait de ses vertus d'autrefois, de telle sorte que, malgré le nombre et l'habileté de ses adversaires, elle eût été victorieuse si elle avait été commandée.

Rien n'est plus vrai, car il restait dans ses rangs bon nombre d'hommes aguerris, dévoués, valeureux, prêts à sacrifier leur vie sans regret et sans murmure, comme d'ailleurs ils ont fait. Et si cette espèce de fatigue morale, si cet éloignement de l'étude qui avait gagné beaucoup d'officiers, devait influer sur la direction stratégique et tactique des opérations d'une manière malheureusement trop sensible, il n'en était pas moins certain aussi que sous le rapport de la bravoure, du dévouement, de l'ardeur, notre corps d'officiers ne le cédait en rien à celui de l'ennemi. Il ne possédait pas au même degré que celui-ci la connaissance théorique de la guerre, acquise par un travail énergique et constant de temps de paix ; mais cette infériorité incontestable, que rien ne pouvait compenser dans les grades élevés, n'empêchait pas les officiers des corps de troupe, surtout ceux de l'infanterie, de montrer en toute occasion des qualités de commandement, qui eussent dû, sous une direction plus habile, fournir de précieux éléments de succès. Quant aux sous-officiers, j'entends les très bons, ils commençaient, en 1870, à se faire rares, sauf dans la Garde, où des avantages sérieux de solde, d'uniforme, de garnisons et des prérogatives réelles de commandement réussissaient encore à les retenir. La défaveur où était tombé le service militaire, le bien-être général et l'augmentation de la fortune publique, l'abolition des primes de rengagement prononcée par la loi de 1868, tout cela avait contribué à démolir peu à peu le vieux cadre si solide d'instructeurs admirables, de serviteurs modèles et d'aides si précieux pour les officiers, que l'armée française, à l'exclusion de toute autre, avait possédé jusqu'après la guerre de

Crimée. Certainement il en restait encore, mais pas assez.

En résumé, nos forces, trop réduites et de valeur assurément moindre qu'autrefois, étaient cependant encore respectables et ne méritaient point, en tout cas, le sort lamentable qui les attendait. La preuve s'en trouvera peut-être dans ce livre, où l'on verra comment notre poignée de soldats a cherché à suppléer par son courage au nombre et à la direction qui lui manquaient à la fois, et comment aussi la Nation, retrempée dans l'infortune, a su se retrouver et se ressaisir quand il a fallu, dans un effort suprême, affirmer sa volonté de vivre et le patriotisme de ses enfants.

II. INFANTERIE. — L'infanterie française comprenait, en 1870 :

1° *Garde impériale.*

1 bataillon de chasseurs à pied ; 3 régiments de grenadiers à 3 bataillons ; 4 régiments de voltigeurs à 3 bataillons ; 1 régiment de zouaves à 2 bataillons.

2° *Troupes de ligne.*

100 régiments à 3 bataillons ; 20 bataillons de chasseurs.

3° *Armée d'Agérie.*

3 régiments de zouaves à 3 bataillons ; 3 régiments de tirailleurs indigènes à 3 bataillons ; 1 régiment étranger à 4 bataillons ; 3 bataillons d'infanterie légère d'Afrique.

Nous ne comptons que pour mémoire, parce qu'ils n'appartenaient pas à l'armée de ligne proprement dite :

Le régiment de sapeurs-pompiers de Paris à 2 bataillons ;

Les 7 compagnies de discipline (5 de fusiliers et 2 de pionniers) ;

Les 2 compagnies de sous-officiers et de fusiliers vétérans.

En temps de paix, les bataillons étaient à 8 compagnies chacun : mais sur le pied de guerre, ils n'emmenaient que 6 compagnies, les deux autres servant à constituer un 4ᵉ bataillon de 4 compagnies, et un dépôt de 2 compagnies. On sait que ces 4es bataillons, groupés en régiments de marche, formèrent le noyau des armées de Châlons, de Paris et de province.

Si les effectifs avaient été en rapport avec le nombre des unités, on eût trouvé dans ce total de 366 bataillons actifs une force imposante. Mais l'insuffisance des crédits budgétaires, toujours mesurés avec parcimonie, avait depuis longtemps déjà nécessité l'augmentation de la deuxième portion du contingent, qui ne faisait que cinq mois de service, au détriment de la première qui faisait sept ans d'abord, et cinq ensuite. Pour la même raison, on avait été amené progressivement à porter à un chiffre trop considérable le nombre des réservistes de la première portion, libérés par anticipation après deux, trois ou quatre ans de service et rappelés seulement en temps de guerre. En sorte que l'effectif d'une compagnie, légalement fixé à 112 hommes, ne dépassait guère 55 en réalité. Il fallut, au moment de la déclaration de guerre, rappeler en hâte toute cette masse d'hommes épars dans leurs foyers. Une partie ne put pas rejoindre à temps; une autre, qui n'avait, depuis 1868, été soumise à aucun exercice, rentra sous les drapeaux sans avoir jamais manié le fusil Chassepot[1]!

Ce fusil Chassepot constituait cependant, et cela sans conteste, la seule supériorité matérielle qui fût à notre actif. C'était une arme relativement légère, d'une justesse et d'une précision remarquables, d'une portée considérable (1,800 mètres) et qui laissait assez loin derrière elle le fameux fusil à aiguille (Dreyse) des Allemands. Le sabre-baïonnette qu'on adaptait à son extrémité était construit de façon à ne diminuer en rien ses qualités balistiques, et conservait à notre infanterie, dans l'attaque, son mode d'action favori. Nous étions

---

[1]. Le 13 août, veille de la bataille de Borny, les plus jeunes sous-lieutenants de chaque bataillon furent commandés de service pour enseigner la *charge en quatre temps* aux réservistes qui étaient arrivés le matin, sous Metz, et n'avaient jamais connu que le fusil à piston. Ces hommes se battirent dès le lendemain, avec leurs compagnies respectives.

donc, sous ce rapport, mieux outillés que nos adversaires, et les pertes sanglantes qu'ils subirent pendant la première partie de la guerre, ainsi que leurs nombreux échecs partiels, sont dus autant à l'excellence de notre armement qu'à la fermeté de nos fantassins.

Chaque homme portait sur lui 90 cartouches, réparties en 10 paquets ; en outre, chaque bataillon avait avec lui, le suivant partout, une voiture légère chargée d'environ 12,000 cartouches. Cette profusion de munitions a parfois amené du gaspillage ; elle a cependant, dans certains cas, permis à l'héroïsme de nos soldats de se manifester par des résistances admirables. Mais ceux-ci souffraient d'un inconvénient grave ; ils étaient trop chargés. La petite tente-abri, souvenir des guerres d'Afrique, très précieuse dans les camps et la guerre de siège, mais affreusement pesante quand elle est tant soit peu mouillée, augmentait dans des proportions sensibles la charge du soldat, obligé de porter sa maison sur son dos. Avec tous les accessoires qu'elle comporte, cette charge atteignait le chiffre énorme de 30 kilogrammes, en sorte que, dès qu'il était appelé à combattre, l'homme n'avait rien de plus pressé que de se débarrasser de son sac, afin de conserver, avec l'agilité nécessaire, tous ses moyens d'action. Cette habitude était devenue si générale, qu'au moment d'entrer en ligne, les officiers donnaient d'eux-mêmes l'ordre de déposer les sacs, en ordre et par tas de quatre qui se soutenaient réciproquement. Il fallait alors préposer à leur garde quelques sentinelles qui diminuaient d'autant l'effectif ; puis, en cas d'insuccès, et c'était là le plus grave, il fallait les abandonner. Et alors, plus de tentes, plus de marmites, plus de bidons, partant plus de soupe ni de couvertures. Tout le bénéfice de la tente-abri se trouvait évanoui du coup. Les Allemands étaient certainement plus pratiques, quand ils cantonnaient leurs troupes et les faisaient nourrir chez l'habitant, d'autant plus qu'ils se conservaient ainsi le bénéfice d'une mobilité et d'une élasticité de mouvements dont la concentration journalière des troupes françaises, consécutive à leur mode de stationnement dans des camps étroits, privait celles-ci complètement[1].

Enfin, notre infanterie ne trouvait pas, dans ses règlements de manœuvres, une méthode définie et des règles fixes pour le combat. Elle continuait à se former en ligne avec un rideau de tirailleurs en avant, ou en colonnes d'attaque. Mais rien n'était indiqué, ni pour la fixation des distances, ni pour la liaison des mouvements. Il existait bien, sous le titre *Observations sur les combats*, une petite brochure que le ministre de la guerre avait envoyée aux différents régiments, et qui donnait quelques indications assez générales sur l'emploi des troupes. Mais ni les officiers, ni les soldats, qu'on fatiguait en garnison et dans les camps par l'éternelle répétition d'évolutions rigides et formalistes du terrain d'exercice, n'avaient d'idée bien arrêtée sur la tactique de combat, tandis que de leur côté les généraux prussiens faisaient, depuis quatre ans, tous leurs efforts pour familiariser leurs troupes avec les nouvelles formations nécessitées par l'adoption des armes à longue portée. Il y avait dans cette situation de quoi préoccuper le commandement supérieur. Celui-ci jugea nécessaire de faire quelque chose, et c'est ainsi qu'à la veille des premiers engagements, alors que le grand quartier général était déjà à Metz, il fit rédiger un nouvel opuscule, intitulé *Instructions tactiques*, lequel fut distribué dans les différents états-majors et régiments. Ces *Instructions* contenaient d'excellentes choses, des principes pleins de bon sens et de justesse, et des indications précieuses sur la manière de combattre nos ennemis. Mais elles étaient évidemment trop tardives pour pouvoir porter des fruits. Ce n'est pas quand on respire l'odeur de la poudre qu'on se remet au rudiment,

---

1. Les survivants des 4e et 6e corps de l'armée du Rhin se souviennent certainement encore de leur arrivée sous les murs de Metz, le 19 août au matin, après l'évacuation des villages d'Amanvillers et de Saint-Privat, où était resté leur bagage qui fut entièrement brûlé et pillé. Il leur fallut attendre, le ventre vide, la distribution de nouveaux ustensiles, que l'administration ne put leur délivrer que le surlendemain, et en nombre bien juste indispensable. Quant aux officiers, réduits à ce qu'ils avaient sur eux et obligés de partager jusqu'à nouvel ordre la popote des escouades, ils apprirent ce jour-là, à leurs dépens, la valeur de l'antique devise : « *Omnia mecum porto.* »

et la surexcitation des batailles ne convient guère à l'étude ni au recueillement. Ceux qui arrivent au jour suprême sans connaître à fond leur métier risquent fort de le mal faire, et une troupe est bien exposée, qui attend de sa seule bravoure une réussite que la solidité de son instruction ne lui assure pas. Brave, l'infanterie française le fut autant qu'il est possible de l'être. Elle possédait une arme excellente, un moral admirable et des qualités nombreuses. Il lui manquait deux choses : le nombre et la science ; on verra, en revanche, combien elle était capable de dévouement.

III. CAVALERIE. — Il existait, au début de la campagne de 1870, 63 régiments de cavalerie, répartis, comme on disait alors, en cavalerie légère (chasseurs et hussards), cavalerie de ligne (dragons et lanciers) et cavalerie de réserve (cuirassiers et carabiniers).

1° Garde impériale.

1 escadron des Cent-Gardes de l'Empereur (à 2 compagnies), 1 régiment de guides, 1 régiment de chasseurs, 1 régiment de dragons, 1 régiment de lanciers, 1 régiment de carabiniers, 1 régiment de cuirassiers.

2° Troupes de ligne.

12 régiments de chasseurs ; 8 régiments de hussards ; 12 régiments de dragons ; 8 régiments de lanciers ; 10 régiments de cuirassiers.

3° Armée d'Afrique.

4 régiments de chasseurs d'Afrique ; 3 régiments de spahis.

Plus 9 compagnies de *cavaliers de remonte*, dont 3 étaient stationnées en Algérie.

Les régiments de cavalerie de ligne et de réserve comptaient 5 escadrons (dont 1 de dépôt) ; ceux de la Garde et de la cavalerie légère, 6 escadrons (dont 1 également de dépôt). Répartis pendant la paix, comme d'ailleurs les autres armes, dans les subdivisions territoriales, uniquement d'après les ressources du casernement, qui ne correspondaient en aucune façon aux nécessités d'une mobilisation rapide, ils étaient, au moment d'une guerre, constitués, sauf les cuirassiers, en divisions de deux ou trois brigades qu'on attachait à chaque corps d'armée. Comme cette organisation ne demandait qu'un nombre de régiments inférieur à la moitié du nombre total, le reste servait à former, avec les cuirassiers, des divisions de réserve, qui marchaient avec les armées d'opérations sans rôle nettement défini. Il n'existait de divisions toutes formées que celles de la Garde, des armées de Paris et de Lyon et, temporairement, celles qu'on envoyait s'exercer à Lunéville ou au camp de Châlons. On a vu combien une pareille organisation était défectueuse, même pour l'infanterie. En ce qui concerne la cavalerie, arme dont le rôle est essentiellement d'agir avec rapidité et de devancer l'armée, afin de la couvrir et de la protéger, elle devenait désastreuse. Au lieu de se jeter en avant, d'éclairer la marche des colonnes, de porter peut-être le désordre dans la mobilisation et la concentration de l'ennemi, la cavalerie, réunie trop tard aux troupes d'opérations et réduite à subordonner ses mouvements aux mouvements de ces troupes, n'avait plus assez d'espace devant elle pour agir avec l'indépendance dont elle a besoin. Son champ d'action se trouvait donc singulièrement rétréci, et son rôle borné à une intervention éventuelle sur le champ de bataille. Elle n'était plus qu'un instrument de combat, auquel les armes à tir rapide ôtaient désormais la plus grande partie de sa puissance et presque toute efficacité.

D'ailleurs, l'instruction que ces régiments recevaient en garnison n'était guère faite pour les préparer au rôle d'éclaireurs et d'explorateurs, que leurs devanciers de la Grande Armée, sous la conduite des Murat, des Lassalle, des Montbrun, avaient rempli avec tant d'éclat et de succès. Un formalisme plus rigoureux que partout ailleurs, des évolutions pompeusement méthodiques, une exagération de rigidité dans les détails du service intérieur, enfin un dédain trop caractérisé pour tout ce qui ne touchait pas à la science du cheval proprement dite, tels étaient vers 1870 les graves défauts d'une arme que les guerres de Crimée et d'Italie avaient un peu laissée dans l'ombre, et à laquelle sa longue inaction avait fait oublier les enseignements du passé. Plus favorisée que les autres sous le rapport de la composition de ses cadres, dotée d'un corps de sous-officiers que l'attrait d'un brillant uniforme permettait de recruter dans un niveau intellectuel relativement supérieur, commandée par des officiers pleins de vigueur et d'énergie, elle possédait certainement tous les éléments nécessaires pour remplir à la guerre son rôle véritable, qui est avant tout de voir et de renseigner. Mais ce rôle, malheureusement, elle affectait de le dédaigner, pour rêver de charges gigantesques, d'actions foudroyantes et de combats tumultueux où il ne fallait qu'un bon sabre, attaché à un solide poignet. Le souvenir des cuirassiers légendaires d'Eckmühl, de la Moskowa et de Waterloo la hantait, tandis qu'elle négligeait les leçons précieuses de Colbert et de Brack. Enfoncer des carrés hérissés de baïonnettes, traverser des batteries affolées, bousculer des escadrons surpris en flagrant délit de manœuvre, voilà la gloire, qui illumine, à travers les générations, le souvenir des héros immortels. Mais le dur métier des reconnaissances, les heures glacées qu'on passe dans l'ombre, à l'affût, comme le gendarme qui guette un malfaiteur, les chevauchées solitaires, où il faut se cacher sans cesse, où on ne met jamais le sabre à la main, les cartes qu'il faut déchiffrer à la lueur des allumettes, les rapports et les croquis qu'il faut fournir, en un mot ce pénible service d'éclaireur qui demande tant d'habileté, tant de hardiesse et donne si peu d'éclat, voilà ce que nos cavaliers n'aimaient guère, parce qu'ils en méconnaissaient l'impérieuse nécessité. Aussi verrons-nous trop souvent dans cette fatale guerre, nos troupes surprises, nos positions attaquées, nos mouvements éventés sans que rien ait été fait pour empêcher ces assauts subits. Notre cavalerie, dévouée jusqu'à l'héroïsme, se sacrifiera ensuite tout entière pour sauver l'honneur des armes et donner un moment de répit à nos lignes en désarroi. Mais cette abnégation suprême, payée par de glorieuses et sanglantes hécatombes, restera stérile, parce qu'alors il sera trop tard.

Combien de sang et de défaites nous eût-elle épargnés peut-être, en se révélant à son heure, quand elle pouvait encore déjouer les combinaisons de l'ennemi !

Disons-le toutefois à sa décharge. Notre cavalerie, atteinte plus que les autres armes par les réductions budgétaires, n'avait que des effectifs insuffisants et des chevaux médiocres. Au lieu de 7 officiers, 164 hommes et 150 chevaux, chiffres réglementaires, elle ne put, et encore à grand'peine, mobiliser dans chaque escadron que 6 officiers, 120 hommes et 105 chevaux[1]. Ceux-ci, de provenance diverse, étaient d'ailleurs, en général, trop pauvres de sang pour fournir les efforts qu'exige une grande guerre. Écoutons, là-dessus, un auteur étranger qui a étudié de très près notre organisation de cette époque.

> En 1866, dit le colonel fédéral Rüstow, les quatre escadrons de guerre d'un régiment pouvaient difficilement renfermer plus de 350 chevaux. Dès l'automne de 1866, on s'occupa de combler ces vides. Des achats de chevaux, commencés au mois d'août, sur une grande échelle, n'ayant pas donné les résultats attendus, un décret du 4 avril 1867 supprima les musiques des corps de troupes à cheval, pour donner quelques chevaux de plus aux combattants. A la même époque, on fit un essai pour employer une partie des chevaux de la grosse cavalerie aux attelages de l'artillerie, et les pertes occasionnées par là à la grosse cavalerie devaient être réparées au moyen de chevaux de gendarmes. Les achats de chevaux commencèrent donc au mois d'août 1866, et 23 millions et demi de francs furent affectés à cet objet dans le budget extraordinaire de 1867. Pendant l'affaire du Luxembourg, de grands marchés de remonte eurent lieu par toute la France. Comme on était pressé, on acheta un certain nombre de chevaux médiocres, et parfois à des prix exorbitants. On acheta également des chevaux en Hongrie, et des convois de ces animaux traversèrent l'Autriche et la haute Italie, du mois de juin au mois de décembre 1867, malgré les dissentiments sérieux qui devaient exister alors entre la France et l'Italie. Des achats de chevaux eurent lieu en outre en Angleterre et en Irlande, en Hollande et en Allemagne[2].

Mais cette remonte improvisée fut loin de répondre aux espérances qu'on avait fondées sur elle. Les chevaux hongrois, en particulier, se montrèrent difficiles et

---

1. Rüstow, *loc. cit.*, page 2.
2. *Ibid.*

maladifs. D'autres, venus d'un peu partout, étaient tellement médiocres qu'il fallut s'en débarrasser quand la question du Luxembourg fut résolue pacifiquement, « de sorte que l'effectif des chevaux de la cavalerie française ne s'éleva pas à beaucoup près autant qu'on le croyait à l'étranger. Cet accroissement d'effectif ne fut réellement pas de plus de 30,000 chevaux (y compris ceux de trait) depuis le mois d'août 1866 jusqu'à la fin de 1867[1] ». En résumé, à la déclaration de guerre, « les 63 régiments de cavalerie pouvaient mettre en campagne environ 31,500 chevaux, en en laissant dans les dépôts à peu près 12,000, dont la moitié au plus étaient propres au service, tandis que le reste ne l'était plus ou ne l'était pas encore[2] ».

En admettant, comme proportion nécessaire, que la quantité de cavalerie à attacher aux armées doive être environ du cinquième de l'infanterie, on voit que le nombre de chevaux disponibles ne permettait pas, à beaucoup près, d'atteindre ce chiffre, et que, eussent-ils été mieux instruits, nos cavaliers auraient éprouvé dans leur service d'avant-garde de bien grosses difficultés. Ajoutons enfin que les chevaux étaient beaucoup trop chargés. Le harnachement, très compliqué alors, pesait en effet 22 kilos ; l'habillement, l'armement, le campement et les vivres, 68 kilos ; le cavalier, 65 kilos en moyenne. Au total, 155 kilos environ, poids avec lequel il est malaisé de parcourir chaque jour, et à toutes les allures, un nombre de kilomètres quelque peu important.

La cavalerie française se trouvait donc, en 1870, dans un état d'infériorité sensible, au triple point de vue de l'instruction, de la remonte et du nombre. La part de responsabilité qui lui incombe dans un pareil état de choses, elle l'a effacée par des torrents de sang noblement répandu. Mais que le souvenir de son sacrifice inutile nous garde de retomber dans les mêmes erreurs, et nous rappelle aussi à quels désastres et à

---

1. Rüstow, *loc. cit.*, page 2.
2. *Ibid.*

quelle ruine peut conduire la funeste théorie des économies maladroites, qui finissent toujours par coûter si cher !

IV. ARTILLERIE. — Le corps de l'artillerie était, depuis 1867, constitué comme suit : 16 régiments montés[1] (dont 1 de la Garde) ayant ensemble 126 batteries montées et 60 batteries à pied ; 5 régiments à cheval (dont 1 de la Garde) ayant ensemble 38 batteries ; 1 régiment de pontonniers.

Les batteries montées et à cheval attelaient elles-mêmes leurs pièces, leurs caissons et leurs voitures. Mais les batteries à pied, ainsi que les différents parcs, étaient attelés par les soins d'une troupe spéciale, dénommée *train d'artillerie*, dont il existait, dans la Garde, 1 escadron à 2 compagnies, et dans la ligne, 2 régiments à 12 compagnies chacun.

Le nombre total des batteries de combat existant en France (pour l'armée de terre, s'entend) était donc de 164, dont 38 à cheval, pouvant servir 984 bouches à feu[2]. Disons tout de suite que ce nombre était insuffisant, car déjà en 1806 Napoléon évaluait à un millier de bouches à feu attelées la quantité nécessaire à la France[3] : en 1810, il portait même cette quantité à à 1,300. Quand, en 1841, la tournure prise par les affaires d'Orient sembla rendre la guerre imminente, le maréchal Soult, alors ministre de la guerre, s'empressa de relever à 1,200 le chiffre des pièces attelées, qui était, après la Restauration, tombé à 588. On admettait à cette époque, comme maximum extrême de la proportion d'artillerie, 2 pièces et demie par mille hommes ; on pense aujourd'hui que 3 pièces et demie ne sont qu'un minimum. Au surplus, ce total de 984 pièces ne

---

1. Les batteries montées transportent, dans les manœuvres, leurs servants sur les coffres des caissons. Les batteries à cheval n'ont que des servants à cheval.
2. Ce chiffre ne comporte que les batteries susceptibles d'être attelées. Il existait dans les arsenaux une réserve de matériel assez considérable, que la pénurie des hommes et des attelages empêchait, comme on le verra plus loin, d'utiliser.
3. *Correspondance de Napoléon*. Lettre au ministre Dejean, du 10 avril 1806.

fut pas expédié à l'armée du Rhin : sur les 164 batteries existantes, 10 étaient restées en Algérie et à Rome. On ne mobilisa donc que 924 pièces, dont 12 de montagne, ces dernières bien inutiles au moins pour le moment.

Les inconvénients provenant de la répartition territoriale des troupes, et que nous avons déjà signalés, firent que les corps d'armée mobilisés reçurent en moyenne leur artillerie près de quinze jours seulement après la déclaration de guerre, et encore grâce à des efforts surhumains. M. le général Thoumas, bien placé en 1870 pour apprécier mieux que personne les difficultés d'une opération relativement aussi rapide, affirme que « si, au mois d'avril 1867 [1], on avait été forcé de l'exécuter, trois mois n'y auraient pas suffi. Le résultat obtenu en 1870 était dû au travail opiniâtre accompli depuis trois ans sous l'impulsion prévoyante et active du maréchal Niel [2] ».

Le matériel en service dans l'artillerie de campagne comprenait trois types de pièces différentes : le 4 rayé (du calibre de 86^{mm},5) ; le 12 rayé (du calibre de 121^{mm},3) ; le canon à balles ou mitrailleuse.

La première de ces pièces, assez légère, et attelée de 4 chevaux seulement, était très maniable, mais tirait un projectile dont le faible poids diminuait la portée. En outre, elle était très facilement mise hors de service et ne résista pas assez longtemps aux puissants projectiles des Allemands. Le canon de 12, plus lourd, et attelé de 6 chevaux, était meilleur et pouvait tenir davantage. Mais il ne figurait malheureusement que dans les batteries de réserve, au nombre de 30 seulement ; sa portée maximum était de 3,000 mètres. Quant aux mitrailleuses, on sait quelles espérances leur création avait fait naître, et quelles désillusions s'en suivirent. La chimère de leur puissance destructive s'évanouit dès les premiers engagements. Fabriquées à Meudon dans un impénétrable mystère révélé seulement

---

1. Au moment de l'affaire du Luxembourg.
2. *Les Transformations de l'armée française*, tome I, page 144.

à quelques rares initiés, elles devaient, au dire des gardiens de leur secret, produire des effets terribles et exercer des ravages sanglants. On avait beau objecter que les mettre, au moment d'une guerre, entre les mains de servants qui ne les connaissaient pas, pouvait constituer un danger et amener des déboires : — « Les tables de tir suppléeront à tout, était-il répondu. D'ailleurs on n'a pas fait autre chose en 1859 avec les canons rayés de 4. » Il se trouva que le canon à balles avait une portée très restreinte ($1,800^m$), que le réglage de son tir était fort délicat, et que si, employé contre de l'infanterie à bonne portée, il produisait des effets meurtriers, il restait, en revanche, tout à fait impuissant contre l'artillerie qui, en deux ou trois coups, le démolissait entièrement.

Cependant, telle était la force de la légende, que malgré leur peu d'efficacité, les mitrailleuses exerçaient une influence magique sur le moral du soldat. Celui-ci aimait à en entendre près de lui le crépitement significatif, et il est arrivé souvent que quand une troupe décimée commençait à faiblir, il a suffi pour la maintenir en bon ordre de faire avancer une batterie de canons à balles, qui aussitôt, coûte que coûte, ouvrait son feu sur n'importe quoi. Ce fut le plus clair des bénéfices qu'on retira de cet engin tant vanté.

Les projectiles lancés par les canons de 4 et de 12 étaient de trois sortes : l'obus ordinaire, l'obus à balles, ou *schrapnell*, et la boîte à mitraille. De cette dernière, destinée à agir à courte distance, il n'y a point à parler. Mais l'effet utile des deux autres projectiles, qui est de se faire sentir à la portée extrême de la pièce, ne pouvait s'exercer au delà de 2,800 mètres, parce que la fusée fusante dont ils étaient munis les faisait éclater à cette distance maxima. Il en résultait que quand les batteries allemandes, et c'était le cas le plus général, se postaient à 3,000 ou 3,500 mètres des nôtres, les obus lancés par celles-ci ne les atteignaient pas, tandis que les leurs, qui étaient à fusée percutante, éclataient dès qu'ils touchaient le sol. Cette inégalité dans les effets du tir explique en partie comment notre artillerie a été si fréquemment réduite au silence au bout de quelques heures de feu. Après la chute de Metz, on adopta pour les nouvelles pièces une fusée percutante ; l'armée du Rhin n'en possédait dans ses coffres que quelques-unes de rechange. Au surplus, les approvisionnements en munitions, qui, aux termes de la décision ministérielle du 13 octobre 1867, auraient dû être de 440 coups par pièce, se trouvèrent réduits presque de moitié, par suite de l'absence du grand parc de réserve. Celui-ci, en effet, ne put être constitué, et il en résulta pour nos batteries une pénurie de munitions qui les obligea parfois, comme on le verra, à cesser leur feu au moment où il eût été le plus utile. L'infanterie, avec ses 134 cartouches par homme [1], ne fut pas réduite à cette extrémité, malgré l'énorme consommation de munitions qu'elle fit dans les grandes batailles du début. Cependant, il est probable que si l'armée de Metz avait réussi à percer, l'impossibilité où elle était de se ravitailler n'eût pas tardé à la mettre dans une situation critique, et elle aurait bientôt manqué de cartouches, comme elle avait déjà, sur le champ de bataille même, manqué de gargousses et d'obus.

C'est encore là un des résultats de ce système déplorable, qui dispersait sur tout le territoire le personnel et le matériel. Les arsenaux possédaient bien en effet un approvisionnement suffisant de voitures, de canons, de munitions et de fusils pour former le grand parc ; mais cet approvisionnement n'était pas réuni, pendant le temps de paix, en groupes distincts, destinés, comme cela existe aujourd'hui, à telle division, à tel corps d'armée ou à telle armée, et conservés à proximité de leur centre de mobilisation. A la déclaration de guerre, il fallait donc tout d'abord constituer les groupes, puis réunir le matériel nécessaire à chacun d'eux. Or ce matériel, épars dans deux ou trois arsenaux, quelquefois davantage, et donnant lieu par suite à une série d'expéditions qui se croisaient en tout sens, encombrait cer-

---

1. 90 cartouches dans le sac, 24 à la réserve divisionnaire, et 20 dans les caissons de parc du corps d'armée.

taines gares au point d'arrêter le service des trains, et souvent n'arrivait pas à temps à sa destination. Les batteries de campagne elles-mêmes, réduites en temps de paix à leur matériel d'instruction, devaient se compléter à la mobilisation ; il en est qui firent la guerre sans avoir reçu ce complément. Quant aux parcs, c'était bien autre chose : on ne put les former qu'à la diable. Le grand parc de réserve, lui, ne fut pas formé du tout.

Et puis, pour atteler toutes ces pièces, ces caissons, ces voitures, il eût fallu des chevaux, et on n'en avait pas. Pour les conduire, il eût fallu des hommes, et on n'en avait pas davantage. Déjà, dans les batteries et dans les parcs mobilisés, il existait un déficit de près de 9,000 chevaux, qu'on essaya de combler en partie par des chevaux de gendarmes et des achats *in extremis*. Comment aurait-on pu, le système des réquisitions étant alors inconnu, trouver assez d'animaux pour atteler des parcs de réserve, même si l'on eût possédé des harnais en nombre suffisant, ce qui n'était pas ? Quant aux hommes, on a vu, par les chiffres donnés plus haut, à quel effectif dérisoire la manie toujours croissante des économies les avait réduits.

Il a été dit, et écrit souvent, que nous avions été battus parce que notre artillerie n'était pas de taille à lutter avec celle des Allemands. Ce n'est pas là, hélas ! la seule cause de nos défaites, et les vices radicaux de notre organisation, compliqués d'un complet oubli des règles de la guerre, eurent sur les premiers désastres une influence bien plus considérable que l'infériorité de nos canons. Mais il n'en est pas moins vrai que cette infériorité, s'ajoutant à tant d'autres, s'est fait cruellement sentir, quand, à Frœschwiller, à Saint-Privat et à Sedan, nos batteries, aux trois quarts ruinées et à bout de munitions, durent si souvent abandonner le champ de bataille, où l'infanterie restait seule, écrasée par une pluie d'obus. Non pas que le personnel de l'artillerie ait ménagé son sang plus qu'un autre. Il faut au contraire lui rendre cette justice qu'il s'est partout prodigué avec un dévouement et une bravoure dont l'armée tout entière a maintes fois été le témoin ; les canonniers ont fait feu jusqu'à leur dernière gargousse ; et leur attitude sur le champ de bataille, le sang-froid qu'ils ont toujours déployé dans les circonstances les plus critiques, le calme superbe avec lequel, au milieu d'une tempête de fer et de plomb, ils servaient leurs pièces et les tiraient, a souvent arraché à leurs camarades des autres armes un cri d'admiration méritée[1].

L'arme de l'artillerie était véritablement une élite, et jouissait d'un puissant esprit de corps, que ses chefs entretenaient avec un soin jaloux. Peut-être même est-ce à l'exagération de ce sentiment si fécond d'ordinaire, quand il n'est pas poussé jusqu'au particularisme, qu'elle dut de rester, avant 1870, enserrée dans les étreintes d'un organisme suranné, qui ne laissait pas pénétrer jusqu'à elle les idées nouvelles, et la maintenait en dehors de la voie du progrès. En effet, tandis que nos adversaires possédaient depuis longtemps déjà des pièces en acier à chargement rapide, on en restait, chez nous, aux canons démodés de 1859 ; tandis que les Allemands préconisaient, après expériences, les avantages des grandes masses d'artillerie, qui agissent par des efforts d'ensemble et des tirs convergents, nos batteries commettaient encore l'erreur de s'engager une à une, et d'entrer en ligne isolément ou successivement, méthode stérile et impuissante, quel que soit le nombre des pièces mises en ligne, à assurer jamais la prépondérance dans le tir. Enfin, tandis que nous traînions derrière nos colonnes des batteries dites *de réserve*, qui ne pouvaient ouvrir leur feu que trop tard, quand encore elles l'ouvraient, nos adversaires avaient, eux, des batteries *de corps d'armée*, qu'ils engageaient abso-

---

[1]. Le canonnier a sur le fantassin cet avantage incontestable, qu'au feu il est toujours occupé. Tandis que souvent les lignes d'infanterie, immobiles, étaient éventrées par des projectiles qui leur arrivaient on ne sait d'où, et auxquelles elles ne pouvaient pas répondre, les artilleurs, tout à la préoccupation salutaire de leur service spécial, échappaient à l'influence démoralisatrice de l'inaction. Ceci dit, non point pour diminuer en rien leur mérite, mais seulement pour expliquer comment ils échappent à ces paniques soudaines, que l'énervement d'une attente prolongée sous le feu détermine quelquefois dans les rangs d'une infanterie réputée la meilleure et la plus aguerrie.

lument comme les batteries divisionnaires, dès le début de l'action, si c'était nécessaire, et qui assuraient tout de suite à leurs troupes une inviolable suprématie[1].

Telle était, en 1870, la situation désavantageuse, à tous les égards, où se trouvait l'artillerie française. Certes, la pénurie des hommes et des chevaux ne provenait point de son fait, et il serait souverainement injuste de l'en rendre responsable. Mais son matériel inférieur, sa tactique défectueuse, sa répartition routinière dans les corps de bataille, voilà des vices qu'elle ne devait qu'à elle-même, puisqu'elle ne permettait à personne de s'immiscer dans son gouvernement particulier. On s'expliquera peut-être, par l'esprit un peu trop exclusif qui l'animait, et dont il a été question plus haut, que ces vices, un corps, devenu aujourd'hui justement réputé en Europe, les ait laissés si longtemps subsister.

V. Subsistances et service de santé. — L'alimentation des armées en campagne ne peut être assurée que par deux moyens : ou bien il faut vivre sur le pays qu'on traverse, ou bien il faut tirer sa subsistance de magasins échelonnés d'une façon rationnelle, et fournissant les denrées au fur et à mesure des besoins. Mais chacun de ces systèmes, employé exclusivement, présente des inconvénients graves, comme il est facile de s'en convaincre. Les régions traversées par les armées sont, en effet, inégalement riches, et dans quelques-unes, qui ne se suffisent pas à elles-mêmes, il est impossible de faire subsister une troupe d'un effectif élevé ; en outre, il arrive souvent que si les premiers occupants réussissent à trouver quelque part les ressources nécessaires, il n'en est pas de même de ceux

---

1. Il a fallu les rudes leçons de la défaite pour faire cesser la fâcheuse équivoque que le mot de *réserve* a si souvent provoquée. On considérait alors les troupes auxquelles il s'appliquait comme ne devant être engagées qu'à la dernière extrémité et c'était là une grave erreur dont nous aurons plusieurs fois l'occasion de signaler les conséquences funestes. Il est aujourd'hui bien entendu que le mot *réserve* désigne une force laissée à la disposition du chef, mais qu peut et doit être employée partout, à toute heure, et dans toutes les circonstances où son intervention est jugée utile par celui-ci.

qui viennent après, et auxquels le pays dévasté refuse tout moyen d'exister. Les corps de la Grande Armée, cantonnés pendant l'hiver de 1807 sur les bords de la Passarge, en ont fait la dure expérience, et si Napoléon, avec sa prévoyance habituelle, n'avait pas amoncelé dans Varsovie des approvisionnements de toute nature, que des bateaux descendant la Vistule apportaient aux soldats, ceux-ci n'auraient certainement pas pu subsister. D'autre part, le ravitaillement exclusif d'une armée par les magasins présente ce danger, que ses mouvements ne sont plus libres; elle risque, en s'éloignant trop, de mourir de faim, et les combinaisons du général en chef sont entravées par la préoccupation constante de ne pas se séparer des approvisionnements. L'histoire des guerres est pleine de faits à cet égard parfaitement probants, et, depuis Napoléon, ce système a été définitivement condamné.

C'est donc à la combinaison des deux méthodes qu'il faut demander les moyens de vivre, c'est-à-dire qu'il faut constituer à l'avance les approvisionnements, et créer des magasins dont certains sont fixes et d'autres mobiles. Tant que les ressources du pays le permettent, l'armée vit sur elles, ou bien l'administration les exploite pour compléter ses magasins, le cas échéant. Ces ressources viennent-elles à manquer, aussitôt les magasins mobiles s'approchent des lignes, y apportent les denrées nécessaires, et sont à leur tour réapprovisionnés par des échelons placés en arrière, qu'alimentent de proche en proche les magasins fixes du territoire national. Tel est le fonctionnement rationnel et normal de ce service capital, que les règlements actuels ont assuré sur des bases solides, mais qui, en 1870, n'était réglementé par rien.

A cette époque, l'Intendance, investie à la fois de la direction, de l'exécution et du contrôle, jouissait d'une indépendance absolue que tempéraient seules quelques instructions ministérielles de principe. L'autorité des généraux sur son service technique était nulle, aussi bien en temps de guerre qu'en temps de paix, et ses membres, agissant en qualité de délégués directs du ministre, traitaient les affaires administratives complètement en dehors du commandement. Ce n'est pas que celui-ci acceptât la situation sans protester ; s'appuyant au contraire sur ce fait incontestable que, somme toute, la responsabilité définitive remonte toujours jusqu'à lui, il avait à plusieurs reprises revendiqué le droit légitime d'exercer son action aussi bien sur l'administration de l'armée que sur le reste. Toujours ses efforts s'étaient brisés contre la résistance opposée par un corps puissant, compact, composé de façon exceptionnelle, et doté d'un haut personnel où les individualités brillantes foisonnaient.

Cependant, dans les guerres récentes, l'Intendance n'avait pas fait merveille. On l'avait vue, en 1854, obligée de recourir à une maison de commerce de Marseille, la maison Pastré, pour faire vivre nos soldats jetés sur le plateau de Chersonèse. Encore ceux-ci vécurent-ils fort mal, et durent-ils rester, au début, près de trois semaines sans recevoir ni pain ni vin. Quant aux bestiaux qu'on leur distribuait, leur maigreur était telle et leur faiblesse si grande qu'ils pouvaient à grand'peine faire le trajet de Kamiesch au camp, et qu'on les abattait en chemin pour qu'ils ne mourussent pas d'épuisement. Ce qui n'empêchait pas l'Etat de les payer fort cher [1]. Pendant la campagne d'Italie, en 1859, les vivres avaient souvent manqué, ainsi qu'en fait foi la relation officielle de la guerre, publiée par ordre de l'Empereur. Il est vrai que ce document en rejette la faute sur le défaut d'organisation du train des équipages, ce qui ne saurait absoudre l'Intendance, puisqu'à cette époque, le train des équipages dépendait d'elle uniquement. « Si cette organisation avait été complète au début de la campagne, dit la relation précitée, elle aurait certainement facilité les premières opérations, et *épargné aux troupes quelques privations*. » Pour qu'un ouvrage destiné à exalter tout ce qui avait été fait dans cette guerre s'exprime de la sorte, il faut que ces privations aient été sérieuses, en vérité.

---

1. Général Thoumas, *loc. cit.*, tome II, page 53.

Quoi qu'il en soit, la situation était, en 1870, assez tendue, et le corps de l'Intendance, battu en brèche dans l'opinion, se trouvait en même temps obligé d'entrer en lutte contre des agents subalternes, les officiers d'administration, qui, tenus jusque-là à l'écart, cherchaient à s'en faire ouvrir les portes. Une pétition adressée au Sénat, et discutée en séance publique, des articles de journaux, enfin l'intervention du ministre lui-même, découvrirent la plaie secrète dont souffrait notre système administratif.

C'est bien plutôt à cet ensemble de circonstances qu'à des défaillances personnelles, que le corps de l'Intendance doit les attaques violentes dont, après la guerre, il a été l'objet. Car, il faut le dire pour être juste, les approvisionnements nécessaires à l'armée d'opération étaient bien réellement constitués ; certaines places fortes de la frontière possédaient même les vivres nécessaires, qu'elles reçurent dès que la guerre fut à redouter. Ce qui manquait surtout, c'était la direction supérieure, la préparation, et une conception logique des nécessités du moment. Le ministère, qui procédait à la fois à la mobilisation et à la concentration, deux opérations nécessairement si distinctes, promenait dans tous les sens des convois qui encombraient les gares, embrouillaient le service des chemins de fer, et se trouvaient parfois obligés de rétrograder vers l'intérieur, tandis que des troupes campées à proximité manquaient souvent de pain, de vivres et de campement pour faire leur cuisine. C'était la confusion absolue, le désordre navrant, dont restaient seuls responsables ceux qui lançaient des ordres affolés et inexécutables, ou bien n'en lançaient pas du tout.

Lorsque les premiers trains d'infanterie, a écrit le directeur de la ligne de l'Est, arrivèrent à Metz, aucun ordre n'était donné pour leur lieu de destination, et la troupe dut attendre plusieurs heures à la gare, les wagons chargés de voitures régimentaires ou des bagages d'officiers n'étant pas déchargés. Les trains se succédant avec la rapidité que nous avons fait connaître (594 en dix jours), il fallut garer les trains avec des wagons non déchargés. Vinrent ensuite les trains de matériel et de vivres. L'intendance territoriale n'avait reçu aucune instruction pour la réception des vivres qui avaient Metz pour destination ; c'était les intendances divisionnaires qui devaient disposer de ces marchandises, mais, ne sachant pas si les corps s'arrêteraient à Metz ou iraient plus loin, elles n'osaient pas faire décharger les wagons. La plus grande confusion ne tarda pas à régner dans la gare..... Souvent, les camions de la Compagnie portaient à de très grandes distances de la gare des marchandises qui, mises à terre, étaient rechargées et reconduites à la gare pour être réexpédiées par chemin de fer à une gare au delà. On déchargeait en gare du foin pour le conduire aux magasins de la ville, et à la même heure, les mêmes magasins envoyaient du foin en gare pour faire des expéditions [1].....

N'est-ce pas là l'image du désordre le plus complet? On ne peut pas dire cependant qu'il provînt uniquement du fait de l'Intendance. La Chambre des députés, on l'a vu, rejetait systématiquement tous les crédits qu'on lui demandait pour l'armée ; il en résultait que le train des équipages, chargé d'atteler et de conduire les convois, manquait en 1870 de plus de 10,000 chevaux et de près de 4,000 hommes, que les ouvriers d'administration étaient toujours en déficit, et que les bras faisaient de tous côté défaut pour manutentionner les denrées. Cette situation avait été maintes fois signalée, mais on n'en tenait pas compte[2]. Bien plus, certains approvisionnements indispensables ne pouvaient être constitués ; c'est ainsi que les effets d'habillement, d'équipement et de campement nécessaires à l'excédent de troupes qu'aurait dû créer la loi de 1868, nécessitaient une dépense de 32 millions, que l'intendant général Blondeau demanda au Corps législatif ; celui-ci la refusa, et ce fut seulement le 12 juillet 1870, trois jours avant la déclaration de guerre, qu'il accorda.... *un million !* Contre tout cela, que pouvait l'Intendance, et que pouvait-elle davantage contre l'ahurissement qui, à l'heure suprême, s'empara des esprits? Certes,

---

1. E. JACQMIN, *Les Chemins de fer pendant la guerre de* 1870, page 123.
2. Les troupes dites d'administration comprenaient avant 1870 1 section de commis aux écritures, 9 sections d'infirmiers militaires, 13 sections d'ouvriers, 3 régiments du train des équipages, 4 compagnies d'ouvriers des équipages militaires. Les voitures étaient construites dans des parcs dits de construction, qui existaient à Vernon, à Châteauroux et à Agen. Enfin, une direction centrale des parcs avait son siège à Vernon.

elle ne représentait, ni théoriquement, ni pratiquement, la perfection. Mais elle ne méritait pas non plus qu'on fît d'elle le bouc émissaire de nos défaites, ni qu'on lui imposât sans partage des fautes dont d'autres devaient aussi porter la responsabilité.

Quant au service de santé, c'était le triomphe de l'anarchie la plus complète. Effectivement dirigé par l'Intendance, que représentaient dans les hôpitaux et ambulances les officiers d'administration comptables, confié aux médecins militaires pour la partie technique, aux pharmaciens pour les médicaments, au train des équipages pour les transports en campagne, il ne fonctionnait qu'à grand'peine au milieu de tiraillements incessants et de perpétuels conflits d'autorité. Les médecins se plaignaient, non sans quelque raison, de ne pouvoir disposer à leur gré des infirmiers et du matériel ; les comptables faisaient passer avant toute chose la régularité de leur gestion, et les intendants, brochant sur le tout, apportaient dans leur haute intervention un formalisme solennel, le plus souvent incompatible avec les besoins des malades et les prescriptions de la Faculté. On ne peut rien imaginer de moins conforme aux règles d'une bonne administration.

Ajoutons à cela que le personnel médical était en nombre absolument insuffisant. Il comptait, depuis 1852, 1,147 médecins et 159 pharmaciens, dont 7 médecins et 1 pharmacien inspecteur. Si l'on en défalque la quantité nécessaire aux corps de troupe, à l'Algérie et au service des hôpitaux à l'intérieur, on voit qu'il ne restait disponible, pour les hôpitaux et ambulances de campagne, qu'un chiffre dérisoire [1], en sorte que les blessés risquaient fort de manquer de soins. Tout le monde a pu voir, sous Metz, des circonstances où *un seul médecin* a dû examiner, panser, opérer même, l'énorme quantité de 4 à 500 blessés, dont beaucoup sont morts certainement faute de soins immédiats. Et si, pendant le siège, les médecins civils ne s'étaient pas

---

[1]. Ce chiffre était exactement de 173, pour une armée de 250,000 hommes environ.

joints, avec le plus grand dévouement, à leurs collègues militaires, il est impossible de savoir ce qui serait advenu.

Le transport des blessés pendant l'action était mal assuré et réglementé d'une façon insuffisante. Les musiciens en avaient bien la charge, du moins en théorie, mais sans recevoir au préalable d'instruction à cet égard ; en tout cas, ils étaient trop peu nombreux pour y suffire. Ce transport s'effectuait donc dans des conditions quelconques, généralement par les soldats du train des ambulances, qui ne s'avançaient pas toujours, avec leurs cacolets, assez près de la ligne du combat, et quelquefois par les soins des combattants eux-mêmes, dont les moins braves trouvaient là un prétexte pour s'éloigner du danger ; quelquefois aussi il ne s'effectuait pas du tout, du moins tant que durait l'action. Au surplus, le matériel destiné à ce transport était assez médiocre, et imposait aux blessés des souffrances inutiles, que des voitures mieux suspendues et mieux comprises leur eussent certainement épargnées.

Quant aux ambulances, suffisantes comme nombre, mais trop pauvres en personnel, elles se partageaient, pendant la bataille, en *ambulance volante*, dirigée sur les points où besoin était, et en *dépôt d'ambulance*, dont l'emplacement devait être désigné par le chef d'état-major général. Les médecins des corps de troupe étaient, eux, chargés de donner les premiers secours aux blessés, à l'aide des cantines régimentaires d'ambulance. Enfin, en arrière, étaient établis, en des points fixes, les *hôpitaux temporaires de campagne,* et les *dépôts de convalescents*.

Tout cela, avec plus de monde, et une direction moins vicieuse, eût été satisfaisant. Tel quel, ce n'était pas assez pour assurer aux blessés, en toute circonstance, les soins auxquels ils avaient droit, et qui, sans l'admirable essor de la charité privée, leur eussent trop souvent fait défaut.

Conclusion. — Nous venons de résumer brièvement, dans les pages qui précèdent, la situation générale où se trouvait, au début de la guerre de 1870, l'armée française, naguère encore brillante de tant de gloire, et si près alors des plus sombres revers. Nous l'avons vue, depuis la campagne de Crimée, décliner progressivement, oublier ses traditions les plus fécondes, perdre peu à peu ses meilleurs éléments de succès, et se réduire, après des vicissitudes diverses, répercussion d'un malaise politique toujours croissant, à une poignée de braves gens, auxquels tout a manqué à la fois, hormis le courage et le dévouement.

Point d'unité dans le commandement, partant point d'organisation solide, point d'institutions assurées. Des effectifs qui vont toujours en diminuant, au point d'entraver le fonctionnement des services essentiels ; des lois qui demeurent lettre morte, et un système de réserves qui ne fonctionne pas ; la stagnation dans des errements surannés, qui entretient l'ignorance et provoque l'inertie, une confiance irraisonnée dans des moyens d'action vieillis et dépassés de beaucoup par ceux dont dispose l'adversaire ; enfin l'oubli complet de de la science de la guerre, le triomphe de la routine et l'affectation du dédain pour les enseignements du passé, tels étaient les vices irrémédiables contre lesquels eût pu seule réagir une autorité effective, incontestée, libre de ses actions et maîtresse de son pouvoir.

Cette autorité, dévolue au souverain, celui-ci ne l'exerçait pas. Si encore les caractères s'étaient montrés à hauteur des circonstances, si les qualités morales s'étaient maintenues chez tous au même niveau, si le pouvoir central avait conservé son sang-froid, et le commandement une décision égale à l'étendue du péril, peut-être que la situation n'eût pas été désespérée, et que l'énergie des soldats eût encore une fois racheté les fautes d'un organisme défectueux. Mais nous verrons, hélas ! par la suite de ce récit, quel esprit de vertige a présidé aux préparatifs suprêmes, et quelles défaillances a provoquées la commotion des premiers revers. Enfin, pour mettre le comble à notre infortune, il s'est trouvé dans les rangs de l'armée un homme que cette armée avait porté au faîte des honneurs, un homme auquel étaient confiées les dernières ressources de la France, et qui les a sacrifiées à l'on ne sait quelles chimériques et coupables compromissions.

La défaite nous guettait donc, avec son sinistre cortège de larmes et de douleurs. N'oublions jamais que si elle est due à des causes multiples, elle est due, surtout et avant tout, à la faiblesse de nos institutions militaires.

Les institutions militaires, — a écrit en effet très éloquemment et très justement M. le duc d'Aumale, — ne garantissent pas la victoire; mais elles donnent le moyen de combattre, de vaincre et de supporter les revers. Sans elles, tant que durera l'état actuel des sociétés européennes, pas de sécurité ni de véritable indépendance pour les nations[1].

1. Duc d'Aumale, *Institutions militaires de la France*, édition in-12, page 6.

CHAPITRE III

LES ARMÉES ALLEMANDES EN 1870

Le premier soin de la Prusse, après Sadowa, avait été d'augmenter son armée en proportion de sa grandeur nouvelle, et d'user de sa situation désormais prépondérante en Allemagne pour utiliser à son profit les ressources offertes non seulement par les pays annexés, mais encore par les autres. Jusque-là, elle n'avait possédé que 9 corps d'armée, dont 1 de la Garde ; elle en forma immédiatement 4 autres, et constitua ainsi l'armée fédérale du Nord. Puis, en février 1867, elle signa avec les trois États du Sud, Bavière, Wurtemberg et grand-duché de Bade, des conventions militaires qui lui assuraient, en cas de guerre, le concours effectif de ces États, soit la valeur de trois nouveaux corps. C'est cette formidable armée que la France allait avoir à combattre.

Or, tandis que celle-ci, toujours hésitante à entrer franchement dans la voie du service obligatoire et personnel, ne cherchait, comme on l'a vu, qu'à parer, au moyen d'expédients plus ou moins heureux, à l'insuffisance de son recrutement, la Prusse, au contraire, jouissait d'institutions militaires déjà anciennes, dont l'excellence venait de se révéler par des succès foudroyants. Nous avons dit comment, forcée par Napoléon de n'entretenir qu'une armée de 40,000 hommes, elle avait tourné la difficulté en créant la Landwehr. Jusqu'en 1860, elle ne modifia point ce système, et se borna à des accroissements d'effectifs. Mais, à cette époque, le prince-régent Guillaume[1], depuis roi de Prusse et empereur d'Allemagne, qui portait aux choses de l'armée une attention particulière et s'y consacrait tout entier, jugea qu'il y avait mieux à faire et proposa une nouvelle organisation. Ce qu'on avait créé, dans la période de 1806 à 1814, la nécessité l'imposait ; d'une part, la terrible autorité du vainqueur, d'autre part, la pénurie des ressources financières, ne permettaient pas d'aller plus loin. Mais il n'en était plus ainsi maintenant, et rien n'empêchait de parer aux défectuosités constatées du système. Il s'agissait, en effet, non plus de se défendre, mais d'attaquer, le cas échéant. Or, l'armée de campagne était encore trop faible, et la militarisation de la nation par la landwehr n'assurait pas à l'offensive un essor suffisant.

On commença donc par donner à l'armée active son autonomie en la dotant d'une réserve, où elle devait puiser ses effectifs de guerre. Quant à la landwehr, préposée à la garde du territoire et appelée à faire campagne à l'extérieur dans les cas exceptionnels seulement, elle forma une troupe à part, qui avait ses circonscriptions de réserve propres, et se mobilisait en même temps que l'armée active, mais indépendamment de celle-ci. De la sorte les deux opérations n'étaient plus subordonnées l'une à l'autre, toutes les forces vives du pays pouvaient être utilisées, et leur puissance numérique n'avait d'autre limite que les limites mêmes du développement national. Aussi, dès la fin de 1860, l'armée prussienne s'éleva-t-elle au chiffre de 370,000 hommes sur le pied de guerre, avec plus de 100,000 hommes de remplacement dans les dépôts, et sur le territoire 150,000 landwehriens instruits et armés[2]. C'était énorme, et pas une puissance en Europe n'en était encore là.

Cette organisation redoutable, qui n'a changé depuis

---

1. Le roi Frédéric-Guillaume IV étant devenu fou, son frère le prince Guillaume avait été, en 1858, proclamé régent du royaume ; il monta sur le trône en 1861.
2. La Prusse ne comptait à cette date que 18 millions d'habitants.

que pour se perfectionner, était établie sur les bases suivantes :

Tout sujet prussien reconnu valide devait le service personnel sans exception, exonération ni remplacement, pendant 25 ans, de 17 à 42 ans. Il passait dans l'armée active, 3 ans ; dans la réserve, 4 ans ; dans la landwehr, 5 ans ; dans le landsturm, 13 ans.

Appelé sous les drapeaux à l'âge de 20 ans, il était donc classé dans la réserve de l'armée active à 23 ans, et dans la landwehr à 27 ans. Il faisait partie du *Landsturm* de 17 à 20 ans et de 32 à 42. L'institution du volontariat d'un an, que nous avons connue et pratiquée jusqu'en 1890, était là pour compenser les rigueurs de ce système, et permettre le recrutement des carrières libérales.

L'ancienne armée prussienne était, nous l'avons dit, divisée en 8 corps d'armée se recrutant sur leur territoire même, et organisés dès le temps de paix comme ils doivent l'être en temps de guerre ; chacun d'eux comprenait : 1 bataillon de chasseurs, 2 divisions d'infanterie (à 4 régiments), 1 brigade d'artillerie, 1 bataillon de pionniers (génie), 1 bataillon du train.

A chaque division d'infanterie était attachée, mais pour la guerre seulement, un régiment de cavalerie. Le reste de cette arme était groupé en divisions indépendantes. Enfin, le corps de la Garde, qui constituait un neuvième corps non numéroté, comprenait une division de cavalerie à 6 régiments.

Après 1866, on forma le IXe corps avec les duchés du Schleswig-Holstein, conquis sur le Danemark et gardés malgré l'Autriche ; le Xe avec le royaume de Hanovre, arraché à son souverain le roi Georges V, et le XIe avec les territoires annexés du Nassau, de la Hesse électorale et de la ville libre de Francfort-sur-Mein. Le royaume de Saxe constitua le XIIe corps [1], et le grand-duché de Hesse fournit une division mixte, rattachée provisoirement au XIe corps. Le premier de ces deux pays faisait

---

[1]. Le XIIe corps avait, comme la Garde, une division de cavalerie.

partie de la Confédération du Nord [1] ; les autres États placés dans la même situation politique avaient, ou bien incorporé purement et simplement leurs troupes dans l'armée fédérale, tout en leur gardant un uniforme particulier et un semblant de caractère national, ou bien livré sans réserve leurs contingents à la Prusse, qui les versait dans ses régiments, les habillait, les instruisait et les nourrissait comme ses propres soldats, moyennant une redevance de 843 fr. 75 (220 thalers) par homme et par an.

D'ailleurs l'organisation prussienne s'était rapidement généralisée, et dès 1867 l'assimilation militaire des 22 États secondaires de l'Allemagne du Nord à leur absorbant instructeur était entière et complète, depuis la Baltique jusqu'au Mein, et depuis le Rhin jusqu'à l'Oder. Il s'était formé là une armée extraordinairement forte, dont les accroissements successifs et persistants indiquaient chez ses créateurs un puissant esprit de suite et une singulière ambition. L'instrument formidable qu'elle était devenue ne pouvait évidemment, dans les mains d'un homme tel que M. de Bismarck, demeurer improductif, et c'était à juste titre que les moins timorés voyaient dans son développement si rapide la menace d'éventualités redoutables, auxquelles ils ne pouvaient songer sans effroi. Les remarquables rapports du colonel Stoffel, attaché militaire à Berlin, les cris d'alarme du général Ducrot, commandant la division de Strasbourg, les doléances de l'intendant général Blondeau, directeur des services administratifs au ministère de la guerre, enfin les avertissements prudents que le général Trochu avait semés à travers la dialectique serrée de son ouvrage célèbre *L'Armée française en 1867* ; tout cela mettait en évidence les dangers auxquels nous exposait ce prodigieux accroissement de forces chez un peuple qui, manifestement, nous haïssait. En même temps, certains de ces documents démontraient, d'une façon précise, l'indéniable supériorité qu'assuraient à nos voisins

---

1. Le grand-duché de Hesse-Cassel, dont le territoire est à cheval sur le Mein, n'était pas compris dans la Confédération du Nord ; mais il avait immédiatement englobé sa petite armée dans l'armée fédérale.

jaloux leurs institutions fécondes, la science de leurs chefs et l'excellence de leur matériel de guerre. Cette supériorité n'était donc pas, comme on l'a dit, un mystère, et il suffira d'en rappeler les principaux éléments pour expliquer les sombres pressentiments dont ne purent se défendre, au mois de juillet 1870, ceux que n'aveuglait pas le plus inconcevable des vertiges.

A). ARMÉE FÉDÉRALE

1. Commandement et état-major. — Tout d'abord, le roi de Prusse, généralissime de l'armée fédérale, exerçait ses fonctions de la façon la plus réelle et la plus effective. C'était chez lui tradition de famille tout autant que goût personnel. D'ailleurs, il avait passé par tous les grades, et commandé en qualité de général-major (général de brigade) les troupes prussiennes envoyées en 1848 dans le grand-duché de Bade pour y réprimer l'insurrection. Depuis, les fonctions de commandant de corps d'armée et d'inspecteur général l'avaient familiarisé encore davantage avec tous les rouages de l'organisme militaire de son pays, et nul, mieux que lui, n'en connaissait la puissance et l'élasticité. Aussi ne se reposait-il sur personne du soin de diriger les progrès de son armée, et exerçait-il dans toute leur intégrité les pouvoirs de général en chef qu'il tenait de la Constitution.

Doué d'un caractère énergique et d'une ténacité qui savait vaincre tous les obstacles, il avait provoqué et mené à bien la réorganisation féconde de 1860, en dépit des résistances d'un Parlement qui ne se décida à amnistier son audace qu'après les victoires de 1866. Il avait su s'entourer de conseillers et d'auxiliaires remarquables, M. de Bismarck, les généraux de Moltke et de Roon, qu'il soutenait de sa confiance et couvrait de la prérogative royale, quand les attaques d'une opposition passionnée menaçaient de les précipiter du pouvoir. En un mot, son action directe, immédiate et constante, assurait la stabilité des institutions militaires de la

Prusse, et, en les développant progressivement, préparait les succès de 1864, de 1866, et de 1870, qui ont donné aux Hohenzollern la couronne des Césars, et à l'Allemagne son incontestable puissance.

Ainsi l'autorité du souverain, en s'exerçant dans toute sa plénitude sur l'armée, créait en faveur de celle-ci une force précieuse qui nous manquait, l'unité du commandement. Bien plus, elle représentait pour les vues ambitieuses de la Prusse une garantie de succès, parce que seule elle permettait l'exécution soudaine et résolue des projets que sa politique mûrissait en silence et préparait de longue main.

Le roi, outre son *cabinet militaire*, chargé du personnel, possédait deux auxiliaires principaux, le *ministre de la guerre* et le *chef de grand état-major*. Le premier, responsable devant le pouvoir législatif, avait la charge de l'organisation et de l'administration de l'armée ; au second, responsable seulement devant le souverain, incombaient la préparation de la guerre et son exécution. Il semblerait que ce dualisme dût amener des conflits d'attributions, et celles-ci ne manqueraient pas de se produire chez une nation moins puissamment hiérarchisée que l'Allemagne, où subsistent encore dans la constitution politique et sociale les derniers vestiges de l'esprit féodal. Mais c'est ici qu'intervenait le pouvoir régulateur et arbitral du souverain lui-même, qui, par les *ordres du cabinet*, exprimait sa volonté, tranchait les difficultés pendantes et, en partageant les responsabilités, évitait les empiètements. Cette volonté était et est encore, pour l'armée allemande, la loi suprême, et nul ne serait assez osé pour l'enfreindre ou seulement pour y résister.

L'homme qui, en 1870, était, depuis treize ans déjà, investi des fonctions de chef de l'état-major, et allait bientôt mettre le comble à sa renommée, se nommait le général de l'infanterie[1] Helmuth-Carle-Bernhardt de

---

1. La hiérarchie des officiers généraux allemands comporte un échelon de plus que la nôtre ; c'est le *général de l'infanterie* ou *de la cavalerie* (suivant l'arme d'origine) qui est placé immédiatement au-dessus du *lieutenant-général* (général de division). Depuis quelques

Moltke. Né en 1800, à Parchim, dans le Mecklembourg-Schwerin, il avait, à l'âge de quatre ans, suivi en Danemark son père, émigré on ne sait pourquoi, et devenu, en 1806, sujet danois. Après des études faites tout entières dans son pays d'adoption, il entra à l'Ecole des cadets de Copenhague, d'où il sortit en 1820 avec le grade de sous-lieutenant. Mais, dès 1822, trouvant que la petite armée du roi de Danemark offrait un cadre trop restreint à son ambition déjà en éveil, il se décida à la quitter pour entrer dans celle du roi de Prusse, qui apparemment réalisait mieux son idéal, ou tout au moins lui offrait de plus grandes chances d'avancement. Il fut regretté, si l'on en croit ses Mémoires [1], et reçut à l'occasion de sa démission de hauts témoignages d'estime, qu'il nous a transmis. Tout cela ne l'empêcha point d'oublier bien vite ses anciens compagnons d'armes, car lorsque, quarante ans plus tard, il dirigea contre eux une guerre spoliatrice, ce fut assurément sans que l'ombre d'une émotion ou d'un remords quelconque ait jamais fait trembler le bras qui portait à la patrie des jeunes années des coups si redoutables et si cruels [2].

Dans l'armée prussienne, le jeune de Moltke obtint, comme il l'avait espéré, un avancement rapide. Bientôt

---

années. Guillaume II a créé le titre de *général de l'artillerie* qui n'existait pas avant lui.

1. Publiés à Berlin en 1892.
2. Il est tout à fait piquant de voir avec quel dédain le feld-maréchal de Moltke traite, dans sa correspondance, ses premiers frères d'armes, avec quelle joie il salue leur défaite, avec quelle jouissance intérieure il se raille de leurs faiblesses et de leurs fautes. Pour lui, c'est *l'ennemi*, le Danois, qui se laisse surprendre, qui se défend comme il peut, à la diable, sans art et sans adresse, et qui ne sait pas déjouer les embûches de son formidable adversaire. Il en vient à se servir d'expressions triviales, et parle des obus qui « travaillent les côtes » du cuirassé *Rolf-Krake*. Il ne craint pas même de suspecter la bravoure de ces pauvres soldats qui luttaient un contre vingt, et de raconter que pour pouvoir fuir plus vite, ils s'empressaient de jeter leurs sabots...

Qu'on s'étonne après cela qu'un homme doué d'une pareille sécheresse de cœur se soit montré en 1871 si rigoureux pour la cession d'un lambeau de terre, qu'exigeait peut-être la satisfaction des appétits allemands, mais dont les habitants ne professaient certainement pas, en matière de patrie, un éclectisme égal au sien.

capitaine d'état-major, puis chargé d'une mission en Turquie, il parvint en 1857 au grade de général-major et fut, en cette qualité, appelé au poste de chef d'état-major de l'armée, qu'il occupa jusqu'à la limite extrême de ses forces et de ses années. On sait quelle part considérable il prit à la réforme de 1861. D'un esprit très positif, d'un caractère tenace et d'une volonté de fer, M. de Moltke avait concentré toutes ses facultés sur un but unique, qui était de faire de l'armée prussienne un instrument supérieur à celui dont disposaient toutes les autres puissances. Ne jamais attendre le secours du hasard, ne rien négliger des leçons de l'expérience, tout prévoir d'avance pour se garder des surprises, enfin se défier des inspirations du moment, tel était son système, dont les campagnes de 1864 et 1866 furent les premières et éclatantes confirmations. A la fois circonspect et pratique, M. de Moltke savait, à défaut des inspirations géniales qu'il n'avait pas, forcer le cours des événements par une série de combinaisons raisonnées, presque mathématiques, et si minutieusement précises que leurs conséquences pouvaient être escomptées à peu près à coup sûr. C'est en cela surtout que l'action de cet homme véritablement extraordinaire a été prépondérante, non seulement dans les opérations militaires, mais encore et surtout dans l'état remarquable de préparation qu'aux approches de l'année 1870 l'armée fédérale avait atteint.

Le ministre de la guerre, général de Roon, était de son côté un administrateur de premier ordre. La Prusse lui est redevable de la rapidité avec laquelle ont été fondus dans son propre moule les contingents variés que lui apportaient ses conquêtes, et de l'étonnante cohésion qui, de tant d'éléments divers, a si vite formé un faisceau unique et compact. M. de Roon a occupé le ministère pendant 20 ans, de 1858 à 1878.

Ainsi l'unité de direction et la stabilité des personnes se trouvaient réunies dans le haut commandement des forces prussiennes. Au degré immédiatement inférieur, les princes de la famille royale, dressés dès le berceau au métier des armes, et confondus avec des généraux dont ils rehaussaient la situation par le prestige de leur propre rang, conservaient les commandements supérieurs qu'ils avaient, en 1864 et 1866, exercés avec un incontestable éclat. Enfin, l'aide principal du commandement, le corps d'état-major, recruté parmi les meilleurs officiers de toutes armes qui avaient suivi avec succès les cours de l'Académie de guerre, était, de la part de son chef, l'objet d'un soin jaloux et d'une attention constante qui le préparait, sans trêve ni relâche, au métier de la guerre. M. de Moltke dirigeait en personne ce service, choisissait ses cadres parmi une élite dont les médiocrités étaient soigneusement éliminées, et lui donnait cette impulsion féconde qui a produit en 1870 de si grands résultats.

D'ailleurs, le corps des officiers, dont la noblesse et la bonne bourgeoisie fournissaient presque tous les membres, était lui-même fort remarquable. Il avait conservé le culte de la carrière des armes, qui lui assurait une situation sociale prépondérante et des honneurs particuliers, au point d'en faire une sorte de caste, et possédait un esprit de discipline, un sentiment de sa dignité, et un amour-propre professionnel poussés presque jusqu'à l'excès. Son instruction, l'indépendance relative que lui assuraient, sous sa responsabilité, les règlements en vigueur, enfin la haute idée qu'il se faisait de sa mission, tout cela développait en lui un esprit d'initiative et de solidarité dont l'histoire de la guerre fournira des preuves répétées. Son dévouement au souverain était sans limite.

Quant aux sous-officiers, ils constituaient la véritable force des troupes prussiennes. Ils se recrutaient presque tous dans les écoles *ad hoc*, où ils puisaient une solide éducation militaire, qu'ils venaient ensuite répandre dans les régiments, où ils devenaient, pour les officiers, de précieux auxiliaires. Cette position, entourée d'une considération et d'un bien-être inconnus dans les autres armées, leur fournissait une carrière honorée et enviable, où ils pouvaient, par la part qui leur revenait dans le commandement, exercer et développer leurs qualités militaires. L'armée prussienne en était fière, et les considérait à juste titre comme un des principaux éléments de ses succès futurs.

On a pu voir, d'après ce qui précède, sur quelles bases puissantes reposait l'édifice construit sur les ruines accumulées d'Iéna et d'Auerstœdt. A les rapprocher de l'état de décadence où la France avait laissé tomber son armée, on ne peut se défendre d'une émotion douloureuse et d'un poignant serrement de cœur. Et cependant il restait à notre pays, si oublieux de sa sécurité et si insouciant de sa défense, une force intacte, éternelle comme lui, produite par ses entrailles mêmes et fécondée de sa sève vigoureuse, une force que nos ennemis n'avaient point, et qu'ils n'auront jamais, le soldat. Le soldat, dont seul le caractère s'était maintenu à la hauteur de ses devoirs sacrés, tandis qu'il s'abaissait chez les autres, grisés par des succès qui n'étaient dus qu'à lui. Le soldat, qui n'avait perdu aucune des qualités de sa race, ni la bravoure, ni l'élan, ni cet admirable instinct militaire, apanage héréditaire légué par les ancêtres du pays gaulois. Le soldat enfin, capable de tous les dévouements et de tous les héroïsmes, qu'il lui faille disputer la terre des aïeux ou planter au bout du monde le drapeau qui l'abrite de ses plis ! A la docilité craintive, à la lourdeur automatique de l'Allemand façonné par une discipline implacable, nous le verrons opposer sa souplesse native, son entrain endiablé, son mépris du danger, sa constance invincible et raisonnée dans les privations et les fatigues. Contre l'organisation redoutable de ses adversaires, contre ses combinaisons savantes, il n'aura qu'une arme, son courage. Mais ce courage, il le prodiguera tant et tant que parfois la victoire semblera lui sourire, et planera pour un moment sur nos rangs décimés. Et quand l'inertie coupable du commandement aura rendu vains tant d'efforts, il ne désespérera pas encore, et luttera toujours, sans illusion, mais sans défaillance, jusqu'à son dernier souffle de vie. Les armées disparaîtront, tout ce que le pays possède de forces régulières sera englouti dans un désastre sans nom : les bataillons seront détruits, les escadrons fauchés, les régiments anéantis, et leurs misérables restes traînés dans les camps meurtriers d'Allemagne. La chancellerie prussienne croira que tout est fini, que la France terrassée va demander merci et se rendre à la discrétion du vainqueur!... Alors d'autres Français s'improviseront soldats et s'en iront présenter à l'envahisseur leurs poitrines. On verra ce spectacle unique d'une armée immense, victorieuse et compacte tenue en échec par des bandes déguenillées, sans instruction militaire, sans cohésion, et l'Europe étonnée ne refusera plus son estime à ce peuple qui dans l'adversité sait se relever ainsi.

Non! le soldat allemand ne valait pas le nôtre, et c'est à cela que le pays doit de n'avoir pas péri!

II. INFANTERIE. — L'infanterie fédérale comprenait, en 1870, les troupes suivantes :

1° *Corps de la Garde.*

4 régiments à pied à 3 bataillons, 4 régiments de grenadiers à 3 bataillons, 1 régiment de fusiliers, 1 bataillon de chasseurs, 1 bataillon de tirailleurs.

2° *Troupes de ligne.*

88 régiments prussiens à 3 bataillons, 17 régiments fédéraux à 3 bataillons (dont 9 saxons), 4 régiments hessois à 2 bataillons seulement, 11 bataillons de chasseurs prussiens, 2 bataillons de chasseurs saxons, 1 bataillon de chasseurs mecklembourgeois, 2 bataillons de chasseurs hessois.

Au total, 128 régiments et 28 bataillons de chasseurs, soit 372 bataillons à 4 compagnies[1].

La force moyenne du bataillon, en entrant en campagne, est de 1,000 combattants, répartis dans 4 fortes compagnies. A chaque mobilisation, on forme aussitôt par régiment d'infanterie un bataillon de dépôt — ou de remplacement — de 1,000 hommes, et par bataillon de chasseurs, une compagnie de dépôt de 200 hommes. En moins de deux mois, chaque bataillon de dépôt peut être doublé sans difficulté, de sorte que l'on possède alors, d'abord un 4° bataillon tout prêt à entrer en campagne, et, en second lieu, un nouveau bataillon de dépôt.

1. Les régiments prussiens, numérotés de 1 à 88, se partageaient en grenadiers (de 1 à 12), en régiments d'infanterie, et en fusiliers (de 33 à 40). Mais cette distinction était à peu près nominale et n'im-

L'infanterie allemande du Nord peut donc mettre en campagne sans rien improviser :

En première ligne (infanterie et chasseurs).   358.000 hommes.
En seconde ligne . . . .   117.200   —
                                    Total. . . . . .   475.200 hommes[1].

Toute l'infanterie prussienne était armée du fusil *Dreyse*, à aiguille, que son gouvernement avait adopté en 1841, à une époque où pas un État européen ne songeait encore aux armes à chargement rapide. Ce fusil avait fait ses preuves en 1864 et 1866, et l'opinion générale lui attribuait la meilleure part des succès foudroyants obtenus dans cette dernière campagne. Il s'en

pliquait que des différences insignifiantes dans l'armement ou l'équipement. Toutefois, l'uniforme des grenadiers et fusiliers recevait quelques légères modifications (plumets, dragonne, etc.).
Les 17 régiments fédéraux étaient ainsi répartis :

N° 89 (grenadiers) et 90 (fusiliers), Grand-Duché de Mecklembourg (IX° corps).
N° 91 — Grand-Duché d'Oldenbourg (X° corps).
N° 92 — Duché de Brunswick (X° corps).
N° 93 — Duché d'Anhalt (IV° corps).
N° 94 — Duché de Saxe-Weimar, régiment qualifié 5° de Thuringe (XI° corps).
N° 95 — Saxe-Cobourg-Gotha et Saxe-Meiningen, régiment qualifié 6° de Thuringe (XI° corps).
N° 96 — Saxe-Altenbourg et Reuss, régiment qualifié 7° de Thuringe (IV° corps).

Les 9 régiments saxons, numérotés de 100 à 108 et comptant 2 régiments de grenadiers (100 et 101) et 1 de fusiliers (108) formaient le XII° corps.
On remarquera que les n°° 97, 98 et 99 manquent dans cette nomenclature. Il restait encore, en effet, au moment de la déclaration de guerre, trois régiments fédéraux à former ; les conventions militaires de 1866 leur assignaient comme circonscriptions de recrutement certains petits États de l'Allemagne centrale. Mais leur création n'ayant pu, par suite des circonstances, être faite à temps, le ministère de la guerre prussien décida que leurs numéros resteraient vacants jusqu'à nouvel ordre.

1. W. Rüstow, *loc. cit.*, page 79. — Le colonel Rüstow ne compte pas dans ce calcul l'appoint de la division hessoise, qui ne faisait point, à proprement parler, partie de l'armée fédérale. Il faut par suite ajouter aux chiffres donnés :

En première ligne. . . . . 10.000 hommes.
En seconde ligne. 4.400   —
                                    Total. . . . . 14.400 hommes.

C'est donc un chiffre de près de 500.000 fantassins que la Prusse allait mettre en campagne, sans compter les contingents de l'Allemagne du Sud.

fallait cependant de beaucoup qu'il possédât le mérite qu'on se plaisait à lui accorder. Sa portée était en effet médiocre (600 mètres en moyenne), sa trajectoire très peu tendue et sa vitesse initiale de 257 mètres seulement. D'ailleurs, le gouvernement prussien ne se dissimulait pas ses imperfections, et s'occupait, quand la guerre éclata, de lui substituer une arme nouvelle, dont les essais, terminés en 1869, avaient paru satisfaisants. Les événements ne lui permirent pas de procéder à cette transformation, et l'armement de son infanterie resta tel quel, c'est-à-dire notablement inférieur à celui que possédait l'adversaire. Mais le soldat allemand avait à son actif une instruction militaire très solide, qui assurait la stricte discipline du feu ; et c'est dans cette instruction qu'il faut chercher en partie la cause de ses succès, autant que dans l'exaltation des sentiments élevés qu'inspirent le devoir et l'honneur militaires, et que développe une éducation donnée avec un soin passionné à tous les degrés de la hiérarchie. Chez les officiers on s'efforçait, par tous les moyens possibles, de ne point endiguer l'initiative, et de faire produire à chacun le maximum de ce qu'il pouvait donner ; chez le soldat, on provoquait le zèle et l'individualité, en l'obligeant à penser, à réfléchir, à formuler ses idées. On réduisait au strict nécessaire le service de l'intérieur des garnisons ou de la caserne, les gardes et les corvées, pour laisser la plus grande somme de temps au travail ; on ne détournait que le moins possible le soldat du but final, qui est d'apprendre son métier, et par une intelligente décentralisation, on confiait son instruction à ses chefs directs, sous-officiers, officiers, capitaines, lesquels la poussaient par une marche progressive et raisonnée jusqu'à une perfection inconnue partout ailleurs. A cet égard, l'armée prussienne était incontestablement la première de l'Europe, et son système d'éducation militaire, facilité d'ailleurs par le respect qui s'était conservé en Allemagne pour le principe d'autorité, avait été, autant que son organisation si remarquable, le principal facteur de ses triomphes surprenants.

Quoi qu'il en soit, et en raison même de la part qu'on

attribuait dans ces triomphes à l'action du fusil à aiguille, celui-ci inspirait au fantassin allemand une grande confiance, qui dura pendant toute la première partie de la guerre, et ne cessa que lorsque l'ennemi eut appris à ses dépens combien plus meurtrier était le fusil Chassepot. Ajoutons que le soldat prussien disposait de munitions en quantité suffisante, puisque l'homme portait sur lui 80 cartouches, et que les caissons de bataillon, ainsi que les colonnes de munitions pouvaient lui en fournir 85 autres, à l'occasion.

Enfin, si la tactique de l'infanterie allemande, pas plus que la nôtre, n'avait eu le temps de se fixer définitivement, on trouvait cependant, dans les prescriptions du règlement prussien, des formations plus en rapport que les nôtres avec les exigences du combat moderne, une articulation plus souple des différents éléments qui entrent dans la composition des unités de combat, et une élasticité plus grande dans leurs évolutions, développée par la pratique des grandes manœuvres annuelles. La formation des colonnes, l'ordre de marche, la place respective et normale des différentes armes dans les routes, ainsi que le service de sûreté et la pratique des avant-postes, étaient soigneusement enseignés et connus. Le service en campagne, codifié d'après les leçons de la guerre et les enseignements du plus grand des capitaines, Napoléon, était constamment pratiqué et rigoureusement observé. Il n'en était, hélas ! pas de même en France, où on l'avait entièrement oublié, depuis les errements funestes de la guerre d'Afrique et les victoires inespérées d'Italie, remportées à coups de baïonnettes sur un ennemi qui en savait encore moins que nous. Les événements devaient se charger de démontrer, à courte échéance, combien cet oubli était grave, et combien la bravoure est impuissante à y suppléer.

La guerre est en effet, comme l'a dit Napoléon, à la fois une science et un art. Une science, parce qu'elle procède de certains principes rationnels et invariables, et que beaucoup de ses éventualités peuvent, suivant l'expression du maréchal Bugeaud, être résolues par anticipation, à l'aide de l'étude et d'un jugement sain.

Un art, parce que ses procédés d'exécution dérivent en partie des progrès de l'industrie humaine, et surtout parce que, de siècle en siècle, passe à travers l'histoire un géant, dont le génie façonne à son gré la bataille, la force d'être telle qu'il l'a conçue dans son intuition concrète, et fait violence à la victoire, enchaînée par lui au jarret de son cheval. En sorte que les hauts sommets de l'art n'étant accessibles qu'à quelques rares élus, marqués du sceau divin, il faut bien se rabattre sur la science, moins exclusive et moins fermée à la généralité des mortels. Et c'est ainsi que, bien que dépourvus de cet éclat foudroyant que Turenne et Napoléon savaient imprimer aux leurs, les succès des Allemands n'en ont pas moins été décisifs; la prévision des mouvements, la science de la guerre, la connaissance raisonnée des moyens et l'emploi judicieux des hommes leur ont tenu lieu du génie, dont personne ne saurait se vanter d'avoir été dépositaire, depuis le vainqueur d'Austerlitz et d'Iéna.

III. Cavalerie. — La cavalerie prussienne avait, après 1866, reçu des développements importants. En 1870, l'Allemagne du Nord disposait de 76 régiments, répartis ainsi qu'il suit :

1° *Corps de la Garde.*

1 régiment des gardes du corps, 1 régiment de cuirassiers, 2 régiments de dragons, 1 régiment de hussards, 3 régiments de uhlans.
En tout, 8 régiments formant une division à 3 brigades [1].

2° *Troupes de ligne.*

8 régiments de cuirassiers (prussiens), 23 régiments de dragons (dont 16 prussiens)[2], 17 régiments de hussards (dont 16 prussiens)[3], 18 régiments de uhlans (dont 16 prussiens)[4], 2 régiment de cavalerie hessoise[5].

---

1. Le régiment de hussards et le 2e uhlans formaient la cavalerie divisionnaire.
2. Les régiments nos 17 et 18 étaient mecklembourgeois ; le n° 19 appartenait au grand-duché d'Oldenbourg. Enfin, les 4 régiments de cavalerie saxonne (reitres), numérotés de 1 à 4, rentraient dans subdivision d'arme des dragons.
3. Le régiment n° 17 était formé par le duché de Brunswick.
4. Les nos 17 et 18 étaient saxons.
5. La cavalerie hessoise pouvait, par son armement et son équipement, être rattachée à la subdivision d'arme des dragons.

En tout, 68 régiments, groupés pendant le temps de paix (sauf les 4 régiments de reitres saxons[1]) en 22 brigades, correspondant chacune à une division d'infanterie, et destinées, en temps de guerre, à fournir : 1° la cavalerie divisionnaire (1 régiment par division); 2° les divisions de cavalerie indépendante attachées en nombre variable à chaque armée.

Chaque régiment comprenait 4 escadrons de guerre et 1 de dépôt. A la mobilisation, celui-ci devenait le noyau de nouveaux escadrons composés d'hommes de la réserve et même de la landwehr, et l'on formait ainsi des régiments de réserve qui étaient, à leur tour, groupés en brigades et en divisions.

L'effectif de guerre de chaque escadron se montait à : 5 officiers, 150 cavaliers, 8 non combattants (ouvriers, maréchaux, etc.), 170 chevaux.

Celui d'un régiment à : 23 officiers, 602 cavaliers, 52 non combattants, 706 chevaux.

On voit, par suite, que les 76 régiments pouvaient mettre en campagne, dans les escadrons de guerre : 1,648 officiers et 47,400 hommes. Au total, 45,752 sabres et 53,656 chevaux.

Quant aux dépôts, ils comprenaient, avant tout dédoublement : 380 officiers et 11,400 cavaliers, soit 11,700 sabres, et 12,920 chevaux.

A ce chiffre élevé de près de 67,000 chevaux, nous pouvions à peine, comme on l'a vu, en opposer 43,500, dont 35,000 seulement dans les escadrons actifs ! Comment notre cavalerie, même si elle eût conservé les traditions de la Grande Armée, aurait-elle pu, avec une pareille faiblesse numérique, s'opposer au flot débordant des escadrons allemands ? Comment aurait-elle réussi à se lancer à la découverte, même si elle n'avait pas oublié comment il fallait s'y prendre pour cela ?

La cavalerie prussienne était donc beaucoup plus nombreuse que la nôtre. Elle était en outre plus instruite, plus habituée au service des reconnaissances, et

---

1. Ces régiments constituaient une division à 2 brigades attachée au corps d'armée saxon (XII°).

ses chefs, en général jeunes et vigoureux, lui donnaient une impulsion hardie. Les uhlans, en particulier, étaient passés maîtres dans l'art de patrouiller à grandes distances en avant des colonnes; ce sont eux qui, comme les Cosaques en 1814, ont laissé dans nos populations rançonnées le souvenir le plus vivace, et qui, dans certaines campagnes, personnifient encore aujourd'hui l'invasion. Mais, au point de vue du champ de bataille, leur action est restée à peu près nulle, et les lourdes lattes des cuirassiers blancs ont été, dans les mêlées de cavalerie, bien plus redoutables que leurs lances. D'ailleurs, si pour la protection des colonnes et le service des renseignements, la cavalerie française s'est montrée, il faut bien le dire, inférieure à sa mission, même en tenant compte de sa faiblesse ; si elle n'a jamais rempli le rôle que lui assigne le maréchal Gouvion-Saint-Cyr, d'être à la fois les yeux et les jambes de l'armée, elle a du moins prouvé, chaque fois qu'il a fallu aborder les escadrons de l'ennemi, qu'elle savait charger vigoureusement. En cela, son instruction, maintenue pendant la paix dans les limites étroites du terrain d'exercice, ne le cédait nullement à celle des Prussiens, comme on pourra s'en convaincre en étudiant principalement les batailles du début. Malheureusement, ce n'était là que la moindre partie de sa tâche; pour l'autre, qui est aussi la plus importante, la cavalerie allemande avait été autrement mieux dressée.

Celle-ci n'a cependant pas toujours fait preuve de l'audace que lui permettaient son nombre et sa forte organisation. Dans la poursuite, elle s'est montrée faible, pour ne pas dire nulle. Car laisser échapper après Wissembourg, après Frœschwiller, les troupes désorganisées du 1er corps français sans se mettre à leurs trousses, sans même savoir quelle direction elles prenaient, est le fait d'une prudence excessive, ou d'une timidité inexcusable. Plus tard, l'extrême mollesse des 4e et 5e divisions de cavalerie (généraux de Rheinbaben et prince Albrecht de Prusse), qui, au début de la campagne de la Loire, furent impuissantes à bousculer un faible rideau de francs-tireurs, montre que l'ardeur des débuts n'avait pas résisté bien longtemps aux fatigues de la guerre, ou que peut-être on n'était vraiment aventureux que quand on n'avait personne devant soi.

IV. ARTILLERIE. — Chaque corps d'armée fédéral comprenait, nous l'avons dit, une brigade d'artillerie composée d'un régiment de campagne et d'un régiment de forteresse, sauf cependant les IX°, X°, XI° et XII° corps, où cette deuxième unité n'était pas encore, en 1870, complètement constituée. La division hessoise comptait en outre 6 batteries.

Le régiment de campagne comportait, sur le pied de guerre : 3 *divisions*[1] à pied, de 4 batteries (6 pièces chacune) ; 1 *division* à cheval, de 3 batteries (6 pièces chacune) ; 1 *division* de munitions.

A la mobilisation, il formait une *division* de dépôt, de 2 batteries à pied et 1 batterie à cheval.

Le régiment de forteresse était composé de : 2 *divisions* à 4 compagnies chacune qui se dédoublaient à la mobilisation, par l'incorporation de la réserve et de la landwehr.

Au total : 13 *régiments d'artillerie de campagne*[2], qui mettaient en première ligne à la mobilisation 1,170 bouches à feu, et 13 *divisions* de munitions réparties chacune en 9 colonnes (4 de munitions d'infanterie et 5 de munitions d'artillerie).

22 *divisions d'artillerie de forteresse*[3] comprenant 88 compagnies qui, à la mobilisation, en formaient 176, avec un effectif moyen de 36,000 hommes.

Les 13 régiments de campagne pouvaient en outre mobiliser en deuxième ligne 234 pièces, réparties en 39 batteries.

La supériorité numérique de l'artillerie allemande sur l'artillerie française se montait, en résumé, à plus d'un

---

1. Le mot *division* est la traduction littérale du mot *abtheilung*, par lequel les Allemands désignent la réunion de 3 à 6 batteries sous le commandement d'un major (chef d'escadron). Nous avons adopté en France le mot *groupe* pour désigner la même unité.
2. Dont un de la Garde.
3. Dont deux formant le régiment de la Garde, et quatre formant l'artillerie de forteresse des IX°, X°, XI° et XII° corps.

tiers ; quant au matériel, il n'y avait entre les deux armées nulle comparaison à établir.

Les pièces allemandes, en acier et à chargement par la culasse (système Krupp), étaient de deux modèles : le canon de 4, du calibre de 7°,85 ; le canon de 6, du calibre de 9°,15 ; ce dernier en proportion moins élevée que l'autre, puisqu'il n'armait que 6 batteries par régiment, dites batteries lourdes, par opposition aux batteries de 4, qu'on appelait batteries légères. Ces pièces devaient tirer quatre sortes de projectiles : les obus ordinaires, les obus incendiaires, les obus à balles (schrapnells) et les boîtes à mitraille ; mais, dans la pratique, elles n'utilisaient que le premier, pourvu d'une fusée percutante[1], et le dernier pour la lutte rapprochée. Leur portée efficace dépassait 3,000 mètres.

L'approvisionnement des munitions était assuré par les caissons d'abord, par les colonnes de munitions, et enfin par les colonnes de munitions de réserve, correspondant à notre grand parc, s'il avait existé. C'était pour les deux premiers échelons, un total de 257 coups par pièce de 4 ; 238 coups par pièce de 6 ; et pour le troisième 220 coups par pièce de 4 ; 200 coups par pièce de 6.

Enfin les arsenaux de Mayence, de Coblentz et d'Erfurth renfermaient des approvisionnements considérables, prêts à être immédiatement mis sur roues et expédiés aux armées. On voit que l'artillerie prussienne ne risquait guère, comme la nôtre, de manquer de munitions.

Aux armées, chaque corps d'armée était pourvu de 16 batteries dont 8 (2 divisions) formaient l'artillerie de corps, et les 8 autres les 2 divisions attachées à chaque division d'infanterie. C'était une masse redou-

---

1. Les fusées de l'artillerie prussienne étaient efficaces en général ; cependant, dans les terrains mous, il leur arrivait de ne pas éclater. Elles constituaient, malgré tout, un engin beaucoup meilleur que nos fusées fusantes, dont les graves inconvénients ont été signalés plus haut.
L'obus ordinaire prussien donnait 42 éclats, le double du nôtre.

table de 96 pièces, qu'à un moment donné, le corps d'armée pouvait mettre en ligne. Il est vrai de dire que, normalement, il détachait 1 ou 2 batteries à cheval auprès des divisions de cavalerie indépendantes ; mais il lui restait encore de 84 à 90 pièces, donnant une proportion de 3 pièces par 1,000 hommes. C'était beaucoup plus que nous.

Au surplus, les progrès réalisés par les Prussiens depuis 1866 dans l'emploi de l'artillerie avaient été considérables. Si cette arme, dans la campagne de Bohême, ne produisit pas des résultats très positifs, ce n'est pas, quoi qu'on en ait dit, que son matériel fût inférieur ; c'est au contraire que l'état-major prussien, suivant en cela les anciens errements, en reléguait la moitié à la gauche des colonnes, en sorte que l'entrée en ligne des batteries de réserve devenait, comme chez nous, trop tardive quand elle n'était pas impossible. Quelques accidents graves, survenus pendant le combat, sans cause apparente[1], avaient en outre jeté une sorte de discrédit sur le matériel en service, et légèrement démonétisé l'arme de l'artillerie qui ne pouvait cependant en être rendue responsable, puisque en Allemagne ce n'est pas elle, mais un corps spécial d'ingénieurs, qui fabrique les canons. Ses officiers voulurent prendre leur revanche, et travaillèrent tant et si bien qu'en 1870 ils inaugurèrent une tactique nouvelle, dont les effets furent désastreux pour nous. L'artillerie de corps, placée au centre même des colonnes, devint un facteur immédiat de la bataille, au même titre que celle des divisions d'infanterie, ou que cette infanterie elle-même. L'action en masse, et par des tirs convergents, fut érigée en règle dont on ne devait jamais se départir. L'artillerie, utilisant sa mobilité pour se mettre en batterie le plus tôt possible, sans même attendre que l'infanterie fût déployée, criblait de projectiles l'infan-

---

1. Pendant la courte campagne de Bohême, cinq pièces avaient éclaté brusquement, tuant ou blessant grièvement les canonniers qui les servaient. La fabrication de l'acier a reçu, depuis cette époque, des perfectionnements qui rendent plus qu'improbable le retour de pareils accidents.

terie ennemie, l'ébranlait ou la désorganisait, tout en profitant de sa propre supériorité numérique pour réduire au silence l'artillerie de l'adversaire. Hardie dans l'attaque, elle n'hésitait pas à s'avancer très près de la position, pour donner jusqu'au bout son appui matériel et moral aux colonnes d'assaut. Enfin, elle ne craignait pas d'exposer ses pièces, si cela était nécessaire pour produire de l'effet dès le début de l'engagement.

Ce mode d'emploi judicieux devait donc assurer à l'artillerie allemande une prépondérance marquée sur la nôtre, toujours disséminée, presque toujours à court de munitions, et pourvue d'un matériel inférieur. L'étude des grandes batailles d'Alsace et de Lorraine montrera en effet les efforts généreux de notre infanterie trop souvent annihilés par les canons allemands, placés trop loin d'elle pour qu'elle pût même les apercevoir, et soigneusement abrités de nos obus, qui ne les atteignaient pas.

V. GÉNIE. — Chaque corps d'armée fédéral avait avec lui 1 bataillon de pionniers comprenant pendant le temps de paix : 2 compagnies de sapeurs, 1 compagnie de mineurs, 1 compagnie de pontonniers[1].

La division hessoise possédait également 1 compagnie de sapeurs.

A la mobilisation, les compagnies de pontonniers étaient disséminées dans les divers équipages de ponts de l'armée, en sorte qu'en campagne le bataillon de pionniers ne comptait plus que 3 compagnies, mais il formait alors 1 compagnie de dépôt. Il fournissait en outre, par prélèvement, les cadres nécessaires à la constitution des divisions des télégraphes et des chemins de fer de campagne.

Au corps d'armée mobilisé étaient attachées 3 colonnes d'outils (1 par compagnie), 1 équipage de ponts d'avant-garde, ou bien 1 colonne de pontons.

Une particularité à signaler est qu'en Allemagne, les officiers du génie se divisent en deux branches dis-

---

1. Le bataillon saxon n'avait pas de compagnie de pontonniers.

tinctes : les ingénieurs chargés des travaux d'art, des constructions, et en un mot de tout ce qui, en France, constitue les attributions de l'état-major du génie, et les officiers de troupe, dénommés officiers de pionniers. Ceux-ci ne participent en aucune façon au rôle technique de l'arme, et se bornent à exercer le commandement militaire des unités auxquelles ils sont attachés.

VI. SUBSISTANCES, SERVICE DE SANTÉ, TRAIN, ETC. — Les inconvénients signalés dans l'armée française au chapitre précédent, et dus à l'indépendance du corps de l'Intendance ainsi qu'au dualisme de la direction du service de santé, avaient été soigneusement évités par la Prusse. Ainsi, le corps de l'Intendance était chez elle composé de fonctionnaires hiérarchisés entre eux, mais qu'aucune assimilation de grade et de position ne rattachait aux combattants, et que les règlements plaçaient sous la dépendance directe et immédiate du commandement. Un intendant par corps d'armée, un conseiller d'intendance ou un assesseur par division dirigeaient, sous la responsabilité du général, les différents services administratifs. De même, le corps de santé, ayant à sa tête un médecin-major général, assurait le service sanitaire de l'armée, régi d'ailleurs par des règlements d'ensemble, qui lui assuraient le matériel nécessaire, et un personnel de médecins et d'infirmiers en rapport avec les besoins. Enfin le *train*, chargé d'atteler et de conduire les convois, était placé sous les ordres d'un inspecteur général et doté d'une organisation spéciale, grâce à laquelle il pouvait, à la mobilisation, faire face aux multiples exigences de ses services si divers.

Très faible en temps de paix, le bataillon du train prend, en cas de mobilisation, des dimensions colossales, indépendamment des soldats du train qui sont spécialement affectés aux diverses fractions de troupes. Il se compose alors, en effet, de 5 colonnes de vivres à 32 voitures; 1 colonne de fours de campagne à 5 voitures; 1 dépôt de chevaux de 170 chevaux et 1 voiture; 3 ambulances de 10 voitures, avec chacune 1 compagnie d'infirmiers pour relever les blessés; 1 escadron d'escorte du train de 120 chevaux et 1 voiture; 1 colonne de voitures, correspondant aux compagnies auxiliaires du train des équipages français; elle n'est formée qu'en cas de besoin et peut être cependant évaluée en moyenne à 5 divisions, chacune de 80 voitures[1].

Comme la cavalerie, par suite de son effectif élevé en temps de paix, n'a besoin pour être mobilisée que d'un nombre relativement restreint de ses réserves et de sa landwehr, elle fournit au train un contingent assuré et très suffisant pour compléter ses conducteurs et les hommes nécessaires pour soigner les chevaux[2].

L'armée fédérale comptait 13 bataillons du train (dont 1 de la Garde), plus 1 compagnie attachée à la division hessoise.

Pour procurer à ces convois si nombreux le nombre considérable de chevaux qui leur étaient immédiatement indispensables, si l'on voulait que leur mobilisation s'exécutât en même temps que celle des troupes de campagne, l'état-major prussien avait imaginé le système ingénieux du recensement et de la réquisition, dont tout le monde en France connaît aujourd'hui le fonctionnement. De même, il avait réglementé, dès 1861, les transports par chemins de fer du personnel et du matériel, et préparé à l'avance la mobilisation et la concentration des armées par des prescriptions de détail qui ne laissaient rien à l'imprévu. Enfin, les magasins étaient depuis longtemps constitués et approvisionnés, tandis que sur les lignes de chemins de fer étaient échelonnés des dépôts qui devaient fournir leurs vivres aux troupes de réserve, et parer aux besoins de la concentration. La préparation de la guerre chez nos voisins existait donc, à cet égard comme à tous les autres, aussi complète que possible, et bien aveugles étaient ceux qui, en France, s'illusionnaient encore sur son effrayante perfection.

VII. LA LANDWEHR. — Un des éléments les plus importants de cette puissance redoutable était incontestablement l'institution de la landwehr, qui formait un réservoir immense de soldats instruits, propres

---

[1]. Il n'est question ici, bien entendu, que de l'armée française telle qu'elle était en 1870. Depuis, comme chacun sait, son organisation a été modifiée de fond en comble, et est sensiblement, sous le rapport du train en particulier, pareille à celle que déjà à cette époque possédaient les Allemands.

[2]. W. Rüstow, *Guerre des frontières du Rhin*, page 83.

aussi bien à renforcer par leur appoint les bataillons de première ligne, qu'à constituer en arrière du théâtre d'opérations des unités nouvelles capables de les soutenir. Elle comprenait, nous l'avons vu, les hommes de 27 à 32 ans, qui avaient déjà passé sept années dans l'armée active, et comptait par conséquent cinq classes de recrutement, dont la mission était de garder le territoire, mais que le gouvernement avait le droit d'employer pour compléter les effectifs de l'armée de campagne. Elle était groupée en bataillons et en régiments, et appelée deux fois pour une période de quinze jours d'exercice. Elle ne comprenait en fait que de l'infanterie, les hommes provenant de la cavalerie étant versés à la mobilisation soit dans les dépôts des régiments de cavalerie active, pour former les 5 escadrons de réserve, soit dans l'artillerie ou le train.

Le territoire de la Confédération du Nord se trouvant partagé en 12 districts qui fournissaient à chacun des corps d'armée de l'armée fédérale[1] ses contingents, ses réserves et sa landwehr, à chaque régiment actif correspondait un régiment de landwehr, de 2 bataillons, qui avait la même circonscription de recrutement que lui. Mais chaque corps d'armée comprenant aussi un régiment de fusiliers, lequel, ainsi que les chasseurs à pied, la cavalerie, l'artillerie, les pionniers et le train, se recrute sur toute l'étendue du district, celui-ci fournissait, outre ses 8 régiments de landwehr, un bataillon de landwehr de réserve, porteur d'un numéro correspondant à celui du régiment de fusiliers, mais auquel était assigné principalement le rôle d'égaliser les effectifs des autres bataillons ; c'était là une nécessité produite par la date récente de la constitution de l'armée fédérale, où l'organisation de la landwehr n'était pas partout aussi perfectionnée que sur le territoire même de l'ancien royaume prussien.

Somme toute, la landwehr formait en réalité les troupes de garnison et donnait ainsi à l'armée active la

---

1. Le corps de la Garde seul se recrute sur l'ensemble du territoire prussien.

libre disposition de tous ses effectifs ; mais elle pouvait aussi, le cas échéant, être groupée en brigades et divisions pour fournir des réserves stratégiques, des garnisons de places fortes à l'étranger, des troupes d'étapes hors du territoire national, et, enfin, des corps de siège. Pendant la guerre de 1870-1871, nous la verrons plusieurs fois investie de ces rôles différents, et chargée en particulier de la garnison de la place de Metz, après la capitulation ; nous verrons aussi la division de landwehr de la Garde venir prendre part au siège de Paris.

D'après le colonel W. Rüstow, qui a étudié très en détail l'organisation allemande, l'effectif de la landwehr atteignait le chiffre de 168,000 hommes, avec 216 bouches à feu. C'était plus de la moitié de l'armée française tout entière, et le quart de toute son artillerie.

B). ÉTATS DU SUD

Mais là ne se bornaient pas encore les forces dont la Prusse allait pouvoir disposer contre nous. On a vu que des conventions antérieurement conclues avec les États de l'Allemagne du Sud, Bavière, Wurtemberg et grand-duché de Bade, avaient reçu, grâce aux torts apparents de la France, une exécution immédiate. Il faut donc faire entrer en ligne de compte les contingents que ces trois États devaient lui fournir.

1. Royaume de Bavière. — Plus étendue et plus peuplée qu'aucun autre des États de l'Allemagne[1], la Bavière, que ses affinités de race et de religion ainsi que de nombreuses alliances de famille[2] tendaient à rapprocher beaucoup plus de l'Autriche que de la Prusse, avait opposé quelque résistance aux tentatives d'absorption de cette dernière puissance. Non qu'elle fût à un degré inférieur des autres pays accessible à l'effet magique que produisait sur les esprits en général

---

1. La Bavière a une superficie de 79.800 kilomètres carrés et une population de 7 millions d'habitants, dont les deux tiers catholiques.
2. L'impératrice d'Autriche est une princesse de Bavière.

l'espoir d'une unification prochaine (la part qui lui revient dans la restauration de la couronne impériale serait, à défaut d'autre preuve, un témoignage éclatant de ses aspirations à cet égard); mais elle entendait conserver, dans l'Allemagne unifiée, sa nationalité et une indépendance relative dont les agissements de la chancellerie prussienne ne semblaient pas s'accommoder aisément. Il en résultait des tiraillements, des froissements dans les rapports des deux cours, et des difficultés sérieuses dans l'application du règlement douanier; c'était là, comme on l'a vu, une des causes principales des tendances belliqueuses du cabinet prussien [1].

Cependant la Bavière n'avait pas hésité à organiser, dès 1867, ses forces sur le modèle de l'armée fédérale, c'est-à-dire qu'elle avait adopté le système de recrutement de réserves et de landwehr auquel la Prusse avait dû ses succès. Mais elle conservait encore et elle a conservé jusqu'à ces derniers temps son uniforme, son règlement de manœuvre et jusqu'à son armement particulier. Bien plus, elle n'adopta que dans les premiers mois de 1870 la répartition territoriale de ses troupes en corps d'armée permanents, ainsi que l'institution définitive du volontariat d'un an, et l'organisation de l'Intendance et de l'artillerie sur le modèle prussien. Quoi qu'il en soit, l'armée bavaroise comptait, au moment de la guerre, deux corps d'armée composés des troupes suivantes :

Infanterie. — 10 bataillons de chasseurs à 4 compagnies; 16 régiments à 3 bataillons.

Cavalerie. — 10 régiments à 4 escadrons de guerre (2 de cuirassiers, 6 de chevau-légers, 2 de uhlans).

4 régiments d'artillerie (ayant chacun 8 batteries de campagne et 5 de forteresse [2]);

1 régiment de pionniers (comptant 2 bataillons à 3 compagnies et 4 compagnies de forteresse);

2 bataillons du train à 2 compagnies.

1. Voir chapitre 1er, page 13.
2. Les régiments nos 2 et 3 avaient aussi chacun deux batteries à cheval comptant dans les huit batteries de campagne.

Au total, 64,000 hommes d'infanterie et de cavalerie avec 192 bouches à feu.

En outre, par suite de l'adoption du système prussien, ces différentes unités formaient à la mobilisation, comme dépôts :

10 compagnies de chasseurs, 16 bataillons d'infanterie, 10 escadrons de cavalerie, 8 batteries, 2 compagnies de pionniers.

Au total, 20,000 hommes d'infanterie et de cavalerie, avec 48 bouches à feu.

Enfin, il restait sur le territoire 32 bataillons de landwehr avec les batteries et les compagnies de pionniers de forteresse [1]. Quant à l'armement, il consistait en anciens fusils du système Podewill transformés en armes se chargeant par la culasse, et en fusils Werder, également à chargement par la culasse. Cette dernière arme, adoptée seulement en 1869, n'existait pas encore en quantité suffisante, à la guerre, pour être distribuée à tous les soldats. Les Bavarois eurent lieu de le regretter, car c'était un bon fusil, portant loin, simple de mécanisme, et tirant une cartouche métallique. Il valait mieux que le Dreyse incontestablement.

II. Royaume de Wurtemberg. — Pas plus que la Bavière, et peut-être même encore moins qu'elle, le petit royaume de Wurtemberg n'avait, au début, accepté sans opposition l'hégémonie prussienne. L'esprit d'indépendance des robustes montagnards de la Souabe, toujours paisibles et pacifiques, s'accommodait assez mal de cette levée constante de boucliers qui leur imposait des sacrifices auxquels ils n'étaient pas habitués. Il avait cependant fallu céder et accepter les traités de 1867 avec une organisation militaire nouvelle et l'obligation, en cas de guerre, de se ranger sous la bannière des Hohenzollern. Le roi n'y avait consenti que pour sauvegarder les intérêts de sa couronne, et cependant la tournure prise par les événements changea bien vite en empressement ce qui, avant les affaires d'Espagne, n'était considéré à la cour et dans le peuple que comme l'accomplissement d'un devoir onéreux.

1. D'après le colonel fédéral Rüstow.

D'ailleurs, l'armée wurtembergeoise n'était pas bien considérable et ne formait, sur le pied de guerre, qu'une forte division. Elle comprenait :

> 3 bataillons de chasseurs à 4 compagnies ; 8 régiments d'infanterie à 2 bataillons ; 4 régiments de cavalerie à 4 escadrons et, en plus, 1 escadron de chasseurs à cheval ; 1 régiment d'artillerie de 9 batteries (dont 3 de forteresse) ; 2 compagnies de pionniers ; 2 sections du train.

Au total, 21,400 hommes d'infanterie et de cavalerie avec 54 canons.

Les troupes de dépôts se montaient à 5,200 hommes avec 12 pièces ; enfin, la landwher comptait 4 bataillons, cette dernière force n'ayant pas encore été complètement organisée. Le Wurtemberg avait adopté le fusil à aiguille, le canon Krupp et les règlements de manœuvre prussiens.

III. Grand-duché de Bade. — Ici, la situation était toute différente. Le grand-duc de Bade, gendre du roi de Prusse, s'était toujours fait remarquer par ses sympathies prussiennes et n'avait, en 1866, contribué qu'à contre-cœur à la lutte soutenue par la Confédération germanique contre les armées de son beau-père. Le peuple, qui haïssait la France et jalousait l'Alsace dont Bade n'était séparée que par le Rhin, n'avait, de son côté, marqué aucune répugnance à suivre son souverain dans la voie d'une étroite communion d'intérêts et de tendances avec la Prusse, en sorte que l'assimilation des forces militaires n'avait présenté aucune difficulté ni souffert d'aucune résistance. C'est ainsi que, dès le 12 février 1868, on avait promulgué à Carlsruhe la loi qui devait transformer l'armée badoise, et qu'immédiatement après le grand-duc avait accepté un ministre de la guerre, un chef d'état-major et des généraux prussiens pour commander ses troupes. De même on avait adopté l'armement, l'instruction, les manœuvres, voire même l'esprit particulier de l'armée prussienne, et l'on peut dire qu'en 1870, la transformation était assez complète pour que la division badoise n'offrît plus, avec une quelconque des divisions de l'armée fédérale, que quelques dissemblances de détail.

Cette division, un peu moins forte que la division wurtembergeoise[1], se composait des éléments suivants :

6 régiments d'infanterie à 3 bataillons ; 3 régiments de dragons à 4 escadrons de guerre ; 1 régiment d'artillerie de campagne à 10 batteries[2] ; 1 bataillon d'artillerie de forteresse à 6 compagnies ; 2 compagnies de pionniers ; 1 division du train.

Au total, 19,800 hommes avec 54 bouches à feu.

Les troupes de dépôt se montaient à 3,450 hommes avec 6 canons. Quant à la landwehr, qui devait avoir 10 bataillons, mais qui n'était pas complètement organisée, elle n'en réunit que 6 à 600 hommes chacun. On en forma 2 régiments, le 1er à 4 bataillons, le 2e à 2 bataillons seulement.

Conclusion. — Cet exposé rapide des forces qui, presque d'un seul bond, allaient se ruer sur le territoire français, dans un état de cohésion parfaite et de remarquable préparation à la guerre, montre clairement l'immense supériorité qu'assuraient à l'Allemagne ses solides institutions militaires autant que la haute valeur matérielle et morale qu'elle avait su donner à ses armées. Plus de 500,000 hommes avec 1,500 pièces de canon à lancer en première ligne, contre 300,000 hommes à peine, que soutient une artillerie insuffisante et comme nombre et comme valeur ; 160,000 hommes restés dans les dépôts d'Allemagne et destinés à alimenter les troupes de campagne, au fur et à mesure des vides, tandis que la France en possède à peine la moitié ; enfin, une armée de deuxième ligne de près de 190,000 hommes à laquelle nous n'avons rien à opposer du tout, tels sont les résultats de ce labeur persistant, de cette opiniâtre volonté de vaincre qui a triomphé de tous les obstacles pour arriver à son but. Ajoutons à cela des procédés tactiques perfectionnés, une connaissance approfondie des nécessités de la guerre et des moyens d'y parer, une instruction extrêmement développée à tous les degrés, enfin une remarquable science du

---

1. Le Wurtemberg comptait 1,720,700 habitants. Le grand-duché de Bade n'en avait que 1,360,000.
2. Dont une de dépôt.

nombre, et nous conviendrons que la seule bravoure de nos soldats, gaspillée dans une lutte où manquaient toute direction et tout esprit de suite, représentait bien peu de chose en face de pareils moyens d'action. Combien il a fallu que cette bravoure ait été admirable pour que, devant Metz, l'armée française n'ait manqué la victoire que par la faute de son chef !

Au surplus, les qualités et les défauts de la nation allemande se retrouvent dans son armée, faite à son image, et fidèle expression du caractère national. De même qu'il existe des différences notables dans les populations des diverses provinces, de même les troupes avaient, en 1870, suivant leur lieu de recrutement, des attitudes et des aspects dissemblables. Ceux qui ont subi le lourd fardeau de l'invasion et l'impôt de l'occupation armée ne se trompaient guère à la fin sur la provenance de leurs hôtes forcés, et distinguaient presque à coup sûr le Prussien, dur et rogue, du Bavarois rustaud, du Souabe poétique et naïf, ou du Franconien plus agile et plus gai. C'est en coulant toutes ces individualités dans un moule unique, façonné par son instinct militaire, que la Prusse a assuré, jusqu'à nouvel ordre, l'unité politique de tous ces peuples divers et les a soumis à son action vigoureuse pour les réduire à l'état d'instrument de sa grandeur. En cela, elle a d'ailleurs été puissamment aidée par cette espèce de passivité qui caractérise l'Allemand et fait de lui, entre des mains résolues et fermes, un être malléable et singulièrement subjectif.

Si on prend comme types du caractère national, a écrit Elisée Reclus, les hommes qui savent échapper à la médiocrité du milieu pour développer leur force native et révéler en eux les vertus restées latentes chez leurs voisins, on doit accorder au peuple allemand un sens profond de la nature, un rare instinct poétique, une grande force de volonté, une singulière persévérance, un dévouement naïf et sincère à la cause embrassée ; mais il se laisse facilement entraîner vers les extrêmes ; son amour peut se changer en mysticisme, le sentiment devenir chez lui sensiblerie, la politesse se transformer en règles d'étiquette, la joie de vivre dégénérer en arrogance, la colère s'amasser en fureur, le ressentiment se perpétuer en rancune. Avec toute sa volonté, sa ténacité, sa force, l'Allemand a moins de personnalité que le Français, l'Italien ou l'Anglais; il se laisse plus facilement influencer par les mouvements d'opinion et les alternatives des événements ; il aime à se mouvoir par grandes masses, il se plait à suivre la méthode, même dans les folies, et la discipline lui est facile. En aucun pays du monde, le devoir n'est aussitôt fréquemment confondu avec la consigne [1].

Rien n'est plus vrai. C'est en exploitant habilement cet état psychologique que M. de Bismarck et le général de Moltke ont fait la grandeur de leur pays, le premier, en brisant quand il le fallait toute velléité d'indépendance, le second, en fondant toutes les forces de la nation en une armée homogène, formidable instrument de conquêtes, dont la puissance d'expansion devenait d'autant plus redoutable que son créateur lui-même allait en diriger les effets.

1. E. RECLUS, *Géographie*.

CHAPITRE IV

LA MOBILISATION

1. Armée française. — La mobilisation est l'opération par laquelle les forces d'un pays passent soudainement du pied de paix, où elles n'ont que des effectifs réduits et des moyens restreints, au pied de guerre, où elles se complètent de toutes les réserves, de leur matériel, approvisionnements, vivres et munitions, en un mot de tout ce qui leur est nécessaire pour entrer en campagne. La mobilisation s'opère d'après un *plan* d'ensemble arrêté par le chef de l'armée, contenant le détail prévu à l'avance de toutes les opérations qu'elle comporte, et communiqué aux commandants des corps d'armée qui ont mission de le faire exécuter. Ce plan, d'après lequel sont établis les *journaux de mobilisation* des différents corps ou services, lesquels sont pour ces corps et services ce que le plan général est pour l'ensemble de l'armée, ne peut être modifié que par le ministre seul, qui seul aussi peut, le moment venu, en prescrire la mise en œuvre.

Toute différente est la *concentration*, qui consiste à transporter sur la base d'opérations les troupes mobilisées, et s'opère suivant un plan rigoureusement secret dépendant des combinaisons stratégiques du grand état-major. « La concentration s'exécute par éléments distincts et non par corps d'armée, c'est-à-dire que pour éviter des mouvements inutiles, on ne concentre pas les corps d'armée avant de les porter à la frontière[1]. » L'état-major général établit donc, dans le temps de paix, un *plan de transport*, conséquence du plan de concentration, qui règle l'ordre et la composition des trains, leurs points de départ et d'arrivée, ainsi que l'horaire de leur marche ; puis il distribue à chaque unité des *fiches*, qui ne doivent être ouvertes qu'à la mobilisation, et contiennent tous les renseignements nécessaires pour que cette unité puisse non seulement s'embarquer, mais arriver à destination. Là se réunissent les unités appartenant au même corps d'armée, et ceux-ci à leur tour se groupent en armées dont le nombre et la formation dépendent des dispositions arrêtées antérieurement.

Telle est la succession logique et obligatoire des opérations. Faute de s'y soumettre, on n'obtient que désordre, confusion et déboires. Les préliminaires de la guerre de 1870 en sont une preuve malheureusement trop concluante pour nous.

A cette époque, en effet, on semblait ne pas se rendre compte en France de l'absolue nécessité de séparer la mobilisation de la concentration. Les deux choses s'exécutaient à la fois, étaient confondues même, en sorte qu'elles se gênaient mutuellement : « Avant la guerre de 1870, en France, on appelait la première : *passage sur le pied de guerre*; la seconde : *formation de l'armée*. Elles s'effectuaient simultanément près du théâtre d'opérations et, pour ainsi dire, à l'entrée des voies qui allaient servir de lignes d'opérations[2]. » C'était la plus sûre manière de les empêcher de réussir.

Examinons ce qui se passait. Aussitôt une guerre décidée, le ministre de la guerre envoyait télégraphiquement l'ordre de rappel des réserves aux trois autorités suivantes ; 1° Généraux commandant le territoire ; 2° Préfets ; 3° Commandants de recrutement.

Ces derniers signaient alors les ordres d'appel individuels des réservistes, ordres établis d'avance, lors du passage de chaque classe dans la réserve, puis les re-

---

1. Général THOUMAS, *Les Transformations, etc.*, tome II, page 556.
2. Général DERRÉCAGAIX, *La Guerre moderne*, tome 1ᵉʳ, page 373.

mettaient à la gendarmerie, chargée de les distribuer aux intéressés. Ceux-ci se rendaient, à la date fixée par l'ordre, au chef-lieu du département, où ils étaient formés en détachements, puis dirigés par voies ferrées sur les dépôts de leurs corps respectifs. Là on les habillait, on les équipait, on les armait et on les envoyait enfin rejoindre les bataillons de guerre au point où ceux-ci se trouvaient.

Or, les dépôts n'étaient pas, en général, précisément rapprochés de leurs régiments, car les trois quarts du temps, c'était le hasard seul qui réglait la situation réciproque des deux portions d'un même corps. Ainsi, le 86e de ligne, en garnison à Lyon, avait son dépôt à Saint-Malo; en revanche, celui du 98e, stationné à Dunkerque, était à Lyon; celui du 13e, qui tenait garnison à Béthune, était à Romans; celui du 16e, stationné à Sétif, au Puy, etc. En outre, les réservistes d'un même corps pouvaient être disséminés sur tous les points du territoire, puisque leur recrutement ne se faisait pas, ainsi que cela a lieu maintenant, dans la région même où se trouvaient leurs corps, mais bien sur toute l'étendue de l'Empire, d'après le même principe que l'appel annuel des contingents; de sorte qu'un régiment en garnison à Lyon, par exemple, pouvait parfaitement avoir des réservistes à la fois dans le Nord, dans la Gironde, le Finistère et même beaucoup d'autres départements. On juge quelle perturbation devait fatalement accompagner ce croisement de trois ou quatre mille détachements, peut-être davantage, se promenant en tous sens sur les voies ferrées, se heurtant dans les gares aux éléments de l'armée déjà en route, au matériel et aux approvisionnements que les magasins expédiaient en hâte aux corps d'armée en voie de formation. L'indiscipline s'en mêlant, on voyait des hommes échapper à la surveillance des cadres de conduite, abandonner leurs détachements, errer autour des gares, et même demander l'aumône, quand leurs frais de route se trouvaient dissipés à boire. C'était un spectacle lamentable et navrant.

Les hommes du 2e régiment de zouaves, dit à ce sujet M. le général Derrécagaix, en résidence dans le Nord, par exemple, devaient se rendre à Marseille, de là à Oran, revenir à Marseille, puis rejoindre leur régiment dans l'Est et accomplir ainsi un parcours de 2,000 kilomètres en chemin de fer et deux traversées de trois jours, avant d'être à leur poste. La durée de leur voyage et les variations de leur effectif échappaient évidemment à toute prévision [1].

Et M. le général Derrécagaix cite également cet autre fait, bien plus caractéristique encore :

Le 18 juillet 1870, un détachement du 53e de ligne, parti de Lille pour rejoindre son régiment à Belfort, n'arrivait au dépôt à Gap que le 28, ayant cinq étapes à faire à pied ; n'en repartait qu'un mois après, le 30 août, était arrêté à Lyon, parce qu'on ne savait plus où était la portion principale ; était dirigé sur Orléans dans les premiers jours d'octobre, pour concourir à la formation du 27e de marche, y arrivait le 11 et était forcé de se battre avant d'avoir même retrouvé son nouveau drapeau. Parti le 18 juillet, il n'entrait en ligne que trois mois après, et, pendant ce temps, le 53e, auquel il avait d'abord été destiné, avait déjà disparu dans la tourmente [2].

Quels résultats pouvait donner un système aussi défectueux, dans une guerre où la lutte devait avoir pour théâtre nos frontières mêmes, et par suite éclater avec une rapidité exclusive de tout correctif ultérieur ? Il est trop évident qu'un décousu pareil, opposé aux méthodes précises et rigoureuses de nos adversaires, nous menait droit à la défaite, parce qu'il nous interdisait formellement d'attaquer. Or, comme on le verra par la suite, une offensive hardie était la seule tactique qui présentât quelque chance de succès.

Mais l'appel des réserves ne représentait qu'une partie, relativement minime, des opérations nécessaires pour entrer en campagne. Restait à former les armées, puis à les porter sur la frontière, et c'est ici qu'éclatèrent, dans toute leur plénitude, l'incohérence des ordres et la déroute des esprits. Nulle part cet affolement déplorable des derniers moments n'a été peint sous un jour plus net que dans la page où M. le général Thoumas retrace le souvenir douloureux des événements dont il a été le témoin :

1. Général Derrécagaix. loc. cit., page 404.
2. Ibid., page 405.

Depuis le 6 juillet, jour où M. de Gramont avait fait à la tribune de la Chambre des députés la déclaration restée si célèbre, la guerre était considérée comme inévitable. Les ordres relatifs à la formation des armées étaient préparés depuis deux ans ; il suffisait d'y écrire à l'encre les noms indiqués au crayon pour pouvoir les expédier. Soudain tout est changé ; plus d'armée d'Alsace, plus d'armée de Lorraine et plus d'armée de réserve[1], rien qu'une grande armée, l'armée du Rhin, composée de la Garde, des réserves de cavalerie et d'artillerie et de huit corps égaux, comprenant ensemble 24 divisions d'infanterie et 8 divisions de cavalerie. Tout le travail est donc à recommencer, et pour l'artillerie en particulier, la répartition des batteries et des parcs, avec tous les ordres qui en découlent, doit être changée complètement. Bientôt cependant les tableaux de répartition du personnel et du matériel sont établis, lorsque arrive un nouveau contre-ordre. Les trois maréchaux, de Mac-Mahon, Canrobert et Bazaine, devaient primitivement commander les armées. Pour les dédommager de ce qu'on les a fait descendre au rôle de simples commandants de corps d'armée, on décide que ces corps seront plus forts que les autres, et des 24 divisions d'infanterie au lieu de faire 8 corps d'armée à 3 divisions, on en forme 3 à 4 divisions et 4 à 3 divisions. On modifie de même la répartition de la cavalerie et de l'artillerie, et il faut encore une fois tout recommencer, de sorte que le 14 juillet, quand la guerre est décidée, le travail est à peine terminé, et que, le 14 et le 15, partent coup sur coup des ordres dont l'exécution simultanée met tout le monde sur les dents : 1° le 14 juillet, rappel à l'activité des militaires de la réserve et de la deuxième portion du contingent ; 2° le 15 juillet, ordre à tous les régiments d'infanterie de former 3 bataillons actifs à 6 compagnies, comprenant tous les hommes disponibles, un 4° bataillon à 4 compagnies, et un dépôt de 2 compagnies ; à tous les régiments de cavalerie de former 4 escadrons de guerre, à tous les régiments d'artillerie de mettre toutes leurs batteries sur le pied de guerre, aux régiments du génie, du train d'artillerie et du train des équipages militaires de procéder aux formations analogues. En même temps, ordre de diriger les bataillons, escadrons et batteries de guerre sur les emplacements choisis pour la formation des corps d'armée, désignation des généraux, états-majors, chefs de service, etc., avec ordre de se rendre sur-le-champ à leur poste. Ordres d'envoi sur les mêmes points du matériel et des approvisionnements. Enfin, le même jour, réquisitions adressées aux Compagnies de chemins de fer de mettre tous leurs moyens de transport à la disposition du ministre de la guerre. Les jours suivants, appel à l'activité de la garde nationale mobile, ordre de l'habiller, armer et équiper, formation de régiments de mobiles à 3 bataillons[2], organisation de régiments de

---

1. Voir dans le chapitre suivant les projets d'opération.
2. Général THOUMAS, *Les Tranformations de l'armée française*, tome II, page 545.

marche avec les troisièmes et quatrièmes bataillons de ligne, organisation de compagnies de francs-tireurs volontaires.

Quand on songe qu'une pareille besogne a dû être, tout entière, faite au dernier moment, on se demande comment il a été possible vraiment de produire quelque chose, si imparfait que ce quelque chose ait été!

Quoi qu'il en soit, voici comment on a procédé en 1870. Il n'est pas inutile de le rappeler, ne serait-ce que pour constater l'énormité des progrès accomplis[1].

L'ordre de rappel des réserves avait été, comme on l'a vu, lancé télégraphiquement le 14 juillet, à quatre heures quarante minutes du soir. La mise en route des divers détachements commença le 18, quatre jours seulement après la promulgation de cet ordre, et ne se termina que le 28; elle portait sur 163,020 hommes, chiffre inférieur de 10,487 hommes à celui qu'accusait la *situation* établie au ministère, comme d'usage, le 1er juillet, et son exécution ne s'opéra pas sans de très grosses difficultés. Car non seulement l'entre-croisement des mouvements dont il a été question plus haut retarda l'arrivée des réservistes dans les régiments, mais encore l'embarras des chemins de fer, débordés par les transports de toute espèce, puis l'insuffisance d'approvisionnements dans les dépôts entravèrent les résultats qu'on avait escomptés. En quinze jours, l'armée, immobilisée sur la frontière faute d'effectifs, ne reçut que 142 détachements, comptant en tout 38,678 hommes; le 6 août, 22 jours après l'ordre d'appel et au moment même où commençaient les opérations décisives, la *moitié à peine des hommes portés sur les situations d'effectif* lui était parvenue! Tel était le triste résultat produit par notre système de mobilisation, si tant est qu'un ensemble de mesures aussi incohérentes puisse recevoir la dénomination de système.

Passons maintenant à la concentration. Le jour même de la déclaration de guerre, le ministère avait

[1]. Une partie des détails qui vont suivre ont été donnés déjà par M. le général Derrécagaix dans son ouvrage *La Guerre moderne*.

envoyé ses ordres pour diriger sur des points désignés les corps de troupe, les généraux, les états-majors, les services, etc. Mais les unités devant être formées de troupes éparses sur tout le territoire, et qu'aucun lien tactique ou administratif ne reliait entre elles pendant la paix, il y eut, de ce fait, sur les lignes de chemins de fer, de nouveaux croisements et une confusion nouvelle qui vint encore aggraver le désordre et prolonger les retards. En outre, sauf quelques exceptions, les troupes reçurent à leur tête des chefs inconnus pour elles[1], tandis que ceux-ci étaient pourvus d'états-majors qu'ils ne connaissaient pas davantage, et dont ils ne pouvaient, sans expérience préalable, utiliser à leur place les capacités. Enfin, la désignation des points de concentration eux-mêmes ne fut pas exempte de l'incertitude qui présidait à tout ce travail, et se trouva modifiée au dernier moment. C'est ainsi que le 24 juillet, le 3ᵉ corps, qui devait se former à Metz, reçut l'ordre de se réunir à Boulay; le 5ᵉ dut se porter de Bitche à Sarreguemines, la Garde impériale de Nancy à Metz.

C'est au point de concentration que les unités devaient recevoir leurs réserves et leur complément de matériel, de vivres et de munitions; à proprement parler, cela s'appelle mettre la charrue avant les bœufs. D'ailleurs, les lettres de service expédiées aux officiers généraux, le 15 juillet, ne mentionnaient que les points arrêtés dès le principe, et ne donnaient aucun détail sur les emplacements des troupes. On peut juger des surprises et des récriminations qui se produisirent, de ce fait, surtout lorsque, après le 24, le seul renseignement que contenaient les lettres de service se trouva inexact[2].

---

1. On essaya bien de laisser aux troupes leurs chefs supérieurs du temps de paix : ainsi le maréchal de Mac-Mahon, gouverneur général de l'Algérie, eut dans son corps d'armée l'armée d'Afrique. Le général de Ladmirault, qui commandait à Lille, reçut les troupes en garnison dans le Nord ; mais il n'était pas possible de généraliser cette mesure, étant donné surtout que certains généraux pourvus de corps d'armée (généraux Frossard, Douay) n'exerçaient pas, avant la guerre, de grand commandement territorial.

2. Le 27, le major général télégraphiait au général Douay : « Où en êtes-vous de votre formation? *Où sont vos divisions ?* l'Empereur vous recommande d'en hâter la formation pour être en mesure de

Quant à la zone affectée à la concentration, elle allait de Thionville (4ᵉ corps) à Belfort (7ᵉ corps), s'étendant ainsi sur une ligne de 265 kilomètres, que le nombre des combattants ne suffisait pas à remplir, et dont la longueur exagérée mettait les corps d'armée dans l'impossibilité de se soutenir réciproquement, si l'un d'entre eux était attaqué. En exposant, au prochain chapitre, le plan des opérations projetées, nous expliquerons les causes de cette disposition de nos forces. Disons, dès maintenant, qu'elle était essentiellement vicieuse, contraire aux vrais principes de la guerre, et qu'elle ne tarda point à devenir funeste, ainsi que c'était à prévoir.

Quoi qu'il en soit, l'armée du Rhin se trouvait constituée, incomplètement, il est vrai, et dans un état de pénurie générale que la gravité des circonstances rendait particulièrement dangereuse. Elle existait néanmoins, au moins comme composition d'ensemble, et comptait, ainsi qu'on l'a vu, la Garde impériale, 7 corps d'armée et une réserve générale. Ces unités avaient été constituées d'après les règles suivantes :

Les corps d'armée comprenaient 3 ou 4 divisions d'infanterie, 1 division de cavalerie à 2 ou 3 brigades (ayant chacune 2 ou 3 régiments), une réserve d'artillerie composée de 2 batteries de 12, 2 batteries de 4 et 2 ou 3 batteries à cheval, enfin une réserve du génie, de 1, 2 ou 2 compagnies et demie.

A chaque division d'infanterie, presque toujours pourvue de 1 bataillon de chasseurs, étaient attachées 2 batteries montées de 4, 1 batterie de mitrailleuses, 1 compagnie du génie et 1 détachement du train des équipages; à chaque division de cavalerie étaient attachées 2 batteries à cheval.

La réserve générale se composait de 3 divisions de cavalerie, de 16 batteries montées (8 de chaque calibre), et de 4 compagnies du génie (1 de sapeurs, 1 de mineurs, 1 *dite* des chemins de fer, et 1 de télégraphistes).

rallier Mac-Mahon le plus tôt possible dans le département du Bas-Rhin. »

Enfin le train des équipages, les troupes d'administration, les infirmiers et les ouvriers étaient répartis dans les diverses unités, sans règles fixes, et d'après les besoins supposés du service.

En fait, beaucoup d'éléments ne purent rejoindre, et cette organisation théorique ne fut pas, à beaucoup près, mise partout en vigueur [1].

Garde impériale. — C'était, avec les troupes du camp de Châlons, la seule unité constituée dès le temps de paix. Elle comptait deux divisions d'infanterie et une division de cavalerie à 3 brigades. Partie de Paris et environs le 21, elle arriva le 25 à Nancy; puis se rendit par étapes sous Metz, où elle campa le 28 juillet. Ses réserves, moins nombreuses que celles des autres corps, et ses services administratifs la rejoignirent le 30, et portèrent son effectif à 1,047 officiers, 21,028 hommes, 7,304 chevaux.

Elle comptait 24 bataillons (dont 1 de chasseurs), 30 escadrons, 12 batteries (dont 2 de mitrailleuses), 3 compagnies du génie, et 1 escadron du train. Son commandant en chef était le général de division Bourbaki.

1er Corps. — Composé des troupes d'Algérie, des régiments stationnés dans l'Est et de quelques autres venus du Nord et du Midi, il avait pour mission de couvrir l'Alsace. Dès le 26, sa première division (Ducrot), était envoyée sur la frontière de la Lauter, près de Froeschwiller, n'ayant encore ni ses réserves ni ses services administratifs. De même, les trois autres divisions durent prendre leurs positions sans avoir reçu même leur artillerie. C'est au bout de dix-huit jours seulement, le 1er août, que le 1er corps fut complètement constitué. Il comptait alors : 1,631 officiers, 40,163 hommes, 8,143 chevaux, répartis en 52 bataillons (dont 4 de chasseurs), 26 escadrons, 20 batteries (dont 4 de mitrailleuses), 5 compagnies et demie du génie, et du train. Son chef était le maréchal de Mac-Mahon.

---

1. Voir pièce n° 2, *Ordre de bataille de l'armée du Rhin.*

2ᵉ Corps. — Au moment de la déclaration de guerre, le général Frossart, aide de camp de l'Empereur, commandait les troupes du camp de Châlons, qui formaient un corps d'armée. Il n'eut donc qu'à les transporter sur la frontière ; mais il leur manquait tant de choses qu'il fallut quinze jours pour qu'elles fussent à peu près en état.

Toutefois, le 19 au matin, les 3 divisions arrivaient à Saint-Avold et Forbach, bien entendu sans leurs réservistes et sans leurs services administratifs.

L'effectif au 1ᵉʳ août était de : 1,172 officiers, 27,956 hommes, 5,016 chevaux, répartis entre 39 bataillons (dont 3 de chasseurs), 18 escadrons, 13 batteries (dont 3 de mitrailleuses), 4 compagnies du génie.

3ᵉ Corps. — Il était formé des divisions de Paris et des troupes de Metz et de Nancy. Or, les divisions de Paris n'avaient en temps normal que leurs 4 régiments, et il fallut les doter, tout comme si elles n'avaient pas été groupées déjà, de tous leurs services accessoires, ainsi que de leur artillerie. Quant aux autres éléments de corps d'armée, ils venaient naturellement d'un peu partout, même d'Auch (cavalerie).

Le 23 juillet, le 3ᵉ corps se réunit à Boulay, et par des arrivées successives atteignit, le 6 août, les effectifs suivants : 1,704 officiers, 41,574 hommes, 9,810 chevaux, répartis en 52 bataillons (dont 4 de chasseurs), 31 escadrons, 20 batteries (dont 4 de mitrailleuses), 5 compagnies et demie du génie et du train.

Son commandant en chef fut jusqu'au 12 août le maréchal Bazaine ; du 12 au 14, le général Decaen, mortellement blessé à Borny ; puis, jusqu'à la capitulation de Metz, le maréchal Le Bœuf.

4ᵉ Corps. — Formé à Thionville avec les garnisons du Nord et du Nord-Est, il se constitua le 23 juillet : le lendemain, sur l'ordre du major général, il envoyait sa 1ʳᵉ division (de Cissey) et la brigade légère de la division de cavalerie (Legrand) à Sierck, pour surveiller la frontière. Cependant c'est le 1ᵉʳ août seulement[1] qu'il

---

1. Ainsi ce corps d'armée, formé d'éléments relativement rappro-

fut pourvu de ses éléments principaux, et le 13 qu'il put enfin se compléter.

Son effectif était de : 1,208 officiers, 27,702 hommes, 5,336 chevaux, répartis en 39 bataillons (dont 3 de chasseurs), 18 escadrons, 15 batteries (dont 3 de mitrailleuses), et 4 compagnies du génie.

Il avait pour commandant en chef le général de Ladmirault.

5ᵉ Corps. — Ce corps était formé de l'armée de Lyon et avait pour point de rassemblements Bitche et Haguenau. Le 24, d'après les ordres du major général, il dut porter ses deux premières divisions de Bitche sur Sarreguemines, sa 3ᵉ de Haguenau sur Bitche. Ce chassé-croisé s'effectua avant toute espèce de constitution régulière.

Le 1ᵉʳ août, il avait reçu la majeure partie de ses compléments et comptait les effectifs suivants : 1,174 officiers, 20,243 hommes, 5,527 chevaux, ayant la même répartition qu'au 3ᵉ corps.

Son commandant en chef était le général de Failly, aide de camp de l'Empereur.

6ᵉ Corps. — Confié au maréchal Canrobert, et composé de 4 divisions d'infanterie, le 6ᵉ corps avait été primitivement destiné à servir de réserve : par suite, ses divisions, formées à Châlons, Soissons et Paris, de troupes provenant d'un peu partout, devaient se concentrer au camp de Châlons.

Le 6 août, il était encore fort incomplet, quand il reçut du major général, l'ordre de se porter sur Nancy, par étapes : mais, dès le 7, les nouvelles des premiers désastres et de la retraite générale qui en était la conséquence, l'obligèrent à rétrograder. Il rentra donc au camp de Châlons, et n'en repartit que le 9, par voies ferrées, laissant en arrière sa division de cavalerie qui ne le rejoignit plus jamais. Le 12, il réunissait à Metz ses 1ʳᵉ, 3ᵉ et 4ᵉ divisions, venues par des trains distincts : quant à la 2ᵉ, elle avait trouvé la voie déjà coupée

chés, avait mis six jours pour réunir ses régiments, tels quels, et vingt-sept jours pour être enfin sur le pied de guerre. Triste preuve des vices irrémédiables de notre organisation militaire !

par l'ennemi, entre Nancy et Metz, et restait tout entière en arrière, sauf un régiment, le 9ᵉ de ligne, et le général Bisson qui la commandait. Semblable mésaventure priva le 6ᵉ corps de ses services administratifs, de sa réserve d'artillerie et de son personnel du génie, et le laissa avec 39 bataillons (dont 3 de chasseurs) et 12 batteries (dont 4 de mitrailleuses).

Quelques jours plus tard, après les batailles de Rezonville et de Saint-Privat, on le réorganisa tant bien que mal, au moyen de prélèvements opérés sur le reste de l'armée : c'est ainsi qu'il reçut, le 17, une brigade de la 1ʳᵉ division de cavalerie de la réserve (général du Barail), et le 19, 4 batteries de 12 que lui donna la réserve générale ; mais il resta toujours au-dessous du complet. Son effectif, au 1ᵉʳ août, était de : 1,474 officiers, 33,946 hommes, 5,534 chevaux, qui, par les prélèvements dont il vient d'être question, s'augmentèrent plus tard d'environ 4,200 hommes et 470 chevaux.

7ᵉ Corps. — De tous les corps de l'armée du Rhin, le 7ᵉ est certainement celui qui eut le plus de mal à s'organiser. Ses deux points de concentration étaient Belfort et Colmar, et il devait comprendre des troupes venues du Sud-Est, de Clermont-Ferrand, de Perpignan, voire même de Civita-Vecchia. On comprend que réunir des éléments aussi épars ne pouvait être l'œuvre d'un jour : en effet, les deux premières divisions ne furent constituées que le 4 août ; la 3ᵉ, retenue momentanément à Lyon pour y remplacer les troupes parties à la frontière, ne joignit Belfort que le 13 [1] ; encore n'avait-elle que 3 régiments sur 4. De même la division de cavalerie se trouva réduite à une seule brigade, toujours par crainte de troubles à Lyon : sa 2ᵉ brigade ne la rejoignit jamais. Enfin, les services accessoires du corps d'armée faisaient absolument défaut.

C'est dans de pareilles conditions, et sans avoir reçu

---

[1]. Cet exemple prouve combien était regrettable l'abandon où l'on avait laissé l'organisation de la garde mobile. Grâce à la landwher, les Allemands avaient, au contraire, des troupes de garnison en quantité suffisante pour rendre disponible, dès le premier jour, l'armée active tout entière.

ses réservistes, que le 7ᵉ corps dut, après la bataille de Wœrth, évacuer l'Alsace à la suite du corps d'armée du maréchal de Mac-Mahon, et se rendre précipitamment au camp de Châlons, où il finit par se compléter à peu près.

Son effectif, au 1ᵉʳ août, était de : 1,043 officiers, 23,142 hommes, 5,396 chevaux.

Il était commandé par le général de division Félix Douay, aide de camp de l'Empereur.

Réserves générales. — En principe, la *réserve générale de cavalerie* devait comprendre trois divisions à deux brigades, pourvues chacune de 2 batteries à cheval ; mais deux seulement purent s'organiser. La 1ʳᵉ, en effet, composée des 4 régiments de chasseurs d'Afrique, n'en reçut jamais que trois, et fut disloquée avant sa concentration. Le 16 août, la 1ʳᵉ brigade (Margueritte) arrivait à Verdun, escortant l'Empereur qui avait quitté Metz le matin. Le lendemain 17, son général recevait un télégramme du maréchal de Mac-Mahon, lui ordonnant de rejoindre, à Sainte-Menehould, la 1ʳᵉ brigade de la division de Fénelon (affectée au 6ᵉ corps et séparée de lui, comme on l'a vu plus haut) pour former avec elle une division nouvelle ; sans état-major et sans artillerie, c'est cette division qui fournira, le 1ᵉʳ septembre, les charges immortelles de Cazal et de Floing.

Quant aux deux autres divisions de la réserve générale, l'une, la 2ᵉ, tout entière de cuirassiers, arriva le 5 août à Frœschwiller, juste à temps pour s'y couvrir de gloire. L'autre rejoignit le même jour l'armée de Metz à Faulquemont.

Les 3 divisions comprenaient ensemble, à la date du 1ᵉʳ août, 464 officiers, 6,360 hommes, 6,321 chevaux.

La *réserve générale d'artillerie*, formée à Nancy, arriva à Metz les 8 et 9 août ; elle comptait : 87 officiers, 2,675 hommes, 2,725 chevaux.

La *réserve générale du génie*, de 4 compagnies, comptait de son côté : 13 officiers, 459 hommes, 196 chevaux.

Quant aux grands parcs, on sait qu'ils n'avaient point été organisés.

Telles étaient les forces chargées de défendre le sol français, menacé déjà d'une invasion très prochaine. Si inférieures qu'elles fussent à celles de l'ennemi, elles n'en représentaient pas moins tout ce que la France, dans son organisation bâtarde, pouvait pour le moment mettre sur pied, car il ne restait à l'intérieur que des dépôts et quelques régiments encore disponibles dont l'effectif ne constituait pas même la valeur d'un corps d'armée[1]. Bien plus, ces forces, disséminées sur la frontière dans un ordre vicieux, n'avaient pas, tant s'en fallait, terminé leur mobilisation ; elles allaient donc essuyer les premiers chocs de l'adversaire sans être pourvues de tous leurs éléments, et sans posséder plus de 222,242 hommes[2]. Plus tard, après le 6 août, cet effectif s'accroîtra de 10,700 hommes par l'arrivée de plusieurs groupes de renfort. Mais, à ce moment, les terribles défaites de Wissembourg, de Spicheren et de Frœschwiller auront déjà ouvert le territoire au flot des ennemis qui se pressent à nos portes : trois corps d'armée (les 1er, 5e et 7e) seront désorganisés, un autre (le 2e) sera entamé fortement, et la mobilisation, encore inachevée, subira, de ce fait, une perturbation profonde, qui l'arrêtera presque complètement.

Cette leçon cruelle, notre malheureux pays se l'était attirée par son insouciance et son aveuglement fatal. Du moins, nous pouvons affirmer qu'elle n'a point été inutile, et que les sacrifices librement consentis par la

---

1. Les seuls corps restés à l'intérieur étaient les 22e, 34e, 58e, 72e de ligne et le 1er régiment de chasseurs à cheval. En outre, la brigade d'occupation de Rome comprenait le 6e bataillon de chasseurs, les 35e et 42e de ligne, deux escadrons du 7e chasseurs à cheval et trois batteries d'artillerie.

2. En totalisant les chiffres donnés précédemment pour chaque corps d'armée, on obtient 254.499 officiers ou hommes de troupes et 63,018 chevaux, y compris le grand quartier général et la maison de l'Empereur (217 officiers, 1,560 hommes, 1,610 chevaux). Mais le 1er août, ni le 6e corps, ni une forte partie du 7e n'étaient encore à la frontière : le nombre des combattants se trouvait donc diminué d'autant. Chose étrange, et qui montre bien le désordre général, le 1er août, le ministère de la guerre comptait, comme existant à l'armée du Rhin, 24.814 hommes de plus que cette armée n'avait réellement; il croyait apparemment que tous les détachements avaient rejoint déjà. C'était vraiment trop d'optimisme, en présence du chaos qu'il fallait au préalable débrouiller.

nation tout entière pour sa régénération et la reconstitution de ses forces nous gardent à jamais du retour d'aussi amères déceptions.

Les troupes furent transportées à la frontière par les soins des deux Compagnies du Nord et de l'Est, et celle-ci, en particulier, dut accomplir de véritables tours de force pour mener à bien une opération aussi complexe, que venait encore entraver l'affluence dans les gares des populations surexcitées. Elle utilisa les deux grandes lignes :

1° De Paris à Strasbourg, avec embranchement de Frouard sur Metz ;

2° De Paris à Mulhouse, Colmar et Strasbourg.

Quant à la Compagnie du Nord, elle n'eut à employer que la ligne de Paris à Soissons, s'embranchant sur l'Est pour conduire à Reims, Charleville et Thionville, et le réseau Lille, Douai, Valenciennes, Aulnoye, Charleville. Enfin, la Compagnie de Lyon utilisa la ligne de Besançon à Belfort.

Les transports commencèrent à Paris, le 16 juillet, à cinq heures quarante-cinq minutes du soir : ils se continuèrent sans interruption les jours suivants, à raison d'un nombre de trains qui monta jusqu'au chiffre de **74** par jour.

Les troupes étaient accompagnées d'une foule immense, poussant les cris : *La Marseillaise ! à Berlin !* et qui se précipitait dans nos cours et jusque sur nos quais. Malgré les efforts des officiers, les soldats qui avaient à attendre pendant de longues heures le moment du départ, étaient entraînés dans les cabarets du voisinage, et plusieurs ne regagnaient leurs rangs que dans un état d'ivresse des plus regrettables... Les officiers eurent même à constater des cas d'ivresse furieuse, et ils exprimèrent à plusieurs reprises l'opinion que des boissons spéciales avaient été versées à leurs hommes... Nous eûmes également la preuve que des munitions avaient été dérobées à des soldats dans ces scènes de fraternisation repoussante. Ces scènes eurent lieu surtout à la gare de Paris... L'artillerie à Pantin, la Garde impériale et beaucoup de régiments de ligne à la Villette, s'embarquèrent sans bruit, avec un calme et une dignité qui remplissaient le cœur et l'espérance.

Les effectifs étaient très variables d'un régiment à l'autre : tel régiment, par exemple, s'embarquait avec 45 officiers, 950 hommes et 9 chevaux : tel autre avec 65 officiers, 1,600 hommes et 11 chevaux. Ces régiments partaient presque tous sans leurs bagages, qui les rejoignaient plus tard ou tentaient de les rejoindre...

Dès le troisième ou le quatrième jour, toutes les gares du réseau français ont été successivement encombrées de soldats isolés appartenant à tous les régiments de l'armée, groupés sous les ordres de quelques sous-officiers qui, sans autorité sur les détachements d'hommes inconnus qui leur étaient confiés, partaient en laissant tout le long du chemin une partie de leurs hommes égarés. Ces hommes ont constitué de suite une masse flottante, vivant dans les buffets improvisés dans les gares par les soins et aux frais de personnes bienveillantes, et ne retrouvant jamais leurs corps[1].

Quel tableau! N'est-ce point là comme une scène de la déroute anticipée? Et cependant le remède eût été bien simple, puisqu'un homme, absolument étranger aux choses militaires, l'indiquait, par le seul effort de son jugement:

Nous pensons, écrit M. Jacqmin, qu'il eût beaucoup mieux valu former les régiments d'une manière complète, loin du théâtre de la guerre, et ne les lancer en avant qu'après les avoir pourvus de tout ce qu'ils avaient à attendre d'hommes, de chevaux et de voitures[2].

C'est là, en effet, tout le secret de la mobilisation, dont personne, en France, ne semblait alors se douter!

Heureusement que la Compagnie de l'Est avait à sa tête un administrateur remarquable, qui, avec sa seule ingéniosité, aidée du dévouement de ses agents, sut parer aux inextricables difficultés de la situation, et accomplir des miracles. En *dix jours*, la Compagnie fournit 594 trains, et transporta à la frontière 186,620 hommes, 32,410 chevaux, 3,162 canons ou voitures, 925 wagons de munitions. C'était plus que la Prusse en 1866.

Si, à une époque où nulle mesure préventive n'était prise, où il n'existait ni un horaire, ni une fiche de transport, le personnel d'une compagnie de chemins de fer a trouvé dans son patriotisme le moyen de répondre ainsi aux exigences d'une mobilisation hâtive et désor-

---

1. E. JACQMIN, directeur de la Compagnie de l'Est, *Les Chemins de fer pendant la guerre de* 1870-71. Paris, Hachette, 1872, pages 113 et suivantes.
2. *Ibid.*, pages 113 et suivantes.

donnée, nous pouvons être rassurés sur l'avenir. Car, à l'heure actuelle, tout est préparé d'avance, tout est prévu ; chaque unité possède, dès le temps de paix, son train constitué en personnel et en matériel, et sait, le jour du départ, où elle doit s'embarquer et où elle doit arriver ; des stations *halte-repas* assureront la nourriture en route aussi bien aux hommes qu'aux chevaux ; des rampes mobiles permettront, à défaut de quai, l'embarquement et le débarquement sur n'importe quel point d'une ligne. Enfin, par une entente constante de l'état-major et des Compagnies, tout peut être prévu d'avance, jusqu'au plus petit détail. Le transport de nos forces est donc toujours assuré et prêt : quant au dévouement dont les agents des chemins de fer ont donné en 1870 des preuves si éclatantes, il est resté le même, et n'a pas diminué depuis.

II. ARMÉES ALLEMANDES. — Tandis que l'absence d'une méthode rationnelle stérilisait ainsi nos efforts, la Prusse, au contraire, procédait à sa mobilisation avec un calme et une régularité qui, opposés au désarroi de l'organisation française, formaient un contraste singulier. Ici, tout était préparé de longue main, réglé mathématiquement, et ponctuellement exécuté. Point de tiraillement, point d'imprévu : c'est une mécanique parfaitement organisée qui fonctionne, après que les deux expériences de 1864 et de 1866 ont fait adoucir les frottements qui pouvaient subsister encore. C'est, en un mot, le triomphe de l'arithmétique appliquée à l'art militaire, et le succès complet de la machine imaginée par le général de Roon.

Le 15 juillet dans la nuit, l'ordre de mobilisation était lancé à la fois de Berlin et de Carlsruhe[1] ; dès la matinée du lendemain 16, il était parvenu à tous les

---

1. Dès les premiers incidents, certaines mesures de précaution avaient été prises en Allemagne, quoi qu'en dise la relation officielle prussienne (page 47), et le roi Guillaume les avait lui-même annoncées à M. Benedetti. C'est ainsi que, dès le 8, les hommes de la landwher en résidence à l'étranger furent rappelés, que certains mouvements de troupes s'effectuèrent, qu'enfin le 40e régiment d'infanterie, stationné à Trèves, reçut le 13 juillet l'ordre de se tenir prêt immédiatement à partir.

districts de landwehr, sauf en Wurtemberg, où ceux-ci ne le reçurent que le 19. Aussitôt commencèrent les opérations prescrites par le plan de mobilisation et qui consistaient :

1° Dans l'appel des hommes des différentes réserves et la réquisition des chevaux de complément ;

2° La mise en route des hommes et des chevaux vers les unités respectives auxquelles ils étaient destinés, et qui se mobilisaient sur place ;

3° La formation des troupes de campagne, puis postérieurement des troupes de remplacement, et enfin des troupes de landwehr.

En même temps, les corps de troupe préparaient l'incorporation de leurs réserves, et celles-ci recevaient l'ordre, transmis par les autorités civiles, de se présenter au chef-lieu de leur district les 19, 20 et 21.

Le 19 juillet, « le jour anniversaire de la mort de cette Reine à jamais regrettée qui avait pris une si grande part de toutes les douleurs dont la France abreuva jadis la Prusse[1] », les premiers réservistes se présentaient déjà à leurs corps et les commissions de réquisition entraient en fonctions. Le 21, plusieurs régiments étaient prêts à marcher : le 24, ils l'étaient presque tous. Les derniers se trouvèrent au complet le 29 juillet, à une date où, en France, les réservistes n'avaient point encore quitté leurs foyers, et un seul corps, le 40° d'infanterie, dont le rôle sur la frontière était spécial, ne fut complètement mobilisé que le 2 août[2].

Les règles de la mobilisation allemande durent cependant subir une exception pour les contingents des provinces rhénanes. Le voisinage de la France avait fait naître la crainte d'une incursion subite qui avait troublé l'appel des réservistes des pays compris entre Rhin et Moselle. En conséquence, le personnel des commandements de districts, leur matériel, les réservistes et les dépôts de la 16° division d'infanterie furent repliés sur le Rhin, pour effectuer leur mobilisation. Une autre exception fut admise pour les hommes de réserve qui devaient se rassembler à Sarre-

---

1. *La Guerre franco-allemande*, par le grand état-major prussien. Paris, Dumaine, 1874, page 49.
2. Général DERRÉCAGAIX, *La Guerre moderne*, tome 1er, page 385.

louis. On décida de les incorporer dans les 69ᵉ et 70ᵉ régiments d'infanterie qui s'y trouvaient stationnés, afin d'avoir le plus tôt possible, sur la frontière, deux corps de troupes sur le pied de guerre. Ces particularités n'empêchèrent pas le VIIIᵉ corps d'armée (Trèves) d'avoir terminé sa mobilisation le 26 juillet[1].

L'opération, très simple pour l'infanterie et la cavalerie, était beaucoup plus compliquée pour l'artillerie, le génie et le train qui, ainsi qu'il a été dit au précédent chapitre, devaient former non seulement des troupes de remplacement, mais encore des unités nouvelles, disponibles en même temps que les autres éléments de l'armée. Elle s'effectua cependant sans encombre, grâce à la précaution prise de désigner d'avance, dès le temps de paix, les cadres de ces nouvelles unités, lesquels pouvaient ainsi, au début même de la mobilisation, présider à leur constitution. Les colonnes de munitions, de parcs, d'équipages de pont, d'outils, les détachement sanitaires, les dépôts de remonte, les colonnes de vivres, les ambulances, ainsi que les divisions (*abtheilung*) de chemins de fer et de télégraphes se trouvèrent donc organisés en même temps que les divisions, les corps d'armée et les armées auxquels elles étaient affectées, et s'embarquèrent en même temps. Résultat remarquable, dû en grande partie au principe fécond de la division du travail, et à une décentralisation raisonnée, qui, en procédant par unité et sur place, assurait la réussite de l'ensemble, parce que chacun, dans une sphère d'action relativement bornée, n'avait qu'à appliquer des instructions et des méthodes dont il s'était au préalable entièrement pénétré.

« L'organisation militaire de l'Allemagne du Nord lui permit de mettre les régiments d'infanterie sur le pied de guerre en sept jours environ, ses troupes de cavalerie en dix jours, celles d'artillerie en onze jours[2]. » Combien, malheureusement, nous étions loin, en France, d'une semblable rapidité !

Et comme les Etats du Sud avaient depuis trois ans déjà, à très peu près, adopté le système militaire de la

---

1. Général DERRÉCAGAIX, *loc. cit.*, page 385.
2. *Ibid.*

Prusse, leurs contingents se trouvèrent prêts en même temps que ceux de l'armée fédérale, la constitution de leurs troupes de remplacement et de garnison s'effectua par des procédés analogues et aussi rapides, en sorte que les forces allemandes ne formèrent plus qu'une masse compacte, dirigée par une volonté unique, animée d'un même esprit et poursuivant le même but. L'unité de l'Allemagne, encore politiquement imparfaite, venait, sur le terrain militaire, de s'opérer complètement et intimement.

Or, cette masse se montait au chiffre énorme de 1,183,389 soldats, 250,373 chevaux et 2,046 pièces de campagne, se décomposant comme suit :

	Officiers.	Troupes.	Chevaux.	Pièces.
1° ARMÉE FÉDÉRALE :				
Troupes de campagne.	13.922	565.021	169.181	1.284
— de remplacement.	3.072	190.757	23.056	246
— de garnison	5.066	203.686	17.136	162
2° ÉTATS DU SUD :				
Bavière.				
Troupes de campagne.	1.773	71.345	19.381	192
— de remplacement.	486	30.193	2.992	24
— de garnison	777	24.386	1.683	»
Wurtemberg.				
Troupes de campagne.	524	21.950	6.868	24
— de remplacement et de garnison.	339	14.367	2.008	12
Bade.				
Troupes de campagne.	465	17.818	6.221	54
— de remplacement.	147	5.936	930	72
— de garnison	338	10.478	887	6
Totaux	27.453	1.155.936	250.373	2.046
	1.183.389			

On voit de quel côté était la puissance numérique. Quant aux autres éléments de supériorité possédés en 1870 par l'armée allemande, on les retrouve exposés nettement par le colonel Stoffel, attaché militaire à l'ambassade française de Berlin, en un résumé que voici :

> Sentiment profond et salutaire que le principe du service militaire obligatoire répand dans l'armée, qui renferme toute la partie virile, toutes les intelligences, toutes les forces vives du pays, et qui se regarde comme la *nation* en armes;
>
> Le niveau intellectuel de l'armée plus élevé que dans aucun pays, grâce à une instruction générale répandue dans toutes les classes du peuple;
>
> A tous les degrés de la hiérarchie, le sentiment du devoir beaucoup plus développé qu'en France[1]:
>
> Services spéciaux (compagnies de chemins de fer, compagnies de porteurs de blessés, télégraphie) organisés à demeure, avec le plus grand soin, et sans diminution du nombre des combattants;
>
> Feux d'infanterie plus redoutables, grâce au tempérament particulier aux Allemands du Nord et aux soins extrêmes apportés à l'instruction du tir;
>
> Matériel d'artillerie de campagne bien supérieur au nôtre comme justesse, portée et rapidité du tir.
>
> Mais de tous les éléments de supériorité dont la Prusse tirerait avantage dans une guerre prochaine, le plus grand, le plus incontestable, sans contredit, lui serait acquis par la composition de son corps d'officiers d'état-major. Il faut le proclamer bien haut, comme une vérité éclatante: l'état-major prussien est le premier de l'Europe[2]…

Et pour que le tableau soit complet, le colonel Stoffel y ajoutait cette esquisse significative:

> D'une part, une nation pleine de sève et d'énergie, instruite comme aucune autre en Europe, privée à la vérité de toute qualité aimable ou généreuse, mais douée des qualités les plus solides, ambitieuse à l'excès, sans scrupules, audacieuse, façonnée tout entière au régime militaire; d'autre part, un homme qui pendant vingt ans comme prince, et pendant dix ans comme régent ou comme roi, a donné tous les soins à l'armée avec une sollicitude, une passion, une bonne humeur telles, qu'il en a fait un instrument redoutable. C'est cette armée qui a vaincu à Kœniggrætz[3].

Notre attaché militaire terminait par cet avertissement prophétique:

> Ce spectacle est tellement saisissant qu'on ne peut qu'accuser

---

1. C'est là une opinion qui nous paraît trop absolue. Le sentiment du devoir n'avait reçu dans l'armée française aucune atteinte, et soldats et officiers en ont donné la preuve par leur bravoure admirable et leur dévouement absolu. Mais les caractères s'étaient certainement abaissés, sous l'influence dissolvante du relâchement des mœurs publiques, et la vigueur du commandement devait particulièrement s'en ressentir.

2. Colonel baron STOFFEL, *Rapports militaires écrits de Berlin*. (Rapport du 23 avril 1868.)

3. *Ibid.* (Rapport du 22 juillet 1868.)

d'aberration ou d'une coupable légèreté les étrangers qu'il aurait dû frapper bien avant 1866... En Prusse, nation et armée révèlent un esprit, une énergie, une discipline, une instruction qui en feront pour nous, le cas échéant, les plus redoutables adversaires [1].

Si le gouvernement auquel présidait M. Emile Ollivier nous a lancés dans une lutte inégale, ce n'est donc pas faute d'avoir été prévenu.

L'état-major prussien avait maintenant à procéder à la formation et à la constitution des diverses armées, ce qui lui était d'autant plus facile qu'un mémoire établi dès l'hiver de 1868 à 1869, sous la direction du général de Moltke, réglait d'avance tous les détails de l'opération, établissait l'effectif de chacune d'elles et fixait la répartition des corps d'armée « en vue de leur permettre à tous d'être prêts dans le plus court délai [2] ». Aussi, le 18 juillet, le roi, de retour à Berlin, n'eût-il qu'à apposer sa signature au bas du tableau de répartition proposé, pour que les forces allemandes fussent méthodiquement et définitivement groupées.

On constitua ainsi trois armées, dont l'effectif variait suivant le but qui était assigné à chacune d'elles, et offrait même des différences assez sensibles [3].

La Ire armée, formant aile droite, se concentrait dans la vallée de la Moselle, entre Trèves et Sarrebruck : elle comptait environ 72,000 hommes (VIIe et VIIIe corps avec la 3e division de cavalerie) et était placée sous les ordres du général de l'infanterie *de Steinmetz* [4].

La IIe armée, placée au centre, se concentrait à Mayence, sur la ligne Bingen-Mannheim. Elle comptait environ 252,000 hommes (Garde, IIIe, IVe, IXe, X^e et

---

1. Colonel baron STOFFEL, *loc. cit.*
2. *La Guerre franco-allemande*, page 76.
3. Voir la pièce n° 3, *Ordre de bataille des armées allemandes*.
4. Né en 1796, sorti en 1813 du corps des cadets, avait fait les campagnes de 1813 et 1815. Décoré de la *Croix de fer* en 1814 et de l'ordre *pour le mérite* en 1848 (campagne du Schleswig). Colonel en 1851 et commandant du corps des cadets ; général-major en 1854, et commandant de Magdebourg, puis, en 1857, commandant de la 4e brigade d'infanterie de la Garde. Général-lieutenant en 1858, et commandant du IIe corps d'armée, puis du Ve, comme général de l'infanterie. C'est à la tête du Ve corps qu'il se distingua dans la campagne de Bohême, au point de recevoir du Landtag prussien une dotation. Élu en 1887 député au Reichstag de la Confédération du Nord.

XII° corps[1], 5° et 6° divisions de cavalerie), et elle était placée sous les ordres du prince Frédéric-Charles de Prusse[2], général de la cavalerie.

La III° armée formait l'aile gauche et était confiée au prince royal Frédéric-Guillaume de Prusse[3], général de l'infanterie. C'est à cette armée que, dans un but politique facile à comprendre, on avait attribué les contingents de l'Allemagne du Sud. Elle se concentrait entre la Queich et la Lauter, sur la rive gauche du Rhin, devant Landau et Germersheim, et comptait environ 182,000 hommes (V°, XI° corps, I° et II° corps bavarois, divisions badoise et wurtembergeoise, 4° division de cavalerie).

Restait en troupes mobilisées 3 corps d'armée, les I°, II° et VI°, et 2 divisions de cavalerie[4]. En outre, la 17° division d'infanterie[5] et 4 divisions de landwher (dont celle de la Garde) étaient affectées à la défense des côtes, confiée au général Vogel de Falkenstein.

---

1. Dans le principe, les IX° et XII° corps étaient destinés à former la réserve ; mais ils furent, au bout de très peu de temps, réunis à la II° armée.

2. Fils du prince Charles de Prusse, frère du roi ; né en 1828, fit en 1848, la campagne du Schleswig dans l'état-major du général Wrangel, et en 1849, celle de Bade en qualité de major de cavalerie ; était général-lieutenant en 1856 et général de la cavalerie en 1860. Il commanda en chef l'expédition de 1864, en Danemark, après la retraite du général Wrangel, et la I° armée prussienne dans la campagne de Bohême, en 1866, où il gagna les victoires de Münchengratz et de Gitchin, et contribua puissamment au gain de la bataille de Sadowa. Il passe pour être l'auteur de la fameuse brochure : « *L'Art de combattre les Français* », qui fut, dit-on, publiée sans son consentement, et produisit une sensation considérable. Après la capitulation de Metz, il fut nommé feld-maréchal. Il est mort en 1885.

3. Né en 1831, général-lieutenant en 1860 ; fit la campagne de 1864, dans l'état-major du général Wrangel, et fut en 1866 nommé général de l'infanterie. C'est en cette qualité qu'il commanda la II° armée prussienne dans la campagne de Bohême, où il assura, en débouchant à temps sur le champ de bataille, la victoire de Sadowa. On sait dans quelles circonstances dramatiques ce prince, qui passait pour un esprit délicat et généreux, est mort en 1888, après seulement trois mois de règne.

4. L'état-major prussien (page 80) explique que le transport de ces unités ne pouvant avoir lieu au début, on ne les avait affectées à aucune armée. Fort peu de temps après la concentration, le I° corps renforça la I° armée, le II° la II° armée, le VI° la III° armée.

5. La 17° division (du IX° corps) fut laissée pour garder le Schleswig-Holstein, dont on se méfiait non sans quelque raison. Elle fut remplacée au IX° corps par la division hessoise.

En même temps, par un rescrit du 22 juillet, le territoire de l'Allemagne du Nord était divisé, pour la durée de la guerre, en 5 grands commandements, dénommés gouvernements généraux, savoir :

1° Districts des Ier (Kœnigsberg), IIe (Stettin), IXe (Altona) et X^e corps d'armée (Hanovre) avec la défense des côtes : gouverneur général, *Vogel de Falkenstein*, général de l'infanterie ; quartier général à Hanovre.

2° Districts des VIIe (Münster), VIIIe (Trèves) et XIe corps d'armée (Coblentz) : gouverneur général, *Herwarth de Bittenfeld*[1] ; quartier général à Coblentz.

3° Districts des IIIe (Berlin) et IVe corps (Magdebourg) : gouverneur général, *de Bonin*, général de l'infanterie ; quartier général à Berlin.

4° Districts des Ve (Posen) et VIe corps (Breslau) : gouverneur général, *de Lowenfeld*, général-lieutenant ; quartier général à Posen.

5° District du XIIe corps (Dresde) : *de Fabrice*, général-lieutenant (ministre de la guerre du royaume de Saxe).

Le gouvernement général du Wurtemberg était également, le 13 août, confié au général *de Serekow*, ministre de la guerre.

De tous ces gouvernements[2], le plus important, sans contredit, était le premier. L'Allemagne redoutait une action énergique de notre escadre dans la Baltique, et ne considérait pas comme improbable un débarquement sur ses côtes. Aussi avait-elle laissé, pour s'y opposer, des forces assez considérables (environ 120,000 hommes), qui ne furent versées dans les armées de campagne que lorsque tout danger d'une pareille éventualité fut écarté. Le choix du général de Falkenstein, l'ancien commandant de l'armée du Mein en 1866, et la nomination laté-

---

1. Le général Herwart commandait en 1866 l'armée dite *de l'Elbe* qui formait l'aile droite des forces prussiennes et avait mis hors de cause les Saxons.

2. D'après le grand état-major prussien, les nouveaux commandants avaient pour attribution la direction et la surveillance des fonctionnaires intérimaires, la formation éventuelle de nouveaux corps de troupes, et enfin les soins à prendre pour assurer la sécurité des districts placés sous leurs ordres.

rale du grand-duc de Mecklembourg-Schwerin au poste de commandant en chef des forces mobilisées du premier gouvernement, montrent assez clairement quelles inquiétudes on éprouvait à Berlin à cet égard.

Quant aux autres gouvernements, ils ne pouvaient acquérir d'importance que si les Allemands, battus dans les premières rencontres, se trouvaient forcés de défendre la ligne du Rhin, ou bien si l'Autriche s'alliait à la France, hypothèse assez invraisemblable d'ailleurs. Le troisième n'en présentait aucune, et ne servait qu'à constituer, pour le général de Bonin, le médiocre commandant du 1er corps d'armée pendant la campagne de 1866, une situation honorifique dont ses longs services, à défaut de talents militaires, le rendaient digne assurément[1].

La mobilisation des troupes allemandes était à peine achevée que les transports stratégiques commençaient à leur tour. Dès le 24, les premiers trains partirent ; onze jours après, le 4 août, l'opération était terminée. Cette rapidité tenait évidemment à la préparation si complète qu'en avait faite le grand état-major, et à la précision mathématique avec laquelle avaient été établis les tableaux de marche et de transport : « Une étude minutieuse de toutes les lignes concourant vers le théâtre de la guerre n'en laissait aucune sans emploi, ne fût-ce que momentanément, et permettait d'obtenir de chacune d'elles le maximum de rendement[2]. » En outre, l'appel sous les drapeaux de tous les hommes employés dans le service des chemins de fer était remis à une date ultérieure, afin de parer à l'éventualité d'une insuffisance dans le personnel d'exploitation[3]. Nous ne saurions, évidemment, rendre compte dans tous ses détails de cette opération gigantesque qui jeta sur la base d'opérations trois armées, montant ensemble à plus de 500,000 hommes, près de 1,300 pièces de canon et un immense matériel. Un pareil exposé est

---

1. Il fut nommé plus tard gouverneur général de la Lorraine.
2. *La Guerre franco-allemande*, page 83.
3. *Ibid.*, page 84.

trop aride pour trouver place ailleurs que dans un ouvrage absolument technique : nous nous bornerons donc à en indiquer les grandes lignes, qui suffisent à en faire comprendre le mécanisme et les résultats.

Tout d'abord, l'état-major allemand se préoccupa de garantir sa frontière de l'Ouest contre une irruption soudaine des forces françaises. Il n'admettait pas, en effet, que nous eussions renoncé aux avantages d'une mobilisation régulière et à l'organisation préalable de notre armée, sans avoir l'idée préconçue de nous jeter tels quels, sur son territoire, afin d'y bouleverser sa mobilisation, et de profiter d'une supériorité numérique momentanée, pour nous opposer à la concentration allemande sur la rive gauche du Rhin[1]. Il était d'ailleurs parfaitement au courant de tous nos mouvements, et du groupement de nos troupes. Un officier d'état-major prussien, le major Krause, avait, au moyen de renseignements de provenance diverse, établi de notre « ordre de bataille » un tableau si exact, qu'on put, dès le 24 juillet, le porter à la connaissance de l'armée, et qu'il n'exigea, plus tard, que quelques rectifications de détail[2]. M. de Moltke savait donc pertinemment que toutes nos troupes étaient en marche sur la frontière, sans avoir reçu leurs réserves ni opéré leur mobilisation. Or, pour des esprits aussi méthodiques que les Allemands, tant de mépris des règles de la guerre moderne ne pouvait cacher qu'un piège, qu'il était urgent de déjouer. On hâta donc la mobilisation des garnisons des provinces rhénanes et du Palatinat, et l'on constitua, dès le 16 juillet, un rideau défensif dont la force accrue chaque jour atteignit vingt-et-un bataillons et seize escadrons par l'adjonction de deux régiments d'infanterie, deux bataillons de chasseurs, un régiment de chevau-légers, tous bavarois, qu'on expédia par voie ferrée avant même que leur mobilisation fût complètement achevée, et qui, sous le commandement du général de Bothmer, occupèrent la ligne Landau-Wissembourg;

---

1. *La Guerre franco-allemande*, page 85.
2. *Ibid.*, page 87.

à l'abri de ses reconnaissances et de sa protection, les transports s'effectuèrent sur les derrières.

La Ire armée n'avait rien à craindre ; un de ses corps, le VIIIe, formait précisément les troupes de couverture et se concentrait sur place ; l'autre, le VIIe, tiré de la Westphalie et des provinces rhénanes, fut débarqué un peu en avant de Trèves, et vint ensuite, par étapes, gagner la Sarre, de son confluent à Sarrebruck, couvert sur son aile droite par le territoire neutralisé du Luxembourg.

Mais la IIe armée, dont les éléments provenaient des points les plus dispersés du territoire, ne pouvait débarquer à proximité des corps français établis en Lorraine sans courir le risque d'être assaillie par eux et désorganisée avant sa concentration. Pour y parer, l'état-major prussien décida que ses corps débarqueraient, non pas au delà, mais en deçà du Rhin, choisi comme ligne de défense ; c'est, en effet, ce qui eut lieu au début[1]. Mais comme, dès le 28, l'immobilité persistante de nos forces, jointe aux nouveaux renseignements obtenus, démontrait clairement que tout danger d'une offensive française était écarté, les corps déjà débarqués et les deux divisions de cavalerie franchirent le Rhin pour se porter en avant. Quant au point de débarquement des corps encore en route, il fut également porté en avant sur la rive gauche du fleuve, dont il ne sembla plus nécessaire de s'assurer la protection. La IIe armée, placée à cheval sur les routes et voies ferrées qui conduisent en Lorraine, fut ainsi groupée de Bingen à Mannheim, en passant par Alzey.

La IIIe armée avait, pour se constituer, à rallier les contingents de l'Allemagne du Sud, et le Prince royal ne crut pas inutile d'aller en personne échauffer les

---

1. On craignait si bien une irruption brusque de nos troupes, que, le 22 juillet, l'état-major prussien faisait sauter une pile du pont de Kehl, et préparer la destruction des voies ferrées donnant accès dans l'Allemagne du Sud. Dès le 16, le grand-duc de Bade avait ordonné de replier la travée mobile du pont de Kehl, de retirer les pontons du pont de bateaux, et de suspendre le service de la télégraphie privée avec l'Alsace. En même temps, on supprimait tous les bacs existant sur le Rhin, de Huningue à Lauterbourg.

enthousiasmes à Stuttgard, Munich et Carlsruhe. Puis il revint le 30 à Spire, où il apprit que les forces françaises réunies dans la basse Alsace étaient peu considérables, et insuffisantes, en tous les cas, pour entraver la concentration de son armée dont deux corps seulement, le Ve et XIe (prussiens), se trouvaient sur la rive gauche. Une reconnaissance exécutée le 24, sur l'ordre du commandant de la division badoise, avait, en effet, malgré son issue tragique, pu constater le fait[1]. Le prince s'occupa aussitôt de porter sur la rive gauche ce qui restait de troupes de l'autre côté du fleuve, et, le 3 août, l'opération était terminée. La IIIe armée, groupée sur la ligne Landau-Spire-Germersheim, occupait les routes d'accès du département du Bas-Rhin.

Cette date du 3 août est celle où furent définitivement constituées les armées allemandes. Les transports stratégiques prirent fin ce jour-là, et dès lors les forces dont pouvait disposer le roi de Prusse se montèrent au chiffre énorme de 510,670 hommes, 152,000 chevaux et 1,206 pièces de canon de campagne. Les renforts qui allaient bientôt s'y joindre encore, par suite de l'échec de nos opérations maritimes sur les côtes allemandes, devaient porter cette masse déjà si importante à un effectif que jamais armée d'une nation civilisée n'avait atteint jusqu'alors[2]. En attendant, elle était judicieuse-

---

1. Le 24 juillet, le capitaine d'état-major wurtembergeois comte Zeppelin, accompagné de trois officiers de dragons badois et de trois dragons bien montés, franchit la frontière à Lauterbourg et explora le terrain sur une distance de 48 kilomètres environ, jusqu'auprès de Niederbronn, où se trouvait le général de Bernis avec le 12e chasseurs. Le lendemain, pendant la marche de retour, le petit détachement étant entré dans une auberge de Schirlendorf pour se reposer, fut surpris par une patrouille commandée par le lieutenant de Chabot et entouré : le lieutenant de Winsloe fut tué, le reste fait prisonnier, et le capitaine Zeppelin put seul s'échapper grâce à la vigueur de son cheval. Le résultat cherché n'en était pas moins obtenu, puisque le capitaine Zeppelin rendait compte quelques heures après au général de Beyer qu'aucune concentration de troupes ne s'effectuait entre Lauterbourg et Wœrth.

2. Pour assurer la subsistance de tant de monde, l'état-major avait, dès la fin de juillet, rassemblé dans les places du Rhin des approvisionnements pour sept corps d'armée et pour six semaines. En outre, chaque district de corps d'armée fut approvisionné en vivres pour six semaines également ; et à mesure que les régiments montaient en wagon, on leur distribuait une partie de ces vivres. Ces

ment disposée de manière à ne plus redouter l'offensive française, si, chose invraisemblable, celle-ci se produisait encore. Son aile droite appuyée à la Sarre, son aile gauche au Rhin, son centre légèrement en arrière, et tous les corps assez rapprochés pour se prêter, le cas échéant, un appui mutuel, elle se disposait maintenant à aborder hardiment la frontière, et à attaquer en détail nos forces disséminées en un trop mince cordon.

Dans l'après-midi du 31 juillet, le roi de Prusse, accompagné du grand quartier général, quittait, aux acclamations de la foule, la gare de Berlin, et le 2 au matin, débarquait à Mayence. Mais avant de quitter sa capitale, il avait tenu à rattacher par un lien sensible et apparent cette lutte qui allait s'ouvrir contre « l'*antique ennemi* », avec la guerre dite de l'Indépendance, dont « elle rappelait les plus graves souvenirs[1] ». Dans ce but, il fit revivre l'ordre de la « *Croix de fer* » institué par son père Frédéric-Guillaume IV en faveur des militaires qui avaient pris part aux campagnes de 1813 et 1814, et décida qu'à côté de ces dates, la décoration porterait désormais celle de 1870. En même temps, il proclamait en Prusse une amnistie générale pour les crimes et délits politiques[2], et adressait le 25 juillet « *au peuple allemand* » une proclamation caractéristique, dans laquelle l'unité allemande était considérée comme un fait accompli[3]. Puis, le 2 août, il lançait à ses soldats l'ordre du jour suivant :

A l'Armée !

Mue par un sentiment unanime, l'Allemagne entière se lève en armes contre un État voisin qui nous a déclaré inopinément une guerre sans motifs. Il s'agit de défendre notre patrie menacée, notre honneur, nos foyers. Je prends, à dater d'aujourd'hui le commandement en chef de toutes les armées et j'engage avec assurance cette lutte *que jadis nos pères ont également soutenue*.

précautions n'étaient pas inutiles, les ressources locales, c'est-à-dire celles des pays où s'effectuait la concentration, ne devant pas fournir plus de dix jours de vivres, au dire des intendants allemands.
1. *La Guerre franco-allemande*, page 117.
2. Voir pièce n° 4.
3. Voir pièce n° 4.

Comme moi, la patrie entière met en vous une pleine confiance. Dieu sera avec notre juste cause.

Quartier général de Mayence, le 2 août 1870.

Signé : Guillaume.

Huit jours avant, le 23 juillet, l'empereur Napoléon III avait, lui aussi, adressé au peuple français une longue proclamation[1], où il exposait les causes de la guerre, et les expliquait autant par l'attitude arrogante du gouvernement prussien que par les dangers dont son ambition menaçait l'Europe. Rien de tout cela ne se pouvait contester. Mais était-ce bien une raison pour que la France dût, coûte que coûte, se lancer dans une lutte sanglante et colossale, contre un adversaire dont les puissants moyens d'action étaient connus, et cela, dans un moment où ses propres forces, amoindries par des expéditions lointaines et ruineuses, n'avaient pas encore eu le temps de se reconstituer ? Cette question, l'Empereur n'avait garde de la poser à la nation, peut-être parce qu'il se l'était déjà posée à lui-même. Mais il croyait devoir protester de la loyauté de ses intentions, et faire des vœux pour les destinées de la *grande nationalité germanique !* Étrange aberration d'un esprit généreux, malheureusement hanté d'idéologie et de chimères !

Le 28 juillet, il se rendait à l'armée, avec le prince impérial, et prenait possession du commandement suprême par cet ordre du jour :

Soldats,

Je viens me mettre à votre tête pour défendre l'honneur et le sol de la patrie.

Vous allez combattre une des meilleures armées de l'Europe ; mais d'autres, qui valaient autant qu'elle, n'ont pu résister à votre bravoure. Il en sera de même aujourd'hui.

La guerre qui commence sera longue et pénible, car elle aura pour théâtre des lieux hérissés d'obstacles et de forteresses ; mais rien n'est au-dessus des efforts persévérants des soldats d'Afrique, de Crimée, de Chine, d'Italie et du Mexique. Vous prouverez une fois de plus ce que peut une armée française animée du sentiment du devoir, maintenue par la discipline, enflammée par l'amour de la patrie.

1. Voir pièce n° 5.

Quel que soit le chemin que nous prenions hors de nos frontières, nous y trouverons les traces glorieuses de nos pères. Nous nous montrerons dignes d'eux.

La France entière vous suit de ses vœux ardents, et l'univers a les yeux sur vous. De nos succès dépend le sort de la liberté et de la civilisation.

Au quartier impérial de Metz, le 28 juillet 1870.

Signé : NAPOLÉON.

Le ton un peu triste de ce document, où perçaient des préoccupations involontaires, frappa les officiers et les soldats. Quel contraste avec la proclamation adressée le 12 mai 1859 à l'armée d'Italie, appel éclatant à la victoire, et tout rayonnant de confiance et d'espoir[1] ! Quel contraste aussi avec l'assurance du roi Guillaume, tranquillisé déjà par la vue de ses innombrables soldats ! Personne encore ne pensait en France qu'il s'agit de défendre le sol de la patrie : l'armée se croyait invincible. Elle fut tout à coup gagnée, elle aussi, par les pressentiments que le souverain lui-même ne parvenait pas à maîtriser ni à taire, et pour la première fois elle douta.

---

1. « .... Dans la bataille, disait l'Empereur, demeurez compacts, et n'abandonnez pas vos rangs pour courir en avant. Défiez-vous d'un trop grand élan ; c'est la seule chose que je redoute.

« Les nouvelles armes de précision ne sont dangereuses que de loin : elles n'empêchent pas la baïonnette d'être, comme autrefois, l'arme terrible de l'infanterie française.... »

CHAPITRE V

PREMIÈRES OPÉRATIONS — SARREBRUCK

I. Projets d'opérations français. — Quand, après l'insuccès des démarches de M. Drouyn de Lhuys auprès de M. de Bismarck, les relations entre la France et la Prusse eurent pris une tension qui rendait la guerre un jour ou l'autre inévitable, l'Empereur et avec lui le maréchal Niel se préoccupèrent des conditions probables de la lutte, et le ministre même élabora ce projet de composition d'armées, dont il a été question précédemment[1].

D'après ce travail, il devrait être constitué trois armées : l'une de 129,000 hommes (3 corps d'armée), concentrée à Metz ; la seconde, forte de 121,000 hommes (3 corps d'armée), concentrée à Strasbourg ; la troisième, de 87,000 hommes seulement (2 corps d'armée), concentrée au camp de Châlons. Deux corps de réserve, en deuxième ligne, se seraient réunis : le premier (26,000 h.) à Belfort, le second (40,000) à Paris. Enfin un troisième (32,000 h.), formé par la Garde, aurait été laissé à la disposition de l'Empereur, généralissime des forces françaises[2].

---

1. Page 48.
2. Ces données, extraites d'un document imprimé en 1868, ont été reproduites par les généraux Derrécagaix et Lewal. M. le général Thoumas, dans son ouvrage des *Transformations de l'armée française*, en donne de légèrement différentes, basées sur ce projet manuscrit qu'il a eu entre les mains. C'est ainsi que, d'après lui, la composition des corps d'armée n'était pas uniforme, non plus que celle des divisions de cavalerie. La Garde entrait dans la composition de la deuxième armée. Enfin, aucune artillerie n'était prévue pour les

C'était un total de 435,000 hommes, et de plus de 120,000 chevaux, qu'on n'aurait d'ailleurs réunis que très difficilement ; on a vu comment, au dernier moment, cette répartition fut abandonnée. En même temps, le général Frossard, aide de camp de l'Empereur et gouverneur du prince impérial, recevait la mission d'opérer sur la frontière une grande reconnaissance, et d'établir un plan de campagne qui pouvait être offensif ou défensif.

Or le général Frossard, qui sortait de l'arme du génie, était tout naturellement porté par sa spécialité à s'exagérer un peu le rôle actif des fortifications, et à subordonner peut-être l'ampleur ou l'élasticité des mouvements stratégiques au bénéfice très relatif d'occuper des positions avantageuses. Cette tendance se manifeste dès les premières lignes de son rapport. Jetant un regard alarmé sur l'état de notre frontière « restée telle que l'avaient mise les événements de 1815 et les traités de Vienne », considérant au surplus que la Prusse allait disposer de toutes les places fortes fédérales établies contre nous et attribuées jusqu'en 1866 à des puissances négligeables, il en concluait que « cette ceinture de fer qui nous étreignait devait peser sur nous d'un poids plus lourd ». Cette crainte, on peut bien le dire, paraît excessive, étant données la valeur de la plupart de ces places et la possibilité de les tourner par une irruption brusque dans le grand-duché de Bade et la vallée de Main.

Le général faisait preuve cependant d'une clairvoyance remarquable et d'une entente très exacte de l'esprit d'offensive qui animait l'état-major allemand, quand il supposait que l'ennemi, « résolu à prendre position dès le début, viendrait avec ses corps tout organisés s'établir sur les bases actives et fortifiées qu'il possède devant nos frontières, c'est-à-dire devant la basse Alsace et sur le front et le flanc de la Lorraine, pour

corps de réserve, toutes les batteries attelées étant absorbées par les trois armées de campagne. Ces questions ne sauraient d'ailleurs avoir qu'un intérêt documentaire, puisque aucune des deux combinaisons n'a été maintenue au moment décisif.

tenter immédiatement l'invasion du pays ». Là en effet était le danger et ce n'était pas trop pour y parer que d'opérer une diversion puissante, comme l'indiquait le général, au moyen d'une vigoureuse offensive, « en passant le Rhin à Neuf-Brisach et à Huningue, et en cherchant à séparer les États du Sud de ceux du Nord ». Cette mission aurait incombé à l'armée du Rhin ou armée d'Alsace, la 2ᵉ du plan du maréchal Niel.

Mais il était nécessaire en même temps de limiter l'invasion en Lorraine et dans la basse Alsace; et c'est ici qu'apparaissait cette série de positions défensives et de lignes de retraite dont l'occupation successive devait, suivant le plan de campagne, avoir des résultats décisifs. C'était d'abord, pour la basse Alsace, la ligne de la Lauter, destinée d'ailleurs à être abandonnée presque tout de suite si des forces supérieures faisaient mine de l'attaquer.

« Dans la basse Alsace, disait le document en question, l'ennemi aura pour base Landau et Germersheim; sa droite s'étendra jusqu'à Pirmasens, au moyen d'un corps qui le reliera avec son armée de la Sarre. Il attaquera par les montagnes, entre Bitche et Wissembourg, et par la plaine, entre Wissembourg et le Rhin. » Il était difficile assurément de prévoir avec plus d'exactitude les événements, et le général Frossard montrait là une sagacité véritablement prophétique, qui allait même jusqu'à prédire à quelques milliers d'hommes près l'effectif des armées prussiennes. Comme conséquence il préconisait la réunion de l'armée d'Alsace derrière le petit ruisseau de la Sauerbach. « Une fois établie sur la rive droite de ce cours d'eau, il lui fallait occuper la *belle position* de Wœrth qui, se développant sur une crête de 9 à 10 kilomètres, avait pour point de résistance Frœschwiller et Wœrth, où il faudrait élever quelques ouvrages de campagne, notamment sur la rive gauche, près du village de Gunstett. »

Quant à l'armée de Lorraine, elle avait aussi sa *belle position*. C'était « le plateau entre Sarreguemines et Saint-Avold, où se développe une ligne de bataille de 12 à 13 kilomètres... Le centre s'étendrait entre Rouhling et Cadenbronn, point culminant du plateau. La gauche, qui maîtriserait le chemin de fer et la route, devrait avoir un poste avancé à Forbach, et détacher une division à Saint-Avold, afin d'empêcher un mouvement tournant des troupes ennemies venant de Sarrelouis. » Or, ce fut au général Frossard lui-même qu'incomba, par une cruelle ironie du sort, la mission de protéger la Lorraine au mois d'août 1870. Mais, alors, personne ne songeait plus au fameux plan de campagne. Le général dut s'établir en avant de Forbach, et c'est là que, forcé par les événements, il reçut le choc de l'ennemi, tandis qu'à quelques kilomètres derrière lui s'étendait, toujours inviolable, mais vierge de défenseurs, la position tant vantée de Cadenbronn.

C'est que la guerre, avec ses nécessités impératives et brutales, ne permet pas toujours de se battre là où on le voudrait. « Attaquez l'ennemi partout où vous le rencontrerez », disaient les ordres de M. de Moltke, montrant ainsi que si le terrain peut présenter des avantages au point de vue des combinaisons tactiques et des opérations de détail, il ne doit entrer pour rien dans la direction générale d'une campagne, où l'on ne vise qu'un seul but : rencontrer l'ennemi et le battre. Au surplus, garder une position, si belle qu'elle soit, ne sert à rien ; ce qu'il faut, c'est chasser l'ennemi de celles qu'il détient, et pour cela il faut l'attaquer. L'offensive seule est féconde, et c'est une grave erreur de croire qu'en s'immobilisant derrière des murailles ou sur des hauteurs réputées imprenables, on obtiendra ce résultat définitif à la guerre, qui est de forcer l'ennemi à s'avouer vaincu.

C'est en cela que le plan du général Frossard, malgré toute son ingéniosité et sa clairvoyance, exerça sur les opérations une action fâcheuse, parce qu'il propagea cette idée absolument fausse qu'avec de *bonnes positions* on peut suppléer à tout. De bonnes positions, il n'en existe pas contre un adversaire résolu à les entamer, et le général Frossard lui-même devait, un des premiers, en faire à Spicheren la cruelle expérience. « A la rigueur, une armée peut vaincre un ennemi numériquement inférieur ou tout au plus égal à elle en se contentant de repousser ses attaques successives, en épuisant ses forces, en l'obligeant à une retraite *que la poursuite rendra désastreuse*[1]. Mais contre un adversaire qui, pouvant incessamment renouveler ses colonnes d'assaut, finira toujours par aborder avec des troupes fraîches les lignes de défense brisées par l'énergie même d'une résistance prolongée, une armée qui se borne à se défendre est condamnée d'avance à l'écrasement[2]. »

D'ailleurs, la pensée du général Frossard se localisait tellement dans les projets défensifs, qu'elle s'ingéniait surtout à prévoir les lignes de retraite que devrait suivre l'armée de Lorraine, en cas d'insuccès. C'était d'abord la ligne de la Seille, avec Metz comme point d'appui. Puis, si la fortune se montrait encore une fois contraire à nos armes, c'était Lunéville qu'il fallait gagner, et enfin Langres, où viendraient aussi s'établir les troupes en retraite de la haute Alsace, après avoir passé par Belfort et Lure. Langres, camp retranché et nœud important de chemins de fer, devenait ainsi le centre de résistance de tout le pays.

Certes, une fois admise la nécessité de renoncer à l'offensive, ce plan était préférable à celui qui a été suivi, si tant est qu'on puisse attribuer à un plan quelconque les mouvements décousus qui ont suivi les défaites de Frœschwiller et de Spicheren. Il est douteux cependant qu'il nous eût assuré le succès définitif, parce qu'il se basait sur cette théorie dont les événements ont démontré le danger redoutable : « que les camps retranchés sont faits pour recueillir les armées qui ne peuvent plus tenir la campagne ». L'auteur de cet aphorisme, si contraire au principe même de la guerre, qui est l'activité, était le général belge Brialmont, lequel l'avait émis en 1867. Il ne pouvait guère se douter à cette époque qu'il préparait ainsi les désastreuses capitula-

---

1. Pour cela, il faut reprendre l'offensive à un moment donné. C'est précisément ce que le plan de campagne avait omis de préciser.
2. Général THOUMAS, *Causeries militaires*, 3ᵉ série. Paris, Plon. 1891, page 235.

tions de Metz, de Paris et de Plewna, après lesquelles, il faut bien l'espérer, une armée ne commettra plus jamais la faute d'aller s'enfermer dans le périmètre d'une place forte, pour être assurée d'y mourir de faim !

Quoi qu'il en soit, le plan du général Frossard était accepté en principe, quand survint, dans l'hiver de 1868, un événement qui le fit momentanément abandonner. L'archiduc Albert d'Autriche, le vainqueur de Custozza[1], venait d'arriver à Paris, où il était l'hôte fêté des Tuileries, et passait en conférences avec l'Empereur et le ministre de la guerre le temps que lui laissaient libre les revues données en son honneur, ou la visite des écoles et des établissements militaires. On était loin de supposer à cette date que l'Autriche, oublieuse des douleurs de Sadowa, en viendrait bientôt à former avec son vainqueur détesté une alliance étroite, et l'on pensait au contraire que, la guerre éclatant entre la Prusse et la France, elle serait trop heureuse de joindre ses troupes aux nôtres pour tirer de son affront récent une revanche éclatante. On s'empressa donc de profiter de la présence du chef de l'armée autrichienne pour étudier avec lui une combinaison nouvelle, et voici celle à laquelle on s'arrêta : Les troupes françaises, partagées en deux masses, devaient prendre une offensive vigoureuse seize jours après la déclaration de la guerre ; une armée franchirait le Rhin à Strasbourg et se jetterait entre les États du Nord et ceux du Sud, tandis que l'autre bousculerait les Prussiens sur la Sarre. La jonction avec les forces autrichiennes s'effectuerait vers Nuremberg, et de là on pénétrerait en Prusse par la même route que Napoléon avait suivie en 1806. Enfin un corps de débarquement serait jeté sur les côtes de la Baltique.

Pour que ce plan présentât des chances de succès, il fallait deux choses : d'abord que la mobilisation française s'effectuât en quinze jours, et ensuite que l'Autriche se déclarât franchement pour nous dès le début

---

[1]. L'archiduc Albert, mort récemment feld-maréchal et commandant en chef de l'armée autrichienne, était le fils de l'archiduc Charles, le célèbre adversaire de Moreau, de Jourdan et de Napoléon.

des hostilités. Or, aucune de ces deux éventualités ne devait et ne pouvait se produire : notre organisation trop incomplète ne se prêtait nullement à une action aussi rapide, et d'autre part l'Autriche, peu soucieuse d'ajouter une nouvelle page à l'histoire volumineuse de ses désastres, attendait, pour prendre parti, que nos armes eussent déjà triomphé. Les malheureux débuts de la campagne vinrent très rapidement la tirer d'indécision, et, dès lors, elle jugea prudent de mettre une sourdine à ses idées de revanche, qui devaient bientôt faire place à une politique dirigée dans un sens diamétralement opposé.

L'empereur Napoléon ne faisait d'ailleurs que médiocrement foi sur l'éventualité d'un concours immédiat de la part de l'Autriche, et lorsque la guerre eut été décidée, il adopta purement et simplement une combinaison projetée au mois de mai 1870, et empruntée en partie seulement au plan d'opérations du général Frossard[1]. Il s'agissait de former trois armées : l'une à Strasbourg, qui passerait le Rhin, toujours pour séparer l'Allemagne du Sud de celle du Nord ; l'autre à Metz, destinée à suivre et à appuyer la première ; enfin une armée de réserve à Châlons, pour se porter de là sur Metz ou sur Nancy, et manœuvrer suivant les circonstances. Un débarquement sur les côtes de la mer Baltique était également prévu dans ce dernier projet. « On espérait ainsi, en s'emparant de la ligne intérieure entre le nord et le sud de l'Allemagne, contraindre les États du Sud à la neutralité, puis, par un premier succès, vaincre les hésitations, si elles ont existé réellement, de l'Autriche et de l'Italie à s'allier avec la France[2]. »

En présence du désordre qui régnait dans les transports, et avec tout ce qui manquait encore à l'armée française, ce projet était singulièrement hasardeux.

---

1. Le maréchal Le Bœuf, dans sa déposition devant la *Commission d'enquête sur le 4 septembre*, a exposé cette combinaison en détail (tome 1ᵉʳ, page 51).
2. Colonel CANONGE, *Histoire militaire contemporaine*, tome II, page 39.

L'Empereur dut s'en convaincre bien vite, car, avant même de quitter Paris, il renonçait au fractionnement des forces. Nos sept corps étaient désormais groupés en une armée unique, dénommée *armée du Rhin*; seulement le souverain, qui en prenait le commandement en chef, se réservait de réunir, le cas échéant, plusieurs corps sous les ordres d'un des maréchaux. Cette décision imprévue pouvait faire supposer qu'on voulait pénétrer en Allemagne en une seule masse, assez dense pour agir comme un coin et disloquer d'un coup les deux tronçons de l'unité germanique encore indécise. Mais, pour cela, il eût fallu rapprocher les uns des autres les points de concentration déjà assignés à chaque corps d'armée, et on ne le pouvait guère, sans indiquer clairement à l'ennemi la direction de l'attaque et compromettre l'arrivée des réserves et des approvisionnements. On garda donc ceux qu'on occupait, en sorte que notre base de concentration définitive se trouva être une ligne de plus de 200 kilomètres, qui courait parallèlement à la frontière, de Sierck à Belfort, et sur laquelle nos corps, plus ou moins incomplets, étaient égrenés par paquets, sans lien entre eux, et hors d'état de se soutenir mutuellement. L'armée du Rhin formait donc non pas la masse qu'on eût souhaitée, mais un long et mince cordon que l'absence de toute réserve en arrière privait de consistance et de force défensive, et que son manque de profondeur exposait à être percé à la première attaque de l'ennemi.

Le grand quartier général aurait éprouvé d'ailleurs quelque difficulté à changer à ce moment les dispositions déjà prises, puisqu'il ne connaissait même pas exactement l'emplacement actuel de toutes les unités. Le télégramme suivant, adressé le 27 juillet par le maréchal Le Bœuf au général Félix Douay, ne laisse subsister aucun doute à cet égard :

Où en êtes-vous de votre formation ! *Où sont vos divisions ?* L'Empereur vous recommande d'en hâter la formation pour être en mesure de rallier Mac-Mahon, le plus promptement possible, dans le département du Bas-Rhin.

Et comme le général Douay répondait en demandant qu'on lui expédiât ce qui lui était nécessaire, le major général télégraphiait encore le 28 :

> Il n'y a à Metz aucun détachement du train, aucune ressource en effets de campement qui puisse être mise à votre disposition. *Vous avez bien fait de vous adresser à Paris* ; renouvelez votre demande.

Ce n'était pas seulement le train qui manquait ; c'était aussi le riz, le café, l'eau-de-vie, l'avoine. Aucun approvisionnement n'existait encore, et si l'artillerie possédait des projectiles, c'est parce que le maréchal Niel avait disposé de 3 ou 4 millions restant du crédit de 200 millions alloués pour la transformation de l'armement. « Sans cette ressource, dit M. le général Thoumas, il eût été absolument impossible de faire la guerre en 1870. » Plût à Dieu qu'elle n'eût pas existé, et qu'on eût été forcé de renoncer à la lutte faute de munitions !

Cependant l'Empereur et le major général songeaient encore, malgré tout, à prendre l'offensive, et ils attendaient à Metz, avec une impatience non dissimulée, l'arrivée de tout ce qui leur manquait. En proie aux illusions les plus complètes sur la durée de la mobilisation allemande, ils réclamaient avec insistance l'envoi du parc de siège destiné... au siège de Coblentz ! Sur leurs ordres réitérés, le ministère se décida enfin à en faire l'expédition, et tout ce matériel, parfaitement inutile d'ailleurs, ne servit qu'à augmenter le butin des Allemands[1] !

---

1. Général Thoumas, *Les Transformations de l'armée française*, tome 1er, page 552. — Voici, d'autre part, ce que le major général écrivait, le 1er août, au général Dejean, ministre de la guerre par intérim :

« Ayez soin que l'artillerie forme promptement des équipages de siège à Metz et à Strasbourg.

« *Après le départ de l'armée*, continuez à bonder Metz et Strasbourg, points capitaux de notre base d'opérations. Ne négligez pas Bitche qui peut devenir un point de ravitaillement secondaire important, si nous opérons dans la Bavière rhénane. Il est probable que le maréchal Canrobert, avec ses trois divisions de Soissons et de Châlons, sera appelé prochainement à occuper la frontière, avec son quartier général à Saint-Avold. L'Empereur désire appeler Douay le plus tôt possible dans la basse Alsace, avec son quartier général à

Mais bientôt il fallut se rendre à l'évidence. Le 1ᵉʳ août, nous n'avions que cinq corps et la Garde en état de marcher, tandis que les Allemands se présentaient déjà en masses imposantes à Trèves, à Mannheim et Kaiserslautern, enfin à Landau et Germersheim. Toute idée d'offensive devait être abandonnée, et force était de se résigner à la défense du territoire, que la disposition défectueuse de nos corps d'armée rendaient particulièrement difficile et grosse de périls menaçants. Alors tout le monde perdit la tête ; à la série des plans confus dont nous avons vu la conception successive succéda une incohérence déplorable qui priva l'armée française de toute direction rationnelle et de toute idée nette de la situation. L'affolement s'empara du grand quartier général, et le commandement fut frappé d'une stupeur telle qu'il négligea même d'utiliser les 132 escadrons qui se trouvaient en Lorraine, et les 10,000 chevaux dont disposait le maréchal de Mac-Mahon, pour les lancer de l'avant, couper les chemins de fer et les télégraphes ennemis, ou tout au moins chercher à savoir ce que faisait l'adversaire, dont on ne soupçonnait ni les projets ni les mouvements. Le major général lançait des instructions d'une naïveté prodigieuse : « Montrez votre cavalerie, écrivait-il au général Frossard. Il faut qu'elle s'éclaire au loin sur toute la ligne de la Sarre ; qu'elle ne craigne pas de s'avancer partout au delà de la frontière, *en prenant les précautions de prudence nécessaires. Que ses commandants vous adressent des rapports sur ce qu'ils auront reconnu. Rendez-moi compte.* » Enfin, pour faire quelque chose, on se décida le 2 août à la démonstration puérile de Sarrebruck, dont il sera parlé tout à l'heure, et dans laquelle trois divisions françaises se déployèrent contre trois bataillons prussiens !

II. Projets d'opérations allemands. — Pendant ce temps, que faisait l'ennemi ? Calme et sûr de sa force, il poursuivait tranquillement le développement d'un

Strasbourg, Mac-Mahon portant le sien à Haguenau. En résumé, hâtons-nous, car les renseignements que je reçois *indiquent, chez l'ennemi, des dispositions à l'offensive bien qu'il soit loin d'être prêt.* »

plan mûrement réfléchi, longuement étudié, et si minutieusement préparé que rien n'y était abandonné aux surprises du hasard.

Ce plan, œuvre du général de Moltke, avait été élaboré pendant l'hiver de 1868-1869, d'après les idées déjà anciennes qui avaient cours dans l'état-major prussien au sujet d'une guerre avec la France, et que Clausewitz, le fameux chef d'état-major de Blücher, passait pour avoir émises le premier. En effet, à peine les luttes sanglantes soutenues par la Sainte-Alliance étaient-elles terminées, que déjà le parti militaire prussien s'occupait d'étudier pour son compte les moyens d'envahir encore une fois la France afin de « marcher à la conquête de nouveaux territoires[1] », et désignait Paris comme l'objectif définitif à atteindre. Ces projets, qui tournaient à l'obsession, hantaient à ce point les cerveaux allemands qu'on les retrouve, développés et considérablement augmentés, dans une étude publiée en 1860 par le général de Hartmann, le même qui commandait pendant la guerre le IIe corps de l'armée bavaroise, et enfin dans un travail établi plus tard par un officier du grand état-major prussien, le lieutenant-colonel Meyer. M. de Moltke avait donc à sa disposition des éléments précieux, dont il usa largement. Il codifia en un plan unique les diverses combinaisons déjà proposées par ses prédécesseurs, et leur imprima le cachet de régularité et de méthodisme qui était la marque de son tempérament personnel.

Mais l'œuvre la plus remarquable de l'état-major prussien fut incontestablement l'établissement des travaux préparatoires de toute nature qui devaient assurer l'exécution de ce plan. Tableaux de marche, tableaux de transport, organisation de la base de concentration, tableaux de mouvements des vivres et du matériel, tout se trouva constitué avec une précision telle et une telle rigueur de prévision, que lorsque le roi, revenu le 16 juillet d'Ems à Berlin, eut donné son approbation à l'œuvre de M. de Moltke, il ne resta plus, pour l'exé-

---

1. Général DERRÉCAGAIX, *loc. cit.*, tome 1er, page 341.

cuter, qu'à inscrire sur les ordres de mouvements la date du premier jour de la mobilisation[e]. Combien nous étions encore loin, hélas! d'une perfection pareille, et comment l'Empereur et son major général pouvaient-ils se faire l'illusion de croire qu'avec leurs improvisations désordonnées, ils réussiraient à la paralyser?

Le mémoire du général de Moltke assignait comme premier objectif aux opérations « de rechercher la principale armée ennemie et de l'attaquer là où on la trouverait ». Pour cela, il fallait évidemment disposer de forces supérieures, et le chef d'état-major établissait par des chiffres positifs, que cette supériorité, dès le début, n'était pas douteuse, surtout si l'on s'assurait de la coopération des Etats du Sud. Partant de cette base, il indiquait comme but à atteindre ensuite la séparation des forces françaises de leur communication avec Paris, et leur refoulement vers le Nord. Si une offensive vigoureuse se dessinait de notre part, il ne considérait pas les forces de l'Allemagne du Nord comme pouvant être prêtes à temps pour s'y opposer, mais il recommandait de se concentrer sur le Rhin moyen, de façon à menacer immédiatement le flanc de nos troupes engagées dans la vallée de Main. Examinant ensuite en détail le théâtre de la guerre future, le réseau des chemins de fer existant des deux côtés et les moyens dont disposaient les deux adversaires, il écrivait ces lignes caractéristiques :

> Un seul point reste donc en question, c'est de savoir si nous pouvons, sans courir le risque d'être dérangés dans notre première concentration, l'effectuer au delà du Rhin, dans le Palatinat et dans le voisinage immédiat de la frontière française. Dans mon opinion, cette question doit être résolue par : oui ! Notre mobilisation est préparée jusque dans ses derniers détails. Nous disposons de six lignes ferrées pour nous transporter dans la région comprise entre Rhin et Moselle; les travaux de transport sont prêts et permettent à chaque corps de troupe de connaître le jour et l'heure de son embarquement et de son arrivée. Dès le dixième jour, les premiers détachements peuvent débarquer non loin de la frontière française; le treizième jour, l'effectif combattant des deux corps d'armée s'y trouvera réuni. Au dix-huitième jour, le chiffre

1. *La Guerre franco-allemande*, tome Ier, page 80.

de nos forces s'élèvera à 300,000 hommes, et le vingtième jour enfin, cette masse sera pourvue de la presque totalité de ses voitures. Nous sommes loin d'avoir aucun motif d'admettre que l'armée française puisse apporter plus de rapidité à se concentrer *en état de mobilisation ;* l'opération n'a d'ailleurs jamais été essayée jusqu'à présent...

Toutefois, comme avec les troupes de leurs garnisons frontières les Français pourraient peut-être réunir 150,000 hommes environ en Lorraine[1], et se jeter immédiatement sur Sarrelouis, le général de Moltke prévoyait que, dans ce cas, il serait nécessaire d'arrêter les transports sur la ligne même du Rhin, et de débarquer là les troupes qui formeraient bientôt une masse forte de près du double, et capable de reprendre l'offensive contre les Français en marche dans le Palatinat. On a vu que la crainte d'une irruption subite, que permettait de supposer la concentration de nos forces non encore mobilisées, avait fait adopter momentanément cette solution pour une partie des corps de la IIe armée.

Venait ensuite une étude du groupement des troupes allemandes en trois armées, et les dispositions à prendre pour s'assurer la possession des points de concentration choisis. Les différentes éventualités qui pouvaient se produire, d'après les mouvements de l'armée française, étaient successivement examinées. On comptait, pour suivre ceux-ci dans tous leurs détails, sur la perspicacité de la cavalerie allemande, dont quatre divisions, appuyées au besoin par de l'infanterie, devaient être lancées en avant. Enfin le mémoire envisageait la nécessité de défendre les côtes de la mer du Nord et de la Baltique, qui ne pouvaient, disait-il, être menacées que dans la période de début immédiat de la guerre, « car ces entreprises lointaines s'interdiront d'elles-mêmes aussitôt que nous serons entrés sur le territoire français. » Pour y parer, un effectif de près de 120,000 hommes

---

1. M. le général Derrécagaix assure que l'état-major prussien savait, par des indiscrétions dont la source n'a pas été connue, que l'empereur Napoléon III et le maréchal Niel avaient étudié secrètement le moyen de rassembler 150,000 hommes à Metz le huitième jour. (*La Guerre moderne*, tome Ier, page 344.)

était, nous l'avons déjà vu, laissé à la disposition du général Vogel de Falkenstein.

Tel est, succinctement résumé et réduit à ses grandes lignes, le célèbre projet d'opérations auquel M. de Moltke a dû la consécration de sa renommée et les Allemands leurs succès sans précédent. Il consistait, en dernière analyse, à prendre l'offensive dès que les trois armées seraient constituées, c'est-à-dire dans les premiers jours d'août, en partant d'une base donnée par le cours du Rhin moyen, de Coblentz à Germersheim; à aborder à la fois la Sarre et la Lauter, pour séparer les troupes d'Alsace du gros des forces françaises, puis à exécuter ensuite avec les Ier et IIe armées un grand mouvement concentrique vers l'ouest, la Ire armée servant de pivot, de façon à acculer bientôt l'adversaire soit à la frontière belge, soit à la place de Metz, soit même à la mer, suivant les éventualités.

Poursuivie avec une ponctualité rigoureuse, l'exécution de ce plan ne subit, du fait des Allemands, que les modifications imposées par la marche des événements eux-mêmes. Évidemment le mémoire ne prévoyait pas, et il ne pouvait pas prévoir, qu'après l'anéantissement de nos forces à Metz et à Sedan, de nouvelles armées se lèveraient en France pour disputer à l'invasion ce qui restait du sol de la patrie; que Paris, sans autre ressource que les débris de nos régiments et des troupes improvisées, résisterait cinq mois durant aux horreurs du blocus; qu'enfin il faudrait aller chercher jusqu'au cœur même de la France une paix qu'on croyait bien pouvoir imposer sans tant d'efforts. Aussi les opérations de la deuxième partie de la guerre ne découlent-elles pas, comme celles de la première, d'une préparation minutieuse et exacte, et l'état-major allemand a-t-il eu plusieurs fois à lutter contre des difficultés imprévues. Est-ce pour attester de la fécondité de ses inspirations qu'il semble se défendre d'avoir trop aveuglément suivi les instructions du fameux mémoire, et n'attribuer à celui-ci qu'une portée limitée aux premiers engagements? Toujours est-il que pour qui a suivi attentivement les développements de la campagne, jusques et y compris la chute de Metz, et a pu constater l'étroite conformité qui les enchaîne aux prévisions de M. de Moltke, il paraît assez étrange de lire dans la relation écrite par le grand état-major prussien les phrases que voici :

> Il n'est pas possible d'arrêter avec quelque certitude un plan d'opérations *au delà de la première rencontre* avec le gros des forces de l'adversaire. Un homme étranger à toute notion d'art militaire croit seul voir, dans le développement d'une campagne, l'exécution d'un plan arrêté dès le principe dans tous ses détails et fidèlement suivi jusqu'à la fin. Assurément un chef d'armée a toujours devant les yeux le but essentiel qu'il poursuit ; les diverses alternatives ne le lui font pas perdre de vue ; mais il ne peut jamais préciser à l'avance, d'une manière certaine, les voies par lesquelles il compte l'atteindre.

Cela va de soi. Si cependant semblable précision a existé quelque part, c'est assurément dans l'œuvre de M. de Moltke et dans les mouvements stratégiques qui en ont été la conséquence. Mais il est nécessaire d'ajouter aussi que jamais chef d'armée n'a été favorisé par une pareille infériorité de l'adversaire, tant au point de vue des forces qu'à celui du matériel, de l'instruction, de l'artillerie, de la préparation générale et de l'exécution de la guerre. C'est là un point essentiel, que l'histoire, quand elle fixera la part de renommée qui doit revenir définitivement au célèbre major général des armées allemandes, n'aura garde d'oublier.

III. Premiers mouvements de troupes. — Jusqu'au 28 juillet, date à laquelle l'empereur Napoléon, arrivé à Metz, prit le commandement en chef de l'armée du Rhin, les forces françaises restèrent réparties en deux groupes : le premier en Lorraine, formé des 2ᵉ, 3ᵉ, 4ᵉ et 5ᵉ corps, sous les ordres du maréchal Bazaine ; le second en Alsace, formé des 1ᵉʳ et 7ᵉ corps, sous les ordres du maréchal de Mac-Mahon. Quant aux mouvements, ils se bornèrent tout d'abord à quelques reconnaissances, et à la surveillance des patrouilles nombreuses que la cavalerie ennemie lançait du côté des avant-postes français. L'Empereur attendait, pour prendre l'offensive, que les réserves eussent rejoint, et il avait recommandé formellement d'éviter toute action prématurée. C'était là une précaution bien superflue, car dans l'état de pénurie où ils se trouvaient, nos corps eussent été bien empêchés de se porter de l'avant. Sans ambulances, sans convois, sans munitions, ils étaient condamnés à une immobilité complète, que la force des choses, bien plus que la volonté du souverain, leur imposait formellement. Les places de Metz et de Strasbourg, où nulle ressource n'existait, ne leur étaient d'aucun secours, et généraux ou intendants adressaient au ministère des dépêches désespérées, auxquelles celui-ci, débordé et ne sachant pas où donner de la tête, répondait par des promesses qu'il ne pouvait pas tenir.

« Il n'y a à Metz ni sucre, ni café, ni riz, ni eau-de-vie, presque point de lard ni de biscuit », écrivait, le 20 juillet, l'intendant en chef de l'armée. « Nous n'avons ici ni biscuit ni avoine », télégraphiait, le 24, l'intendant territorial de la même ville, auquel on venait de prescrire d'approvisionner les 3e, 4e et 5e corps d'armée. Les dépêches des généraux n'étaient pas moins pressantes : « Aucune ressource, point d'argent ; nous avons besoin de tout sous tous les rapports », télégraphiait le général de Failly à la date du 19. « Le biscuit manque pour se porter en avant », écrivait, le 28, le major général lui-même. Enfin les corps qui devaient faire mouvement étaient retenus, faute de ressources pour pouvoir subsister : « Le 3e corps quitte Metz demain, disait, le 24, l'intendant Friant ; je n'ai ni infirmiers, ni ouvriers d'administration, ni caissons d'ambulances, ni fours de campagne, ni train, et, dans deux divisions, pas même un fonctionnaire de l'Intendance. » « Le 1er corps doit se porter en avant, écrivait à son tour l'intendant de Séganville, je n'ai encore reçu ni un soldat du train ni un ouvrier d'administration. »

Il n'est pas nécessaire de multiplier ces citations pour dépeindre le désarroi formidable qui régnait dans nos rangs. Le major général, arrivé le 25 à Metz, ne tarda pas d'ailleurs à en faire la constatation douloureuse, car dès le jour même il parcourait les positions occupées par nos troupes, de Saint-Avold à Bouzonville, et constatait l'état déplorable où les laissait l'absence de toute organisation préalable. Lui qui pouvait prendre sa large part de responsabilité dans leur détresse, il dut, ce jour-là, faire des réflexions amères et se sentir douloureusement attristé... Il fut du moins forcé de reconnaître qu'il était trop tard pour porter remède à une situation sans issue, et dut se borner à joindre ses instances à celles des généraux et des intendants. Ce n'était pas là ce qui pouvait aider son successeur au ministère à triompher des embarras cruels au milieu desquels il se débattait.

Cependant le général Frossard, arrivé le 19 avec le 2ᵉ corps à Saint-Avold, avait occupé Forbach. Sa mission consistait simplement à surveiller les mouvements de l'ennemi dans le Palatinat, tandis que le maréchal de Mac-Mahon les surveillerait de Bâle à Lauterbourg et de Lauterbourg aux Vosges. Il est à croire que cette surveillance ne s'exerçait pas sans difficulté, car, à la date du 23 juillet, alors que M. de Moltke était, comme on l'a vu, parfaitement fixé non seulement sur les emplacements de nos troupes en Lorraine, mais encore sur leurs effectifs, et devait l'être le lendemain sur nos positions en Alsace grâce à la reconnaissance du capitaine Zeppelin[1], personne dans l'état-major français ne connaissait encore ni la composition des armées allemandes, ni leurs points de concentration. On parlait vaguement de troupes en marche dans le Palatinat; on disait même que l'extrême pointe de notre frontière, du côté de Sierck, était menacée, et une brigade du 4ᵉ corps avait été envoyée à marches forcées de Bouzonville sur ce point, pour parer à une attaque imaginaire dont le bruit s'était même répandu, on ne sait comment, jusqu'à Paris; on signalait des colonnes en marche entre Trèves et le Luxembourg, mais sans préciser ni leur direction ni leur force. Bref, on ne savait rien, et en toute occurrence, le major général, qui n'avait pas encore quitté la capitale, prit le parti, le 23 juillet, de prescrire un déploiement général sur la frontière même, et de porter plus en avant les corps qui, comme le 3ᵉ, se trouvaient en deuxième ligne. L'opération fut exécutée sans délai,

---

1. Voir chapitre IV, page 135, *en note*.

et quand, le 28 juillet, l'Empereur arriva à Metz, il trouva l'armée du Rhin dans les positions suivantes :

1er corps
Maréchal de Mac-Mahon.
- 1re division à Reichshoffen.
- 2e — à Hagueneau.
- 3e et 4e divisions à Strasbourg.
- Division de cavalerie à Hagueneau, Soultz et Brumath.

5e corps
Général de Failly.
- 1re et 2e divisions à Sarreguemines.
- 3e division à Bitche.
- Division de cavalerie à Sarreguemines et Bitche.

2e corps
Général Frossard.
- 1re division à Saint-Avold.
- 2e — à Forbach.
- 3e — à Béning.
- Division de cavalerie à Saint-Avold et Forbach.

3e corps
Maréchal Bazaine.
- 1re division à Boucheporn.
- 2e — à Boulay.
- 3e — à Bouzonville.
- 4e — à Metz.
- Division de cavalerie à Boulay.

4e corps
Général de Ladmirault.
- 1re division à Sierck.
- 2e — à Filstroff.
- 3e — à Thionville.
- Division de cavalerie à Thionville.

7e corps
Général Félix Douay.
- 1re division à Colmar.
- 2e et 3e divisions à Belfort.
- Division de cavalerie à Belfort.

La Garde était à Metz; le 6e corps avait 2 divisions au camp de Châlons, 1 à Soissons, et 1 à Paris où se formait également sa division de cavalerie. Enfin la réserve générale de cavalerie avait ses deux premières divisions à Lunéville et la troisième à Pont-à-Mousson.

Le premier soin de l'Empereur fut de réunir les quelques renseignements, assez vagues d'ailleurs, que l'état-major général s'était procurés sur les positions de l'ennemi. Ils étaient tout à fait insuffisants pour le guider dans le choix d'une détermination quelconque. Inquiet et de plus en plus perplexe, il prit alors le parti d'aller reconnaître en personne la situation de ses troupes, et se rendit le 29 à Saint-Avold, où il inspecta les 2ᵉ et 3ᵉ corps d'armée. Mais cette visite ne le renseigna pas davantage sur ce qu'il désirait savoir, et, dans l'impossibilité où il était de prendre une décision motivée, il se borna, dès son retour à Metz, à rapprocher encore davantage les troupes de la frontière, et aussi, ce qui valait mieux, à resserrer sur le centre les corps de l'aile gauche. En exécution de ces ordres, le 2ᵉ corps porta son quartier général à Morsbach, sa 3ᵉ division de Béning à Œttingen, et sa 1ʳᵉ division de Saint-Avold à Béning. Le 3ᵉ corps se porta tout entier autour de Saint-Avold [1], et le 4ᵉ vint camper autour de Boulay [2]. Ce n'était pas encore là une concentration complète, mais il y avait certainement progrès sur la dissémination du début.

Sur ces entrefaites, une grave nouvelle parvint au quartier général. L'Autriche, sommée par la Prusse de se déclarer, venait de faire connaître au roi Guillaume qu'elle entendait conserver une absolue neutralité, et le roi d'Italie avait fait une réponse analogue à une demande d'intervention qu'était allé lui porter son gendre, le prince Napoléon. L'espoir si longtemps caressé d'une double ou triple alliance contre la Prusse s'évanouissait donc, et en même temps s'accroissaient les forces de l'adversaire, car le roi de Prusse, rassuré désormais sur la sécurité de ses frontières du Sud, et informé d'autre part de l'impossibilité où nous étions d'envoyer dans la Baltique un corps de débarquement, ordonnait aux Iᵉʳ, IIᵉ et VIᵉ corps et aux 1ʳᵉ et 2ᵉ divisions de cavalerie de rejoindre les armées d'opération [3]. L'état-major général français fut atterré. Passant brusquement de ses idées d'offensive, dont l'abandon lui était imposé désormais, à une passivité complète, il parut se résigner à l'expectative, et attendre les événements, sans faire aucune tentative pour les maîtriser.

1. 1ʳᵉ division à Saint-Avold, 2ᵉ à Haut-Hombourg, 3ᵉ à Ham-sous-Varsberg, 4ᵉ à Boucheporn.
2. 1ʳᵉ division à Bouzonville, 2ᵉ à Boulay, 3ᵉ à Téterchen.
3. Le Iᵉʳ corps et la 1ʳᵉ division de cavalerie affectés à la Iʳᵉ armée la rejoignaient le 4 et le 5 août. Le VIᵉ corps et la 2ᵉ division de cavalerie affectés à la IIIᵉ armée vinrent la renforcer le 6. Enfin, la IIᵉ armée reçut, à la même date, le IIᵉ corps.

Dès le 29, le major général télégraphiait au maréchal de Mac-Mahon que les intentions de l'Empereur n'étaient pas de mettre les corps d'armée en mouvement avant huit jours, et que, jusque-là, il avait seulement à continuer la surveillance sur la frontière, en se reliant au 5ᵉ corps.

Quelle était, à la fin de juillet, la disposition des forces prussiennes ? La Iʳᵉ armée, groupée en avant de Trèves, poussait ses avant-postes jusqu'à la Sarre ; elle occupait la place de Sarrelouis avec deux bataillons et un escadron, et la ville de Sarrebruck avec un bataillon et trois escadrons. La IIᵉ armée, réunie dans le Palatinat, avait ses avant-gardes vers Kaiserslautern, et son quartier général, où depuis le 30 était arrivé le prince Frédéric-Charles, à Alzey. Enfin la IIIᵉ armée, dont le quartier général restait à Spire, s'avançait par un de ses corps, le Vᵉ, jusqu'à Landau.

Ainsi, « tandis que le déploiement des armées allemandes approchait de son terme, le mois de juillet s'était écoulé sans que les Français eussent tiré parti de la supériorité momentanée qu'ils s'étaient ménagée en partant de leurs garnisons de paix avant de s'être organisés [1]. » A l'heure actuelle, les conditions étaient renversées ; la supériorité numérique appartenait incontestablement à l'adversaire, et la situation était changée à ce point que non seulement nous ne pouvions plus songer à prendre une offensive quelconque, mais que nous avions perdu même la liberté de nos mouvements.

M. de Moltke le comprit : le 31, il demanda à ses trois commandants d'armée à quelle date ils seraient en état d'entreprendre les opérations. Il lui fut répondu que le 3 août, les troupes, complètement formées et approvisionnées, seraient à même d'entrer en action. Sans hésiter, il fixa au lendemain 4 août le début de l'offensive allemande sur le territoire français. Disons en passant que la section géographique du grand état-major général prussien, « puissamment secondée par le

---

1. *La Guerre franco-allemande*, tome II, page 102.

bureau topographique de Munich[1] », avait abondamment pourvu les officiers et même les troupes de cartes très complètes de la région où on allait entrer. Les officiers français, au contraire, ne possédaient d'autre document qu'un croquis informe et sans valeur, distribué au dernier moment, sous ce titre : « *Carte des routes conduisant au Rhin.* » Il ne donnait sur la région frontière que des renseignements insignifiants et dont personne d'ailleurs ne songea jamais à se servir.

Cependant les journaux de Paris commençaient à trouver qu'on tardait beaucoup à envahir la Prusse. Leur impatience gagnait la foule, qui, toujours exaltée et tumultueuse, se livrait à des manifestations de plus en plus belliqueuses, mais également irraisonnées. Le ministère, dont la prodigieuse assurance ne se démentait pas, malgré les nouvelles alarmantes venues de la frontière, transmettait au major général les doléances publiques et insistait pour qu'on agît sans retard. Jusqu'alors il n'avait eu à donner en pâture à la population surexcitée que des dépêches insignifiantes où il était question d'escarmouches entre uhlans et douaniers, de patrouilles bousculées, ou de coups de feu échangés entre avant-postes qui se délogeaient réciproquement. Ce n'était pas assez pour calmer l'effervescence générale, et une entrée en matière plus consistante commençait à s'imposer. De son côté l'Empereur, qui ne savait toujours rien des mouvements de l'adversaire et cherchait à se renseigner par tous les moyens possibles, pensait qu'une démonstration un peu énergique obligerait peut-être celui-ci à déployer ses forces et à dévoiler ses projets. Il se décida donc à tenter ce qu'on appelle une reconnaissance offensive, et chargea le maréchal Bazaine de l'exécuter.

Combat de Sarrebruck. — Le 31 juillet, dans un conseil de guerre tenu à Morsbach, sous la présidence du maréchal, les détails de l'opération furent arrêtés entre lui, le général Frossard et le général de Failly. On y décida que le 2ᵉ corps marcherait sur Sarrebruck,

---

1. *La Guerre franco-allemande*, tome II, page 108.

soutenu par une division du 3ᵉ corps qui se dirigerait sur Wehrden, tandis qu'une division du 5ᵉ se porterait en avant de Sarreguemines pour opérer une diversion. L'exécution de cette reconnaissance était fixée au 2 août.

Dans la journée du 1ᵉʳ août, la division Vergé fut rapprochée de Forbach et vint camper à l'ouest de la ville. La 3ᵉ division du 3ᵉ corps fut portée à Rosbruck, et le général Frossard fut avisé que s'il ne recevait pas avant le 2 son équipage de ponts, il disposerait de celui du 3ᵉ corps, qu'attellerait la réserve d'artillerie ou, à son défaut, « les autres attelages qu'on aurait sous la main » ! C'est ainsi préparé à opérer le passage de la Sarre, que le 2 août, à neuf heures trois quarts du matin, le général Frossard commença son mouvement. La division Bataille marchait en première ligne, soutenue en arrière par deux brigades, l'une de la division Laveaucoupet, à droite (brigade Micheler), l'autre de la division Vergé, à gauche (la brigade Valazé) ; les deux autres brigades de ces divisions restaient en réserve, *dans leurs camps*. Sur chaque aile de la première ligne était établie une batterie de 12 de la réserve du 2ᵉ corps.

La garnison de Sarrebruck se composait d'un bataillon du régiment d'infanterie n° 40 (fusiliers de Hohenzollern) et de trois escadrons du régiment de uhlans n° 7 (du Rhin) : elle était placée sous les ordres du lieutenant-colonel de Pestel, commandant ce dernier régiment, et avait comme soutien en arrière les deux autres bataillons du 40ᵉ, un escadron du 9ᵉ hussards et une batterie légère. Toutes les troupes postées sur la Sarre étaient commandées par le général-major de Gneisenau, de la 31ᵉ brigade, lequel avait ordre de se replier sur Lebach, s'il se trouvait en présence de forces trop supérieures. Le succès de notre attaque ne pouvait donc être douteux.

La ville de Sarrebruck, située sur la rive gauche de la Sarre, est, ainsi que le faubourg de Saint-Jean, placé sur la rive droite, profondément encaissée entre des coteaux abrupts. A peine éloignée d'une petite lieue de la frontière française, elle possède un pont et un viaduc, celui-ci destiné au passage du chemin de fer qui vient de Metz par Forbach et traverse la rivière en aval de la ville pour aboutir à la gare, placée au nord, sur la rive droite. De Sarrebruck se détache un embranchement qui conduit à Trèves, et de là à Coblentz. A l'ouest de la ville un vaste terrain de manœuvres, destiné à la garnison, étend sa surface mamelonnée jusqu'au pied des hauteurs du Reppertsberg, et plus au sud, le long de la Sarre, la forêt de Saint-Arnual couronne de ses arbres verts des plateaux élevés dont les pentes descendent à pic dans la vallée. C'est ce point de Saint-Arnual que la brigade Bastoul (2ᵉ de la division Bataille) devait occuper tout d'abord, pour se porter ensuite vers le terrain de manœuvres (*Exercirplatz*), que la brigade Pouget (1ʳᵉ de la même division) attaquerait en même temps le front.

A peine le mouvement était-il commencé, que les patrouilles prussiennes donnèrent l'alarme. Aussitôt, trois compagnies vinrent prendre position sur l'*Exercirplatz*, et les deux bataillons de renfort se rapprochèrent de Saint-Jean. Pour éviter les effets meurtriers de nos pièces, les Prussiens se déployèrent en tirailleurs, et ripostèrent avec énergie à la fusillade que dirigeaient sur eux nos fantassins parvenus vers onze heures aux points qui leur avaient été assignés. Mais quand après une heure de ce feu, à peu près aussi inefficace d'un côté que de l'autre, le général de Gneisenau aperçut les premières lignes de la brigade Bastoul qui débouchaient de Saint-Arnual, et menaçaient son flanc gauche, il jugea que le moment était venu de suivre ses instructions, et donna l'ordre de la retraite. Les Prussiens se retirèrent donc par le pont de Sarrebruck, tandis que la batterie légère, composée de 4 pièces seulement, essayait de protéger leur mouvement en ripostant tant bien que mal aux projectiles que notre artillerie leur lançait des hauteurs de la rive gauche. Tout cela, malgré la présence de l'Empereur, arrivé vers onze heures sur le terrain, avec le prince impérial, pour donner plus de solennité à cette entrée sur le territoire ennemi, n'était guère sérieux. Les tentatives esquissées le long de la Sarre par les troupes du corps Bazaine ne le furent pas davantage, et se bornèrent à des escarmouches sans résultat, dont le décousu n'accusait que trop nettement l'irrésolution du commandement.

Cependant le général de Gneisenau, voyant les hauteurs couronnées par nos troupes et Sarrebruck occupé, jugea prudent de se replier à quelque distance de la ville, et, le 3 août au matin, il rallia ses différents corps en arrière du défilé de Kœllertheler, au bivouac de Hilschbach.

Tel est ce minuscule combat de Sarrebruck, dont on attendait des merveilles, et qui, somme toute, se réduisit à une démonstration puérile, où 15 bataillons français furent déployés pour chasser de leurs positions 3 bataillons prussiens. Des deux côtés, on en tira une vanité excessive, et les communiqués triomphants de M. Emile Ollivier ne le cédèrent en rien aux dithyrambes des journaux allemands. Voici d'ailleurs en quels termes la *Relation prussienne* célèbre les hauts faits des défenseurs de Sarrebruck : « Pendant une période de quinze jours, les faibles détachements du lieutenant-colonel de Pestel s'étaient trouvés directement en présence de l'armée ennemie. L'opiniâtreté dont ils firent preuve au combat de Sarrebruck, en *défendant leurs positions à outrance*, était la digne conclusion de *cette inébranlable constance.* » Quand on sait que pendant quinze jours, la garnison prussienne n'avait pas même été inquiétée par « l'armée ennemie »; quand on réfléchit d'autre part que cette résistance à outrance se traduisait, pour le défenseur, par une perte de 83 hommes, contre une perte de 86 hommes infligée à l'assaillant[1], on est en droit d'en conclure que l'hyperbole est aussi familière aux officiers de l'état-major prussien qu'aux

---

1. Pertes au combat de Sarrebruck :

PRUSSIENS	Tués	Blessés	Disparus	FRANÇAIS	Tués	Blessés	Disparus
Officiers....	»	4	»	Officiers....	2	4	»
Troupe.....	8	64	7	Troupe.....	9	71	»
Totaux..	8	68	7	Totaux..	11	75	»

ministres affolés dont elle était devenue la dernière ressource.

Quoi qu'il en soit, le résultat cherché n'était rien moins qu'obtenu. Nulle part, les forces de l'ennemi ne s'étaient montrées, et le poste attaqué s'était replié sans avoir été secouru. Si on avait tenu sérieusement à connaître les positions occupées par l'adversaire, il eût fallu, après avoir occupé Sarrebruck, en poursuivre énergiquement les défenseurs jusqu'à la rencontre d'une force imposante. Au lieu de cela, on les avait laissés se retirer tranquillement, sans seulement leur lancer un escadron aux trousses, de sorte que les dispositions prises par l'armée prussienne, en arrière de ce faible rideau, nous demeuraient tout aussi ignorées qu'auparavant. Quant à s'assurer la possession des ponts de la Sarre, ou seulement à les détruire si on ne pouvait pas en profiter, personne n'y avait songé, et, de ce fait, le 2º corps allait, quatre jours plus tard, avoir à enregistrer le désastre de Spicheren. La « reconnaissance offensive » de Sarrebruck ne répondait donc à aucune idée nette, elle n'avait rien appris, ne servait à rien, et si peu qu'elle coûtât, c'était encore payer trop cher le néant de cette entreprise avortée.

Rectifions en terminant une erreur que les Allemands laissent s'accréditer volontiers. On lit dans certaines de leurs relations (et la légende, soigneusement conservée par les habitants, en est transmise aux touristes qui visitent le double champ de bataille de Sarrebruck et de Spicheren) que les canons français ont tiré sur la gare, sur le faubourg Saint-Jean, et sur les maisons de la ville. Il existe même, sur l'*Exercirplatz*, une sorte de monument commémoratif de la place où le prince impérial aurait pointé lui-même une pièce. Tout cela est absolument faux, et si les Allemands pensent trouver là une excuse des bombardements auxquels ils se sont livrés contre des villes ouvertes, ils se trompent; car les rapports officiels leur donnent un démenti formel. La *Relation prussienne* ne cite, comme ayant reçu des projectiles, que le viaduc du chemin de fer, et le rapport du général Frossard affirme que la ville n'a été « ni bombardée, ni brûlée, ni même menacée du feu ». L'état-major français était d'ailleurs si éloigné de toute pensée destructive qu'il laissa intacts non seulement les ponts, mais encore le télégraphe, par lequel les corps en arrière continuèrent à être renseignés sur tous nos mouvements. C'est à se demander quel but il poursuivait dans cette affaire, et si même il en avait un !

LIVRE DEUXIÈME

CAMPAGNE D'ALSACE

CHAPITRE PREMIER

COMBAT DE WISSEMBOURG

Le 24 juillet 1870, le maréchal Le Bœuf, major général, envoyait au maréchal de Mac-Mahon, arrivé la veille à Strasbourg pour prendre le commandement du 1er corps d'armée, des instructions qui se résumaient en ceci : « Occuper Strasbourg, surveiller le passage du Rhin, tenir les passages des Vosges dans la basse Alsace et les positions de la rive droite de la Lauter, enfin reconnaître le pays au nord de cette rivière. »

Le 7e corps, encore très incomplet, était mis à la disposition du maréchal qui avait donc à occuper, avec cinq divisions d'infanterie, une étendue de plus de 150 kilomètres. Il fit aussitôt partir pour Frœschwiller la division Ducrot à laquelle on adjoignit le 3e hussards et le 2e lanciers, et lui donna pour mission d'occuper Lembach, Climbach et le col du Pigeonnier, tout en surveillant la route de Lembach à Soultz et la frontière de Wissembourg à Lauterbourg. En même temps, il mettait sous les ordres du général Ducrot la division Abel Douay par l'ordre suivant :

ARMÉE DU RHIN

1ᵉʳ CORPS

État-Major général

N° 4

*Au Quartier général à Strasbourg,
le 2 août 1870.*

La 1ʳᵉ division quittera ses positions, le 4, au matin, pour aller s'établir à Lembach où se trouvera l'état-major de la division ; elle aura un régiment à Nothweiler, un bataillon à Ober-Steinbach et un régiment à Climbach ; il y aura à Lembach une brigade, le bataillon de chasseurs, l'artillerie et le génie.

Le général Ducrot donnera les ordres de détail pour les emplacements des troupes de toutes armes.

Il aura sous ses ordres la 2ᵉ division d'infanterie qui aura sa droite à Altenstadt et occupera Wissembourg, où se trouvera l'état-major de la division, Weiler et les positions environnantes ainsi que le col du Pigeonnier, par lequel elle se reliera avec la 1ʳᵉ division.

La 1ʳᵉ brigade de cavalerie, composée du 3ᵉ hussards et du 11ᵉ chasseurs, s'établira le même jour au Geissberg, de manière à se relier avec la 2ᵉ division d'infanterie et à l'éclairer sur sa droite jusqu'à Schleithal.

Le général de Septeuil recevra les instructions du général Ducrot sur l'emplacement que chaque corps doit occuper et sur le rôle qu'il devra jouer.

Le général Ducrot connaissant le terrain de Wissembourg et des environs se chargera d'indiquer les emplacements à assigner aux divers corps de la division Douay.

Le Maréchal commandant le 1ᵉʳ Corps,
P. O. *le Général chef d'État-Major,*
Signé : COLSON.

Mais déjà des patrouilles ennemies s'étaient avancées sur le territoire français et leur subite apparition provoquait dans les villages alsaciens une émotion que l'affolement de certaines autorités augmentait encore. Les Allemands faisaient des tentatives répétées en vue de couper nos voies ferrées, et, s'ils ne réussissaient pas à leur gré, provoquaient du moins de vives alertes grossies par l'imagination des paysans et amplifiées dans les dépêches qui se succédaient au quartier général.

Reichshoffen est envahi par deux régiments prussiens, télégraphiait l'inspecteur du chemin de fer. Je retiens le train S par ordre du général commandant. Deux bataillons de chasseurs partent pour Niederbronn.

Et le maréchal était obligé de demander les renseignements que la cavalerie toujours immobile ne lui donnait pas, au capitaine Bossan, aide de camp du général Ducrot, et au maire de Reichshoffen, le comte de Leusse, lequel télégraphiait à son tour au préfet, le 27 juillet :

> J'ai été à Frœschwiller, c'est une panique ; on a pris des hussards bleus pour des Bavarois. Reichshoffen et environs sont complètement tranquilles et sans aucun ennemi[1].

Quatre jours plus tard cependant, le 1er août, les coureurs ennemis commençaient à se montrer sérieusement, et leur présence redoutée devenait une réalité grosse de périls. Un premier engagement était signalé vers Seltz entre des hussards allemands et les avant-gardes de la brigade de Nansouty. Un autre, plus sérieux, s'était produit sur la route de Wissembourg à Bitche, où une cinquantaine de cavaliers avaient réussi à forcer la ligne de nos avant-postes d'infanterie pour courir jusqu'à Stürzelbronn, d'où ils étaient revenus par un autre chemin, en ne perdant que quelques chevaux[2]. Enfin, le 2 août, dans la soirée, M. Hepp, sous-préfet de Wissembourg, télégraphiait au maréchal que des troupes bavaroises s'étaient montrées à Altenstadt, avaient recensé les ressources existantes et annoncé l'occupation du bourg pour le lendemain.

Cette fois, le doute n'était plus possible, et le maréchal, pensant parer aux périls qui le menaçaient, donna immédiatement des ordres en vertu desquels :

> La division Douay devait exécuter, dès le 3, le mouvement prescrit pour le 4, et se porter sur Wissembourg en laissant toutefois à Seltz le 16e bataillon de chasseurs et un bataillon du 50e de ligne. Le 4, la division Raoult (3e) viendrait occuper Reichshoffen et serait remplacée à Haguenau par la division de Lartigue (4e). La division Conseil-Dumesnil (1re du 7e corps) serait dirigée par chemin de fer de Colmar à Strasbourg, laissant son artillerie suivre par étapes ; la 1re brigade de la division Liébert (2e du 7e corps) se porterait à Colmar. Enfin, le reste du

---

1. A. LE FAURE. *La Guerre franco-allemande de 1870-1871*. Paris, Garnier frères, 1874. tome 1er, page 92 et 93. — (Dépêches inédites).
2. *La Guerre franco-allemande*, par le grand état-major prussien, tome 1er, page 169.

7ᵉ corps s'échelonnerait entre Strasbourg et Huningue pour surveiller le cours du Rhin.

En même temps, le général Ducrot, investi du commandement supérieur de la 2ᵉ division, adressait au général Douay les instructions suivantes qu'il est indispensable de connaître pour s'expliquer l'éparpillement de cette malheureuse division :

1ᵉʳ CORPS D'ARMÉE   *Reichshoffen, le 3 août 1870.*

1ʳᵉ DIVISION

Cabinet du Général

Mon cher général,

Comme je vous l'ai dit par ma dépêche de cette nuit, hier soir, à cinq heures, j'étais au Pigeonnier, avec le colonel du 96ᵉ, qui occupe cette position depuis quelques jours et a poussé des reconnaissances dans toutes les directions. *Je ne pense pas que l'ennemi soit en forces dans nos environs, du moins à une distance assez rapprochée pour entreprendre immédiatement quelque chose de sérieux.* Toutefois, pour parer à toute éventualité, je pense qu'il est convenable de prendre les dispositions suivantes :

Ainsi que vous en avez reçu l'ordre de Son Excellence le Maréchal, vous vous porterez sur Wissembourg avec votre division, le 3ᵉ hussards et 2 escadrons du 11ᵉ chasseurs. Vous établirez votre 1ʳᵉ brigade sur le plateau du Geissberg, la 2ᵉ à gauche, sur le plateau du Vogelsberg, occupant ainsi la ligne des crêtes qui, par la route de Wissembourg à Bitche, se relie avec le Pigeonnier. La cavalerie et l'artillerie seront en seconde ligne sur le versant sud-ouest du mouvement de terrain. Je pense, d'ailleurs, qu'il sera facile de défiler les troupes.

Vous ferez entrer le soir même un bataillon dans Wissembourg ; demain, de bonne heure, vous enverrez un régiment de la 2ᵉ brigade relever le 96ᵉ dans la position qu'il occupe entre Climbach, le Pigeonnier et Pfaffenschlich ; le 96ᵉ se portera en avant dans la direction de Nothweiler ; un de ses avant-postes sera établi à droite, à Durrenberg, se reliant ainsi à la gauche de votre division, vers Climbach ; ma gauche sera à Ober-Steinbach, où elle se reliera avec la droite du 5ᵉ corps, à Hutzelhof.

Mon quartier général et le gros de ma division seront à Lembach. Vous pourrez établir votre quartier général soit au Geissberg, soit à Oberhoffen, soit à Roth.

L'escadron du 3ᵉ hussards qui est en ce moment à Climbach, y restera provisoirement, mais il est probable que je conserverai seulement un peloton et que j'enverrai le reste seulement après-demain rejoindre le régiment.

Il est bien entendu que cette brigade de cavalerie est placée sous vos ordres immédiats et que vous l'utiliserez pour vous éclairer soit en avant de Wissembourg, soit à droite dans la direction de Lauterbourg.

Aussitôt que Wissembourg aura été occupé par un de vos bataillons, je vous prie de faire examiner la situation de la manutention, de relever les accessoires qui peuvent y manquer, de les faire fabriquer sur place, ou à Strasbourg ou à Haguenau, et d'organiser des brigades de boulangers avec les ressources qui peuvent se trouver dans vos régiments. Je crois que la dimension des fours permet de fabriquer 30,000 rations en vingt-quatre heures, mais à la condition que le service soit bien organisé. Votre sous-intendant demandera immédiatement de la farine et l'on se mettra à l'ouvrage sans tarder, *car c'est de Wissembourg que nous devons tirer la majeure partie de nos subsistances*.....

... Lorsque vous aurez eu le temps d'étudier le terrain et de connaître la situation de l'ennemi, vous apprécierez s'il serait utile d'occuper le fort Saint-Remy et les anciennes redoutes qui sont en avant d'Altenstadt, mais la chose me parait douteuse.

Signé : Ducrot.

Ce document montre clairement deux choses : d'abord que le service des renseignements était fait d'une façon déplorable, puisque le général Ducrot *ne croyait pas l'ennemi en force dans les environs* et ne pensait pas que la division Douay pût être immédiatement attaquée, ensuite que l'on attachait à la possession de Wissembourg une importance capitale au point de vue des approvisionnements et des magasins[1]. Mais il ne contient ni explicitement ni implicitement *l'ordre d'accepter le combat*. Cet ordre, les Prussiens assurent qu'il a été donné. Le général Ducrot s'en est vigoureusement défendu, et rien n'autorise à révoquer en doute ses affirmations. Mais il est probable que le général Douay, en lisant dans la dépêche de son chef que Wissembourg devait fournir la majeure partie des subsistances de l'armée, attacha à la conservation de cette place un intérêt peut-être exagéré et ne se crut pas en droit, le lendemain, de l'abandonner sans combattre. Il préféra

---

1. Dans sa brochure intitulée : *Wissembourg, réponse à l'état-major allemand*, le général Ducrot fait remonter la responsabilité de l'occupation de Wissembourg à l'Intendance, qui aurait déclaré ne pouvoir assurer les subsistances si cette ville nous était enlevée.

laisser écraser sa division plutôt que d'éviter la lutte, comme la prudence lui en faisait un devoir.

Description du champ de bataille. — La petite ville de Wissembourg, à cheval sur les deux rives de la Lauter, est une ancienne place forte, déclassée en 1867. Elle conservait encore, au moment de la guerre, son mur d'enceinte et ses fossés, mais sa position encaissée entre des hauteurs qui la dominent au sud et au nord, lui ôtait toute valeur défensive contre l'artillerie moderne. Trois portes y donnaient accès : celle de Landau, à l'est ; celle de Bitche, à l'ouest ; celle de Haguenau, au sud, à quelque distance de la gare, située sur la rive droite de la Lauter.

Les derniers contreforts des Vosges, aboutissant à la rivière, se relèvent au sud de la ville en deux mamelons dits le *Vogelsberg* et le *Geissberg* où, comme on l'a vu, devaient s'établir nos troupes : sur ce dernier existait un château solidement bâti, bordé à l'est par une terrasse que soutenait une muraille à pic, et fermé à l'ouest par un autre mur épais percé d'une seule porte. L'ensemble de ces bâtiments formait un point d'appui très résistant, sur le versant est du mamelon. Le sommet de celui-ci était occupé par trois peupliers, devenus douloureusement célèbres, et un peu en arrière, sur le bord de la route de Strasbourg, s'étalaient les vergers de la ferme de Schafbusch, qui offraient aux tirailleurs des abris précieux.

Mais ces positions avantageuses pouvaient, malheureusement, être aisément tournées, car la Lauter, guéable sur un grand nombre de points, est, en outre, traversée par un pont au village d'Altenstadt, situé à un kilomètre à l'est de Wissembourg et, une fois la rivière franchie, il est assez facile de prendre à revers et la ville et les hauteurs du sud. De plus, les forêts épaisses qui entourent la position dérobaient à nos cavaliers, d'ailleurs peu entreprenants, les mouvements de l'ennemi et rendaient la situation très périlleuse. Enfin, les *lignes de Wissembourg*, célèbres au temps des guerres de la Révolution, si vigoureusement reprises à Wurmser par le général Hoche, en décembre

1793, et dont il restait encore des vestiges assez importants à l'est et à l'ouest de la ville, ne possédaient plus, au point de vue militaire, aucune valeur.

C'est sur le terrain dont nous venons d'esquisser la physionomie que vint camper, le 3 au soir, la division Douay. Elle avait marché toute la journée par une chaleur torride, et quand elle arriva, à la tombée de la nuit, sur les emplacements qui lui étaient désignés, un orage violent s'abattait sur la campagne, inondée de pluie. Il fallut donc, dans une obscurité profonde et sur un terrain détrempé, opérer une dislocation que les circonstances atmosphériques, jointes à la fatigue, rendaient particulièrement pénible, pour se rendre aux postes indiqués.

Le 2ᵉ bataillon du 74ᵉ (commandant Liaud) entra en ville ; quant au 78ᵉ, désigné pour aller le lendemain relever le 96ᵉ, il s'établit sur le Vogelsberg, à droite du 1ᵉʳ tirailleurs. Puis on plaça les grand'gardes, trop près, il est vrai, des corps à couvrir, et les troupes, accablées de fatigue, s'enfouirent sous leurs tentes-abris, pour se reposer enfin.

Positions occupées par le 1ᵉʳ corps. — A la suite de ce mouvement, le 1ᵉʳ corps occupait, en définitive, les positions suivantes :

1ʳᵉ division (général Ducrot). — Quartier général à Reichshoffen.

1ʳᵉ brigade. { 13ᵉ bataillon de chasseurs à Lembach.
96ᵉ de ligne à Climbach.
18ᵉ de ligne à Lembach.

2ᵉ brigade. { 45ᵉ de ligne à Niederbronn.
1ᵉʳ zouaves à Reichshoffen.
Artillerie et génie à Reichshoffen.

2ᵉ division (général A. Douay). — Quartier général à Steinseltz.

1ʳᵉ brigade. { 16ᵉ bataillon de chasseurs à Seltz.
50ᵉ de ligne. { 1ᵉʳ et 3ᵉ bataillons au Geissberg.
2ᵉ bataillon à Seltz.
74ᵉ de ligne. { 1ᵉʳ et 3ᵉ bataillons au Geissberg;
2ᵉ bataillon à Wissembourg.

2ᵉ brigade. { 78ᵉ de ligne.
1ᵉʳ tirailleurs. } derrière le Vogelsberg.

Brigade de cavalerie DE SEPTEUIL au Geissberg.

3ᵉ division (général Raoult) à Hagueneau (partant le 4 pour Reichshoffen).

4ᵉ division à Strasbourg (partant pour Hagueneau).

2ᵉ brigade de cavalerie (général de Nansouty) à Seltz (2ᵉ lanciers) et Strasbourg (6ᵉ lanciers).

3ᵉ brigade de cavalerie (général Michel) à Brumath.

Comme le dit la *Relation allemande*, « la situation de la division Douay était assurément fort hasardée. De plus, elle n'avait sur place que 8 bataillons, 18 pièces et 8 escadrons, car un bataillon de chasseurs et un bataillon du 50ᵉ de ligne étaient attachés à la brigade de cavalerie de Nansouty, à Seltz, pendant que le 78ᵉ régiment avait été dirigé sur Climbach, au matin du 4 août, pour y relever le 96ᵉ de la division Ducrot. On pouvait donc tout au plus compter, dans le courant de la matinée, sur le concours de ces deux régiments, le reste du 1ᵉʳ corps se trouvant à une marche et au delà, sur les derrières [1]. »

Bien que cette dernière assertion ne soit pas tout à fait exacte, puisque au moins la 1ʳᵉ brigade de la division Ducrot, campée à Lembach et Climbach, était parfaitement en mesure de soutenir, si on l'eût voulu, le général Douay, il n'en est pas moins vrai que la faute commise dans la concentration de l'armée du Rhin se trouvait ici répétée en petit, que le 1ᵉʳ corps était éparpillé dans toute l'Alsace, et que sa 2ᵉ division occupait, tout à fait en flèche, une position extrêmement dangereuse, s'allongeant elle-même sur plus de 3 kilomètres, et cela alors qu'on ne connaissait absolument rien ni des mouvements ni des projets de l'ennemi.

Le général Douay se rendait compte du danger de la situation, car le 3 au soir il informait le maréchal des dispositions qu'il avait prises, et lui demandait si Wissembourg devait rester occupé. Le maréchal lui répondit qu'il résoudrait la question en se rendant auprès de lui, le lendemain 4, au matin [2]. Nous verrons bientôt ce qu'il en advint.

---

1. *La Guerre franco-allemande*, par le grand état-major prussien tome Iᵉʳ, pages 176 et 177.

2. Déposition du maréchal de Mac-Mahon devant la Commission d'enquête du 4 septembre.

Mouvements de la IIIe armée. — Que se passait-il, pendant le cours de ces événements, dans le camp ennemi? Là, on en avait fini avec les tergiversations et les tâtonnements. On était complètement revenu des craintes qu'inspirait au début la perspective d'une attaque brusquée sur les États du Sud; on était renseigné sur notre faiblesse, ainsi que sur les difficultés toujours croissantes de notre mobilisation, et l'on se disposait à profiter de notre infériorité manifeste pour entamer vigoureusement l'action. Le 30, M. de Moltke adressait l'ordre suivant au Prince royal de Prusse:

> Sa Majesté considère comme opportun qu'aussitôt que la IIIe armée aura été ralliée par la division badoise et la division wurtembergeoise, elle s'avance vers le sud par la rive gauche du Rhin, pour chercher l'ennemi et l'attaquer. De cette façon, on empêchera l'établissement de ponts au sud de Lauterbourg et on protégera de la manière la plus efficace toute l'Allemagne du sud.
>
> Signé: DE MOLTKE.

Cependant ce fut le 2 août seulement que le Prince royal, voyant son armée tout à fait prête, donna ses ordres préliminaires, et s'occupa de grouper ses corps plus étroitement. Toute la IIIe armée, sauf la division wurtembergeoise, passa sur la rive gauche du Rhin, et vint se masser, à quelques kilomètres de la frontière française, dans une zone peu étendue (21 kilomètres) et profonde de moins d'une demi-journée de marche, où elle maîtrisait les voies d'accès dans nos départements alsaciens[1]. Ses avant-postes allaient de Schweigen au Rhin. « Ils étaient ainsi, ceux de Schweigen à 1,400 mètres des maisons de Wissembourg, et ceux de Neubourg à 1,500 mètres de la frontière[2]. » Ce même jour le Prince royal donna ses ordres définitifs pour la marche en avant: « Mon intention, disait-il, est de porter demain matin la IIIe armée jusqu'à la Lauter et de franchir cette rivière avec les troupes avancées. A cet effet, on traversera le Bien-Wald par quatre routes. *L'ennemi devra être refoulé partout où on le rencontrera.* »

1. Voir la pièce n° 6.
2. Général DERRÉCAGAIX, *loc. cit.*, tome Ier, page 476.

La IIIe armée formait donc quatre colonnes. La 1re, à droite, se composait du IIe corps bavarois (général de Hartmann), dont l'avant-garde (division de Bothmer) recevait l'ordre de marcher sur Wissembourg et de s'en emparer. Cette avant-garde était flanquée, à droite, par un détachement. Le reste du corps Hartmann marchait sur Ober-Otterbach.

La 2e colonne, formée par le Ve corps, se dirigeait sur Kapsweyer. Son avant-garde particulière devait passer la Lauter au-dessus de Wissembourg et placer des avant-postes sur les hauteurs de la rive droite.

La 3e colonne, formée par le XIe corps, après avoir traversé la forêt du Bien-Wald, devait franchir la rivière au moulin du même nom, et envoyer, comme la précédente, son avant-garde sur la rive droite de la Lauter.

Enfin la 4e colonne, formée par les divisions badoise et wurtembergeoise sous le commandement du général de Werder, avait ordre de remonter la rive gauche du Rhin jusqu'à Lauterbourg, de se rendre maîtresse de cette ville, et de pousser ensuite ses avant-postes sur la rive droite de la Lauter.

En seconde ligne marchaient la 4e division de cavalerie, se dirigeant sur l'Otterbach, à 3 kilomètres à l'est d'Ober-Otterbach, et le 1er corps bavarois qui suivait la route de Germersheim à Wissembourg avec ordre de bivouaquer, le soir, à Langenkandel. « Je me tiendrai dans la matinée sur les hauteurs entre Kapsweyer et Schweigen, ajoutait le Prince royal, et j'établirai probablement mon quartier général à Nieder-Otterbach. »

Ainsi, cette masse de cinq corps d'armée allait aborder la Lauter sur un front de 26 kilomètres; et trois d'entre eux menaçaient immédiatement la malheureuse division Douay, affaiblie par des détachements et livrée à ses seules ressources. Tandis que le petit nombre de nos soldats, déjà trop disséminés, nous interdit de prendre possession des passages du fleuve, l'adversaire va s'en emparer, coûte que coûte, les occuper, pousser ses avant-gardes sur la rive opposée, et se poster en maître incontesté sur ces débouchés qui ouvrent la porte de l'Alsace. Et ces projets, si nettement arrêtés et si clairement énoncés, notre état-major les ignore à ce point qu'il s'occupe toujours de faire surveiller le haut Rhin, que personne ne songe à franchir, au lieu de mettre toutes les forces disponibles derrière la Lauter, contre laquelle l'ennemi s'avance en rangs pressés et compacts ! A quoi donc servaient ces trois brigades de cavalerie, qui, depuis quinze jours, s'enlizaient dans la plus déplorable inaction? Quel oubli des vrais principes de la guerre, dont le maître par excellence, Napoléon, était pourtant sorti de nos rangs ! Que d'erreurs et que de fautes accumulées en si peu de temps, quand il n'en faut parfois qu'une seule pour arracher la victoire des mains des plus vaillants ! Le 4 août au matin, l'Alsace était d'ores et déjà perdue, et il suffit, pour s'en convaincre, de lire cet exposé douloureux que M. le général Derrécagaix a tracé de notre situation si critique :

> En face de notre frontière, une armée de 170,000 hommes (le VIe corps et la 2e division de cavalerie n'avaient pas encore rejoint) concentrée, prête à combattre, ses avant-postes à 1,500 mètres de notre territoire, bien renseignée par sa cavalerie, au courant de notre infériorité numérique et de l'impossibilité où nous étions d'agir efficacement, en état, le lendemain, de prendre résolument l'initiative des mouvements. De notre côté, une division de 6,600 rationnaires[1], ignorant la présence de l'ennemi, ne se doutant pas de ses projets, convaincue qu'elle n'avait qu'une mission de surveillance, et gardée seulement par deux ou trois grand'gardes d'infanterie, tandis que la cavalerie dont elle disposait bivouaquait sur ses derrières[2].

Ajoutons qu'une seule des autres fractions du 1er corps pouvait lui porter secours : c'était la première brigade de la division Ducrot, campée à Lembach (13 kilom.) et à Climbach (8 kilom.). Aucun ordre ne lui ayant été donné, elle ne bougea pas.

Arrivons maintenant au récit du combat. Le 4, dès la pointe du jour, le général Douay, mis en éveil par les récits des paysans qui signalaient de forts rassem-

---

1. La division Douay comptait exactement, sur le champ de bataille de Wissembourg, 302 officiers, 6,663 hommes, 1,206 chevaux, 18 pièces.
2. Général Derrécagaix, *loc. cit.*, tome Ier, page 481.

blements de troupes aux environs, envoya vers le nord une reconnaissance composée de deux escadrons du 11ᵉ chasseurs, un bataillon du 1ᵉʳ tirailleurs et deux pièces, le tout sous les ordres du colonel d'Astugue, du 11ᵉ chasseurs. C'était le moment même où les colonnes allemandes, obéissant aux ordres du Prince royal, quittaient leurs cantonnements pour gagner la Lauter, et où le 78ᵉ se mettait en route vers Climbach, pour y relever le 96ᵉ.

Le colonel d'Astugue fit prendre position à ses troupes d'infanterie et d'artillerie au sud d'Altenstadt, puis, avec ses deux escadrons, prit la route de Landau, poussa à *quelques kilomètres*[1] au delà de la frontière, et revint par la route de Spire, à 7 heures et demie, n'ayant aperçu, ce qui est à peine croyable, que quelques éclaireurs ennemis. Le général Douay n'était donc pas plus renseigné qu'avant. Cependant le maréchal, qui, dans la nuit du 3 au 4, avait reçu, à Strasbourg, une dépêche du quartier impérial ainsi conçue : « *Vous serez attaqué aujourd'hui ou demain*[2] », le maréchal se hâta d'aviser le général Douay, afin de le mettre sur ses gardes, et lui adressa, à 6 heures du matin, le télégramme suivant :

Strasbourg, 5 h. 27 du matin, 4 août. — Avez-vous, ce matin, quelques renseignements vous faisant croire à un rassemblement nombreux devant vous? Répondez immédiatement.

Tenez-vous sur vos gardes, prêt à vous rallier, si vous étiez attaqué par des forces très supérieures, au général Ducrot, par le Pigeonnier. Faites prévenir le général Ducrot, en route pour Lembach, d'être également sur ses gardes.

Signé : DE MAC-MAHON.

Tout naturellement, le général Douay, rassuré par les rapports de la reconnaissance, répondit qu'il ne s'attendait à aucune attaque et dicta, pour ses troupes, l'ordre que voici :

Dans le cas peu probable d'un mouvement de concentration sur

---

1. Rapport officiel adressé au général Douay par le colonel d'Astugue.
2. *De Frœschwiller à Sedan*, journal d'un officier du 1ᵉʳ corps (Hachette, Tours, novembre 1870, page 14). — *Sedan*, par le général de Wimpffen, page 83.

la division Ducrot, le mouvement commencera par la 2ᵉ brigade. Elle suivra les crêtes pour aboutir à la route de Wissembourg à Bitche, en passant ainsi par le bas de la montagne du Pigeonnier et le village de Climbach. Le 96ᵉ (1ʳᵉ division) couvre la gauche de la 2ᵉ division, dans la direction de Nothweiler, à l'extrême frontière.

Il était huit heures : l'ordre venait d'être communiqué dans les bivouacs, et les soldats, parfaitement tranquilles, se disséminaient tout autour de leur camp, les uns pour préparer le feu de la soupe, les autres pour nettoyer leurs armes ou fournir les corvées de ravitaillement, quand tout à coup un petit nuage de fumée blanche creva sur les hauteurs de Schweigen, une détonation retentit, suivie bientôt d'une seconde, puis d'une troisième, et sur Wissembourg, réveillé comme par un cauchemar, s'abattit une pluie de fer et de plomb. C'était la batterie d'avant-garde de la division Bothmer (2ᵉ du IIᵉ corps bavarois) qui, voyant l'insouciance de nos troupes, avait brusquement ouvert le feu.

Cette voix brutale du canon, éclatant tout à coup dans le silence, et portant la mort dans nos régiments stupéfaits, c'était, dès le début, le procédé allemand dévoilé d'un seul coup. Des masses puissantes, appuyées par une formidable artillerie, amenées savamment sur un point déterminé, surgissant à l'improviste des bois et des couverts, et écrasant des adversaires qui ne se gardaient jamais, voilà, en effet, presque tout le secret des victoires prussiennes. Telle débutait la guerre, telle malheureusement elle devait se continuer longtemps, jusqu'au jour où la leçon si chèrement payée aurait enfin porté ses fruits.

Cependant le commandant Liaud, jeté avec son bataillon dans la ville, avait garni de défenseurs la partie nord de l'enceinte, et occupé les portes : il fit répondre par des coups de fusil à l'attaque de l'ennemi. De son côté, le général Pellé, bien que réduit à 3 bataillons, n'hésita pas à se porter à son secours, et dirigea sur la ville le 1ᵉʳ tirailleurs, appuyé d'une batterie de 4 : l'infanterie se posta le long des anciennes lignes de Wissembourg, au nord de la gare, en détachant un bataillon pour garder la porte de Bitche ; l'artillerie prit position près de la gare, et le combat s'engagea, très énergiquement soutenu par cette poignée d'hommes, contre laquelle la division Bothmer, se sentant encore trop isolée, n'osa rien tenter de décisif[1].

Mais, vers dix heures, commencèrent à se montrer sur la Lauter les troupes envoyées à travers bois pour couvrir, pendant la marche, le flanc droit de la division Bothmer et qui maintenant se dirigeaient sur Wissembourg. D'autre part le XIe corps, qui avait trouvé les passages du moulin de Bienwald inoccupés, venait de franchir la Lauter, après avoir jeté trois autres ponts pour activer le mouvement. Refoulant aisément quelques braves citoyens, qui, en habits civils et armés de fusils de chasse, s'étaient postés sur la rive droite pour lui tirer dessus, il avait traversé le Niederwald et se présentait déjà à Schleithal. La situation s'aggravait et le général Douay, qui sur la foi de sa cavalerie croyait toujours n'avoir affaire qu'à une simple reconnaissance, dut revenir de son erreur. Il déploya donc aussitôt sa première brigade (de Montmarie) autour du Geissberg, et pour remplir l'espace assez étendu qui la séparait de la deuxième, occupée à défendre Wissembourg, il jeta dans le vallon situé au nord du Geissberg les deux régiments de la brigade de cavalerie de Septeuil. Au même instant, deux batteries d'avant-garde du XIe corps allemand venaient prendre position un peu au-dessus de Gutleithof, et leurs projectiles s'abattaient déjà sur le 50e, posté autour du château de Geissberg ; la batterie de mitrailleuses, commandée par le capitaine de Saint-Georges (10e du 9e), se porta au galop vers le sommet du mamelon pour répondre à leur feu, tandis que la dernière batterie de 4 (12e du 9e, capitaine Foissac), soutenue par un bataillon du 74e, s'établissait sur le versant est du Vogelsberg et joignait son feu, contre les pièces bavaroises de Schweigen, à celui du capitaine

---

[1]. La division Bothmer comptait 12,000 hommes et 24 pièces de canon. Nous n'avions à lui opposer, à ce moment, que 2,700 hommes, avec 2 batteries.

Didier (9ᵉ du 9ᵉ), déjà établi au sud de la station du chemin de fer.

Certes, bien que la division Bothmer fût encore à peu près seule engagée, nous n'étions pas en force, surtout sous le rapport de l'artillerie. Cependant la vaillance de nos canonniers et des tirailleurs algériens suffisait à en imposer à l'ennemi, et à repousser ses tentatives contre les portes de Bitche et de Landau. Cette poignée de soldats luttait avec tant d'opiniâtreté et d'énergie que le général de Bothmer non seulement se reconnaissait impuissant à les déloger, avec ses 12,000 hommes, mais même demandait au Prince royal, arrivé sur le lieu du combat, l'appui du Vᵉ corps, dont les têtes de colonnes commençaient à déboucher à hauteur d'Altenstadt. C'était le moment pour la division Douay de se replier par échelons défensifs sur la division Ducrot, et d'abandonner, suivant ses instructions, une lutte qui menaçait de devenir par trop inégale. Malheureusement, de nouveaux télégrammes venaient d'être remis à son chef, en réponse à celui par lequel il informait le commandant en chef de l'attaque ennemie[1], et laissaient supposer que celui-ci ne tarderait pas à prendre la responsabilité des décisions définitives. En effet, le maréchal de Mac-Mahon télégraphiait, à 9 heures 45, au général Raoult, à Reichshoffen :

> Je reçois l'avis d'une attaque sur Wissembourg ; que vos troupes se tiennent prêtes à marcher au premier ordre. *Je pars pour Soultz, d'où je me porterai sur la ligne des avant-postes.*

Et, moins de trois quarts d'heure après, il lançait encore au général Raoult cette nouvelle dépêche :

> Je pars pour Wissembourg en chemin de fer. De Wissembourg j'irai à cheval visiter les avant-postes jusqu'à Reichshoffen, où je compte vous rencontrer.

Communiqués au colonel Robert, chef d'état-major de la 2ᵉ division, s'ajoutant d'autre part aux recomman-

---

1. A 8 heures 25, le chef de gare de Wissembourg avait transmis à Strasbourg la dépêche que voici : « J'ai fait arrêter le train n° 20-39 à Soultz ; on tire en ce moment sur la ville ; les boulets arrivent jusqu'à la gare. »

dations antérieures sur l'importance de Wissembourg, ces documents confirmèrent le général Douay dans l'idée qu'il ne pouvait, sans ordres nouveaux, refuser la lutte, et dans son intention « d'accepter un combat qui semblait n'être, d'abord, qu'une forte reconnaissance poussée par l'ennemi sur notre frontière[1]. » Il se porta donc de sa personne au point culminant du Geissberg et laissa l'engagement suivre son cours.

Mais, bientôt, il s'aperçoit que les masses allemandes débouchent de tous les côtés à la fois. Dès onze heures un quart, l'avant-garde du Ve corps (17e brigade) se montre à Gutleithof, qu'elle occupe; la 18e brigade arrive peu après à Altenstadt, franchit la Lauter, et se déploie, à côté de la 17e, face au Geissberg, tandis que toute l'artillerie de la 9e division vient au grand trot prendre position en avant et crible de projectiles nos quelques pièces éparpillées. En même temps, trois bataillons filent le long de la rivière et vont attaquer la ville par l'est, pendant que la division de Bothmer l'attaque par le nord.

De son côté, le général de Bose, commandant le XIe corps, a marché au canon : la 41e brigade prussienne quitte Schleithal pour venir, toujours précédée de toute l'artillerie du corps d'armée, se déployer à gauche du Ve corps, et menace le Geissberg. Des flots d'ennemis semblent sortir des profondeurs des bois, des batteries innombrables tonnent partout à la fois, et le général Douay, du haut du Geissberg, voit monter tout autour de lui cette marée tumultueuse qui menace de l'engloutir. Il sent que tout est perdu s'il persiste à rester là, et se décide enfin à la retraite. Ordre est donné au commandant Liaud d'évacuer la ville et au général Pellé de se replier sur le Vogelsberg, lentement, pour donner le temps aux défenseurs de Wissembourg de le rejoindre. Puis, le général, avant de donner des instructions dans le même sens à la brigade de Montmarie, monte aux *Trois Peupliers,* où se trouvait la

---

1. Lettre adressée par le colonel Robert au général Ducrot et citée par celui-ci dans sa brochure : *Wissembourg*, page 27.

batterie de mitrailleuses. Tout à coup, un obus prussien tombant sur un des caissons, le fait sauter ; des éclats de bois et de fer volent en tous sens, tuant ou blessant plusieurs servants, et l'un d'eux, frappant le général en pleine poitrine, le renverse à terre, mortellement atteint. On s'empresse, on le transporte à la ferme du Schafbusch, où il succombe deux heures après[1], et l'on court annoncer la fatale nouvelle au général Pellé, auquel, par droit d'ancienneté, revenait le commandement.

Abel Douay était le premier de nos officiers généraux qui tombât au champ d'honneur, dans cette guerre fatale ; ses services brillants et sa bravoure éclatante lui eussent mérité de mourir en pleine victoire : du moins il ne pouvait pas succomber plus glorieusement, ni sur un terrain plus illustré par la valeur française, car, ainsi qu'on va le voir, nos soldats se conduisirent, pendant toute la durée de cette lutte inégale, comme de véritables héros.

Il était près de midi quand le général Pellé prit le commandement. Le 1er tirailleurs tenait tête, tout seul, aux efforts de deux corps d'armée, soutenus par soixante-six bouches à feu ; ses trois bataillons, déployés sous les ordres des commandants Sermansan, de Lammerz et de Coulanges[2] depuis la gare jusqu'à la porte de Landau, restaient fermes devant les assauts répétés de la 17e brigade, qui essayait vainement de les débusquer, et repoussaient à la baïonnette les colonnes prussiennes qui les assaillaient de toutes parts. Luttant avec un acharnement sans exemple, ce brave régiment redoublait d'énergie et de vaillance, à mesure que sa position devenait plus critique ; son feu nourri et bien dirigé infligeait à l'ennemi des pertes énormes, en dépit des vides cruels qui se creusaient dans ses rangs, et

---

1. On fut contraint d'y abandonner son corps au moment de la retraite, parce que la division n'avait ni une voiture d'ambulance ni même un seul cacolet. (Général Ducrot, *Wissembourg*, page 30.)
2. Le bataillon de Coulanges, d'abord détaché à la porte de Bitche, venait d'être rappelé et joint aux deux autres bataillons de son régiment.

bientôt le général de Kirchbach dut, pour venir à bout de son admirable résistance, lancer sur lui de nouvelles masses, qui débordèrent son flanc droit et le menacèrent d'un enveloppement complet. Presque tous les officiers étaient hors de combat et 600 hommes, sur 2,200, gisaient à terre ; quant aux Prussiens, ils étaient si éprouvés que dans un seul bataillon, commandé maintenant par un lieutenant, ils avaient perdu 12 officiers et 165 hommes. Le major de Waldersee, commandant le bataillon de chasseurs silésiens n° 5, était mort, et le général de Sandrart avait eu son cheval tué sous lui[1].

Le général Pellé jugea que continuer à lutter dans des conditions pareilles serait folie. Il ordonna donc la retraite et obligea les tirailleurs à abandonner définitivement à l'ennemi ce terrain qu'ils lui avaient si héroïquement disputé. Leurs débris se retirèrent à pas lents, et en tirant toujours, sur le Geissberg ; le mouvement s'opéra en ordre, régulièrement comme à la manœuvre, sans être autrement inquiété. Les Prussiens, heureux d'avoir enfin triomphé de tant d'opiniâtreté, se répandirent dans la vallée et ne songèrent pas à poursuivre un adversaire décimé, mais dont l'attitude leur en imposait encore.

Cependant le commandant Liaud avait été informé de la retraite. Vers une heure et demie, jugeant, lui aussi, toute résistance impossible désormais, il fit prévenir ses six compagnies que la place allait être évacuée. Mais, à ce moment, l'ennemi, débarrassé du 1er tirailleurs, dirigeait toutes ses forces contre la ville et joignait ses efforts à ceux de la division de Bothmer, dont le feu venait de reprendre avec une intensité nouvelle. Wissembourg était cernée et une trouée à travers ces masses compactes devenait impossible. Le commandant Liaud résolut, puisqu'il fallait succomber, de le faire au moins avec gloire, et renvoyant à chaque porte deux compagnies, leur ordonna de s'y défendre jusqu'à la mort. Mais la porte de Haguenau venait d'être ouverte

---

1. *La Guerre franco-allemande*, page 187.

aux Bavarois par un des leurs, habitant Wissembourg, qui violait ainsi sans vergogne les lois les plus élémentaires de l'hospitalité. Liaud, à la tête de deux compagnies, fonça sur le poste qui l'occupait, le fit reprendre à la baïonnette, et, le pont-levis relevé, refoula les Prussiens jusqu'à la gare[1]. Il se porta ensuite à la porte de Bitche, qui lui paraissait la plus menacée : mais en y arrivant, il fut frappé d'un coup de feu et contraint de remettre le commandement au capitaine adjudant-major Bertrand. Au même moment, la porte de Landau, écrasée de projectiles, venait d'être éventrée ; les Bavarois s'y étaient précipités, et trois régiments s'engouffraient par son pont-levis dans la grande rue de la ville, pour se répandre de là dans les rues latérales[2]. Chaque groupe de deux compagnies se trouva donc isolé, coupé des autres et presque complètement cerné. Tous trois cependant se barricadèrent dans les maisons voisines, et continuèrent à faire feu sur les assaillants.

Tout à coup, un drapeau blanc parut à une fenêtre de l'hôtel de ville. Un major bavarois s'approcha, et fut interpellé par un conseiller municipal qui offrait de rendre la ville, si l'ennemi consentait à laisser nos soldats l'évacuer. Le major accepta pour son compte et s'en fut informer le général Maillinger, commandant la 8ᵉ brigade bavaroise, de cette étrange négociation. Mais celui-ci, qui voyait nos soldats exténués et réduits aux dernières limites de la résistance, refusa de la ratifier ; bien au contraire, il lança contre chaque porte de nouvelles troupes et en cerna successivement et complètement chaque groupe de défenseurs. Ceux-ci, apprenant que la division était en retraite, n'eurent bientôt plus d'autre ressource que de mettre bas les armes, et l'ennemi se trouva définitivement maître de Wissembourg[3].

1. *La Guerre franco-allemande*, tome Iᵉʳ, page 188.
2. *Ibid.*
3. Le bataillon Liaud, fort de 523 hommes, avait perdu 3 officiers et 52 soldats. Les Allemands firent donc 468 prisonniers.

Libres de ce côté, les Allemands pouvaient maintenant tourner leurs efforts vers le Geissberg.

Là se déroulait depuis quelques heures un drame plus émouvant encore. Deux batteries, dont une de mitrailleuses, et un bataillon du 50ᵉ envoyé pour les soutenir, contenaient à eux tout seuls l'effort de la 41ᵉ brigade prusienne, et ripostaient avec une énergie surhumaine au feu d'enfer déchaîné par toute l'artillerie allemande. La batterie de mitrailleuses, presque entièrement démontée, ayant perdu un caisson dont l'explosion avait frappé à mort le général Douay, venait, vers midi et demi, d'être retirée du combat. La batterie Didier, postée au sud de la gare, était à moitié démolie, et ce qu'il en restait, soumis aux feux convergents de l'ennemi, ne pouvait plus tenir. L'ordre de battre en retraite lui parvint au moment où le brave chef de bataillon Boutroy, commandant le bataillon de soutien du 50ᵉ, tombait mortellement atteint ; elle amena alors ses avant-trains, et remonta au galop les pentes nord du Geissberg pour gagner le château, en laissant sur le terrain une pièce qu'elle ne pouvait plus atteler. Aussitôt trois compagnies allemandes se précipitent pour s'emparer de ce trophée ; mais elles sont arrêtées net par les feux de salve d'une section du 50ᵉ, qui fait tête et les crible de projectiles, tandis que s'avance un attelage de 6 chevaux envoyé du Geissberg. Décontenancés et furieux, les Allemands dirigent sur le flanc de la petite troupe un feu meurtrier qui la décime. Bientôt elle n'est plus en force pour résister : les chasseurs prussiens s'élancent à nouveau, la pièce est prise, et l'ennemi la garde en dépit des efforts désespérés que tente pour la reprendre la poignée héroïque des survivants.

Tout ce qui reste de la division Douay a maintenant regagné le Geissberg. Le général Pellé entraîne hors du champ de bataille, sur la route du Pigeonnier, le régiment de tirailleurs décimé, et donne l'ordre au général de Montmarie de le suivre. Hélas ! il est trop tard ! Les masses ennemies sont devenues tellement compactes que la retraite ne peut plus s'exécuter en bon ordre, et nos soldats ne veulent pas de la déroute. Ils vont donc tomber là, presque jusqu'au dernier, et soutenir une des plus glorieuses défenses dont notre histoire militaire fasse mention.

Les Ve et XIe corps allemands étaient en effet déployés tout entiers sur le champ de bataille. Donnant la main au IIe corps bavarois, entré dans Wissembourg, ils s'étendaient depuis la Lauter jusqu'auprès du village de Riedseltz, menaçant ainsi de front, de flanc et presque par derrière les défenseurs du Geissberg. Or, ceux-ci étaient réduits à deux bataillons du 50e et deux bataillons du 74e, en tout 2,200 hommes et deux batteries diminuées de moitié (la cavalerie de Septeuil, jugée inutile en raison des formes accidentées du terrain, avait été envoyée en arrière, vers Riedseltz); c'est contre cette poignée d'hommes que se lancèrent tout à coup près de 20,000 Prussiens! Au nord, le régiment des grenadiers du roi et la majeure partie de la 9e division abordent les pentes, entre la station et Gutleithof. A l'est, la 41e brigade (XIe corps) traverse le chemin de fer, occupe Gutleithof et monte à l'assaut de la hauteur, ayant derrière elle la 42e brigade qui la déborde dans la direction de Riedseltz. De notre côté, le 1er bataillon du 50e, sous les ordres du lieutenant-colonel de la Tour-d'Auvergne, occupe le versant est du mamelon, et est posté dans une houblonnière située à 150 mètres du château. Les 3e bataillons du 50e et du 74e sont embusqués dans les jardins du Schafbusch; enfin le 2e bataillon du 74e, placé en réserve, est disponible.

Le 1er bataillon du 50e, dirigeant un feu nourri sur les assaillants, parvient tout d'abord à les arrêter un instant : mais bientôt débordé de toutes parts, et obéissant d'ailleurs aux ordres du général de Montmarie, il se replie sur le château, où vient le rejoindre le 1er bataillon du 74e. Pendant ce temps, les défenseurs du Schafbusch, vivement attaqué par la 42e brigade qui a réussi à déboucher du sud, sont obligés de reculer. Une partie se barricade dans les bâtiments de la ferme, l'autre parvient à gagner le château. Celui-ci est attaqué à son tour par l'est. Trois compagnies du régiment des grenadiers du roi, entraînées par le major de Kaisenberg, s'élancent et essayent de l'enlever. Mais une fusillade « terrible et bien dirigée, exécutée à petite portée par les Français[1] », leur inflige des pertes effroyables. Presque tous les officiers tombent, et deux porte-drapeaux sont mis successivement hors de combat. « Le major de Kaisenberg saisit les débris de la hampe et continue sa marche, quand trois balles viennent, en même temps, le frapper à mort. Le lieutenant Siamon subit le même sort au moment où il relève le drapeau, qui passe alors aux mains d'un sous-officier... Presque tous les officiers des trois compagnies sont hors de combat, mais ni cette troupe, ni les 5e et 8e compagnies qui, sous les ordres du major Schaumann, cherchaient à tourner la position, ni les autres fractions engagées ne parviennent à s'emparer des bâtiments, à l'abri de tout assaut[2]. »

En vain quelques fantassins résolus ont pu s'introduire dans la cour par la porte sud ; fusillés presque à bout portant et de haut en bas, ils sont obligés de chercher un abri et tentent, sans succès, d'enfoncer les créneaux. En vain une compagnie va-t-elle se poster sur une petite éminence, à l'ouest, pour faire de là des feux plongeants. Rien ne parvient à réduire l'indomptable courage des nôtres, qui luttent avec l'énergie du désespoir, malgré une blessure grave reçue par leur vaillant chef, le commandant Cécile, du 74e. Le général de Kirchbach, commandant le Ve corps, est atteint d'une balle au cou qui l'oblige à remettre le commandement au général-lieutenant de Schmidt; toute la tête de colonne ennemie est hors de combat, et les Prussiens vont être forcés de renoncer à la lutte, quand, enfin, leur artillerie arrive à la rescousse. Trois batteries, amenées avec une peine incroyable et des pertes énormes à 500 mètres du château[3] tirent en brèche sur ses murailles. Quatre autres batteries, profitant de ce

---

1. *La Guerre franco-allemande*, page 192.
2. *Ibid.*
3. Le terrain, accidenté et détrempé par la pluie, ne permettait pas de prendre le trot.

qu'on a pu déloger, en se mettant dix contre un, les quelques hommes que nous avions aux *Trois Peupliers*, s'y établissent et lancent sur le château une pluie d'obus. La position n'est plus tenable; dans ces deux heures de lutte héroïque, nos soldats ont épuisé leurs munitions, et ne peuvent plus espérer de secours de personne. Jugeant que l'honneur est sauf et que toute résistance est désormais impossible, ils mettent bas les armes et se rendent à discrétion. Ils restaient 200 de 1,200 qu'ils étaient le matin et avaient tenu en échec deux divisions prussiennes!

Il était deux heures environ. Obéissant aux ordres du général de Montmarie, que le maréchal de Mac-Mahon, arrivé au col du Pigeonnier, venait de mander auprès de lui, nos batteries, aux trois quarts démontées, se dirigeaient sur Kleeburg, tandis que les débris du 1er tirailleurs marchaient sur Roth. Cependant les quelques hommes barricadés dans la ferme de Schafbusch tenaient encore : les grenadiers du roi se portèrent contre eux, du château du Geissberg. Mais une fusillade nourrie les arrêta net. Profitant de ce moment de répit, les lieutenants-colonels de la Tour-d'Auvergne et Baudoin, qui commandaient au Schafbusch, formèrent deux colonnes avec ce qui leur restait d'hommes, et se dirigèrent, à tout hasard, vers le bois de Bubeneich, s'arrêtant de temps en temps pour saluer d'une volée de coups de fusil les quelques pelotons qui s'étaient, sans grande conviction d'ailleurs, lancés à leur poursuite et qu'appuyaient les feux éloignés d'une batterie placée au Geissberg. Bientôt la petite troupe disparut, tandis que l'ennemi pénétrait dans la ferme, où ne restaient plus, avec des monceaux de morts et de mourants, que quelques hommes oubliés là, et parmi eux une douzaine de réservistes arrivés le matin même à leur corps.

La division Douay n'avait reçu aucune instruction touchant la direction à suivre pour sa retraite; le général de Montmarie n'était pas là, et personne ne connaissait les intentions du commandement. Les lieutenants-colonels de la Tour-d'Auvergne et Baudoin, livrés à leur propre inspiration, se dirigèrent par Soultz sur

Haguenau, où ils arrivèrent à la nuit close, après une marche de 30 kilomètres qui succédait à six heures de combat acharné [1]. Le soir également, le général Pellé, le 1ᵉʳ tirailleurs, la brigade de Septeuil et les 3 batteries atteignaient le col de Pfaffenschlich. Le régiment de tirailleurs était de toute la division le seul qui n'eût pas perdu ses tentes et ses sacs.

Pendant cette mortelle journée, qu'avaient fait les troupes voisines? Dès le matin, comme on l'a vu, le 78ᵉ s'était porté à Climbach, où il avait rejoint le 96ᵉ; au bruit du canon, le colonel de Franchessin fit prendre les armes à ce dernier régiment, mais, n'ayant pas d'ordres, crut devoir rester sur place. Quant au général Ducrot, il avait aussi mis en alerte le 13ᵉ bataillon de chasseurs et le 18ᵉ de ligne campés à Lembach, prescrit à tout son monde de se porter au col du Pigeonnier, et s'était rendu de sa personne à ce dernier point. Arrivé là, au lieu de hâter la marche de ses troupes et de les jeter, coûte que coûte, sur le champ de bataille où 6,000 braves soutenaient si vaillamment une lutte absolument disproportionnée, il s'était arrêté, pour se borner à recueillir les débris de la malheureuse division Douay, et à occuper pendant la nuit, les passages des Vosges. Le maréchal, lui aussi, était arrivé vers une heure au col du Pigeonnier, où il ne donna d'ailleurs aucune instruction nouvelle. Témoin de la défaite de la 2ᵉ division, il jugea qu'en persistant dans la dissémination de ses forces, il marchait à un nouveau désastre, et choisit la fameuse position de Wœrth pour s'y concentrer. Il se rendit donc le soir même à Reichshoffen, d'où il envoya ses ordres de mouvement; puis, il adressa à l'Empereur le compte rendu officiel du combat qui venait de finir, et demanda des renforts, afin, disait-il, de *pouvoir reprendre l'offensive*.

Trois jours après, la note suivante paraissait au *Journal officiel* :

Trois régiments de la division du général Douay et une brigade de cavalerie légère ont été attaqués, à Wissembourg, par des

---

1. *Wissembourg*, page 28.

forces très considérables massées dans les bois qui bordent la Lauter. Ces troupes ont résisté pendant plusieurs heures aux attaques de l'ennemi, puis se sont repliées sur le col du Pigeonnier qui commande la ligne de Bitche. Le général Douay (Abel) a été tué. Un de nos canons, dont les chevaux avaient été tués et l'affût brisé, est tombé au pouvoir de l'ennemi. Le maréchal de Mac-Mahon concentre sur les lieux les forces placées sous son commandement[1].

De son côté, le Prince royal expédiait, le soir du 4 août, le télégramme que voici à son père, encore à Mayence :

Brillante, mais sanglante victoire remportée sous mes yeux ; enlèvement de Wissembourg et du Geissberg, situé en arrière, par des régiments du Ve et du XIe corps prussiens et du IIe corps bavarois. Division française Douay mise en déroute, abandonnant ses tentes. Général Douay tué. Plus de 500 prisonniers non blessés et un canon entre nos mains. De notre côté, le général de Kirchbach légèrement blessé. Fortes pertes au régiment des grenadiers du roi et au 58e.

Signé : FRÉDÉRIC-GUILLAUME, Prince royal.

Ces nouvelles, qui, comme le dit la *Relation allemande*, « firent palpiter d'espérance l'Allemagne tout entière[2] », eurent au contraire en France un douloureux retentissement. Elles dessillaient trop tard les yeux des plus crédules, et montraient combien on s'était leurré sur nos chances de succès, ainsi que sur la formidable puissance numérique des Allemands. La cavalerie française n'avait rien su découvrir ; les renseignements faisaient défaut sur les mouvements de l'adversaire. « Tout manquait : les soldats, les approvisionnements, les munitions, et pas un grand capitaine ne se levait pour suppléer à tout ce qui manquait[3]. »

Rien ne pourrait peindre la stupeur de la population et du gouvernement, quand ils eurent appris ce premier revers, auquel ils s'attendaient si peu. Avec l'impressionnabilité particulière à notre race, on passa sans transmission de l'extrême confiance à l'extrême douleur.

---

1. *Journal officiel* du 9 août 1870.
2. *Relation allemande*, page 135.
3. ALFRED DUQUET, *Fræschwiller, Châlons, Sedan*. Paris, Charpentier, 1880, page 33.

On vit le prestige de nos armes anéanti, la patrie envahie, le commandement réduit à l'impuissance, et confié à des mains incapables de l'exercer. Il était cependant trop tôt encore pour désespérer ainsi, car en admettant même, contrairement à ce que les événements ont prouvé plus tard, que l'armée française fût réellement trop faible pour arrêter l'offensive allemande qui venait de s'affirmer si nettement, il y avait, dans le courage superbe et l'attitude héroïque de nos soldats, amplement matière à la consolation et à l'espoir. Moins de 7,000 hommes avec trois batteries venaient, en effet, de tenir tête un contre dix, pendant près de sept heures, à 70,000 Allemands, appuyés par 144 pièces de canon [1]. Ils avaient, il est vrai, laissé sur le champ de bataille leur général, 89 officiers et 1,521 hommes tués ou blessés, et 700 prisonniers; mais ces pertes, qui atteignaient, sans compter ces derniers, l'énorme proportion de 23 0/0 [2], montraient au contraire avec quelle vigueur et quel courage on s'était défendu. D'ailleurs, celles infligées à l'ennemi (91 officiers et 1,460 hommes) témoignaient de la difficulté qu'il avait rencontrée, et si, eu égard à son énorme supériorité numérique, elles pouvaient lui paraître moins lourdes, ce n'était pas cependant sans qu'il en eût été fortement impressionné. « Les pertes éprouvées par les Allemands, dit M. le colonel Canonge, les avaient tellement étonnés et leur avaient donné une idée si exagérée des forces qui leur avaient résisté, que la retraite de la division put s'effectuer sans être inquiétée [3]. »

Nos soldats avaient donc réussi, par leur seule bravoure, à donner le change à l'ennemi sur leur petit nombre et sur leur manque de cohésion. Moins éparpillée, et mieux utilisée, cette bravoure pouvait donc

---

[1]. Ces chiffres sont implicitement donnés par la *Relation allemande* elle-même, qui cite successivement tous les corps ou fractions de corps engagés le 4 août.

[2]. Les batailles réputées les plus sanglantes du siècle, telles que celles d'Eylau et de la Moskowa, n'ont donné qu'une proportion de 15,8 0/0 pour la première, de 16,1 0/0 pour la seconde.

[3]. Colonel Canonge, *loc. cit.*, page 53.

encore, sinon vaincre, du moins préserver le sol de la patrie de toute nouvelle insulte. On verra par la suite quels prodiges a accomplis l'armée du Rhin pour rester digne de l'auréole de gloire qu'une de ses divisions, frappée d'un malheur immérité, lui avait conquise au prix de son sang.

CHAPITRE II

BATAILLE DE FRŒSCHWILLER

Concentration du 1er corps. — La concentration du 1er corps, exécutée d'après les ordres du maréchal dans la nuit du 4 au 5 et dans la journée du 5, s'opéra sans encombre. La 4e division de cavalerie prussienne, qui, ainsi qu'on l'a vu, avait été, dans la marche sur Wissembourg, laissée en deuxième ligne, n'arriva pas à temps pour l'entraver, et, de l'aveu même des Allemands, l'armée victorieuse perdit, dès le soir du 4 août, tout contact avec les régiments battus. Quatre escadrons de dragons purent seuls se porter, dans l'après-midi du 4, de la ferme du Schafbusch sur Soultz, à la recherche de la division Douay. Reçus à coups de fusil par le 36e, de la division Raoult, qui occupait encore ce dernier village, ils tournèrent bride immédiatement, et vinrent rendre compte que la retraite ne s'effectuait pas de ce côté.

Le mouvement terminé, le 1er corps occupait les positions suivantes :

1re division (Ducrot), entre Neehwiller et Frœschwiller, face à la forêt de Langensulzbach[1].

2e division (Douay) et brigade de cavalerie de Septeuil, derrière Elsasshausen, entre ce village et le Grosser-Wald.

---

1. Le 1er bataillon du 45e, établi à Jœgerthal, devait établir la liaison avec le 5e corps, dont le maréchal escomptait l'arrivée à bref délai,

3ᵉ division (Raoult), sur le plateau entre Frœschwiller et Wœrth.

4ᵉ division (de Lartigue), en avant d'Eberbach, et couronnant les crêtes depuis le saillant N.-E. du Niederwald jusqu'en face du Bruck-Mühle [1].

La division Conseil-Dumesnil (1ʳᵉ division du 7ᵉ corps) appelée de Strasbourg, avait ses deux brigades séparées : la 1ʳᵉ (général Nicolaï) campait à l'ouest et près d'Elsasshausen ; la 2ᵉ (général Maire), à Reichshoffen. L'artillerie de cette division, retardée à Haguenau par l'encombrement de la gare, avait dû rester en arrière, ainsi que le bataillon qui lui était donné comme soutien. Elle ne parut pas sur le champ de bataille du 6 août.

La brigade de grosse cavalerie Michel campait auprès d'Eberbach. La division de Bonnemain (2ᵉ de réserve), mise à la disposition du maréchal et arrivée le 4 de Phalsbourg et Saverne, était établie au sud-ouest de Frœschwiller, entre Reichshoffen et le Grosser-Wald. La brigade de Nansouty avait été fractionnée en cavalerie divisionnaire. Enfin, la réserve d'artillerie avait formé son parc entre les deux brigades de la division Raoult.

Le maréchal de Mac-Mahon était résolu à attendre l'ennemi sur ces positions et à lui livrer bataille, comme le prouve la dépêche suivante, adressée le 5 au général commandant la division militaire de Strasbourg :

> J'ai été obligé de me replier cette nuit sur les positions de Frœschwiller *que je compte défendre ;* mais comme l'ennemi veut couper le chemin de fer entre Haguenau et Reichshoffen, je vous prie de donner l'ordre à l'intendant du 1ᵉʳ corps, *ou à tout autre,* de nous envoyer par un convoi le plus de vivres possibles, *la 1ʳᵉ division n'ayant déjà plus de pain.*

Mais il comptait pouvoir n'accepter la lutte qu'après avoir reçu les renforts qu'il avait demandés à l'Empereur, qui lui avaient été annoncés le 5, et qui consistaient dans le 5ᵉ corps (général de Failly), mis ce même jour sous ses ordres. Le maréchal aurait ainsi

---

[1]. La division de Lartigue avait laissé à Strasbourg le 87ᵉ pour former la garnison de la place.

disposé de trois corps d'armée, dont un, le 7ᵉ, était encore malheureusement si incomplet qu'une seule de ses divisions pouvait répondre à son appel[1].

Mouvements du 5ᵉ corps. — Aussitôt investi du commandement supérieur du 5ᵉ corps, le maréchal de Mac-Mahon invita celui-ci à le rejoindre le plus vite possible. De son côté, le major général avait prescrit au général de Failly de concentrer au plus tôt à Bitche les deux divisions qu'il avait à Sarreguemines et à Gross-Bliedersdorf. Ce mouvement commença le 5 dès le matin, mais par suite de l'ignorance où l'on était des positions de l'ennemi et par crainte d'une attaque imprévue, il s'exécuta avec une extrême lenteur. La division Goze n'atteignit Bitche que le soir; la division de l'Abadie d'Aydren ne dépassa pas Rohrbach. Aussi le général de Failly, recevant vers cinq heures une nouvelle dépêche qui lui prescrivait de faire occuper d'urgence Lemberg, point situé en arrière de la ligne Bitche-Reichshoffen, et nullement exposé pour le moment, répondit-il par cet aveu d'impuissance :

> Je ne peux disposer, en ce moment, que d'un régiment d'infanterie et d'un régiment de cavalerie. Qui dois-je envoyer à Lemberg ?

Un peu plus tard cependant, le général de Failly faisait espérer qu'il enverrait, le lendemain 6, ses trois divisions au maréchal, au fur et à mesure de leur arrivée à Bitche. Puis, à 9 heures du soir, après une reconnaissance infructueuse sur Lemberg, il télégraphiait encore :

> Renseignements pris, j'ai lieu de penser *que ce n'est pas le poste de Lemberg*, gare de chemin de fer au sud de Bitche, *qu'il s'agit d'occuper*. Il n'y a rien d'anormal dans cette direction. *Il doit s'agir de Lembach* à 32 kilomètres est de Bitche. Faites-moi connaître l'effectif des troupes à y envoyer. Demain, *à 10 heures seulement*, je pourrai, par suite du mouvement de concentration qui s'opère sur Bitche, disposer, en cas de départ, de la division

---

1. Par ordre de l'Empereur, deux de ses divisions devaient d'ailleurs rester en Alsace, pour couvrir le haut Rhin. Cette décision avait été prise à la suite de l'apparition de détachements allemands sur la rive droite du fleuve.

de Lespart[1]. La réserve d'artillerie devra-t-elle marcher, ainsi que le convoi auxiliaire ? Il est impossible à la division de Lespart de faire 33 kilomètres dans la journée, *si elle doit marcher militairement*. Je viens d'en faire deux fois l'expérience.

Cependant les appels du maréchal continuaient, plus impérieux et plus pressants :

Venez à Reichshoffen, télégraphiait-il à 8 heures 10 du soir[2], *avec tout votre corps d'armée, le plus tôt possible*. Nous manquons de vivres, et si vous avez à Bitche des approvisionnements, formez un convoi spécial de vivres de toute nature, que vous mettrez au chemin de fer et qui arrivera cette nuit. Vos troupes viendront par la grande route et j'espère que vous me rallierez dans la journée de demain. Accusez réception.

Mais le général de Failly, malgré tout son désir de donner satisfaction à cette instante prière, était forcé de répondre, dans la nuit :

Je ne puis disposer que d'une division, je la réunis et la dirige sur Reichshoffen. Il est possible qu'elle soit obligée de s'arrêter à Niederbronn ; je vous envoie, *faute d'approvisionnements*, la réserve de la 3e division par le chemin de fer; *elle partira seulement demain*. Je donne des ordres pour former un second convoi. Blesbrücken est occupé par l'ennemi. Le télégraphe de Sarreguemines est coupé[3].

La division Guyot de Lespart partit, en effet, de Bitche un peu avant six heures du matin, le 6, pour se diriger sur Niederbronn et de là sur Reichshoffen. A peine était-elle en route, que les sourds grondements du canon de Frœschwiller, répercutés par les échos des Vosges, se firent entendre à Bitche, où se trouvait le général de Failly. Celui-ci « partit au petit galop, rejoignit le général Guyot de Lespart et dit à son vieux camarade : — Tu entends le canon ; communique toujours avec le maréchal, ne te laisse pas surprendre dans les défilés de la route, éclaire-toi sérieusement, et cependant marche le plus vite possible. Quant à moi, *je vais attendre les ordres qui vont sans doute me*

---

1. Cette division était à Bitche (voir pièce n° 6).
2. Dépêche arrivée à Bitche à 11 heures du soir.
3. *Opérations et marches du 5e corps*, par le général de Failly, passim. — *Historique du 5e corps*, par le colonel Clémeur.

parvenir[1] ». Ces ordres arrivèrent enfin ; ils émanaient à la fois du grand quartier général et du maréchal de Mac-Mahon, et leur divergence eut pour résultat d'augmenter encore la perplexité du commandant du 5ᵉ corps. Le major général télégraphiait à 2 h. 20 du soir :

> Le chemin de fer est coupé entre Sarreguemines et Bitche. C'est à Strasbourg que les troupes d'Alsace doivent se réapprovisionner. *Le général Frossard et le maréchal Bazaine sont attaqués.* Tenez-vous sur vos gardes.

Vers trois heures, le commandant du génie Moll apportait une lettre, écrite par le maréchal à 5 h. 1/2 du matin, et qui prescrivait au 5ᵉ corps d'envoyer une division coucher le soir à Philippsbourg, d'entrer à Lemberg avec une brigade et de se préparer à combattre, *le lendemain 7*, de concert avec le 1ᵉʳ corps[2].

En conséquence, la division Goze fut dirigée sur Philippsbourg, et la brigade de Maussion (2ᵉ de la 2ᵉ division) sur Lemberg, avec la réserve d'artillerie. La brigade Lapasset (1ʳᵉ de cette même division) fut maintenue à Sarreguemines pour y garder le convoi jusqu'à ce que des troupes du 3ᵉ corps vinssent la relever ; mais elle dut, malgré l'arrivée de celles-ci, rester sur place. Une forte reconnaissance allemande, composée de 2 bataillons, 3 régiments de cavalerie et une batterie s'était, en effet, montrée le 6 au matin sur la route de Bitche, et le général Montaudon, qui venait remplacer la brigade Lapasset, ne jugea pas prudent de laisser partir cette brigade qui, coupée le lendemain de son corps d'armée, ne put jamais le rejoindre; et fut, quelques jours après, rattachée au 3ᵉ corps avec le 3ᵉ lanciers qui l'accompagnait.

En outre, la jonction des 5ᵉ et 1ᵉʳ corps sembla désormais irréalisable au général de Failly, tiraillé entre le désir de se rendre aux appels du maréchal, et la nécessité de ne pas laisser découvertes les routes de Pirmasens et de Deux-Ponts, par lesquelles arrivaient

---

1. A. Duquet, *Frœschwiller, Châlons, Sedan*, page 98.
2. Voir la pièce n° 7.

des masses épaisses, dont l'approche était signalée de partout. Menacé sur son front, appelé à droite par son chef direct, à gauche par les instructions du major général, le malheureux commandant du 5ᵉ corps flottait dans une indécision d'autant plus pénible que le maréchal, bien que relié à lui par le télégraphe, ne donnait plus signe de vie.

> Tous les avis arrivés de la veille et pendant la nuit, a écrit le général de Failly, avaient signalé la présence de l'ennemi du côté de Rohrbach, de Volmünster et au nord de Bitche, par la route de Deux-Ponts et de Pirmasens. Pour rester en communication, autant que possible, avec le 2ᵉ corps, ainsi qu'il en avait reçu l'ordre formel, le général de Failly, tout en cherchant à se conformer aux instructions du maréchal de Mac-Mahon, croyait qu'il était de son devoir de rester maître de Bitche où il s'attendait à être attaqué d'un moment à l'autre, et aussi d'attendre l'arrivée de la division de l'Abadie et de l'artillerie de réserve qu'il ne pouvait abandonner. Il prit donc ses mesures en conséquence, en ne conservant en position que le strict nécessaire, une division, la 1ʳᵉ. Il envoya l'autre, la 3ᵉ, au maréchal. La 2ᵉ (de l'Abadie) était encore répartie entre Sarreguemines et Rohrbach. Le général crut donc avoir agi pour le mieux, et s'être scrupuleusement conformé à ce que lui dictaient les circonstances, qu'il pouvait seul apprécier à ce moment. Car, d'un côté, il venait en aide au maréchal autant qu'il le pouvait, et de l'autre il sauvegardait l'existence de ses propres troupes. Si, du reste, il n'envoyait pas, par impossibilité, au maréchal tout ce qu'il avait en ce moment sous la main, la dépêche télégraphique qu'il venait de recevoir de lui, à 5 h. 1/2 du matin, ne devait pas lui faire supposer que le maréchal eût un besoin immédiat de tout le 5ᵉ corps. Cette croyance fut encore confirmée dans la journée par la lettre du maréchal, écrite à la même heure, mais qui, apportée par le commandant du génie Moll, n'arriva à Bitche que vers 3 heures de l'après-midi[1].

De fait, le 5ᵉ corps ne parut point sur le champ de bataille de Frœschwiller; la division Guyot de Lespart arriva seulement pour protéger la retraite, en sorte que le maréchal de Mac-Mahon, qui espérait avoir dans la main trois corps d'armée, se trouva réduit à ses propres forces, augmentées d'une seule division du 7ᵉ corps (Conseil-Dumesnil). Le général de Failly, violemment pris à partie par certains historiens de la guerre, a été rendu

---

1. *Historique du 5ᵉ corps.*

responsable, pour sa part, de cette situation critique : l'opinion publique, égarée par la déplorable affaire de Beaumont, survenue moins d'un mois après, et due, cette fois, à son incurie, s'est montrée particulièrement sévère à son égard. Les documents que nous venons de citer prouvent qu'elle a été injuste et que l'isolement funeste où a été laissé, le 6 août, le 1ᵉʳ corps, tient à d'autres causes. Une direction hésitante, un commandement double, s'exerçant à la fois de Metz et de Reichshoffen, une ignorance générale et absolue des mouvements de l'ennemi, voilà qui suffit à expliquer l'incertitude des manœuvres, la multiplicité des ordres et l'obscurité des vues. Si la cavalerie, au lieu de se traîner à la queue des colonnes, avait hardiment exploré le pays, à une ou deux journées de marche en avant de la frontière, la force et la direction de l'ennemi eussent cessé d'être un secret impénétrable, et les dispositions des troupes, au lieu d'être prises à l'aveugle, seraient devenues raisonnées. Si, d'autre part, le maréchal de Mac-Mahon avait commandé effectivement l'armée d'Alsace, au lieu d'en être seulement le chef temporaire et dépendant[1], ses ordres s'en seraient probablement trouvés plus fermes et plus nets, et n'auraient pas, en tout cas, été contrecarrés par des instructions venues d'ailleurs, comme celles auxquelles le commandant du 5ᵉ corps s'est vu obligé de déférer. Éclairé sur la force de ses adversaires et maître de ses mouvements, le maréchal se fût concentré dès le 5, ainsi qu'il a cherché à le faire le 6, et aurait alors livré bataille à armes à peu près égales. L'Alsace eût été couverte, très probablement conservée, et le désastre de Frœschwiller,

---

1. L'Empereur, en scindant le 5 août l'armée du Rhin en deux groupes, confiés l'un au maréchal de Mac-Mahon (1ᵉʳ, 5ᵉ et 7ᵉ corps), l'autre au maréchal Bazaine (2ᵉ, 3ᵉ et 4ᵉ corps), n'avait donné à cette mesure qu'un caractère transitoire et limité. Aucun de ces deux groupes ne fut doté d'un état-major spécial, les deux maréchaux conservèrent le commandement de leur corps d'armée, et ne durent exercer leur autorité supérieure que « *pour les opérations militaires seulement* », sans recevoir d'instructions de principe. Enfin, l'Empereur se réserva le commandement direct de la Garde et des réserves. Les deux maréchaux se trouvaient, de fait, réduits au rôle d'agents de transmission.

qui a pesé d'un poids si lourd sur le reste de la campagne, certainement évité. Tant l'oubli des règles imprescriptibles de la guerre laisse le champ libre à toutes les surprises et à toutes les déceptions.

Quoi qu'il en soit, la lettre écrite par le maréchal au général de Failly prouve que, le 6 au matin, il ne comptait plus sur la totalité du 5ᵉ corps, mais seulement sur la division Guyot de Lespart dont le départ pour Niederbronn lui avait été annoncé. Il se croyait encore en état, avec son aide, de reprendre l'offensive le 7, et de tomber sur le flanc de l'ennemi, si celui-ci se dirigeait vers Strasbourg ; si, au contraire, le Prince royal faisait mine de descendre vers la Sarre pour y rejoindre la IIᵉ armée, alors, comme il l'écrivait au commandant du 5ᵉ corps, il espérait pouvoir l'envelopper vers Ober-Steinbach. Erreur bien explicable si l'on réfléchit que toute sa cavalerie, au lieu de surveiller l'ennemi, se portait ce jour-là, en colonnes de route, sur la position de Frœschwiller, et que seuls deux escadrons du 6ᵉ lanciers, envoyés en reconnaissance vers la forêt de Haguenau, signalaient d'épais rassemblements de troupes au nord de cette forêt, mais sans pouvoir toutefois recueillir aucun indice sur leurs projets du lendemain.

Mouvements de la IIIᵉ armée allemande. — Du côté des Allemands, on n'était, il faut bien le dire, pas plus au courant des nôtres. Le contact avec la division Douay avait été, nous l'avons vu, perdu après Wissembourg, et on en était réduit aux suppositions. Le Prince royal ne voulut pas rester plus longtemps dans l'incertitude et lança sa cavalerie en avant pour se renseigner.

La 4ᵉ division de cavalerie se mit donc en marche dès cinq heures du matin, le 5. Elle devait s'avancer sur la route de Haguenau pour rechercher l'adversaire *et surtout pour éclairer le pays* : un régiment était dirigé d'abord sur Soultz, que l'on savait occupé[1], et

---

[1]. On savait Soultz occupé grâce à la reconnaissance qui, le 4 au soir, s'était heurtée à des troupes de la division Raoult.

devait marcher ensuite sur Wœrth, en éclairant le pays jusqu'à Reichshoffen. Quant aux différents corps d'armée, ils étaient dirigés vers Strasbourg, protégés sur le flanc droit par le II⁰ corps bavarois et gardant comme réserve le I⁰ʳ corps bavarois. Ordre était donné de détruire les voies ferrées aboutissant à Haguenau et à Reichshoffen.

La journée ne se passa pas sans que nos campements, qu'aucun avant-poste ne couvrait, eussent été découverts par les éclaireurs de la 4ᵉ division : repoussés de Haguenau, où ils ne purent pénétrer, ceux-ci remarquèrent cependant les mouvements de troupes qui s'exécutaient de ce point dans la direction de Wœrth. Cependant, vers onze heures, un escadron de uhlans franchit la Sauer à Gunstett, chargea des lanciers français, mais dut se replier devant une salve de mousqueterie qui lui avait tué 1 homme et abattu 8 chevaux. En même temps, deux escadrons de hussards allaient patrouiller jusqu'à Wœrth et en rapportaient des renseignements précieux. Enfin, les corps d'armée eux-mêmes retrouvaient les traces de la division battue à Wissembourg et pouvaient les suivre jusqu'à ses positions de la Sauer. L'état-major allemand était désormais fixé : il savait que l'armée française avait pris position sur la rive droite de cette rivière et il était à même de baser ses combinaisons sur une certitude.

Le Prince royal décida donc que ses corps d'armée, au lieu de continuer à marcher vers le sud, feraient immédiatement face à l'ouest, et que le Iᵉʳ corps bavarois et le corps wurtembergeois-badois (Werder), encore un peu loin en arrière, seraient rappelés plus près. Le prince comptait donner à ses troupes la journée du 6 pour se reposer, mais il voulait qu'elles fussent assez rapprochées de l'armée de Mac-Mahon pour la tenir en arrêt et l'empêcher de se dérober vers l'ouest, si, reconnaissant trop tard son infériorité numérique, celle-ci tentait d'esquiver le combat. Il donna, en conséquence, le 5, dans l'après-midi, l'ordre à son armée d'exécuter, le lendemain matin, un changement de front, tout en demeurant concentrée autour de Soultz.

Le 1er corps, bivouaqué à Preuschdorf, y restait ; le IIe bavarois, arrivé à Lembach, y restait également.

Le XIe corps, conversant à droite, devait se porter de Soultz sur Hœlschlack, lancer ses avant-postes vers la Sauer, occuper Surbourg et garder la route de Haguenau.

Le 1er corps bavarois devait se porter de Lembach à Lobsann et Lampertsloch, poussant ses avant-postes à travers le Hochwald, vers la Sauer.

La 4e division de cavalerie restait dans ses bivouacs, mais faisait face à l'ouest.

Le corps Werder allait occuper Reimerswiller, face au sud.

Pour pouvoir prévenir si l'adversaire se dérobait, le IIe corps bavarois recevait la mission d'observer la route de Bitche et les environs de Langensulzbach ; il devait en outre, au cas où le Ve corps, le plus rapproché de nous, serait assailli brusquement, lancer immédiatement une de ses divisions sur Langelsulzbach, afin de prendre en flanc notre attaque.

Enfin, le VIe corps, arrivé le matin à Landau, recevait l'ordre de porter une de ses divisions dans la direction de Bitche et de Pirmasens, en faisant occuper Wissembourg par deux bataillons. On protégeait ainsi le flanc droit du IIe corps bavarois.

Ces deux dernières dispositions n'étaient pas inutiles, car le IIe corps bavarois, laissé, contrairement aux habitudes allemandes, passablement en l'air à Lembach, eût couru de gros risques si le 5e corps et la droite du 1er s'étaient jetés sur lui à la fois. Malheureusement, le général de Failly, tout à ses préoccupations et à ses incertitudes, ne pouvait pas songer à l'attaquer, même s'il eût connu sa position aventurée. Quant au maréchal, il attendait toujours l'arrivée de la division Guyot de Lespart pour livrer bataille, et ne comptait prendre l'offensive que le 7. Pour lui comme pour le Prince royal, cette journée du 6, qui vit répandre tant de sang, devait être consacrée au repos, et sa pensée, tout entière aux projets du lendemain, ne se portait pas au delà des dispositions préparatoires qu'il avait cru devoir prescrire en vue d'un mouvement offensif.

Position de Frœschwiller. — Il est temps maintenant de décrire avec quelque détail cette position célèbre que le maréchal avait choisie, sur la foi des auteurs, pour y attendre, en toute sécurité, du moins le pensait-il, des renforts qui ne lui arrivèrent pas. Elle s'étendait sur une longueur de 7 kilomètres en ligne droite, du village de Nechwiller au village de Morsbronn, et était assise sur un plateau couvert de vignes et de bois, que projettent les Vosges entre les deux petites rivières de l'Eberbach et de la Sauer. Ce dernier cours d'eau, qui la couvrait à l'est, est difficilement franchissable autrement que sur les ponts, et bordé, sur une largeur moyenne de 800 mètres, par des prairies qui, « forçant l'assaillant à s'avancer à découvert, permettaient à l'infanterie française de tirer tout le parti possible de la supériorité de son armement[1]. » Au centre, le gros village de Wœrth et, plus au sud, ceux de Spachbach et de Gunstett étaient les seuls points de passage de la rivière, et celle-ci une fois franchie, il fallait, pour aborder l'armée française, gravir des pentes raides, montant jusqu'à 60 ou 80 mètres d'élévation, et couvertes de houblonnières, de vignes, d'arbres et de vergers. Au haut des pentes, le plateau s'étale vers l'ouest, coupé çà et là par des bois et des taillis profonds. C'est d'abord le *Niederwald*, descendant à l'est jusqu'à la route de Haguenau, à l'ouest jusqu'au cours de l'Eberbach, et détachant vers Elsasshausen un bouquet d'arbres dit le *Petit-Bois*. Puis, au nord-est de Frœschwiller, le bois du même nom et la *forêt de Langensulzbach* couvraient de leur masse sombre l'aile gauche du Ier corps, masquant ainsi les approches des Bavarois. Enfin, à l'ouest, sur le revers du plateau, le *Grosser-Wald* étendait ses futaies majestueuses sur une longueur presque égale à celle du champ de bataille et bordait les deux côtés de la route de Reichshoffen à Frœschwiller, clef de toute la position.

---

1. *La Guerre franco-allemande*, page 216.

Les sommets occupés (par nos troupes) étaient à 2,700 mètres environ des crêtes de la rive gauche, par conséquent à bonne distance pour être balayés par l'artillerie prussienne, tandis que nos pièces, d'une portée moindre, ne pouvaient riposter que faiblement. Le front était couvert par la Sauer. Mais, pour tirer parti de la protection qu'offrait ce cours d'eau, il eût fallu détruire les ponts, commander les points de passage et préparer des tirs efficaces contre les abris qui se trouvaient sur les abords ; les croupes de la rive droite qui dominaient les débouchés de Gunstett, Spachbach et Wœrth auraient dû être organisées défensivement. Enfin les flancs de la position étaient en l'air. Le flanc gauche pouvait être tourné par les bois, ce qui diminuait la force du point de Neehwiller. Le flanc droit n'avait d'autre appui que le village de Morsbronn, dominé à l'ouest par le dernier mamelon des hauteurs de Frœschwiller. Il aurait donc été avantageux de couronner ce mamelon par un ouvrage et d'occuper le village de Forstheim, qui commandait le vallon d'Eberbach, par lequel nos troupes pouvaient être tournées. Il aurait été utile de compléter ces dispositions par l'envoi, sur la droite, d'un fort détachement de cavalerie, soutenu par une ou deux batteries, relié au besoin par de l'infanterie et chargé de manœuvrer sur le flanc des colonnes ennemies en surveillant leurs mouvements. Enfin, le corps Mac-Mahon, en position sur les hauteurs, n'avait pas de postes avancés sur la rive opposée et ne pouvait disposer que de réserves insuffisantes. Pour adopter d'autres dispositions, il lui aurait fallu un effectif plus élevé, une artillerie plus puissante, une cavalerie plus mobile, de meilleurs renseignements et plus de temps pour se préparer à la lutte[1].

Débuts de l'action. — La situation du 1er corps n'était donc rien moins que rassurante, et le maréchal s'illusionnait étrangement non seulement sur la force et les projets de l'ennemi, mais encore sur sa propre sécurité. Il espérait cependant toujours voir déboucher sur sa gauche, sinon tout le 5e corps, au moins une de ses divisions, et parer ainsi au manque de réserves, car son armée de 35,000 hommes à peine, déployée sur deux lignes, n'en avait pour ainsi dire point[2]. Le 6, vers six heures du matin, il s'entretenait de ses projets

1. Général DERRÉCAGAIX, *loc. cit.*, tome II, page 182.
2. Le maréchal ne disposait, en effet, comme dernière ressource, que de la division Pellé (ancienne division Douay), désorganisée à Wissembourg, et de la division Conseil-Dumesnil, privée d'artillerie et fatiguée par une marche pénible. Ces troupes étaient d'ailleurs si rapprochées du champ de bataille, qu'elles devaient fatalement être entraînées dans l'action presque dès le début, en sorte qu'au moment critique, le maréchal ne put pas disposer d'un seul bataillon.

avec le général Ducrot, quand tout à coup le canon retentit sur le front de la division Raoult.

Le temps était superbe ; le soleil, se montrant enfin, après deux jours de pluie torrentielle, réchauffait nos soldats fatigués par les allées et venues des jours précédents, et leur permettait de sécher leurs vêtements transpercés. Sur les prairies, sur les vignes s'étendaient des capotes grises, des vestes bleues de tirailleurs, des habits de lanciers et d'artilleurs. Les hommes s'étaient éparpillés, toujours insouciants et gais, et personne ne soupçonnait un danger immédiat, quand d'un bout à l'autre de la ligne des bivouacs retentit l'appel aux armes. Il fallut une heure entière pour que tous les régiments, réunis et formés, eussent gagné leur poste de combat. Mais, à ce moment, le parti prussien qui avait donné l'alarme se retirait déjà sur les hauteurs de Dieffenbach. C'était une reconnaissance que le général-major Walter de Montbary, commandant de la 20e brigade (Ve corps), avait lancée sur nous, parce que, dès quatre heures du matin, inspectant en personne les postes de la Sauer, il avait cru remarquer dans notre camp un bruit et des mouvements significatifs de départ. La division Raoult, postée en face de Wœrth, l'avait accueillie à coups de fusil et à coups de canon, et le général Walter, désormais fixé sur la présence de nos forces, donnait à ses soldats, vers huit heures et demie, l'ordre de se replier.

Tandis que cette escarmouche se produisait à Wœrth, un autre engagement avait lieu aussi à Gunstett, mais semblait n'être que la continuation de la fusillade entretenue pendant la nuit entre les avant-postes : nos canonniers cependant se mettaient bientôt de la partie, bombardaient Gunstett et le *Bruck-Mühle*, où s'étaient montrées des troupes ennemies, et incendiaient ce dernier point[1]. Mais là, pas plus qu'à Wœrth, on ne songeait à une véritable affaire, et l'action se transformait, au bout de très peu de temps, en une série de tirailleries.

1. Le pont du Bruck-Mühle, que le génie français n'avait pu faire sauter, *faute de poudre*, était occupé par les Prussiens.

Attaque de la division Ducrot par le IIe corps bavarois. — Tout cela n'était guère sérieux et ne faisait nullement présager une grande bataille, quand brusquement la canonnade, plus nourrie cette fois, retentit de nouveau à l'aile gauche de la ligne française, et la division Ducrot tout entière entra en action.

On se rappelle que le IIe corps bavarois avait l'ordre d'envoyer sur Wœrth une de ses divisions, si le Ve corps était attaqué : pour être mieux en mesure de remplir ses instructions, le général de Hartmann avait, dès l'aube, fait avancer, sur la route de Langensulzbach, la 4e division bavaroise. Celle-ci occupa le village sans coup férir, et vers 8 heures et demie, entendant le canon de Gunstett, elle continuait à marcher sur Frœschwiller, quand elle fut aperçue par les troupes de notre aile gauche. Aussitôt le général Ducrot fit déployer le 1er zouaves vis-à-vis la lisière de la forêt de Langensulzbach, et prolongea sa ligne jusqu'à Neehwiller, avec des compagnies du 45e et du 96e. L'artillerie se mit en batterie entre les deux bois de Frœschwiller et de Langensulzbach, et ouvrit sur les Bavarois un feu violent. L'ennemi dut s'arrêter à la lisière du bois ; mais, bientôt renforcé, il s'élança dans le vallon et attaqua le bois de Frœschwiller, où il réussit même un instant à pénétrer. De notre côté, le 2e tirailleurs et le 36e de ligne s'étaient engagés à leur tour. En vain les Bavarois amenèrent de l'artillerie pour les contre-battre : une batterie, arrivée au grand trot, ne parvint même pas à se déployer et dut précipitamment battre en retraite, sous la protection d'autres pièces, placées plus en arrière. Exposé à une fusillade terrible, criblé d'obus, l'ennemi recula définitivement et regagna les fourrés, tandis que ses batteries devenues plus prudentes, se bornaient à canonner nos réserves, qu'elles apercevaient au loin dans Frœschwiller. Vers 10 heures et demie, ce combat stérile s'éteignait de lui-même ; il nous coûtait 600 hommes, dont les commandants Marion, du 1er zouaves, Jodosius, du 2e tirailleurs, frappés à mort, et le commandant Prouvost, du 36e, grièvement blessé. La perte des Bavarois était sensiblement égale.

Sur ces entrefaites, le général de Hartmann recevait l'ordre verbal, communiqué par un officier d'ordonnance du Prince royal, de faire cesser la lutte. Il s'occupa donc de rallier en arrière toutes les troupes qui venaient d'être engagées, et renvoya même ses batteries à Lembach. Mais, entendant aussitôt le canon qui retentissait de nouveau avec une violence extrême à sa gauche, et sollicité aussi par le général de Kirchbach, commandant le V⁰ corps, dont la position devenait critique de ce côté, il prit le parti d'arrêter son mouvement rétrograde et de se remettre en action. Voici en effet, ce qui s'était passé.

Le V⁰ corps engage la bataille (8 h. 1/2). — Au moment où la reconnaissance offensive dont il a été question plus haut se repliait en arrière de Wœrth, le colonel von der Esch, chef d'état-major du V⁰ corps, accouru sur la ligne avancée, signalait au général de Schmidt, commandant la 10⁰ division, ce qui se passait à la fois à Langensulzbach et à Gunstett, et insistait sur l'opportunité de reprendre le combat devant Wœrth, afin d'empêcher l'adversaire de porter peut-être toutes ses forces contre l'une des ailes de l'armée allemande[1]. Le général de Schmidt, et un peu plus tard le général de Kirchbach, resté, malgré sa blessure de l'avant-veille, à la tête du V⁰ corps, se rangeaient à cet avis et donnaient l'ordre à toute l'artillerie du V⁰ corps de prendre position sur les hauteurs situées à l'est de Wœrth. Peu d'instants après, les batteries de la 21⁰ division prussienne, devançant le XI⁰ corps, venaient au galop prolonger vers Gunstett la ligne déjà établie, et cette masse formidable de 108 pièces de canon ouvrait le feu, à une distance variant de 1,800 à 3,000 mètres, contre les quatre batteries des divisions Raoult et de Lartigue, soutenues par quatre batteries de la réserve générale, en tout 48 canons. Cette lutte était trop disproportionnée pour se prolonger longtemps, d'autant plus que nos projectiles n'atteignaient pas tous les batteries allemandes, et que la plupart d'entre eux n'éclataient

---

1. *La Guerre franco-allemande*, page 226.

pas¹. Bientôt il fallut emmener les mitrailleuses trop exposées, et d'une efficacité à peu près nulle, à cette distance, contre l'artillerie; peu après, ce fut le tour des batteries de la réserve générale, en sorte que les quatre batteries divisionnaires restèrent seules pour répondre au feu d'enfer des Allemands.

Cependant, la tête de la 21ᵉ division apparaissait déjà hors de la lisière du bois de Gunstett, tandis que la 20ᵉ brigade (Vᵉ corps) se déployait en avant des batteries, le long de la Sauer, entre Spachbach et Wœrth, débordant légèrement au nord ce dernier village. Notre artillerie, changeant immédiatement d'objectifs, dirigea son feu sur la 21ᵉ division, et l'obligea à se fractionner, pour diminuer ses pertes; les troupes de la 42ᵉ brigade marchèrent sur Spachbach, la 41ᵉ se porta sur le Bruck-Mühle, où se trouvait le 1ᵉʳ bataillon de chasseurs français, qui avait, une heure avant, chassé de ce point les avant-postes ennemis. Profitant de sa supériorité numérique, qu'augmentait encore la présence de quelques compagnies d'avant-postes, la 41ᵉ brigade se rua sur ce brave bataillon, qui, malgré sa faiblesse, ne recula pas d'un mètre, soutenant à lui tout seul ce combat inégal où tombèrent, glorieusement frappés, son chef, le commandant Bureau, et deux capitaines. Mais il ne pouvait pas prolonger indéfiniment cette résistance héroïque : bientôt débordé, il dut céder la place, et l'ennemi franchit immédiatement la Sauer. Le général Lacretelle, voyant le danger, réunit à la hâte un bataillon et demi du 3ᵉ tirailleurs et deux bataillons du 56ᵉ, auxquels vinrent se rallier les débris du 1ᵉʳ bataillon de chasseurs. A la tête de cette petite troupe, dont la force n'atteignait pas la moitié de l'effectif de ses adversaires, le colonel Gandil, du 3ᵉ tirailleurs se porta à l'ennemi, l'attaqua résolument et parvint, en dépit des projectiles dont l'artillerie placée sur le mamelon qui s'étend au nord-ouest de Gunstett criblait sa mince colonne, à le rejeter sur la rive gauche de la Sauer. Puis il posta ses compagnies le long de la route de

---

1. *La Guerre franco-allemande*, page 227.

Wœrth à Haguenau, et, par des feux de tirailleurs bien dirigés, tint la 41ᵉ brigade en respect. Pendant ce temps, deux bataillons et demi de la 42ᵉ brigade avaient franchi la rivière à Spachbach qui n'était pas occupé, et s'étaient portés sur le Niederwald. Repoussant facilement une compagnie du 3ᵉ zouaves, de grand'garde à la lisière, et le 2ᵉ bataillon de ce même régiment que son chef, le commandant Parisot, amenait à son secours, ils s'avançaient déjà à travers les futaies, quand le colonel Bocher, appelant à son aide les deux autres bataillons de son régiment et le 2ᵉ bataillon du 56ᵉ, se porta contre eux, les bouscula et les rejeta en désordre jusqu'à Spachbach, non cependant sans avoir subi des pertes regrettables, telles que celle du lieutenant-colonel Deshorties et du commandant Parisot.

Première attaque des hauteurs d'Elsasshausen. — Ainsi, les tentatives de l'ennemi étaient partout repoussées : nous restions maîtres de la rive droite, et si notre artillerie, trop inférieure en nombre et en qualité, se trouvait presque réduite au silence, notre infanterie demeurait intacte et ferme dans ses positions. Il était dix heures et demie ; le Prince royal n'avait pas bougé de Soultz, et s'il était informé déjà de ce qui se passait devant Wœrth, il ignorait complètement et l'intervention du IIᵉ corps bavarois, et l'échec que ce corps venait, précisément à la même heure, de subir à Langensulzbach.

Le général de Kirchbach, qui avait si imprudemment engagé la bataille, craignit probablement d'être blâmé, si elle se terminait ainsi par un insuccès. Voyant justement le reste du XIᵉ corps s'approcher de Gunstett, comptant d'autre part sur la supériorité constatée de son artillerie, il pensa que l'heure était propice pour tenter un vigoureux effort, et ordonna à la 20ᵉ brigade d'enlever Wœrth et les hauteurs d'Elsasshausen. Aussitôt un bataillon de fusiliers occupe Wœrth, où nous n'avions personne. Improvisant une passerelle avec des planches et des perches à houblon, il lance deux compagnies sur la rive droite, tandis que les deux autres traversent la rivière à gué, les hommes dans l'eau jusqu'à la poitrine ; puis il se groupe dans les maisons à l'ouest du village. Mais, en avant de Frœschwiller, nos régiments s'étaient déployés. Le 2ᵉ zouaves, commandé par le héros du Borrego, colonel Détrie[1], s'étendait entre les deux routes qui, partant de Wœrth, aboutissent, l'une à Frœschwiller, l'autre à Elsasshausen. A sa gauche, le 3ᵉ bataillon du 36ᵉ (commandant Laman), le 48ᵉ de ligne (colonel Rogier) et le 2ᵉ tirailleurs (colonel Suzzoni) étaient déployés jusqu'au bois de Frœschwiller, occupé par ce dernier régiment et les deux premiers bataillons du 36ᵉ (colonel Krien). A sa droite, le 1ᵉʳ bataillon du 20ᵉ (de la division Conseil-Dumesnil) était formé en bataille en avant du *Petit-Bois*. Enfin le 3ᵉ de ligne (colonel Champion) et le 17ᵉ bataillon de chasseurs (commandant Merchier), tous deux de cette même division, formaient réserve, à l'ouest d'Elsasshausen.

Les Prussiens, embusqués dans les maisons de Wœrth et grossis par des renforts incessants, commencèrent par diriger sur ces troupes un feu de mousqueterie des plus violents. Comme, dans le même moment, le 78ᵉ de ligne (de la division Douay) accourait renforcer notre ligne et recevait coup sur coup une série de projectiles qui produisaient dans ses rangs quelques flottements, l'ennemi crut l'occasion favorable et se lança avec beaucoup de hardiesse à l'assaut des hauteurs. Le 2ᵉ zouaves l'arrêta net, mais ne put empêcher les compagnies prussiennes, abritées dans les vergers, de recommencer leur feu meurtrier. Le 2ᵉ zouaves alors, au signal de la charge et aux cris répétés de « En avant ! », se jeta sur elles à la baïonnette, les bouscula et les rejeta dans Wœrth, pêle-mêle avec une colonne de renfort qui leur arrivait à ce moment, et qui ne put même pas les recueillir.

[1]. Le 13 juin 1862, le capitaine Détrie, à la tête de 150 hommes du 99ᵉ de ligne, avait escaladé, par une nuit obscure, les pentes abruptes du Cerro-Borrego, enfoncé et culbuté 300 Mexicains qui s'étaient installés sur la crête, pris un drapeau, deux fanions, trois obusiers, 200 prisonniers, tué ou blessé 200 hommes, et sauvé d'un désastre la garnison française d'Orizaba. Le capitaine Détrie, qui n'avait pas un mois de grade, fut promu chef de bataillon. Il est devenu général de division.

L'offensive des Allemands était donc partout brisée ; renouvelée partiellement encore à deux ou trois reprises, elle ne fut pas plus heureuse, et sur toute l'étendue de son front, l'ennemi dut, pour le moment, se borner à garder la route de Wœrth à Haguenau, et à entretenir une fusillade nourrie avec nos fantassins, que l'artillerie était malheureusement hors d'état de soutenir. Entraîné par son élan, le 2º zouaves tenta même de prendre Wœrth à son tour, et parvint à en occuper quelques maisons ; en dépit d'une bravoure superbe, qui se traduisit par des pertes sanglantes, il dut bientôt les abandonner, et reprendre ses positions vis-à-vis du village[1].

En définitive, vers midi, le général de Kirchbach n'était rien moins que victorieux, et ses troupes se fussent trouvées fort aventurées, si le 1ᵉʳ corps, profitant de ses succès partiels, et de l'éloignement des autres corps prussiens, avait été tout entier lancé à l'attaque, dans un vigoureux mouvement offensif. L'idée persistante du maréchal était malheureusement d'attendre des renforts pour livrer bataille, et il ne songeait, pour le moment, qu'à garder ses positions. Cependant, la situation de l'ennemi devenait des plus précaires :

Battues par un feu terrible, les troupes prussiennes ne se maintenaient qu'avec peine contre les énergiques et incessantes attaques de l'ennemi. Entre temps, celui-ci avait mis à profit, pour s'y établir solidement, les murs et les haies, les fermes et les plantations qui couvraient la pente et lui ménageaient partout d'excellentes occasions d'assaillir à l'improviste l'infanterie prussienne, aussitôt qu'elle tentait de se reporter en avant, et de la couvrir alors d'une grêle de balles. Sur aucun point, on ne parvenait à s'avancer au delà de Wœrth ; on payait par des pertes nombreuses chacune de ces inutiles tentatives et surtout les retraites qui les suivaient. C'est ainsi que le major de Sydow, groupant toutes les fractions du régiment de fusiliers encore en état de combattre, avait débouché de Wœrth et abordé de nouveau la pente ; mais, après quelques centaines de pas, un retour des Français le rejette encore

---

1. Tout ceci prouve combien l'occupation et la prise de possession préalables des débouchés de la Sauer auraient été précieuses pour nous, et ce qu'il en aurait coûté à l'adversaire pour les conquérir. Mais, comme le maréchal ne croyait pas à une action pour le 6, il n'y avait placé personne, et l'ennemi, après s'en être emparé sans coup férir, les garda.

une fois dans le bourg. Serré de près, ce n'est qu'à grand'peine et grâce au concours de la 19ᵉ brigade, qui s'engage à son tour, qu'il parvient à s'y maintenir[1].

Et, quelques pages plus loin, la *Relation allemande* ajoute :

« En résumé, les trois corps de première ligne de la IIIᵉ armée s'étaient trouvés entraînés, pour des fractions plus ou moins considérables de leurs effectifs, dans une action qui, en se prolongeant, les avait contraints à renoncer sur certains points aux avantages déjà obtenus, tandis que, sur d'autres, on ne se maintenait plus qu'avec peine contre les énergiques attaques des Français[2]. »

Le général de Kirchbach, se voyant gravement compromis, avait déjà appelé à son secours les deux corps les plus voisins, et fait demander aux généraux de Bose et de Hartmann d'activer l'entrée en ligne de leurs troupes. Le premier, arrivé vers 11 heures à Gunstett, venait d'assister au sanglant échec de son avant-garde, refoulée en désordre, ainsi qu'on l'a vu, sur la rive gauche de la Sauer par le colonel Gandil ; il répondit qu'il n'abandonnerait pas le Vᵉ corps, fit déployer son artillerie et chargea la 22ᵉ division d'attaquer la droite française. Quant au second, il fit connaître que, bien qu'il eût cessé le combat par ordre supérieur, il reprendrait l'offensive dès qu'il le pourrait[3].

Le commandant du Vᵉ corps était, à ce moment, en proie à de grandes perplexités. Il venait, en effet, de recevoir du Prince royal, qui ne voulait, tout comme le maréchal, livrer bataille qu'avec toutes ses forces, l'ordre « de ne pas accepter le combat et *d'éviter tout ce qui pourrait en amener la reprise*[4]. » Mais il comprenait fort bien que, dans la position désavantageuse de ses troupes, rompre le combat serait non seulement

---

[1]. *La Guerre franco-allemande*, page 230.
[2]. *Ibid.*, page 235.
[3]. *Ibid.*, pages 231 et 236.
[4]. Quand il envoya cet ordre, le Prince royal ignorait encore que le IIᵉ corps bavarois se trouvât sérieusement engagé à Langensulzbach. Communiquées par erreur, vers 9 h. 1/2, au général de Hartmann, ses prescriptions avaient eu pour résultat d'exposer le Vᵉ corps encore davantage, en ramenant en arrière le IIᵉ corps bavarois.

exposer à des pertes énormes les avant-gardes déployées le long de la Sauer, mais encore donner aux échecs partiels et peu décisifs qu'elles avaient subis l'effet déprimant d'une défaite. Il crut donc devoir pousser jusqu'aux limites extrêmes l'esprit d'initiative et de décision dont il avait fait preuve le matin, avec des conséquences jusqu'ici peu heureuses, et répondant au Prince royal « qu'il ne leur était plus possible de rompre le combat et qu'il avait fait appel aux deux corps des ailes », il donna l'ordre à ses deux divisions de se reporter en avant.

Reprise de l'offensive allemande. — La 10e division, prenant la tête du mouvement, marche donc contre le 2e zouaves et le 30e de ligne, qui, déjà épuisés par la lutte qu'ils soutenaient depuis plus de deux heures, se replient, démasquant le 2e tirailleurs, le 48e et le 78e, postés sur la hauteur. L'offensive ennemie est encore une fois brisée, grâce à la vigueur de ces braves régiments, et les colonnes prussiennes, décimées par une fusillade meurtrière, sont obligées de s'arrêter.

Cependant le général de Hartmann, fidèle à ses promesses, renvoyait au feu tout ce qu'il pouvait de son corps d'armée : ce n'était point chose facile, car « une partie de l'infanterie, ramenée en désordre du combat de Langensulzbach, s'était ralliée derrière ce village, au sud duquel le reste combattait encore, afin de couvrir la retraite. L'épuisement de la plupart des hommes et la grande consommation des munitions exigeaient un moment de répit, de sorte que l'on ne disposait, pour les faire avancer tout d'abord, que des troupes qui avaient le moins donné dans l'engagement du matin[1] ». Le général de Hartmann prend donc ce qu'il a sous la main, deux bataillons et quelques pelotons et les lance contre les bois de Frœschwiller : mais il ne peut en dépasser la lisière, et son attaque « échoue devant la ténacité avec laquelle l'ennemi défend sa position[2] ». Réfléchissant alors que Neehwiller n'est presque pas occupé

---

1. *La Guerre franco-allemande*, page 237.
2. *Ibid.*

il dirige sur ce point, à travers la forêt de Langensulzbach, un bataillon de chasseurs, une batterie et un escadron ; il n'est pas plus heureux. Le feu de nos chassepots interdit formellement à cette colonne de déboucher sur le plateau, et, après une fusillade d'une demi-heure, elle est forcée de battre en retraite, « harcelée par des tirailleurs français qui la suivent sous bois jusque dans le voisinage de Langensulzbach.[1] »

Il était déjà une heure de l'après-midi, et les Allemands n'avaient fait encore aucun progrès nouveau : possesseurs depuis le matin des hauteurs de la rive gauche, occupées d'ailleurs sans combat, ils avaient, à plusieurs reprises, tenté de déboucher sur la rive droite, et, malgré le secours de leur puissante artillerie, ils avaient échoué partout. La bravoure de nos soldats suffisait pour les contenir, tant que se maintenait à peu près la parité du nombre. Cette situation allait malheureusement être profondément modifiée par l'apparition successive de tous les éléments de la IIIᵉ armée, et la bataille changer rapidement de physionomie.

Arrivée du Prince royal. — Le Prince royal, enfin convaincu de la gravité de l'affaire, venait en effet d'arriver sur la hauteur de Wœrth, et de prendre en personne la direction de la bataille. A ce moment, les différents corps de son armée occupaient les positions suivantes : IIᵉ corps bavarois, derrière Langensulzbach ; Vᵉ corps, le long de la Sauer, entre Gœrsdorf et Gunstett ; XIᵉ corps, à Gunstett ou près d'y arriver. En arrière, le Iᵉʳ corps bavarois arrivait à Gœrsdorf ; la division wurtembergeoise avait une brigade encore à Surbourg, l'autre à Hœlschlack ; la division badoise était à Hohwiller, et la 4ᵉ division de cavalerie toujours à Schœnenbourg ; enfin le VIᵉ corps, trop éloigné pour prendre part à la lutte, marchait de Landau sur Wissembourg. Le Prince royal jugea que, *dans le cours de l'après-midi*, il allait avoir, sur chacune de ses ailes, de 30,000 à 40,000 hommes à engager, tandis que le

---

1. *La Guerre franco-allemande*, page 237.

maréchal ne pouvait disposer au maximum, même avec la division Guyot de Lespart, que de 60,000 hommes. L'occasion lui parut trop belle pour être négligée, et approuvant alors l'initiative du général de Kirchbach, il dicta les ordres suivants, en vue d'engager l'affaire à fond.

> Le IIe corps bavarois agira contre le flanc gauche de l'ennemi, de manière à venir s'établir au delà, dans la direction de Reichshoffen. Le Ier corps bavarois, laissant une division en arrière, comme réserve, et accélérant la marche autant que possible, appuiera entre le IIe corps bavarois et le Ve corps prussien. Le XIe corps se portera vigoureusement contre Frœschwiller, Elsasshausen et le Niederwald. Dans le corps Werder, la division wurtembergeoise suivra, par Gunstett, le mouvement du XIe corps au delà de la Sauer ; la division badoise gagnera provisoirement Surbourg.

En avisant de ces dispositions le Ve corps, le commandant en chef l'invitait à surseoir à l'attaque des hauteurs d'Elsasshausen, attendu *qu'il fallait au delà d'une ou de deux heures au IIe corps bavarois et au XIe corps, de trois heures au corps Werder, avant qu'ils pussent arriver en ligne*[1]. On peut juger par là de l'imprudence commise par le général de Kirchbach et après lui par le Prince royal. Trois corps d'armée, déjà engagés depuis plusieurs heures, combattaient sans succès ; en arrière de leur ligne de bataille, longue de quatre kilomètres, il n'existait, pour le moment, aucune réserve, et deux ou trois heures étaient nécessaires pour en avoir une, en sorte que, sans leur formidable artillerie, ces corps se seraient trouvés à la merci du premier mouvement offensif de l'ennemi. Rien ne prouve même que cette artillerie aurait pu les sauver des effets d'une charge vigoureuse, exécutée par la petite armée du maréchal, avec l'élan ordinaire de nos troupes. Ils risquaient alors d'être rejetés sur les têtes de colonnes qui arrivaient en arrière, d'y porter le désordre et la désorganisation, et d'entraîner toute la IIIe armée dans un désastre sanglant. Combien il fallait que la théorie funeste des « bonnes positions » eût fait école dans nos

---

1. *La Guerre franco-allemande,* pages 241 et 242.

états-majors, pour qu'au lieu de tenter l'aventure, on ait maintenu nos valeureux soldats dans cette attitude de défensive passive, qui ne convenait ni à leur éducation ni à leur tempérament, et laissé échapper ainsi une occasion unique, décisive, qui ne pouvait qu'être fugitive, et ne devait, hélas ! plus se reproduire dans tout le cours d'une lutte dont la disproportion allait bientôt s'accuser trop nettement !

Cependant le maréchal de Mac-Mahon, qui jusqu'alors n'a cru qu'à de simples démonstrations, est venu de sa personne se placer auprès d'Elsasshausen [1], d'où il voit l'ensemble du champ de bataille. Les avant-gardes des corps de deuxième ligne, pressant le pas à l'appel du Prince royal, commencent à noircir les hauteurs qu'il a en face de lui : de toutes parts débouchent des masses profondes, qui, s'étalant à mesure qu'elles arrivent sur les plateaux, annoncent la prochaine entrée en ligne de renforts considérables. Le maréchal, qui n'a pas voulu attaquer tout à l'heure, va-t-il, pendant qu'il en est temps encore, se replier sur les Vosges et soustraire son armée au désastre dont elle est menacée ? Non ! le maréchal est convaincu « qu'il pourra, *dans sa forte position*, arrêter un ennemi très supérieur en nombre [2] », et il se met en devoir de diriger la défense. Il n'a que 35,000 hommes, contre lesquels vont se ruer dans quelques instants 140,000 Allemands, soutenus par 200 bouches à feu ; son effectif insuffisant ne lui a même pas permis d'occuper le plateau de Gunstett, qui domine toute son aile droite, et il ne dispose d'aucune réserve. Mais sa cavalerie ne l'a pas renseigné sur l'énorme supériorité numérique de l'ennemi, et il ignore la puissance de son artillerie ; enfin il considère comme inviolables les positions qu'il occupe, et comme invincible la bravoure de ses admirables soldats. Il va donc

---

1. Sur un petit tertre placé un peu en avant à l'est d'Elsasshausen, s'élève un noyer qu'entoure aujourd'hui une grille de fer. C'est sous cet arbre que se posta le maréchal, et il est encore aujourd'hui désigné dans le pays sous le nom de « *Noyer de Mac-Mahon* ».
2. *La Campagne de 1870*, jusqu'au 1er septembre, par un officier d'état-major de l'armée du Rhin. Bruxelles, J. Rozey, 1871, page 40.

demander à ceux-ci un effort suprême, et essayer de tenir tête, avec cinq divisions, à un nombre pareil de corps d'armée allemands. Une inégalité aussi choquante ne se pouvait malheureusement compenser par rien, et il est permis de supposer que s'il l'avait connue, le maréchal n'aurait pas poursuivi la lutte disproportionnée d'où il ne devait sortir que vaincu.

Deuxième attaque des hauteurs d'Elsasshausen. — Quoi qu'il en soit, l'invitation adressée par le Prince royal au commandant du Ve corps ne parvint à celui-ci que lorsque presque toute la 10e division était déjà déployée le long de la Sauer; le combat devant Wœrth avait pris une intensité trop violente pour qu'on pût le faire cesser, et de même qu'il avait subi la bataille, engagée malgré lui, le général en chef dut encore se résigner à laisser continuer une attaque qu'il jugeait à bon droit prématurée. Les bataillons prussiens se heurtent contre la brigade Lefebvre, renforcée maintenant du 8e bataillon de chasseurs; le feu de nos chassepots les cloue sur place : deux régiments, dont les colonels ont été mis hors de combat, tourbillonnent en désordre, et il faut l'intervention énergique d'un nouveau régiment, celui des grenadiers du roi, pour les soustraire à un écrasement complet. Jugeant qu'il ne viendra pas à bout de notre brave infanterie s'il ne la broie pas à coups de canon, l'ennemi met alors en ligne tout ce qu'il a d'artillerie disponible : 72 pièces nouvelles viennent prendre position au nord de Gunstett, foudroient les divisions de Lartigue et Conseil-Dumesnil, et détruisent les quatre batteries que le maréchal avait postées près d'Elsasshausen. Puis, sous la protection de leurs canons, les têtes de colonnes de la 22e division franchissent de nouveau la Sauer à Spachbach et se portent à l'attaque du Niederwald, par sa lisière nord.

Là se trouvaient le 3e zouaves et le 21e de ligne, colonel Morand. Ces deux régiments tiennent tête à l'ennemi, mais, bientôt débordés, ils font demander des secours au maréchal; hélas! il ne reste pas un bataillon disponible, et tout ce que peut faire le commandant du 1er corps est de leur envoyer trois batteries, dont le feu ne peut d'ailleurs se soutenir plus de quelques minutes. Le colonel Morand se prodigue avec une énergie surhumaine : à ses côtés tombent mortellement frappés le lieutenant-colonel Doineau et le commandant de Labeaume; n'importe! il tient toujours, et ce n'est qu'à la limite des forces de ses hommes qu'il se décide à les faire rétrograder jusqu'au *Petit-Bois*, où le 3ᵉ bataillon du 3ᵉ zouaves les recueille. Pendant ce temps les Prussiens venus de Wœrth et de Spachbach ont pu réunir leurs efforts : les pentes sont escaladées, et l'ennemi s'empare du *Calvaire de Wœrth*, petite éminence située entre ce dernier village et le Niederwald, et dominant la route de Haguenau.

Le colonel Champion, du 3ᵉ de ligne, veut alors essayer de le rejeter dans la vallée : quittant Elsasshausen avec son régiment, il vient déployer celui-ci face au Calvaire, et bravant le feu meurtrier qui en part, marche résolument en avant, tambours battants et l'épée haute. Devant son élan, les Prussiens se replient : le 2ᵉ zouaves et le 17ᵉ bataillon de chasseurs, entraînés à leur tour à la vue de ce mâle courage, accourent se joindre au 3ᵉ de ligne. Encore un effort, et l'ennemi sera rejeté dans la Sauer... Tout à coup, voici des renforts qui lui arrivent au pas de course; le feu dirigé sur nos troupes devient épouvantable. Le colonel Champion, percé de trois balles, doit être emporté du champ de bataille, et ce n'est qu'au prix de pertes sanglantes que nos braves soldats peuvent se maintenir sur place, tout espoir étant perdu de faire repasser la rivière à l'ennemi.

Attaque de la droite française par le XIᵉ corps. — Tandis que ceci se passait au centre, le combat se continuait à notre droite, avec acharnement. Là non plus les Prussiens n'avaient pu prendre pied sur les coteaux, et les divisions de Lartigue et Conseil-Dumesnil gardaient leurs positions. Mais un danger redoutable les menaçait déjà, par suite de l'entrée en ligne de tout le XIᵉ corps. Le général de Bose, apprenant en effet que les Wurtembergeois s'approchaient derrière lui, avait envoyé la 22ᵉ division renforcer la 21ᵉ; trois colonnes de troupes fraîches, dirigées sur Spachbach, Gunstett et Dürrenbach, se préparaient à franchir la Sauer, et à menacer notre ligne sur son flanc droit. Si on n'envoyait du monde de ce côté, nous étions exposés à être tournés, et à voir nos positions prises à revers.

Le général de Lartigue comprit la gravité de la situation, et jugea à propos de renforcer par un bataillon du 56ᵉ les deux bataillons du 3ᵉ zouaves qui défendaient la lisière orientale du Niederwald : mais l'ennemi devint bientôt si nombreux et si pressant que ces troupes furent obligées de reculer sur la lisière nord, d'où elles purent tenir en respect l'assaillant et le maintenir dans les taillis. En même temps, la colonne qui avait passé la Sauer à Gunstett, et qui comptait plus de cinq bataillons, débordait le 3ᵉ tirailleurs, posté en face du Bruck-Mühle, le rejetait sur les hauteurs, malgré une défense vigoureuse, et occupait les bâtiments de l'*Albrechts-hauserdorf*, incendiés par les projectiles prussiens et abandonnés par la compagnie de chasseurs qui les occupait depuis le matin, mais ne pouvait plus y tenir.

La ligne de la Sauer était donc perdue pour nous, et si nos soldats, par un courage admirable, réussissaient, sur toute l'étendue de leur front, à paralyser les efforts désespérés de l'ennemi pour s'emparer des hauteurs, leur situation n'en était pas pour cela moins critique, car leurs flancs découverts restaient à la merci du mouvement enveloppant que l'énorme supériorité numérique de l'adversaire rendait de plus en plus probable.

Le village de Morsbronn n'était occupé en effet que par deux compagnies du 3ᵉ tirailleurs, que l'artillerie allemande criblait de projectiles. La colonne de gauche de la 22ᵉ division, forte de 6 bataillons et de 3 escadrons de hussards, s'était, comme on l'a vu, portée sur Dürrenbach ; de là elle avait marché vers Morsbronn, s'était arrêtée un instant, et, profitant d'un pli de terrain pour éviter le feu de celles de nos pièces qui tiraient encore, dirigeait sur les défenseurs du village une violente fusillade. Le général de Lartigue fit alors vivement appuyer de ce côté les deux bataillons qui lui restaient du 56ᵉ, et demanda encore une fois des secours au maréchal. Mais celui-ci n'avait plus un homme disponible: « Dites à vos soldats qu'ils tiennent tant qu'ils pourront, répondit-il au général de Lartigue. La division Guyot de Lespart ne va plus tarder à arriver, et alors je vous enverrai du renfort. » Malheureusement l'ennemi, grossissant de minute en minute, avançait toujours ; déjà son aile gauche avait dépassé Morsbronn et gagnait les abords d'Eberbach. La position n'était plus tenable, et le général de Lartigue, comprenant que ses deux compagnies de tirailleurs allaient être enlevées si elles ne battaient promptement en retraite, leur envoya l'ordre d'évacuer le village, que l'ennemi occupa aussitôt. Mais cette retraite découvrait le 36e ; menacé, lui aussi, d'être enveloppé, il chercha à se replier, et vint en partie, pêle-mêle avec ce qui restait du 3e tirailleurs, prendre position entre le bois situé au sud-est d'Eberbach et la lisière sud du Niederwald. Le reste continuait à faire feu sur place.

Les Prussiens possédaient donc maintenant deux points d'appui sur la rive droite, Morsbronn et l'Albrechtshauserdorf : ils pouvaient se glisser à l'abri de nos coups dans le ravin d'Eberbach et venir prendre le Niederwald à revers. Nos batteries, repliées au delà de ce ravin, vers Schirlenheim, se trouvaient hors d'état d'arrêter ses progrès : nos fantassins, engagés depuis le matin, étaient épuisés, sur le point de manquer de munitions, confondus dans un inexprimable désordre et abandonnés à eux-mêmes, puisque aucun secours ne s'annonçait. Essayer de tenir plus longtemps eût été folie, et le général de Lartigue se décida à ordonner la retraite de toute sa division.

Cependant les troupes du XIe corps, victorieuses au prix d'efforts gigantesques, étaient, elles aussi, dans un état lamentable. Le général de Bose, blessé à la hanche droite et resté néanmoins sur le champ de bataille, jugea nécessaire, avant de pousser plus avant, de remettre un peu d'ordre dans ses régiments[1]. Puis, cela fait, il se disposa à diriger un effort général sur le Niederwald.

1. *La Guerre franco-allemande*, page 251.

La 41ᵉ brigade sortit donc du village, et bientôt d'épaisses lignes de tirailleurs se montrèrent en avant de Morsbronn, menaçant le front et le flanc droit de la division de Lartigue, déjà presque entièrement désorganisée.

Charge des 8ᵉ et 9ᵉ cuirassiers à Morsbronn. — Si les Prussiens parviennent à déboucher, cette division est perdue, et son chef, auquel la gravité du péril ne saurait échapper, n'a plus maintenant qu'une ressource, demander à la cavalerie du général Duhesme, dont la 3ᵉ brigade (général Michel) est massée dans un ravin à l'est d'Eberbach, de se sacrifier pour la sauver. Aussitôt le 8ᵉ cuirassiers (colonel Guiot de la Rochère) se forme en colonne par pelotons et prend la tête : derrière lui le 9ᵉ (colonel Waternau) se déploie en bataille, débordant légèrement la droite du 8ᵉ, tandis que deux escadrons du 6ᵉ lanciers (de la brigade Nansouty) prolongent sa propre gauche. Le terrain est détestable ; un fossé profond le traverse, bordé de deux rangées d'arbres en partie brisés par les obus, ou coupés au ras du sol et réduits ainsi à l'état de souches dangereuses. Par-ci, par-là, des houblonnières hachées opposent à la marche des escadrons des taillis d'autant plus impénétrables, que les perches s'emmêlent dans le feuillage déchiqueté… Rien n'ébranle le courage des héroïques cavaliers ; ils s'élancent au signal du général Michel qui, l'épée haute, les entraîne sur Morsbronn au cri de : « *Vive la France !* » « et c'est alors que s'accomplit, à travers une grêle de balles et sous le feu écrasant des batteries de Gunstett, cette charge désormais légendaire [1] ». Nos escadrons, accueillis par la fusillade terrible que dirigent sur eux les bataillons formés en avant de Morsbronn, subissent en un clin d'œil des pertes cruelles : ils parviennent néanmoins à passer dans les intervalles des troupes et à aborder le village, long couloir bordé de maisons qu'on a reliées entre elles par des charrettes, et terminé par un monticule que protège en avant une barricade construite à la hâte. La colonne

---

1. Général DERRÉCAGAIX, *loc. cit.*, tome II, page 192.

une fois engouffrée dans cette rue y est fusillée à bout portant; les balles qui la frappent en tous sens y creusent des vides énormes; elle avance toujours et ne s'arrête que devant la barricade, où les cavaliers, culbutant les uns sur les autres, viennent s'entasser pêle-mêle en un fouillis sanglant. Quelques pelotons ont essayé de tourner le village; foudroyés par le 80ᵉ régiment prussien, ils sont également décimés. Un quart d'heure à peine s'est écoulé et de ces deux beaux régiments, il ne reste déjà plus une seule unité constituée!... Le colonel Waternau, qui cherche à réunir les groupes épars du 9ᵉ, a son cheval tué sous lui. Le maréchal des logis chef Mansart lui donne le sien. Le colonel peut alors masser les débris de son régiment et tenter une sortie par l'extrémité sud du village. Mais il échoue, et démonté une seconde fois, il reste au pouvoir de l'ennemi ainsi que le sous-officier qui vient de se dévouer si courageusement. Le village de Morsbronn est jonché de morts, de blessés et de chevaux éventrés : son unique rue est sillonnée d'hommes démontés et errant à la merci de l'ennemi qui les fait immédiatement prisonniers. La désorganisation est complète, et bien peu de cavaliers parviennent à se faire jour dans la direction du sud-est.

Cependant les survivants cherchent à se rallier et à rejoindre Eberbach : mais voici que tout à coup fondent sur eux, d'Hegeney où ils étaient en réserve, les trois escadrons de hussards de la colonne chargée d'enlever Morsbronn. On s'aborde, on se bat corps à corps, et nos cavaliers soutiennent ce nouvel assaut avec un courage que rien n'ébranle. Mais leurs chevaux n'en peuvent plus : à bout de souffle et de force, ils chancellent, s'arrêtent, et les quelques hommes qui restent encore en selle sont abattus tant par les sabres des hussards que par les décharges meurtrières de l'infanterie qui inonde la plaine tout autour d'eux!... « La brigade Michel pouvait être regardée comme anéantie, ainsi que le 6ᵉ régiment de lanciers; bien peu de cavaliers durent rejoindre l'armée sains et saufs[1]. »

---

1. *La Guerre franco-allemande*, page 256.

Les pertes causées à l'adversaire par cette charge héroïque, dont le souvenir se perpétue dans nos jeunes générations avec son auréole brillante de dévouement et de grandeur, se bornaient à quelques hommes ; mais cependant le sacrifice de nos braves n'avait pas été stérile, car il venait de sauver le 56e, de briser pour un moment l'offensive ennemie, et de permettre à la division de Lartigue d'effectuer une retraite qui fût devenue un désastre sans lui. Il avait même ranimé par son exemple l'élan de nos fantassins épuisés, car tandis que la brigade Michel se faisait ainsi écharper, deux compagnies du 3e zouaves, renforcées d'hommes recueillis un peu partout, avaient tenté d'elles-mêmes un retour offensif sur l'Albrechtshauserdorf, et refoulé pour un moment les Prussiens. Il fallut que ceux-ci revinssent en nombre pour triompher de ces soldats énergiques, qui ne voulurent cependant reculer que lorsqu'ils se virent presque entourés et privés de leur vaillant chef, le commandant Charmes, mortellement atteint par une balle.

Attaque du Niederwald. — Retraite de la division de Lartigue. — Mais il aurait fallu désormais, pour arrêter la marche en avant des colonnes prussiennes, autre chose que des efforts partiels. L'entrée en ligne de troupes fraîches pouvait seule sauver l'armée du maréchal, et il ne restait pas à celui-ci une compagnie qui ne fût déjà engagée quelque part. L'ennemi, sûr au contraire d'être encore renforcé bientôt, et nous voyant plier partout, reprit donc son offensive avec une énergie nouvelle. Bientôt son attaque se dessina à la fois contre le Niederwald et les hauteurs d'Eberbach ; le 56e, qui formait arrière-garde, essaya, au prix de pertes énormes, de lui tenir tête vers ce dernier point. Mais criblé de projectiles, écrasé par les batteries de Gunstett et privé de son chef, le colonel Ména, qu'une balle venait de renverser, il dut, à la fin, céder le terrain. Les régiments de la division de Lartigue, désunis par cette longue et terrible lutte, étaient tous, à ce moment, dans une confusion inexprimable, et il fallait à tout prix, sous peine de voir la retraite se changer en déroute, remettre un peu d'ordre dans leurs rangs mélangés. Généraux et colonels s'occupaient donc à cette besogne, quand tout à coup de nouvelles têtes de colonnes ennemies se montrent derrière notre droite, du côté de Forstheim. Cette fois, la malheureuse division de Lartigue est à deux doigts de sa perte totale ; il faut encore que quelqu'un se dévoue pour la sauver... C'est le lieutenant-colonel Barrué, du 3ᵉ tirailleurs, qui réunit en hâte 500 ou 600 hommes et tient tête, quelques minutes, au flot débordant des assaillants... Grâce au dévouement de cette poignée de braves, ce qui reste de l'artillerie peut amener des avant-trains et dégager ses pièces compromises. Mais l'ennemi est trop nombreux ; il faut reculer encore... Nos régiments, confondus et décimés, rétrogradent jusqu'à Schirlenheim.

Héroïque combat du 3ᵉ zouaves dans le Niederwald. — Sur ces entrefaites, par une de ces chances fatales qui se présentent si souvent à la guerre, le 3ᵉ zouaves, qui tient encore dans le Niederwald, n'a pas reçu l'ordre de se retirer. Repoussé de la lisière du bois, il se groupe dans les taillis et soutient contre l'ennemi une lutte acharnée. Mais la retraite des autres régiments de la division permet aux Prussiens de déborder son aile droite ; le colonel Bocher s'aperçoit qu'il est complètement tourné, et qu'un moment à peine lui reste pour échapper à la nécessité de mettre bas les armes. Aussitôt, il forme le régiment en échelons, et dirigeant la retraite avec une habileté et un sang-froid consommés, réussit à s'échapper de cet enfer avec la majeure partie de ses hommes. Seuls, quelques officiers ou soldats n'ont pu le rejoindre. Restés en face de milliers d'ennemis, ils font feu jusqu'à l'épuisement complet des munitions et des forces et succombent jusqu'au dernier !...

Le 3ᵉ zouaves comptait 40 officiers sur 65 et 1,584 hommes sur 2,190, tués ou blessés. Dans ce nombre, on retrouva, plus tard, 300 prisonniers. Il avait donc perdu à Frœschwiller près des deux tiers de ses officiers et 50 pour cent de son effectif. Le combat du 3ᵉ zouaves dans le Niederwald restera dans les souvenirs de notre armée comme un fait de guerre digne d'être cité et honoré[1].

Il était environ deux heures et demie. La droite française, qui luttait depuis huit heures du matin avec une vaillance admirable, était enfoncée par des forces dix fois supérieures appuyées d'une formidable artillerie. L'ennemi avait pris pied sur les hauteurs, et possédait des points d'appui précieux, surtout le Niederwald, qui permettaient à ses masses d'attaquer le flanc et le derrière de notre centre. Tout espoir de vaincre s'évanouissait pour nous, et personne cependant ne songeait à la retraite. Au contraire, sur le front des divisions Raoult et Conseil-Dumesnil, la lutte avait pris depuis deux heures une intensité dramatique, et nos régiments, en s'acharnant contre la défaite, poussaient le dévouement et le courage jusqu'aux plus hautes limites qu'ils aient jamais atteintes.

Attaque du centre de la ligne française. — Vers une heure et demie, en effet, les Ier et IIe corps bavarois étaient entrés en ligne. Le général von der Tann, franchissant la Sauer en face de Gœrsdorf, avait lancé ses tirailleurs contre le bois de Frœschwiller, tandis que le général de Hartmann essayait de déboucher à nouveau de la forêt de Langensulzbach. A ce dernier, le général Ducrot opposait le 1er zouaves, qui réussit à le contenir. Mais les troupes de la division Raoult, épuisées par le rude combat qu'elles soutenaient depuis le matin, et n'ayant plus aucune réserve, faiblissaient devant l'assaut du IIe corps bavarois, et leur chef se vit bientôt forcé de demander des renforts au général Ducrot. Avec un empressement et un sentiment de la solidarité militaire dignes de remarque, celui-ci mit tout de suite à la disposition de son collègue le 13e bataillon de chasseurs ainsi que deux bataillons du 18e de ligne (1er et 3e); mais nous avions maintenant devant nous toute une division du Ier corps bavarois, et une partie du Ve corps, qui, en avant de Wœrth, faisait des progrès incessants. La partie était trop inégale, et

---

[1]. Général Derrécagaix, *loc. cit.*, tome II, page 194.

le maréchal qui, toujours posté devant Elsasshausen, voyait les efforts désespérés de nos troupes demeurer impuissants à contenir les masses ennemies, donna l'ordre à la brigade Maire d'accourir; celle-ci, après avoir bivouaqué la nuit près de Reichshoffen, venait, depuis peu de temps, d'atteindre Elsasshausen.

Aussitôt le colonel de Gramont, du 47e, et le colonel de Saint-Hilaire, du 99e, forment leurs régiments en colonnes d'attaque, et laissant un bataillon en réserve au *Petit-Bois*, se lancent en avant. Accueillis par une grêle de balles et d'obus, ils n'ont bientôt plus d'autre ressource, pour ne pas être broyés, que de se jeter hardiment à la baïonnette sur les Prussiens, qui reculent en désordre jusqu'à Wœrth. La brigade Maire s'avance sous un feu meurtrier, que dirigent sur elle les troupes embusquées dans les maisons du village. Son général est tué; le colonel de Gramont a le bras droit fracassé par une balle, et les deux régiments subissent de telles pertes qu'ils doivent rétrograder, poursuivis par la fusillade du Ve corps, et pris en flanc par les coups venant du Niederwald, où se trouvent déjà les premières lignes du XIe. Le colonel de Saint-Hilaire tombe à son tour, grièvement blessé, et les débris des deux régiments peuvent à grand'peine regagner le *Petit-Bois*, où le bataillon de réserve les recueille. Au même moment, se montrent devant nous de nouvelles troupes du XIe corps, tout entier maintenant sur la rive droite. C'est une nuée formidable d'ennemis qui inonde nos lignes déjà si diminuées, et menace de nous engloutir. En vain le général L'Hérillier, à la tête de quelques poignées d'hommes réunis pêle-mêle, tente un nouveau retour offensif dans la direction de Wœrth: en un instant sa petite troupe est écrasée, lui-même est blessé, et les quelques survivants doivent se replier encore.

Retour offensif du 96e contre le Niederwald. — Cependant le maréchal, inébranlable dans son énergie, ne veut pas encore se déclarer vaincu. Faisant un nouvel appel au général Ducrot, qui tient tête avec le seul 1er zouaves à tout un corps d'armée, il lui demande un secours quelconque. Le 96e est aussitôt dirigé sur

Elsasshausen, puis de là sur le Niederwald, où il déploie ses compagnies en bataille : « Comptez sur moi jusqu'à la mort », dit le colonel de Franchessin au général Colson, chef d'état-major, qui lui indique le but à atteindre.

Sans perdre une minute, le brave régiment aborde la lisière nord du bois ; les Prussiens, déconcertés par la brusquerie de son attaque, plient et se débandent ; le colonel veut profiter tout de suite de ce succès et poursuivre l'ennemi l'épée dans les reins : « En avant ! mes enfants ! » crie-t-il, le sabre haut et debout sur ses étriers. Au même instant, un obus tue raide son cheval et le blesse trois fois de ses éclats. N'importe ! il ne veut pas quitter le champ de bataille ; on lui fait un pansement sommaire, et il reprend la tête de ses troupes. Le sabre en main, un pied entouré de linges sanglants, il entraîne ses soldats, électrisés par tant de bravoure... Mais tout à coup une balle le frappe au ventre. Cette fois, c'est fini ! Le colonel tombe en s'écriant : « Mes amis ! en avant ! vengez votre colonel ! » A ce moment, le feu est terrible. Le drapeau du régiment, sa hampe brisée par un coup de feu, tombe à terre, et le sous-lieutenant Henriet, qui le portait, est tué. Un autre officier, M. Bonade, se précipite à la tête de quelques vaillants soldats et le saisit. Après avoir reçu lui-même deux blessures, le brave officier allait succomber, quand l'adjudant-major Obry parvient à prendre à son tour le drapeau que lui tendait Bonade. Les balles pleuvaient sur ce groupe héroïque ; Obry et Bonade criaient de toutes leurs forces : « Au drapeau, mes amis, sauvez le drapeau ! » De nouveaux défenseurs accourent alors, la lutte redouble d'acharnement, enfin l'adjudant-major parvient à se relever, tenant toujours son précieux trophée, et à sauter sur un mulet, tandis que les hommes, groupés en avant et autour de lui, repoussent les Allemands à coups de baïonnette et protègent sa retraite[1].

---

1. Le drapeau du 96e, sauvé à Frœschwiller par la bravoure du régiment, devait encore une fois, à Sedan, courir le risque d'être pris. Là il fut préservé par le colonel Bluem, qui ordonna de le faire enfouir. Le sous-lieutenant porte-drapeau Lemonnier l'enterra

Mais le 96ᵉ est à bout de forces : des flots d'ennemis l'entourent, le pressent et l'accablent. Réduit de plus du tiers, il recule enfin, et regagne Elsasshausen presque mélangé avec les Prussiens du XIᵉ corps, qui pénètrent sur ses talons dans le *Petit-Bois*, aux portes d'Elsasshausen.

Ce succès a coûté cher à l'ennemi. Ses troupes, exténuées et hors d'haleine, sont complètement mélangées et confondues, dans un inexprimable désordre ; de tout le XIᵉ corps, il ne reste que trois bataillons intacts.

L'artillerie française d'Elsasshausen, dit la *Relation allemande*, dirigeait un feu d'une telle violence contre la lisière nord du Niederwald et le bouquet de bois enlevé par les troupes prussiennes, qu'il ne restait d'autre alternative à ces dernières que de pousser plus avant ou de renoncer aux avantages achetés au prix de si lourds sacrifices. Au premier parti, on pouvait objecter, il est vrai, que les troupes étaient exténuées, que les combats précédents les avaient désorganisées et que l'on ne disposait plus que de trois bataillons encore intacts, le bataillon de fusiliers du 83ᵉ, qui arrivait par la route de Wœrth, avec l'artillerie, et les deux bataillons du 82ᵉ, venus par Spachbach; mais, d'autre part, interrompre l'offensive dans la phase actuelle du combat, c'était donner du répit à l'ennemi et lui laisser la faculté de se jeter, avec toutes ses forces, sur le Vᵉ corps[1].

Hélas ! toutes ces forces se réduisaient maintenant à bien peu de chose, et le maréchal, dont le chef d'état-major venait d'être tué à ses côtés par un obus, dut reconnaître que, malgré la vaillance de ses soldats, la lutte ne pouvait plus se prolonger bien longtemps. Une dernière tentative fut faite cependant par le général

---

avec l'aide d'un sapeur, à dix pas de la porte près de laquelle le régiment était campé. Après la signature de la paix, Lemonnier vint à Sedan, où se trouvait encore l'ennemi ; deux braves citoyens de la ville, le tisserand Chernand et son fils, escaladèrent alors la palissade à quelques mètres d'une sentinelle prussienne et se mirent à fouiller le sol de leurs mains jusqu'à ce qu'ils eussent retrouvé l'aigle. Lemonnier coupa ce qui restait de la hampe, cacha le drapeau sous ses vêtements, et rentra en ville, à la barbe du poste prussien. Le lendemain, il traversait les lignes allemandes, rejoignait son régiment, et le 29 mars 1871, le drapeau du 96ᵉ, tout maculé de sang, percé de balles et souillé de boue, mais faisant encore flotter au vent les trois couleurs de la patrie, était remis aux mains du colonel et salué par le régiment qui pleurait d'émotion.

1. *La Guerre franco-allemande*, page 262.

Wolff pour arrêter les Prussiens devant Elsasshausen. Avec les débris des 18ᵉ et 96ᵉ de ligne, il se porta au pas de charge contre le *Petit-Bois*, et refoula pour un moment l'ennemi. Mais ce succès n'était que momentané ; les Allemands, bientôt remis de leur émoi, revinrent plus nombreux, et écrasant la petite troupe de feux meurtriers, la contraignirent à la retraite.

Il était trois heures. Notre droite était enfoncée, notre centre sur le point d'être percé, et tout espoir de secours s'évanouissait définitivement. Le nombre avait triomphé du courage ; des flots d'Allemands se ruaient sur le village d'Elsasshausen, seul point d'appui qui, avec Frœschwiller, nous restât ; notre ligne de retraite elle-même commençait à être menacée par les troupes qui débouchaient de Forstheim, et l'artillerie du XIᵉ corps, franchissant la Sauer à son tour, gravissait déjà les pentes de la rive droite pour venir prendre position tout près de nous.

Prise d'Elsasshausen. — Cependant le maréchal, s'acharnant dans une opiniâtreté poussée jusqu'à l'héroïsme, essaye encore de résister. Groupant autour d'Elsasshausen les restes de ses divisions décimées, il tient tête à l'orage ; nos troupes, luttant avec un dévouement qui atteint les limites du sublime, obligent, par une fusillade furieuse, l'ennemi à suspendre son mouvement en avant. Mais les batteries, qui de Gunsttet nous avaient fait tant de mal dans la matinée, sont là, maintenant, tout près de nos lignes. Une pluie d'obus s'abat sur le malheureux hameau d'Elsasshausen, qui s'enflamme, et s'écroule maison par maison, écrasant les braves qui ne veulent pas les quitter[1]. Sous la protection de cette effroyable canonnade, les régiments mélangés des Vᵉ et XIᵉ corps s'élancent enfin en une masse compacte, et pénètrent dans les ruines ensanglantées d'Elsasshausen, où ils capturent deux pièces avec cinq mitrailleuses. Malgré tout, les généraux prussiens comprennent que la bataille ne prendra fin qu'avec le dernier des combattants français : c'est

---

1. *La Guerre franco-allemande*, page 263.

Frœschwiller qu'il faut conquérir maintenant, Frœschwiller, où affluent de tous côtés nos soldats écrasés par le nombre, et qui va devenir le théâtre d'une des plus effroyables luttes dont l'histoire fasse mention. Au prix d'efforts inouïs, ils parviennent à mettre un peu d'ordre dans leurs bataillons confondus, font avancer plus près encore leur artillerie formidable, et lancent toutes leurs forces contre le dernier réduit de nos vaillants soldats.

Retour offensif contre Elsasshausen. — Ceux-ci sont animés maintenant par l'énergie du désespoir. Résolus à périr, ils fondent encore une fois sur les troupes maîtresses d'Elsasshausen, et les bousculent dans un élan fougueux. « Sans soutiens compacts, presque sans chefs, les corps prussiens, déjà désunis et épuisés par des engagements opiniâtres et prolongés, ne peuvent tenir contre la charge des Français ; ils vont chercher un abri dans le Niederwald, entraînant dans leur retraite les troupes qui les suivaient immédiatement et même la 3ᵉ batterie à cheval, alors en marche pour contourner le village et venir prendre un nouvel emplacement à l'ouest[1]. » Un instant on peut croire que l'indomptable ténacité des nôtres va triompher ; nous ne sommes plus qu'à 120 mètres des batteries qui depuis le matin vomissent la mort dans nos rangs, et qu'un bond suprême en avant va nous livrer... Hélas ! ce bond n'est plus possible : la mitraille qui fauche nos admirables bataillons creuse dans leurs rangs de tels vides que toute cohésion est définitivement rompue. De tous côtés, de nouvelles batteries, qui semblent sortir de terre, viennent ouvrir leur feu : ce coin du champ de bataille est une horrible fournaise, rougie par la flamme de plus de 150 pièces de canon. Frappée de front et de flanc, l'héroïque colonne chancelle, tourbillonne et s'arrête, presque complètement anéantie...

Charge de la division de Bonnemain. — Aussitôt l'ennemi reprend sa marche sur Frœschwiller, protégé

1. *La Guerre franco-allemande*, page 265.

par sept batteries qui se postent à droite et à gauche d'Elsasshausen. Le maréchal voit que tout est perdu, et ordonne enfin la retraite. Mais comment la protéger? La seule troupe qui n'ait pas encore été engagée est la division de Bonnemain (1er, 2e, 3e et 4e cuirassiers), qui, d'abord placée aux sources de l'Eberbach, a dû, chassée par les obus, appuyer jusque près d'Elsasshausen. Le maréchal court à elle : « Général, en avant! s'écria-t-il. Le salut de l'armée l'exige! » Puis montrant l'artillerie prussienne qui s'avance au grand trot pour prendre une position encore plus rapprochée : — « Arrêtez ces batteries pendant vingt minutes seulement », ajoute-t-il d'un accent où perce l'angoisse dont il est déchiré.

Alors les quatre beaux régiments rompent en colonne et s'élancent. Mais le terrain sur lequel ils vont charger, plus défavorable encore que celui de Morsbronn, brise dès le début leur élan. Le 1er cuirassiers, colonel Leforestier de Vandœuvre, rencontre un fossé qui rompt ses rangs. Le 4e, colonel Billet[1], obligé de faire un grand détour pour échapper au même sort, « est également dispersé par le feu d'un adversaire qu'il ne lui est même pas permis d'apercevoir[2] ». Alors la 2e brigade se met à son tour à la charge et essaye d'être plus heureuse. Criblée de balles et d'obus, elle est désorganisée en un instant. C'est là, spectacle inoubliable, qu'on voit le colonel Lafutsun de Lacarre, commandant le 3e cuirassiers, la tête emportée par un obus, rester un moment en selle sur son cheval emballé. « Ce fantôme balancé par la mort, chargeait en tête des escadrons, le sabre en main[3] ! »

La charge de la division Bonnemain, si elle fut aussi

---

[1]. Le colonel Billet, blessé, fut fait prisonnier. Rentré de captivité et remis à la tête de son régiment, il fut lâchement assassiné dans une émeute à Limoges, en 1871.

[2]. *La Guerre franco-allemande*, page 267. — Le commandant de Négroni prit, après la blessure du colonel Billet, le commandement du 4e. Son cheval fut tué, et il allait être pris par le 58e prussien, quand le trompette Dedoux sella, sous le feu de l'ennemi à peine éloigné de 200 mètres, un autre cheval qui sauva le commandant.

[3]. Général AMBERT, *Récits militaires*.

admirable que celle de la brigade Michel, ne fut malheureusement pas aussi utile. Ecrasés par le feu de l'ennemi avant d'avoir pu agir, ses braves régiments ne réussirent point à arrêter celui-ci, pas même à le retarder, et leur sacrifice, si généreusement accepté, ne servit qu'à montrer leur bravoure indomptable et leur stoïque mépris de la mort! Les Allemands eux-mêmes n'ont pu se défendre d'un hommage à leur mémoire, et la phrase suivante de la Relation du grand état-major est toute à la gloire des survivants de ces charges immortelles : « Les cuirassiers français se jetèrent sur nos troupes avec une sauvage impétuosité et un héroïque esprit de sacrifice. »

Attaque de Frœschwiller. — Le maréchal de Mac-Mahon, l'illustre soldat de Malakoff et de Magenta, avait assisté avec une douleur poignante à cette sanglante hécatombe; mais sa fermeté ne l'abandonnait pas. N'ayant plus un seul homme à engager pour protéger les débris de son infanterie entassés dans Frœschwiller, il fit avancer les 48 pièces de la réserve d'artillerie et les plaça partie à l'est du village, partie au nord d'Elsasshausen. A ce moment même, l'ennemi débouchait de ce point : les deux batteries les plus rapprochées furent assaillies à l'improviste[1], tandis qu'elles prenaient position, et couvertes d'une grêle de balles. A peine eurent-elles le temps de tirer une ou deux salves à mitraille; leurs servants et leurs chevaux tombèrent en masse; elles furent envahies et durent abandonner six de leurs pièces sur le terrain, où gisait le commandant de la réserve, colonel de Vassart, mortellement atteint. Un même sort attendait les quatre batteries du 20e placées face à l'est, en avant de Frœschwiller; elles laissèrent à l'ennemi sept de leurs bouches à feu. Alors le 1er tirailleurs, déjà si éprouvé à Wissembourg, mais qui dans cette terrible journée n'avait que peu donné, intervint, et montra que son dévouement était sans limites, comme son courage.

Au moment où la réserve générale d'artillerie se déployait, ce

---

1. C'étaient les 5e et 11e batteries du 9e régiment.

régiment était formé en bataille un peu en arrière d'Elsasshausen, défilé par la crête du terrain, les bataillons disposés en ordre inverse. Lorsque les tirailleurs prussiens débouchant d'Elsasshausen envahirent les batteries du 9e placées près de ce village, un frémissement d'impatience parcourut les rangs des turcos. Le 3e bataillon, commandant de Lammerz, se porta en avant contre les tirailleurs que suivaient de grosses masses sortant de tous les côtés des bois qui se trouvent au sud. Les Prussiens s'arrêtent à cette vue et hésitent à faire demi-tour. Les 2e et 1er bataillons, commandants Sermansan et de Coulanges, se portent vivement à hauteur du bataillon de Lammerz. Le régiment marchant en bataille, le cri de « En avant ! » se fait entendre d'un bout à l'autre de la ligne. Les turcos, poussant leur cri de guerre, se précipitent sur l'ennemi baïonnette baissée, et déterminent la retraite sans tirer un coup de fusil. Les Prussiens fuient en désordre et vont se réfugier dans le *Petit-Bois* puis dans le Niederwald. Les turcos reprennent les six pièces des batteries du 9e dont les Allemands s'étaient emparés, et qu'ils n'avaient pu encore emmener; ils franchissent le *Petit-Bois* à la suite des fuyards et arrivent en face du Niederwald dont la lisière est fortement garnie par les Prussiens refoulés. Alors éclate contre les turcos une fusillade terrible partant de tous les points: en un instant, une foule d'officiers et de soldats sont frappés. Les turcos recevaient aussi des balles par leur flanc droit. Elles leur étaient envoyées par les troupes qui poursuivaient l'accomplissement du mouvement tournant contre la droite et les derrières de l'armée française, en remontant l'Eberbach. Après avoir perdu la moitié de son effectif, ce brave régiment dut se jeter dans le Grosser-Wald, et en border la lisière pour arrêter la poursuite des Prussiens. Ce n'est qu'à bout de forces et après avoir épuisé toutes ses munitions, qu'il battit en retraite à travers la forêt, et gagna la route de Frœschwiller à Reichshoffen. Dans ce mouvement, qui causa une vive inquiétude aux Prussiens et qui fit l'admiration de tous les témoins oculaires, ennemis comme amis, le 1er turcos perdit en un clin d'œil 800 hommes, presque tous tués ou blessés. Il ajouta ainsi de nouveaux titres de gloire à ceux qu'il avait conquis à Wissembourg[1].

Ainsi tous les efforts de la plus admirable bravoure et de l'opiniâtreté la plus sauvage venaient échouer contre les lignes ennemies, constamment alimentées de troupes fraîches. A notre gauche cependant les progrès des Bavarois étaient jusqu'alors moins sensibles, et les généraux Ducrot et Raoult avaient réussi à les modérer. Le Ier corps bavarois, immobilisé devant le bois de

1. *Wissembourg, Frœschwiller, Retraite sur Châlons,* par le commandant DE CHALUS. Paris, Dumaine, 1882.

Frœschwiller, que défendaient avec une énergie surhumaine les 8ᵉ et 13ᵉ bataillons de chasseurs, le 1ᵉʳ zouaves, le 2ᵉ tirailleurs et le 48ᵉ de ligne, tous confondus et mélangés, ne parvenait pas à en conquérir la lisière : plus loin, le 11ᵉ corps bavarois, contenu dans la forêt de Langensulzbach, tentait vainement d'en déboucher. Mais à mesure que de nouveaux renforts, traversant la Sauer, arrivaient en ligne, la position de nos braves soldats devenait plus critique, et la résistance plus difficile. Le colonel Suzzoni, du 2ᵉ tirailleurs [1], et le commandant Poyet, du 8ᵉ bataillon de chasseurs, avaient été tués ; les hommes se sentaient épuisés, et le 48ᵉ, décimé et presque anéanti, dut bientôt abandonner la position pour se retirer sur Frœschwiller.

Le général Ducrot essaya alors de lancer en avant le 36ᵉ; mais après un court retour offensif, ce régiment, qui avait perdu dans cette terrible journée 45 officiers et 960 hommes, et qu'enveloppaient des bataillons entiers, dut reculer à son tour. Sa retraite entraîna celle de tous les défenseurs du bois de Frœschwiller, et leurs débris, conduits par le commandant Mathieu, du 2ᵉ tirailleurs, et le lieutenant-colonel Girgois, du 78ᵉ, se dirigèrent vers le village. Ce mouvement s'exécuta fièrement, enseignes déployées et en tenant constamment tête à l'ennemi.

Prise du drapeau du 36ᵉ. — Les survivants du 36ᵉ étaient aux ordres du commandant Laman, seul officier supérieur du régiment encore debout, et protégeaient la retraite. Sous la pluie de feu qui tombait, le porte-drapeau, blessé, s'affaisse tout à coup. Les Bavarois se précipitent avec des hourras frénétiques pour lui enlever son précieux trophée; déjà, les quelques braves qui l'entourent ont succombé et le drapeau va être pris, quand, à leur suprême appel, une poignée d'hommes, ayant à

---

1. Le colonel Suzzoni avait déjà sauvé son drapeau. Prévoyant que son régiment était voué à un écrasement complet, il appela à lui le vieux sergent indigène Mohammed-ben-Dakich et lui confia l'étendard du régiment, avec mission de le sauver. Après trois jours d'une marche périlleuse à travers bois, ce brave sous-officier et quelques tirailleurs qui l'avaient accompagné atteignirent Strasbourg, où ils remirent leur précieux dépôt au gouverneur de la ville.

sa tête quatre ou cinq officiers, se jette en avant, baïonnette basse, et dégage l'étendard. Alors commence une héroïque odyssée. Dans la grande rue de Frœschwiller, où la petite troupe, toujours tiraillant, s'est enfin engagée, débouchent en même temps, par l'autre côté, des bataillons allemands, qui viennent de s'emparer du village par le sud. Les projectiles pleuvent sur le groupe valeureux qui se serre autour de son drapeau. L'officier qui porte celui-ci tombe, et avec lui presque tous ses compagnons d'armes. Il ne reste bientôt debout que deux officiers, deux sapeurs et une dizaine de soldats; mais ces débris d'un régiment qui s'est battu noblement pendant toute la journée ne veulent pas laisser tomber entre les mains de l'ennemi ce qu'ils possèdent de plus sacré et de plus cher. Ils se jettent dans une grange ouverte et s'y barricadent; puis, allumant un tas de fagots, ils essayent de brûler le drapeau. Impossible : la soie, mouillée de sang, ne flambe pas. Que faire? Le sous-lieutenant Pihet, prenant alors une résolution désespérée, arrache ces franges sanglantes de leur hampe à demi brisée et les cache sous un tas de bois. Cependant les Bavarois se sont rués à l'assaut de la grange ; la porte vole en éclats, et sur nos braves désarmés et impuissants tombe une horde sauvage, grisée par l'acharnement de la lutte, qui frappe sans quartier tout ce qu'elle trouve devant elle. Un officier arrache au soldat qui la tenait l'aigle d'or et sa cravate tricolore, tandis que la hampe, brisée en mille pièces, jonche de ses fragments épars le sol ensanglanté ; puis il donne l'ordre d'entraîner hors de la grange les quelques survivants de ce combat suprême, pour les promener devant les rangs ennemis. La *Relation officielle* prussienne accuse, parmi les trophées conquis à Frœschwiller, *une aigle*. Voilà, dans toute sa vérité, l'histoire de cette conquête. Il nous semble qu'elle ajoute plus à la gloire des vaincus qu'à celle des vainqueurs [1].

1. La soie du drapeau, cachée dans la grange de Frœschwiller, ne fut même pas perdue sans retour par le 36e. La noble relique fut retrouvée après la guerre par un prêtre qui portait la charité dans

Prise de Frœschwiller. — Nous venons de voir qu'au moment où le 36ᵉ s'engageait dans Frœschwiller, le village était déjà pris par l'ennemi. Les colonnes des Vᵉ et XIᵉ corps, victorieuses enfin de nos troupes harassées, avaient en effet pénétré par le sud dans ce réduit suprême de la défense, que les Bavarois attaquaient maintenant par le nord. Le corps Werder, arrivé à la rescousse, envoyait un bataillon wurtembergeois pour tourner la position par le sud-ouest, et les cinq corps d'armée du Prince royal, marchant concentriquement sur nous, enserraient le village de Frœschwiller d'un cercle de fer et de feu.

C'est ici, a écrit éloquemment M. Alfred Duquet, c'est ici qu'il faudrait la plume des grands historiens pour raconter dignement l'agonie gigantesque des régiments qui ne fuient point. Oui, parmi ces décombres fumants, derrière ces haies déchirées, ces murs ébranlés, dans cette église crénelée, remplie tout à la fois de blessés affolés et de combattants furieux, au milieu de Frœschwiller embrasé, s'agite encore, sublime de désespoir, une phalange qui meurt et ne se rend pas. C'est rue à rue, maison par maison, pied à pied, que les Français disputent le terrain, et lorsque les Allemands ont achevé leur rude besogne, ils savent ce qu'il en coûte, combien il faut sacrifier de bataillons pour coucher à jamais par terre les survivants de Malakoff et de Magenta [1]. »

Le général de Bose, commandant le XIᵉ corps, recevait là une seconde blessure, grave cette fois. Le général Raoult, commandant la 3ᵉ division française, qui dans cette défense désespérée s'était prodigué avec une indomptable énergie, était frappé à mort [2]. Les débris

---

ces pays dévastés, et restituée au régiment dont elle attestait l'héroïsme. Le 36ᵉ reconstitué lui rendit les honneurs suprêmes, et salua en défilant devant elle le sang dont l'avaient teinte en mourant ses soldats tombés pour la patrie.

1. Alfred Duquet, *loc. cit.*, page 131.
2. Ancien major des tranchées à Sébastopol, le général Raoult, que ses fonctions appelaient constamment aux avant-postes pour la réception des parlementaires et les échanges de prisonniers, avait connu là le fameux général Totleben, chargé, du côté russe, de l'accomplissement des mêmes formalités. Une estime réciproque et bientôt une sympathie réelle rapprocha ces deux hommes remarquables tous deux, bien qu'à des points de vue différents. Aussi, lorsque après la guerre d'Orient, Totleben, venu en France, fut conduit par l'empereur Napoléon III au camp de Châlons, qui recevait cette année-là des troupes pour la première fois, les deux officiers se retrouvèrent-ils

de nos régiments soutinrent quelque temps encore une lutte acharnée; mais le flot sans cesse grossissant des ennemis finit par les submerger, et, vers cinq heures, les survivants de cette défense héroïque durent rétrograder sur Reichshoffen.

Il en fut beaucoup, parmi ces braves gens si peu habitués à la défaite, qui aimèrent mieux mourir que reculer. Une batterie, placée au nord de la route, continua à tirer « avec beaucoup d'efficacité », dit la *Relation allemande*, jusqu'à ce que les tirailleurs prussiens, mettant hors de combat servants et attelages, aient réussi à lui capturer ses six bouches à feu. De même deux escadrons du 6ᵉ lanciers se lancèrent contre l'artillerie ennemie qui avançait; ils furent écharpés et leur vaillant chef, le colonel Poissonniers, tomba mortellement frappé. Mais, hélas! ces efforts généreux étaient désormais stériles; la bataille était définitivement perdue, et la seule chose à faire était de protéger, dans la mesure du possible, la retraite de nos soldats épuisés.

Retraite sur Niederbronn. — Le général Ducrot, qui pendant cette journée avait déployé beaucoup d'habileté et d'énergie, fut chargé de ce soin. Appelant à lui la seule troupe encore à peu près organisée qui lui reste, la brigade du Houlbec, il la poste sur la lisière orientale du Grosser-Wald, et tient tête, avec le 1ᵉʳ zouaves, le 43ᵉ de ligne et trois batteries du 9ᵉ, à

avec un plaisir non dissimulé. Il arriva même que l'Empereur, entendant chaque jour prononcer par son hôte dans les termes les plus élogieux le nom de Raoult, demanda des renseignements sur lui à ses généraux. Le résultat fut la nomination du colonel Raoult au poste très envié de chef d'état-major de la Garde impériale. « Grièvement « blessé à Frœschwiller, le général fut secouru par le commandant « Dubousset, qui resta à ses côtés jusqu'à l'arrivée des Allemands. « Le général von der Tann (commandant le 1ᵉʳ corps bavarois) « avait connu Raoult en Afrique; le trouvant étendu au pied d'un « arbre, il fit prévenir le Prince royal qui accourut au galop. L'é- « nergique blessé eut encore la force de lui présenter le commandant « Dubousset : — « Monsieur le major, dit le prince à ce dernier, en « raison de votre belle conduite, vous êtes libre. » Quant au général, « transporté au château du comte de Leusse (à Reichshoffen), il y « mourut le 10 août (*a*). » (*Spectateur militaire*, liv. du 15 août 1874, pages 187 et 188.)

(*a*) La date donnée ici par le *Spectateur militaire* est erronée. C'est le 3 septembre seulement qu'est mort le général Raoult.

la marée montante des bataillons prussiens. Grâce à cette protection, les troupes du 1ᵉʳ corps peuvent atteindre Reichshoffen, mais dans quel désordre et dans quelle confusion! Plus de divisions, plus de régiments, plus de compagnies! Nos malheureux soldats, sans direction et sans chefs, encombrent la route pêle-mêle avec les voitures, les caissons, les cavaliers et les fourgons, s'entassent et s'écrasent dans les rues du village, tandis que les obus lancés par les batteries allemandes creusent dans leur masse mouvante de larges sillons sanglants. Le maréchal, morne et l'âme brisée, marche en silence avec son état-major décimé au milieu de cette cohue. Il est cinq heures : il ne reste plus rien à tenter. Le duc de Magenta gagne Niederbronn et indique Saverne comme point de ralliement.

Cependant l'ennemi victorieux veut essayer d'anéantir les malheureux restes du 1ᵉʳ corps. Lançant contre le sud de Reichshoffen six escadrons wurtembergeois et cinq escadrons prussiens, que soutiennent deux batteries à cheval, il dirige sur l'est et le nord du village les deux corps bavarois. La cavalerie allemande, reçue à coups de fusil, avançait péniblement et n'osait s'exposer de trop près, quand tout à coup elle aperçoit, entassé près de la sortie sud du village, dans un chemin conduisant aux forges de Gundershoffen, un gros convoi qui a commis l'imprudence de s'arrêter. Elle se jette sur lui, sabre les conducteurs et les attelages, et le capture tout entier[1]. Reprenant sa marche en avant, elle fait écraser de projectiles par son artillerie la brigade Wolff, qui a essayé de lui tenir tête, l'oblige à se replier, et arrive jusqu'à Niederbronn, où elle trouve, vers le sud du village, près de la fabrique de papiers, une batterie de la division Ducrot. Celle-ci n'ayant qu'un faible soutien, improvisé avec des soldats ramassés un peu partout, ne peut se défendre longtemps : les Allemands s'en emparent, au prix, il est vrai, de pertes sérieuses, parmi lesquels il faut compter celle du

---

1. Ce convoi appartenait à la division de Lartigue; il comptait 13 officiers et médecins, 186 hommes, 240 chevaux, une bouche à feu, 4 caissons et 16 voitures.

lieutenant-colonel commandant les escadrons prussiens.

Pendant ce temps, les Wurtembergeois ont pénétré dans Reichshoffen, où ne restent plus que quelques hommes épars. Un de leurs pelotons, poussant droit au château, y fait prisonnier le général de Nicolaï et son état-major. Un escadron, se portant sur la gare, y prend deux locomotives et cent wagons chargés. Comment tout ce matériel n'avait-il pas été évacué dans la journée ? Une pièce renversée sur la route, à l'est de Reichshoffen, est également ramenée par les cavaliers. Puis tous les escadrons se lancent sur la route de Niederbronn, par laquelle s'écoulent nos troupes. Mais là s'arrête leur succès, car ils se heurtent d'abord contre le 16ᵉ bataillon de chasseurs, de la division Pellé[1], qui les attend de pied ferme, puis contre la division Guyot de Lespart, rangée en bataille sur les hauteurs de Niederbronn.

Cette division était, on se le rappelle, partie de Bitche dès le matin ; mais, retenue par la crainte d'être assaillie sur sa gauche, elle ne s'était avancée, malgré le bruit croissant de la bataille qui se livrait à quelques kilomètres, que très lentement et avec un peu trop de précautions, ou plutôt avec des précautions mal calculées. Quand elle atteignit Niederbronn, avec le 12ᵉ chasseurs qui l'accompagnait, le 1ᵉʳ corps avait déjà évacué Reichshoffen, et elle n'eut que le temps de prendre position pour recueillir ses débris. Cependant son intervention tardive, appuyée par les salves d'une batterie, suffit pour éteindre l'ardeur des escadrons allemands et arrêter leur poursuite. Ils tournèrent bride et regagnèrent Reichshoffen, laissant nos malheureuses troupes continuer leur retraite ; celle-ci ne fut plus troublée que par quelques obus lancés de Niederbronn, quand, à 8 heures du soir, les Prussiens entrèrent dans ce village, d'où nos soldats venaient de sortir.

Ce qui restait du 1ᵉʳ corps s'écoula dans deux directions différentes ; une partie s'engagea sur la route de

---

1. Le 16ᵉ bataillon de chasseurs avait été envoyé le matin vers Niederbronn, pour protéger la route de retraite.

Bitche, suivie, à courte distance par la brigade Abbatucci, de la division Guyot de Lespart. L'autre, la plus nombreuse, prit, d'après les indications du maréchal, la route de Saverne, que suivit également la brigade de Fontanges, 2ᵉ de cette même division. Le soir, le 7ᵉ corps, entraîné par la défaite du 1ᵉʳ, se repliait en arrière, ainsi que nous le verrons plus tard, et quand à 9 heures le silence de la nuit succéda, sur le champ de bataille abreuvé de tant de sang, au fracas de cette terrible journée, l'Alsace, que tant de liens si chers rattachaient à la France, était perdue pour nous.

L'armée victorieuse, dont le Prince royal, salué par des hurrahs enthousiastes, parcourait les rangs à cet instant fatal, bivouaquait sur les positions suivantes : le Vᵉ corps à Frœschwiller; le XIᵉ, à Wœrth, Elsasshausen et Eberbach, le 1ᵉʳ bavarois, à Frœschwiller, Preuschdorf, Lampertsloch et Reichshoffen; le IIᵉ bavarois, à Lembach, Reichshoffen et Niederbronn; la division wurtembergeoise (moins la 2ᵉ brigade placée en avant-postes à Gundershoffen et Griesbach), à Engelshoff; enfin la division badoise, à Gunstett et Schwaabwiller. La 4ᵉ division de cavalerie, qui arriva le soir à Gunstett, fut lancée à la poursuite de nos troupes. Quant au VIᵉ corps, il était toujours en arrière et ne rejoignit pas ce jour-là.

Pertes de la bataille de Frœschwiller. — La victoire que les Prussiens venaient de remporter était due en majeure partie, à leur énorme supériorité numérique. Tandis que l'armée française comptait en tout 46,500 hommes, 7,800 chevaux et 119 canons [1], le Prince royal avait pu mettre en ligne 125,500 hommes, 33,000 chevaux et 312 bouches à feu [2]; c'était une proportion de 1 contre 2,6 ! Et cependant les pertes de

---

1. Les seules troupes françaises qui ne prirent point part à la bataille, sont : le 2ᵉ bataillon du 74ᵉ pris à Wissembourg; le 87ᵉ, resté à Strasbourg, et deux bataillons du 21ᵉ restés à Haguenau, avec l'artillerie de la division Conseil-Dumesnil. La division Douay avait, en outre, perdu une pièce à Wissembourg.

2. D'après la *Relation allemande* et en diminuant l'effectif d'une division du 1ᵉʳ corps bavarois qui ne parut pas sur le théâtre de l'action.

l'ennemi étaient énormes. 106 officiers et 1,483 soldats tués; 383 officiers, 7,297 soldats blessés, enfin 1,373 disparus, au total 10,642 hommes hors de combat, tel était le bilan de son coûteux succès. Quant à nous, le chiffre de nos pertes témoignait de l'acharnement avec lequel notre poignée de soldats avait défendu ses positions. Nous comptions environ 760 officiers et 10,000 hommes tués ou blessés [1]. 4,188 hommes purent se réfugier à Strasbourg, mais 200 officiers et 6,000 hommes [2] restèrent prisonniers entre les mains de l'ennemi : c'était un total de plus de 16,000 individus hors de combat !

Les pertes de l'ennemi atteignaient 7 0/0, les nôtres 21 0/0 de l'effectif; l'armée française fit donc preuve, dans cette terrible journée, d'une énergie qui honorait et relevait sa défaite [3].

Mais ce qui ajoutait une singulière intensité à la douleur de celle-ci, c'est l'énorme quantité de butin que nous laissions au pouvoir des Allemands. Une aigle, 28 canons, 5 mitrailleuses, 91 caissons, 23 fourgons de munitions, 158 voitures et 1,193 chevaux nous étaient enlevés; enfin nous abandonnions sur ce terrain si tristement célèbre les corps de 3 généraux et de 7 colonels, morts glorieusement à la tête de leurs soldats ! Malgré tout, le nom de Frœschwiller évoquera toujours dans notre pays des souvenirs d'honneur et de dévouement, et restera comme un monument impérissable de la bravoure française. On a vu dans cette journée les chefs faire preuve d'une indomptable ténacité, l'infanterie déployer un courage presque surhumain, la cavalerie se sacrifier tout entière pour le salut commun, et six régiments de cuirassiers se lancer à la mort avec une énergie sauvage. Quant à l'artillerie, si inférieure en nombre et en matériel, son abnégation a été au-dessus de tout éloge, et le nombre de pièces qu'elle a perdues montre avec quel mépris du danger elle s'est

---

1. Le chiffre des pertes de l'armée française n'a jamais pu être exactement établi.
2. Chiffre donné par les Allemands.
3. Général DERRÉCAGAIX, *loc. cit.*, tome II, page 199.

prodiguée pour tenir tête aux formidables engins dont disposaient les Allemands. Nous pouvons donc pleurer la défaite, mais nous devons aussi relever la tête au souvenir de tant d'héroïsme dépensé pour l'éviter, et devant le témoignage qu'en a porté l'adversaire lui-même :

> Le commandant en chef des troupes françaises, a-t-il dit, avait lutté jusqu'à la dernière extrémité contre les forces supérieures des Allemands ; partout, son armée avait combattu avec grand courage ; sa cavalerie tout entière s'était volontairement sacrifiée pour dégager les autres armes. Mais quand on fut entouré de toutes parts, quand l'unique ligne de retraite se trouva sérieusement menacée, la résistance dut enfin cesser [1].

Conséquences de la bataille de Frœschwiller. — Malheureusement, si la défaite restait glorieuse, elle n'en avait pas moins des conséquences désastreuses pour nous. L'Alsace, abandonnée par le 1er corps vaincu, et par les 5e et 7e corps obligés de le suivre dans sa retraite, tombait tout entière, moins la seule place de Strasbourg, aux mains de l'ennemi. La barrière des Vosges cessait d'exister, l'armée de Lorraine était tournée par le sud, et la route de Paris se trouvait découverte. Quant à l'effet moral, il était plus pitoyable encore ; nos troupes qui se croyaient et qu'on croyait invincibles perdaient confiance en elles-mêmes, et leur tempérament impressionnable subissait avec une violence extrême la commotion de cet échec foudroyant. La démoralisation succédait sans transition à tant d'énergie et de courage ; la fermeté dont les chefs de l'armée venaient cependant de donner une preuve éclatante les abandonnait, et la cohésion, si nécessaire dans les revers, faisait place à un délabrement général qui devait imprimer à la retraite sur Châlons un caractère regrettable. Dans le camp ennemi, au contraire, la victoire exaltait les esprits en proportion de la grandeur et de l'imprévu du succès ; les liens de l'unité nationale se scellaient dans le sang répandu en commun, et la connaissance exacte d'une supériorité désormais prouvée

---

1. *La Guerre franco-allemande*, page 278.

donnait à tous, officiers et soldats, une confiance précieuse pour l'avenir.

Pour toutes ces raisons, la perte de la bataille de Frœschwiller prenait les proportions d'un véritable désastre. Mais ce désastre pouvait-il être évité ? Incontestablement oui, si le maréchal de Mac-Mahon, mieux informé des mouvements de l'ennemi, mieux au courant de sa supériorité numérique et tactique, s'était dérobé le 5 pour aller occuper les défilés des Vosges. La valeur des troupes ne saurait, si admirable soit-elle, suppléer à tout ; et quand, par suite de leur petit nombre, celles-ci sont condamnées à la défensive passive, leur perte est assurée. Le résultat de la bataille eût été probablement bien différent, si le 5ᵉ corps tout entier et deux divisions du 7ᵉ avaient grossi les forces du maréchal. Mais nous avons vu que le 5ᵉ corps, bien que campé à une distance qui lui eût permis d'apporter en temps utile l'appoint de 25,000 hommes et de 36 bouches à feu, fut retenu loin du champ de bataille par la divergence des instructions qu'il recevait, autant que par la préoccupation d'une attaque imminente, dont l'absence de renseignements précis faisait avec quelque raison redouter l'éventualité au général de Failly. En outre la division Guyot de Lespart mit à marcher au canon une lenteur inexcusable. Quant au 7ᵉ corps, il avait, le 4 au soir, sa 2ᵉ division et sa réserve d'artillerie à Mulhouse, c'est-à-dire à quelques heures de chemin de fer de Reichshoffen. La constitution encore incomplète de ces unités décida probablement le maréchal à les laisser sur place, car elles ne reçurent pas l'ordre de se porter à lui. Le fait certain, c'est que, renforcé de deux divisions du 5ᵉ, et deux divisions du 7ᵉ avec toute l'artillerie, le duc de Magenta aurait pu mettre en ligne 70,000 hommes et 224 bouches à feu. Qui ne doute que, dans de pareilles conditions, les chances de la lutte ne fussent devenues toutes différentes ?

C'est donc à l'incertitude dans le commandement, à son défaut d'unité, et à l'absence d'un service d'exploration quelconque, qu'il faut attribuer l'écrasement du 1ᵉʳ corps. L'isolement de ce corps doit être regretté d'autant plus qu'il a justifié l'audace extraordinaire de ce chef d'état-major prussien, engageant de son propre mouvement une bataille générale contre le gré et la volonté formelle du général en chef. Certes, l'initiative est féconde et doit être encouragée à tous les degrés de la hiérarchie; cependant, quand elle atteint ces limites, elle risque de devenir singulièrement compromettante, et le colonel von der Esch eût probablement regretté amèrement la sienne, si, au lieu de se réduire au seul 1er corps, l'armée du maréchal s'était trouvée constituée comme il vient d'être dit plus haut, et si ses flancs, au lieu d'être en l'air, avaient été appuyés sur des ouvrages de campagne, solidement occupés par une garnison suffisante. Ni la puissante artillerie du Prince royal, malgré sa brillante audace, ni les lignes d'infanterie incessamment renouvelées, grâce à l'esprit de solidarité vraiment remarquable qui animait les généraux ennemis, n'eussent probablement réussi à prendre pied sur les hauteurs de Forstheim et d'Eberbach, et à chasser ainsi nos braves soldats de leurs positions, en les menaçant de couper leur unique ligne de retraite. Mais de semblables considérations n'étaient guère de saison après un succès triomphal. Il parut au contraire à l'état-major prussien que la victoire de Wœrth donnait comme une consécration à des procédés généralement réputés insolites, et ceux-ci furent dès ce jour, tenus encore plus en honneur. Nous verrons, dans le cours de ce récit, les généraux allemands y demeurer fidèles; cependant, s'ils ont conquis ainsi de nouveaux triomphes, c'est uniquement parce que le coupable oubli où nous étions tombés des vrais principes de la guerre ne nous a pas permis de punir leur témérité.

CHAPITRE III

RETRAITE SUR CHALONS

I. *Retraite des 1er et 5e corps.* — Le maréchal de Mac Mahon était arrivé de sa personne à Saverne, vers neuf heures du soir. Les différents groupes de son armée qui, suivant ses instructions, s'étaient dirigés sur ce point, et auxquels la brigade de Fontanges servait d'arrière-garde, n'y arrivèrent qu'à sept heures du matin, le 7. On chercha alors à reconstituer tant bien que mal les unités désorganisées, à reformer les régiments et à évaluer les pertes. Mais cette dernière opération fut reconnue bientôt impossible, car non seulement des fractions de troupes assez importantes avaient pris, comme nous le savons, la route de Bitche, mais encore des quantités d'isolés, s'égarant à travers les passages des Vosges, avaient gagné soit Lichtenberg, soit la Petite-Pierre, soit même des points quelconques où ils attendaient des nouvelles de leurs corps respectifs. Divers détachements, formant à peu près un total de 4,000 hommes, s'étaient aussi réfugiés à Strasbourg, où leur appoint ne fut pas inutile à la défense, et avaient porté au général Ulrich, gouverneur de la place, l'annonce du désastre avec la certitude qu'il ne pouvait désormais compter sur aucun secours.

La reconstitution du 1er corps était donc impraticable, pour le moment; on se borna à indiquer des points de ralliement où les débris de chaque corps de troupe vinrent se réunir à leurs chefs, et on distribua aux soldats affamés ce qu'on put trouver de nourriture, après avoir eu recours à la générosité des habitants.

La cavalerie ennemie perd le contact. — Fort heureusement, l'ennemi n'accentuait pas sa poursuite, et la journée du 7 put être donnée tout entière au repos dont nos malheureux soldats avaient un si impérieux besoin. L'état-major allemand, croyant, d'après la direction prise par la brigade Abbatucci et aussi, il faut bien le dire, d'après la logique, que le gros de nos forces se repliait vers la Moselle pour faire sa jonction avec l'armée de Lorraine, avait en effet prescrit à la 12e division (du VIe corps) de se porter vers Bitche dans la matinée du 7 pour nous couper la retraite. En même temps il lançait en avant la 4e division de cavalerie (prince Albrecht); mais celle-ci, induite en erreur par ses éclaireurs, prit tout d'abord la route de Niederbronn, où se trouvait déjà la brigade de cuirassiers bavarois, et n'envoya dans la direction d'Ingwiller, c'est-à-dire sur la route de Saverne, qu'un régiment de hussards. Au débouché de Niederbronn, le prince Albrecht aperçut des soldats français qui se montraient dans les défilés des Vosges, et cela suffit pour qu'il s'abstînt de pousser plus avant. Mais, comme les observations recueillies ne lui permettaient pas de douter qu'une partie au moins des forces françaises se fût repliée par la route d'Ingwiller, il se décida à prendre enfin cette direction, emmenant avec lui la brigade de cuirassiers bavarois[1]. A mesure qu'il avançait, les traces de l'armée battue se montraient plus évidentes et plus nombreuses : des fusils, des sacs, une pièce de canon abandonnée, des fourgons encombraient le chemin; des traînards se faisaient capturer, tandis que des groupes de soldats débandés, embusqués dans les maisons ou les fourrés, tiraient sur les escadrons en patrouille. Aussi, à dix heures du matin, le prince Albrecht, suffisamment renseigné, mandait-il au Prince royal que « le gros des forces françaises s'était retiré par Niederbronn, sur Bitche, mais qu'une notable partie avait pris par

---

1. *La Guerre franco-allemande*, page 217.

Ingwiller[1]. » Continuant ensuite sa marche, il atteignit à onze heures Bouxwiller, où il fit reposer sa division. Enfin, à cinq heures du soir, il arrivait à Steinbourg, avec 30 escadrons et 3 batteries.

C'était là une force respectable et qui permettait au général allemand de se montrer audacieux : il lui suffit cependant de recevoir une salve de mousqueterie et d'apprendre que quelques bataillons français étaient en marche vers Steinbourg où il venait d'établir son bivouac, pour qu'il jugeât prudent de rebrousser chemin. Il se retira donc sur Bouxwiller, malgré la fatigue de ses chevaux et les périls d'une marche de nuit, et s'y arrêta jusqu'à nouvel ordre. Or, au même moment, le maréchal de Mac Mahon, sur l'ordre de l'Empereur, venait de faire reprendre la retraite vers Nancy. Par suite, quand, le lendemain matin, le prince Albrecht voulut recommencer la poursuite, 45 kilomètres le séparaient déjà de nos arrière-gardes, et il s'engagea dans les défilés des Vosges, sans y rencontrer personne. Le contact était encore perdu, définitivement cette fois.

Quant à la 12e division, elle trouva également Bitche évacuée et le corps de Failly disparu : les remparts seuls saluèrent ses patrouilles de quelques coups de fusil et de quelques obus.

Ainsi la retraite d'une armée aussi complètement battue que celle du maréchal pouvait maintenant s'effectuer sans encombre. C'est là un fait assurément étrange, et qui montre bien à quoi se réduisait alors l'audace tant vantée des escadrons allemands ! Les cavaliers de Murat, de Lassalle et les grenadiers de Lannes entendaient autrement la poursuite, et n'opéraient certes pas avec cette mollesse quand, en 1806, ils se lançaient à travers l'Allemagne aux trousses des débris d'Iéna et d'Auerstædt ! On peut affirmer qu'après une défaite comme celle du 6 août, en présence d'une cavalerie intacte, nombreuse et ayant à peine paru sur le champ de bataille, l'armée d'Alsace devait s'attendre à être

---

1. *La Guerre franco-allemande*, page 217.

harcelée jusqu'à sa complète désagrégation. Il n'en a rien été, Dieu merci! et ses régiments héroïques ont pu encore former le solide noyau autour duquel sont venus se grouper les éléments un peu disparates de l'armée de Châlons. Mais la cavalerie prussienne n'a pas lieu de s'enorgueillir de son attitude dans cette circonstance, car elle s'y est montrée singulièrement oublieuse des leçons qu'elle avait reçues autrefois des Seydlitz et des Ziethen!

Quoi qu'il en soit, dans la journée du 7, le maréchal de Mac Mahon avait adressé de Saverne à l'Empereur son rapport sur la bataille de Frœschwiller; le soir de ce même jour, il remettait son corps d'armée en marche sur Phalsbourg. L'infanterie des deux divisions Ducrot et Raoult suivit la voie ferrée et passa sous les tunnels des Vosges; le reste de l'armée, avec l'artillerie, prit la grande route de Sarrebourg. La cavalerie marchait en tête de cette deuxième colonne, sauf le 11e régiment de chasseurs, qui, envoyé en reconnaissance vers Steinbourg, n'avait pas aperçu l'ennemi et était venu prendre place à l'arrière-garde. Tout le monde arriva dans la matinée du 8 à Sarrebourg, où rejoignirent également, ainsi qu'on le verra plus loin, le 5e corps et les fractions du 1er corps qui ne s'étaient pas retirées sur Saverne, le 6.

La direction imprimée à la retraite du 1er corps a été souvent et justement, du moins le croyons-nous, critiquée. La première pensée qui vient à l'esprit, en effet, est que l'armée battue à Frœschwiller devait, sans perdre de temps, se replier sur ses renforts, c'est-à-dire sur la Sarre, où se trouvait le gros des forces françaises, et chercher à rejoindre le plus tôt possible les corps qui occupaient la Lorraine. Mais était-ce possible? Voilà la question. Les coureurs ennemis se montraient déjà sur la Sarre et la Blies, et la route de Bitche à Sarreguemines était coupée. Il aurait donc fallu, pour atteindre les forces placées en Lorraine, gagner d'abord la Seille, puis le Nied, et descendre cette dernière rivière pour remonter ensuite sur Saint-Avold; c'était là une marche de flanc très dangereuse, qu'on devait avant tout éviter, et l'on s'explique parfaitement que, malgré la logique, une ligne de retraite aussi hasardée n'ait point été adoptée de préférence. Mais était-ce une raison pour abandonner sans défense les passages des Vosges, pour reculer d'une traite jusqu'à Châlons, à 270 kilomètres en arrière, entraînant avec soi les 5e et 7e corps, et pour livrer ainsi, d'un seul coup, l'Alsace tout entière et une partie de la Lorraine à l'ennemi ? Assurément non. Obligé de se séparer de l'armée de la Sarre, le 1er corps pouvait prendre résolument un parti, et, adoptant une direction divergente, se diriger droit sur Belfort ; entre temps, il aurait pris position sur une des rivières qui traversent l'Alsace perpendiculairement au cours du Rhin, appelé à lui les 5e et 7e corps, et résisté en s'appuyant sur la place de Strasbourg. La IIIe armée allemande, menacée alors sur ses deux flancs, était obligée de s'arrêter ou tout au moins de laisser sur sa ligne de communication des forces imposantes, sous peine de compromettre gravement celle-ci, et la route de Paris, pour laquelle on semblait éprouver tant de craintes, se trouvait, du même coup, interdite à l'ennemi. Les auteurs allemands ne dissimulent pas que cette solution leur eût été funeste, et voici ce que dit à son sujet un de leurs écrivains les plus autorisés :

> Une poursuite continue par la IIIe armée était impossible dans la direction de Belfort ; elle eût cessé déjà à Strasbourg. Le maréchal pouvait y rassembler son corps d'armée en deux jours ; puis, renforcé par le 5e et par le reste du 7e, sinon arrêter la IIIe armée tout entière, du moins en immobiliser une grande partie. Paris se trouvait ainsi indirectement, mais très efficacement couvert. Et, après les événements qui se préparaient en Lorraine, les Allemands n'auraient plus eu de forces suffisantes pour investir Metz. En agissant comme il le fit, Mac Mahon entraîna à sa suite la IIIe armée sur la route de la capitale et exposa celle-ci bien plus qu'il ne la couvrit[1].

Il résulte de tout ceci que le choix de la route de Nancy était aussi mauvais que possible ; mais on ne saurait en attribuer la responsabilité au maréchal de Mac Mahon. Il lui fut imposé, comme nous l'avons

---

1. Général-lieutenant DE HANNEKEN, *Réflexions militaires.*

dit, par les instructions formelles du major général, qui, quelques jours plus tard, lui indiqua le camp de Châlons comme point de ralliement définitif. Toutefois il est infiniment regrettable que le duc de Magenta n'ait pas jugé à propos, en se retirant, de faire sauter les tunnels du chemin de fer de Strasbourg à Nancy, comme le commandant du génie en faisait la proposition. Les fourneaux étaient prêts, car dès le 18 juillet, la Compagnie de l'Est, dont le dévouement et l'activité furent, pendant cette campagne, dignes des plus grands éloges, avait, avec l'approbation du ministre de la Guerre, fait le nécessaire à cet égard. Le maréchal espérait-il encore pouvoir faire un retour offensif? Nous l'ignorons ; mais toujours est-il que lorsqu'à Paris on sut que l'armée d'Alsace ne se reformait pas, comme on le supposait, sur le versant oriental des Vosges, des instructions furent lancées pour la destruction des ouvrages. « Il était malheureusement trop tard ; ceux-ci étaient occupés par les Allemands, *dont rien n'égala la joie*, dit un de leurs historiens, *lorsqu'ils découvrirent qu'aucun obstacle n'arrêtait leur marche dans la traversée de la ligne des Vosges*[1] ».

Arrivée du 5ᵉ corps à Sarrebourg. — Voyons maintenant ce qui s'était passé au 5ᵉ corps. Le 6 août, vers sept heures du soir, le général de Failly, qui toute la journée avait entendu la canonnade de Frœschwiller, était informé du résultat de la bataille par deux dépêches, l'une du chef de la gare de Banstein, ainsi conçue : « *Bataille perdue, l'ennemi est à Niederbronn* », l'autre du général Abbatucci lui rendant compte de la direction prise par les deux brigades de la division Guyot de Lespart[2]. Le commandant du 5ᵉ corps réunit aussitôt un conseil de guerre, composé des généraux de division et des chefs de service, et lui demanda son avis sur la situation. Après une discussion approfondie[3], le conseil opina pour une retraite immédiate,

---

1. Jacqmin, *loc. cit.*, page 316.
2. *Opérations et marches du 5ᵉ corps*, page 15.
3. *Ibid.*, page 16.

et décida qu'on prendrait sans tarder la route de la Petite-Pierre, en abandonnant à Bitche tous les bagages et les voitures, même celles de comptabilité. Une compagnie formée avec les douaniers des environs, un bataillon du 86e, quelques artilleurs commandés par un capitaine, enfin un médecin et un sous-intendant militaire, devaient être laissés dans la place pour en former la garnison.

En conséquence, à huit heures du soir, le camp était levé, et le 5e corps se mettait en marche, ayant en tête la division Goze. Ce n'est que dix-huit heures plus tard, et après une marche extrêmement pénible, qu'il arriva à la Petite-Pierre où se trouvaient encore des détachements du 1er corps, avec le général Ducrot qui avait heureusement fait préparer des vivres, et où le général de Failly trouva un télégramme du major général, ainsi conçu : « L'Empereur maintient les ordres qu'il vous a déjà donnés[1], et d'après lesquels vous devez vous retirer avec vos troupes sur le camp de Châlons. » Le général de Failly, qui avait déjà reconnu des positions défensives autour de la petite place et prescrit de réparer en hâte les fortifications, donna donc de nouveau l'ordre du départ, et se dirigea, le 8, sur Sarrebourg, où il arriva dans la soirée. Là, il trouva le maréchal avec le 1er corps et la division Guyot de Lespart, dont certaines fractions avaient dû, pour gagner ce point, parcourir l'énorme distance de 120 kilomètres en 38 heures, sur la crête même des Vosges, et par des chemins à peine tracés. Il y trouva aussi le commandant Vanson, du grand état-major général, qui venait, de la part de l'Empereur, prescrire aux 1er et 5e corps de continuer leur retraite sur Nancy, mais de ne pas dépasser ce point sans ordre nouveau, et qui était chargé de diriger sur Châlons directement tous les malades et éclopés[2].

Marche sur Lunéville. — Le maréchal et le général de Failly prirent donc leurs dispositions pour partir au

---

1. Ces ordres n'étaient pas parvenus à destination.
2. Le dernier train de malades et de blessés partit de Sarrebourg le 11 août. (JACQMIN, *loc. cit.*, page 132.)

plus vite; mais, dans le but de se procurer plus aisément des vivres, ils convinrent de fractionner leurs forces en trois colonnes. La première, formée des divisions Goze et l'Abadie d'Aydren [1], de la réserve d'artillerie et des ambulances, marcherait sur Lunéville par Réchicourt; la seconde, formée du 1er corps et de la division Conseil-Dumesnil, se porterait également sur Lunéville par Blamont; enfin, la troisième, composée des divisions Guyot de Lespart et Brahaut, s'écoulerait par Cirey et Baccarat. Quant aux deux divisions de cavalerie Duhesme et de Bonnemain, elles devaient précéder à une journée de marche la colonne du centre (1er corps) sur la route de Blamont.

De pareilles dispositions sont faites pour surprendre. Que la nécessité de fractionner pour vivre s'imposât, rien de plus certain. Mais pourquoi les deux colonnes du 5e corps étaient-elles séparées par celle du 1er! Pourquoi aussi les deux divisions de cavalerie Duhesme et de Bonnemain, qui, dans ses mouvements sur la frontière, étaient toujours restées en arrière, marchaient-elles en avant, maintenant qu'on battait en retraite? Leur rôle était, non pas de précéder les colonnes, puisqu'on exécutait une marche rétrograde, mais de protéger au contraire les derrières et les flancs menacés de celles-ci. Un oubli aussi complet des règles les plus élémentaires de la guerre ne se peut réellement expliquer.

Retraite sur la Moselle et la Meuse. — Quoi qu'il en soit, le mouvement commença le 8 pour la cavalerie du 1er corps, et le 9 pour les autres troupes : mais dans quel désordre affreux!

Il pleuvait à verse, a écrit un témoin oculaire. Sur toute la route, spectacle de plus en plus triste. Artillerie, cavalerie, infanterie, tout était pêle-mêle; les hommes marchaient, les uns isolément, les autres par groupes; ils n'avaient pas reçu de vivres, aussi quelques-uns se livraient à la maraude ou plutôt au pillage dans les villages près de la route. On en voyait étendus inertes dans les fossés pleins d'eau, rompus de fatigue et ne voulant plus

---

1. Réduite à une brigade depuis que la brigade Lapasset en avait été coupée.

suivre. Au milieu de cette agglomération de pauvres diables marchant sans effets, sans souliers, circulaient lentement, péniblement, quelques voitures de bagages et d'éclopés[1].

Ainsi, il est vraiment pénible d'avoir à le constater, la débandade et l'indiscipline commençaient à pénétrer dans les rangs de ces soldats si braves l'avant-veille, et marchant maintenant comme un troupeau. C'est, hélas! que personne n'était préparé à l'idée d'un revers et que, dans ces circonstances douloureuses, le commandement lui aussi fléchissait. Cette retraite que la valeur des troupes eût certainement permis d'exécuter avec ordre et méthode, se fit, il faut bien l'avouer, dans des conditions déplorables, et l'absence de toute mesure d'ensemble, que l'affolement général fit négliger, finit par lui imprimer le caractère d'une déroute. Le même officier auquel nous avons emprunté les lignes citées plus haut a tracé de ce désarroi un tableau navrant :

> Le désordre était, dit-il, au comble dans les états-majors ; personne ne commandait, aussi personne ne savait ce qu'il devait faire. Habituellement, chaque jour il y a un rapport, et tout le monde se rend à la réunion pour prendre les ordres. Depuis la bataille du 6, il n'a plus été question de rapport[2].

Le pis est qu'une confusion extraordinaire dans les instructions reçues du quartier impérial augmentait encore le désarroi. Ainsi le 9, à sept heures du soir, le général de Failly venait d'arriver à Réchicourt, quand il reçut de l'Empereur l'ordre de se rendre immédiatement à Nancy. Ne pouvant parcourir d'une seule traite le lendemain la distance qui sépare ces deux points, il arrêta le 10, à Lunéville, sa colonne de droite, et à Baccarat, sa colonne de gauche, avec l'intention de les diriger le 11 sur leur nouvelle destination. Mais à Lunéville on apprit que l'ennemi s'avançait rapidement vers la Meurthe et que ses avant-gardes avaient atteint déjà la ligne de la Seille, à Dieuze, Marsal et Château-Salins. Le commandant du 5ᵉ corps se trouvait donc

---

1. *De Fræschwiller à Sedan*, journal d'un officier du 1ᵉʳ corps, pages 33 et 44.
2. *Ibid.*, page 38.

dans un embarras cruel, et d'autant plus pénible que le maréchal de Mac-Mahon, arrivé également le 10 à Lunéville avec le 1ᵉʳ corps auquel l'ordre impératif de se rendre à Nancy ne s'appliquait pas, avait jugé prudent, pour éviter toute rencontre avec l'ennemi, d'appuyer vers le sud et de marcher le 11 sur Bayon, point vers lequel sa cavalerie était déjà en route.

Le général de Failly alla exposer ses perplexités au maréchal ; mais celui-ci, ne se considérant plus comme commandant supérieur du 5ᵉ corps puisque le quartier impérial envoyait à celui-ci ses ordres directement, se borna à répondre que, pour son compte personnel, il abandonnait la direction de Nancy, considérée par lui comme trop dangereuse, et que même il avait envoyé au général Ladreit de la Charrière, commandant la subdivision de Nancy, l'ordre de faire sauter les ponts. Le général de Failly, pas plus avancé qu'auparavant, quitta alors le maréchal, en le priant d'envoyer de nouvelles instructions au général de la Charrière pour qu'il attendît au moins l'arrivée du 5ᵉ corps avant de faire sauter les ponts [1], et s'en alla donner les ordres de départ. Mais voici qu'à dix heures du soir, au moment où les troupes allaient se mettre en route, arrivait un officier du grand état-major général, porteur d'une nouvelle dépêche :

Dans le cas où vous vous verriez devancé à Nancy par l'ennemi, pour ne pas vous mettre dans la nécessité de lutter contre des forces supérieures, vous devriez, tout en continuant votre marche, prendre une direction plus à gauche, vers Langres, par exemple ; cette éventualité venant à se réaliser, vous auriez à la faire connaître à l'Empereur. De Nancy, l'Empereur vous appellera à Metz ou vous indiquera votre retraite soit sur Châlons, soit sur Paris.

La situation changeait du tout au tout, et le 5ᵉ corps n'avait plus évidemment d'autre parti à prendre que d'imiter le 1ᵉʳ. Le 11, il se dirigea donc sur Charmes, où le rejoignit la colonne qui était à Baccarat. Ce même jour, le 1ᵉʳ corps arrivait à Bayon, où un convoi de munitions, fort de 30 caissons, lui était amené par le capitaine d'artillerie Anfrye.

1. *Opérations et marches du 5ᵉ corps*, page 20.

Cependant, dès la veille, le maréchal avait prévenu télégraphiquement le général de la Charrière, à Nancy, que le mouvement de retraite s'effectuerait sur Bar-le-Duc, en évitant Nancy et Toul, et que tout ce qui se trouvait à Nancy et à Lunéville devait être évacué sans délai sur Châlons. « Les hommes des 1er et 5e corps, disait le télégramme, et tous les convois qui seraient envoyés à leur destination, devront rétrograder sur Châlons d'où on les rappellera au besoin. Les employés du télégraphe devront continuer leur service jusqu'à l'arrivée de l'ennemi ; alors seulement ils devront emporter ou briser leurs appareils. » Le général de la Charrière quitta, en conséquence, Nancy dans la matinée du 11, après avoir communiqué les instructions du maréchal à la Compagnie de l'Est, et celle-ci se trouva réduite à sa seule ingéniosité pour ramener en arrière tout le personnel et l'immense matériel roulant que les transports de troupes avaient, depuis le 18 juillet disséminés sur la ligne principale et ses embranchements divers. Rien qu'à Nancy se trouvaient plus de cent machines locomotives et une immense quantité de voitures et de trucs. Un homme, dont le nom ne doit pas être oublié, un ingénieur émérite doublé d'un courageux citoyen, M. Jacqmin, mort il y a quelques années directeur de la Compagnie de l'Est, trouva dans son dévouement et celui de ses agents le moyen de sauver des mains de l'ennemi tout cet immense et précieux matériel. Dès le 11 août, à huit heures du matin, l'évacuation avait commencé; le 13, elle était terminée, et les Allemands, en entrant ce même jour à Nancy, n'y trouvèrent qu'une machine de gare hors de service[1].

Donc, le 12, le 1er corps se remit en route et vint camper à Haroué, sur le Madon. Quant au 5e, il n'avait pas encore quitté Charmes, lorsque parvint à son chef, vers huit heures du matin, une dépêche du quartier impérial lui enjoignant de « marcher sur Toul aussi vite que possible ». Mais la rapidité des mouvements n'était point chose aisée dans ce moment : le 5e corps

---

1. JACQMIN, *loc. cit.*, page 137.

ne put pas repartir immédiatement, et bien lui en prit, car à trois heures trente-cinq du soir arrivait un nouveau télégramme, absolument contradictoire du précédent: « Vous avez reçu ce matin, disait le major général, l'ordre de vous diriger sur Toul ; l'Empereur annule cet ordre et vous prescrit de vous diriger sur Paris en suivant la route qui vous paraît la plus convenable. Accusez réception. » C'était positivement à n'y plus rien comprendre ; le général, décidément livré à lui-même, prit le parti de se séparer du 1ᵉʳ corps dont le contact provoquait la démoralisation de ses troupes et augmentait leurs privations, et se dirigea sur Mirecourt, pour gagner de là Lamarche et Chaumont. Il eut la sage précaution, en se retirant, de faire détruire les ponts de la Moselle par la division Brahaut et des détachements du génie transportés en voiture[1], puis il avisa le quartier impérial de la direction qu'il venait de choisir.

Arrivée du 1ᵉʳ corps au camp de Châlons. — Pendant ce temps, le 1ᵉʳ corps continuait sa pénible retraite. Arrivée le 14 à Neufchâteau, son chef fit demander par télégramme au siège de la Compagnie, à Paris, de transporter à Châlons, soit à une distance de 170 kilomètres, 22,000 hommes, 3,500 chevaux et 500 pièces ou voitures. En scindant très habilement les unités de transport, et en employant à la fois toutes les voies disponibles, la Compagnie vint à bout de cette tâche difficile. Du 14 au 17, le corps du maréchal, sauf toutefois la cavalerie et l'artillerie[2] qui marchèrent par étapes, fut porté à destination, et quand les Allemands se présentèrent à Neufchâteau pour couper la voie, il y avait vingt-quatre heures que le dernier train était parti[3]. Pendant le trajet, la protection de la voie était assurée par le 20ᵉ de ligne (du 12ᵉ corps alors en formation) qui fut expédié du camp de Châlons, et dont les deux

---

1. *Opérations et marches du 5ᵉ corps*, page 25.
2. La colonne formée par ces deux armes arriva le 15 à Saint-Dizier. De là, elle se porta sur Vassy, le 16, parce que le bruit courait que Blesme était occupé par l'ennemi. Repartie le 17 dans la direction primitive, elle arriva au camp le 19.
3. JACQMIN, *loc. cit.*, page 137.

premiers bataillons gardèrent la gare de Blesme, tandis que le 3ᵉ était échelonné sur la voie, de Blesme à Chaumont.

Arrivée du 5ᵉ corps. — Le 5ᵉ corps, de son côté, atteignit cette ville le 16 ; là, on apprit que la cavalerie ennemie se montrait de tous côtés, précédant le gros des forces du Prince royal, et le général de Failly jugea avec raison que le 20ᵉ de ligne était insuffisant désormais pour protéger la voie ferrée dont il allait se servir à son tour. D'ailleurs une dépêche venait d'annoncer au général que des uhlans menaçaient la gare de Blesme et lui donnait l'ordre de couvrir celle-ci. Les hommes étaient harassés, car la marche s'était effectuée par une chaleur accablante: privés de campement, ils ne pouvaient faire cuire la soupe, et la faim se joignait à la fatigue pour les terrasser. Cependant il n'y avait pas de temps à perdre. A une heure du matin, la brigade Nicolas rompit ses faisceaux, formés sur les boulevards de la ville, et monta en chemin de fer pour gagner Blesme. La brigade Saurin gagna à son tour Saint-Dizier, avec l'état-major de la division, et échelonna des détachements sur la voie, entre Blesme et Saint-Dizier, tandis que la cavalerie du général Brahaut s'égrenait aussi le long du chemin de fer. Enfin, le 18, la brigade de Septeuil, envoyée à Vitry par le maréchal, concourut à son tour à ce service de sûreté, et le 20ᵉ de ligne rentra au camp de Châlons.

Le général de Failly attendait donc, dans cette situation, de nouvelles instructions, quand, le 17, il reçut l'ordre du maréchal de Mac-Mahon de se rendre à Châlons par Vitry-le-François. Il embarqua aussitôt son corps d'armée, ne laissant à Chaumont que le général de l'Abadie d'Aydren avec la brigade Maussion, comme arrière-garde. Le 19, cette brigade partait à son tour, ralliant à chaque station les détachements chargés de garder la voie[1], et le général de Failly se transportait, de sa personne, au camp de Châlons, où il arrivait le 20, auprès du maréchal et de l'Empereur.

---

1. *Opérations et marches du 5ᵉ corps*, page 27.

Mais, sur ces entrefaites, l'ennemi était apparu tout près de nos troupes. Le 19 au soir, il occupait Saint-Dizier; des groupes importants de cavalerie se montraient aux environs de Saint-Mihiel, et une armée entière était signalée à Bayon. Le maréchal, commençant le 21 le mouvement vers l'est, dont il sera parlé en détail à son heure, ordonna le départ de l'armée sur Reims et fit prévenir les parties du 5º corps (division Goze et brigade Maussion) qui étaient encore en route, de rallier ce dernier point. C'est donc là, et le 22 août seulement, que le 5º corps se trouva tout entier réuni à la nouvelle armée qu'on venait de former à Châlons.

Les détails dans lesquels nous venons d'entrer au sujet de la retraite des 1ᵉʳ et 5ᵉ corps ont pu sembler arides au lecteur. Nous n'avons pas cru cependant pouvoir les taire, parce qu'ils sont le témoignage le plus frappant de l'incohérence incroyable qui présidait à la direction supérieure des opérations. A chacun des ordres émanant du major général succède presque immédiatement un contre-ordre; le 5ᵉ corps, bien que placé formellement sous le commandement supérieur du maréchal de Mac-Mahon, reçoit directement du quartier impérial ses instructions. Et quelles instructions! Ce n'est qu'après le 12 août, quand le grand quartier général est dissous, que la direction devient un peu plus normale. Mais là encore l'absence de renseignements certains sur la position de l'ennemi, et l'affluence de nouvelles que l'emploi vicieux de la cavalerie ne permet pas de contrôler, jettent le malheureux 5ᵉ corps dans une série d'hésitations et de fausses manœuvres qui l'eussent exposé à une destruction totale, si l'ennemi avait été plus entreprenant. C'est seulement le 22 août, seize jours après son départ de Bitche, qu'il arrive au camp de Châlons, ayant parcouru 270 kilomètres, soit à peine une moyenne de 16 kilomètres par jour, dont un tiers en chemin de fer! Une marche rétrograde accomplie dans de pareilles conditions était certainement aussi déprimante qu'une défaite, et il n'est pas étonnant que le 5ᵉ corps, à peine remis de ses secousses, ait fait preuve, quelques jours après, à

Beaumont, de tant d'imprévoyance, immédiatement rachetée, il est juste de le dire, par une bravoure que nous allons bientôt avoir à admirer.

II. *Retraite du 7.e corps.* — Le 4 août, le général Douay s'occupait à Belfort de constituer son corps d'armée auquel manquaient, outre la division Dumont, encore à Lyon, beaucoup de personnel et presque tout son matériel, quand il reçut du maréchal de Mac-Mahon la dépêche suivante : « Nous sommes attaqués par des forces supérieures; envoyez à Haguenau une division. »

Immédiatement, le général Douay dirigea sur le point indiqué la division Conseil-Dumesnil, qui prit à la bataille de Frœschwiller la part que l'on sait, et il resta avec la seule division Liébert. Or, à cette date, les Allemands faisaient, comme nous l'avons dit, des démonstrations plus ou moins sérieuses sur la rive droite du Rhin, en face de Neuf-Brisach, et cherchaient à détourner ainsi l'attention des troupes d'Alsace de leurs véritables intentions. La fréquence de ces mouvements de troupe décida l'Empereur à rapprocher le 7e corps, et, les 5 et 6 août, celui-ci reçut l'ordre de se porter à Mulhouse, où le général Douay envoya son unique division d'infanterie, avec la brigade de cavalerie Cambriel[1] et la réserve d'artillerie. Le 7 au matin, après une nuit passée dans l'angoisse causée par des rumeurs inquiétantes propagées dès la soirée du 6, le commandant du 7e corps recevait du maréchal le télégramme suivant, si émouvant dans son laconisme : « J'ai été attaqué dans mes positions par des forces supérieures ; j'ai perdu la bataille et fait de grandes pertes ; je prends les ordres de l'Empereur et vous les ferai connaître. — Mac-Mahon », puis, une heure après, cette dépêche de l'Empereur : « Jetez, si vous le pouvez, une division dans Strasbourg, et avec les deux autres couvrez Belfort[2]. »

Cet ordre du souverain combla d'étonnement le géné-

---

1. Cette brigade était la seule de la division Ameil. L'autre brigade (général Jolif-Ducoulombier) avait été conservée à Lyon et ne rejoignit pas le 7e corps.
2. Prince Bibesco, *Belfort, Reims, Sedan.* Paris, Plon, page 27.

ral Douay, qui ne pouvait croire de la part du commandement à une pareille ignorance de la situation. En effet, comme l'a écrit un officier de son état-major, « que le quartier impérial ne sût pas que la division Conseil-Dumesnil était englobée dans la débâcle du 1er corps, cela pouvait s'expliquer ; mais avoir laissé ignorer à l'Empereur que, des trois divisions du 7e corps, l'une était avec le maréchal à Reichshoffen, que l'autre se trouvait encore en formation à Lyon, et que le général Douay disposait seulement d'une division, cela était surprenant[1]. » Quoi qu'il en soit, le général Douay crut devoir replier sur Belfort les troupes qu'il avait à Mulhouse, et les mit en marche par étapes, dans les conditions les plus pénibles et les plus difficiles. Une chaleur suffocante, des vivres insuffisants, une inquiétude générale, bien justifiée par les tristes nouvelles qu'on avait reçues, enfin la crainte continuelle d'être attaqué sur les derrières par les troupes victorieuses du Prince royal, tout contribua à rendre ces deux étapes particulièrement douloureuses, et l'on se demande pourquoi la voie ferrée ne fut pas utilisée. Cependant les troupes arrivèrent le 8 autour de Belfort, s'établirent sur des positions qu'elles mirent en état de défense, et préparèrent ainsi la longue résistance de la vaillante cité. Le 12, arriva la division Dumont, et dès lors le général Douay put disposer de 17,000 hommes d'infanterie, de 1,300 cavaliers et de 90 bouches à feu[2].

Le 7e corps, complètement ignorant du sort qui lui était réservé, attendait donc sur place des instructions, quand, le 16 août, lui parvinrent deux dépêches du nouveau ministre de la Guerre, général de Palikao. La première, arrivée vers trois heures, le prévenait qu'il allait quitter Belfort et se porter sur Paris ; la seconde, datée de cinq heures de l'après-midi, lui enjoignait de se rendre à Châlons. Le ministre ayant jugé en effet qu'il n'était pas possible de transporter directement sur cette dernière localité les troupes stationnées à Belfort,

1. Prince Bibesco, *Belfort, Reims, Sedan*, page 32.
2. *Ibid.*, page 27.

sans risquer d'entraver les mouvements des 1ᵉʳ et 5ᵉ corps, qui employaient à ce moment même la ligne Chaumont-Châlons, faisait passer le 7ᵉ corps par Paris. On utilisa à cet effet les deux lignes de Lyon et de l'Est ; la cavalerie et la réserve d'artillerie s'embarquèrent à Montbéliard et prirent la voie Besançon-Dijon-Paris. L'infanterie monta en chemin de fer à Belfort même et gagna Paris par Langres et Chaumont. Le 20, les premiers trains arrivaient à Paris, et gagnaient, par la ceinture, la ligne de Strasbourg. Comme, dans la nuit du 20 au 21, on avait été avisé au ministère du départ de l'armée de Châlons, un télégramme changea la destination des convois ; ceux qui étaient déjà en route furent dirigés sur Reims par Epernay ; les autres gagnèrent Reims par Soissons.

Ainsi ce transport de 50,000 hommes, 12,000 chevaux et 1,300 pièces ou voitures était terminé sans encombre : 108 trains, de 50 à 60 wagons chacun, avaient sillonné les lignes de l'Est, de Lyon et du Nord, se succédant parfois à quelques minutes d'intervalle, et opéré à Reims la concentration des trois corps d'armée que le désastre de Frœschwiller condamnait à abandonner l'Alsace. C'est là un tour de force véritable qu'ont accompli les compagnies de chemins de fer, et les Allemands eux-mêmes l'ont signalé comme dépassant ce qui a été fait sur leurs propres lignes, où la préparation passait cependant pour si complète et si minutieusement réglée[1].

Par suite de ces mouvements, les 1ᵉʳ, 5ᵉ et 7ᵉ corps se trouvaient enfin, le 22 août, réunis ensemble. C'était la première fois, depuis le 5, jour où ils avaient été placés sous le commandement du maréchal de Mac-Mahon, que cette jonction pouvait s'opérer.

III. *Marche de la IIIᵉ armée allemande vers la Meuse.* — Pendant la journée du 7 août, le prince royal de Prusse laissa reposer ses troupes sur les emplacements où elles avaient livré, la veille, un si dur combat. Toutefois la division badoise, qui devait être dirigée sur

---

1. Jacqmin, *loc. cit.*, page 139.

Strasbourg pour en faire le siège, fut envoyée à Haguenau ; la 2ᵉ division bavaroise gagna Oberbronn, et le IIᵉ corps bavarois se rassembla à Niederbronn.

Le 8, l'armée tout entière se mit en mouvement pour franchir les Vosges. A droite marchaient les deux corps bavarois, flanqués à quelque distance par la 12ᵉ division (du VIᵉ corps)[1] ; au centre la division wurtembergeoise formait l'avant-garde du Vᵉ corps ; à gauche, le XIᵉ corps précédait la 4ᵉ division de cavalerie, qui ne devait s'engager dans les défilés qu'après lui. Enfin la division badoise gagnait Brumath, où elle s'établissait en observation devant Strasbourg. La 11ᵉ division et l'artillerie du VIᵉ corps, ainsi que la 2ᵉ division de cavalerie, n'ayant pas encore rejoint, arrivaient en arrière. Les convois y étaient laissés également, et ne devaient suivre qu'à deux journées de marche ; par suite, les troupes emportaient avec elles trois jours de vivres de réserve, c'est-à-dire de pain ou biscuit, de riz, d'orge mondé ou gruau, de sel et de café.

Échec devant Bitche. — Dès ce même jour, le IIᵉ corps bavarois et la 12ᵉ division, passant à portée de la place de Bitche, étaient accueillis par un feu très vif, que les canons de la place dirigeaient sur leurs avant-gardes. Une batterie bavaroise essaya d'y répondre, sans succès, et se retira avec quelques pertes.

L'état-major bavarois, reconnaissant alors que ses efforts seraient vains, se décida à tourner la forteresse en laissant devant elle un bataillon et un escadron ; au prix de grandes difficultés et par un détour considérable, il y parvint, tandis que la 12ᵉ division en faisait autant de son côté ; puis les deux troupes continuèrent leur route.

Prise de Lichtenberg. — Cependant la division wurtembergeoise, remontant l'étroite vallée du Zinstel,

---

1. La 12ᵉ division avait pour mission, non seulement de flanquer la IIIᵉ armée, mais de prêter assistance à la IIᵉ, si cela était nécessaire. Croyant en effet que le maréchal s'était retiré par Bitche, M. de Moltke avait prescrit au prince Frédéric-Charles d'envoyer à Rohrbach une division de cavalerie et le IVᵉ corps pour nous couper la retraite. On voit quel danger menaçait le maréchal s'il s'était retiré par le nord.

s'était heurtée de son côté à la petite place de Lichtenberg, qui lui barrait la route. Le 9 août, le général d'Obernitz détacha contre celle-ci, avec mission de l'attaquer, deux bataillons de chasseurs, un demi-escadron, deux batteries légères et un détachement de pionniers, le tout sous les ordres du général de Hügel.

Les deux batteries ouvrirent le feu immédiatement, d'abord à 1,800 mètres, puis à 1,000 mètres ; on essaya même d'utiliser une mitrailleuse capturée à Wœrth, mais celle-ci refusa bientôt le service. Le fort, pendant ce temps, ripostait avec énergie. Sous la protection de l'artillerie, l'infanterie essaya alors de brusquer l'assaut ; mais la place était en bon état, et l'artillerie de campagne impuissante à y faire une brèche ; tout ce que purent les chasseurs fut de venir s'embusquer à 100 mètres des remparts. Quant aux pièces allemandes, laissant les murailles sur lesquelles elles n'avaient produit aucun effet, elles tirèrent désormais dans la ville, pour l'incendier. Le général d'Obernitz, informé de ce piètre résultat, envoya vers midi une batterie lourde, qui parvint à allumer l'incendie. « La garnison continuait cependant à ne montrer aucun signe de découragement ; un parlementaire, envoyé pour la sommer de capituler, était reçu à coups de fusil[1]. » Le général d'Obernitz se décida alors à la retraite, ordonna de cesser le feu, et, vers quatre heures du soir, la division wurtembergeoise reprit sa route, laissant pour bloquer la petite place le 1er bataillon de chasseurs, dont le chef, le lieutenant-colonel de Steigel, était tué raide, au moment où il s'établissait dans ses positions de blocus.

Mais, pour se retirer, les autres troupes subissaient de fortes pertes. En dépit des canons qui tiraient sans relâche, les défenseurs leur envoyaient salve sur salve « et, tout entiers à l'action, ne semblaient pas se préoccuper d'éteindre l'incendie[2] ». Celui-ci prenait cependant des proportions effrayantes ; bientôt la batterie

---

1. *La Guerre franco-allemande*, page 381.
2. *Ibid.*

lourde, déjà en retraite, revint prendre position pour l'activer encore et fit écrouler sous ses projectiles le pavillon principal. La position n'était plus tenable. Une fumée noire et épaisse aveuglait la garnison que les murs, en s'abattant, ensevelissaient sous leurs décombres. Le fort n'était plus qu'un immense brasier, jetant au loin des gerbes d'étincelles... A huit heures du soir, le sous-lieutenant Archer, du 96ᵉ de ligne, qui commandait la place, donna l'ordre de détruire tout le matériel, de noyer ce qui restait de poudre et d'enclouer les canons. Il distribua à ses hommes le reliquat des vivres, puis il arbora le drapeau blanc, et se rendit à discrétion avec 2 officiers et 213 hommes[1], sur lesquels on comptait 34 blessés. Il avait tué aux Wurtembergeois un lieutenant-colonel et 12 hommes, blessé un capitaine et 24 soldats.

Après la guerre, Archer reçut du conseil d'enquête chargé, sous la présidence du maréchal Baraguey-d'Hilliers, de juger sa conduite, des éloges mérités, et ce témoignage, si éloquent dans sa concision toute militaire, qu'il avait fait tout ce qu'exigent le devoir et l'honneur.

Prise de la Petite-Pierre. — Le même jour, un détachement du Vᵉ corps, qui marchait au centre de la ligne, se présentait devant la Petite-Pierre, fortin minuscule à cheval sur la route de Saar-Union à Bouxwiller. On avait placé là une petite garnison, également du 96ᵉ de ligne, commandée par un capitaine, dont le premier soin fut de faire mettre en batterie les pièces en bon état et suffisamment nombreuses qui garnissaient les remparts. Mais, le 8 août, cet officier, tombé gravement malade, avait dû être évacué sur l'hôpital de Phalsbourg, et le commandement, en l'absence de de tout autre officier, était échu à un sergent-major, nommé Bœltz. Celui-ci, comprenant que sa garnison

---

[1]. Cette garnison était formée de 27 hommes du 96ᵉ, 4 canonniers avec un maréchal des logis, plus quelques épaves de l'armée de Mac-Mahon, échappés au désastre de Frœschwiller ; elle possédait 7 canons et 260 fusils Chassepot, avec des munitions en quantité suffisante.

était trop faible pour tenter la moindre défense, demanda, mais vainement, au général de Failly, alors en pleine retraite, de lui donner des secours. Il pensa alors que le seul parti à prendre était d'éviter la captivité, de tâcher de se rendre utile ailleurs, et d'abandonner la place, mais sans y laisser rien dont l'ennemi pût profiter.

Dans la nuit du 8 au 9, le sergent-major fit donc enterrer les cartouches, noyer les poudres et jeter ses 8 pièces dans la vieille citerne du fort. Il était temps, car le lendemain, dès l'aube, des coureurs ennemis se présentaient devant la place et la sommaient de se rendre, donnant une heure pour réfléchir. Bœltz, qui avait déjà réfléchi, réunit ses hommes, gagna une poterne qui donnait sur les rochers, puis, une fois hors des murs, forma sa petite colonne en ordre de marche, avec une avant-garde, une arrière-garde, des flanqueurs, et se dirigea vers Phalsbourg. Parti à neuf heures, il entrait dans la ville à midi et demi. Quand, à dix heures du matin, les Allemands se présentèrent pour traiter de la capitulation, ils ne trouvèrent que quelques traînards, et un matériel hors d'état d'être utilisé.

La récompense que la Patrie décerna au brave sous-officier, pour l'intelligence et le sang-froid dont il avait fait preuve, fut digne et de la grande nation qui l'accordait et de celui qui la recevait. Bien que les sous-officiers ne soient pas, aux termes des règlements, admis à l'honneur d'une justification publique de leurs actes, le ministre de la Guerre décida, en 1871, que Bœltz serait traité comme un officier. Il comparut donc devant un conseil d'enquête, présidé par un maréchal de France, et si, s'en tenant rigoureusement à la lettre des lois, ce conseil dut se déclarer incompétent, ce fut après avoir constaté : — « que le sergent-major Bœltz, investi accidentellement du commandement du détachement appelé à former la garnison de la Petite-Pierre, et par suite du commandement même de la place, et dépourvu de tout moyen sérieux de résistance, avait fait preuve de décision et d'intelligence en faisant détruire les munitions de la place avant de l'évacuer, et en assurant le salut de la petite troupe qu'il commandait. » Bœltz fut, en outre, nommé chevalier de la Légion d'honneur.

Direction imprimée à la marche des armées allemandes. — Sur ces entrefaites, le 8 dans la soirée, M. de Moltke avait fini par connaître la véritable direction prise par les troupes d'Alsace. Il savait, d'autre part, que l'armée française de la Sarre, entraînée dans la retraite du 2ᵉ corps battu à Spicheren, se retirait tout entière sur la Moselle. Les précautions prises pour arrêter vers Rohrbach les débris de Frœschwiller devenaient donc inutiles, et la seule chose à faire était maintenant de pousser droit devant soi. Le chef d'état-major allemand avisa immédiatement par le télégraphe les trois commandants d'armée de la direction à prendre, et donna en particulier l'ordre au Prince royal de se diriger sur la Moselle par les routes situées au sud de celle de Saar-Union à Dieuze ; mais, en même temps, il prenait soin de régler la marche des deux autres armées de façon à maintenir ses forces toujours groupées, cherchant ainsi beaucoup plus à se masser qu'à atteindre les corps français en retraite avant qu'ils aient pu se reconstituer[1]. Ainsi, comme l'a fait remarquer M. le général Derrécagaix, les chefs des armées allemandes ne furent préoccupés que de l'idée de s'avancer réunis sur nos lignes de défense, et ne poursuivirent pas, au vrai sens du mot, les 1ᵉʳ, 5ᵉ et 7ᵉ corps. « Combinaison prudente assurément, mais que l'immense supériorité numérique de nos adversaires ne semblait pas rendre absolument nécessaire. Elle mon-

---

1. Les instructions envoyées de Sarrebruck, le 9 août, à huit heures du soir, étaient ainsi conçues :

« Les renseignements recueillis font supposer que l'ennemi s'est retiré derrière la Moselle ou la Seille. Les trois armées prendront cette direction. Les routes suivantes leur sont respectivement affectées, savoir : IIIᵉ armée, les routes Saar-Union-Dieuze et au sud ; IIᵉ armée, les routes Saint-Avold-Nomény et au sud ; Iʳᵉ armée, les routes Sarrelouis-Boulay-Les Étangs et au sud.

« Afin de couvrir ce mouvement, *la cavalerie devra être lancée au loin et soutenue par des avant-gardes à grande distance, de manière à laisser aux armées le temps de se concentrer en cas de besoin...* etc. »

trait du moins que le culte de l'avantage du nombre est, dans les applications de leur stratégie, un principe absolu et sans limites. »

Tant il est vrai que si la conduite de la guerre a donné de notre côté prise à des critiques justifiées, les combinaisons des Allemands sont loin d'être toujours marquées au coin de cet audacieux génie qui force la victoire et assure les triomphes éclatants. Les batailles péniblement gagnées à coups d'hommes sont profitables sans doute, mais combien elles ajoutent moins à la gloire d'un général et à l'éclat d'une nation que les succès préparés par les conceptions fécondes des grands capitaines, qu'ils s'appellent Condé, Turenne ou Napoléon ! Remarquons cependant que, cette fois, M. de Moltke rappelle ses généraux aux vrais principes de la guerre, et leur donne l'ordre de pousser la cavalerie au loin, en avant.

Obéissant donc aux ordres du généralissime, la IIIe armée, appuyant assez fortement à gauche, continua sa marche en avant ; le 10, la cavalerie du VIe corps atteignit Fénestrange et Sarrebourg, tandis que le Ve corps s'arrêtait tout près de Veyer.

Tentative contre Phalsbourg. — On se rappelle que le XIe corps formait l'aile gauche ; ayant pour objectif Sarrebourg, il devait forcément se heurter chemin faisant à la place de Phalsbourg, dont la possession importait d'autant plus aux Allemands que cette forteresse commandait le tunnel de Saverne et pouvait, par son action, gêner singulièrement les transits en chemin de fer. Mais Phalsbourg, pourvue d'une garnison de 1,252 hommes[1], avait comme commandant de place un homme de devoir et d'énergie, le commandant Taillant, qui ne paraissait nullement disposé à se rendre sans combattre. Le général de Gersdorff, commandant du XIe corps en remplacement du général de Bose, grièvement blessé à Frœschwiller, essaya cependant de l'intimider et, le 10 août, le fit sommer de se rendre. Mais

---

1. Dont 200 échappés de Frœschwiller, et les 28 soldats du 96e que Bœltz avait amenés de la Petite-Pierre.

Taillant refusa résolument, et, menacé d'être bombardé, se borna à répondre : « J'accepte le bombardement[1]. »

Aussitôt les Allemands font avancer dix batteries, dont quatre se postent à 2,500 mètres au sud-est, et six à 4,000 mètres à l'est de la place. Ces 60 pièces de canon ouvrent sur les murailles un feu violent, auquel ne peuvent riposter que 10 pièces françaises, qui encore ne portent pas, et ce bombardement quelque peu fantaisiste se continue pendant trois quarts d'heure, avec une consommation d'un millier d'obus ; après quoi l'obscurité, jointe à une pluie torrentielle, vient imposer silence à l'artillerie allemande, qui se retire. Le XIe corps, peu fier apparemment d'avoir fait tant de bruit pour si peu de besogne, se remet alors en route, laissant à la 11e division, qui s'avance sur ses derrières, le soin de bloquer la forteresse qu'il n'a pu emporter[2].

Arrivée de la IIIe armée sur la Sarre. — Le 12, dans la soirée, la IIIe armée atteignait la Sarre. Ce jour-là, les deux corps bavarois, les Ve et VIe corps prussiens et la division wurtembergeoise occupaient la ligne qui s'étend, sur une longueur de 15 kilomètres, de Fénestrange à Sarrebourg, et jetaient leurs avant-gardes sur la rive gauche. La 12e division, toujours chargée de la liaison avec la IIe armée, s'établissait à Saar-Union. La 4e division de cavalerie, patrouillant au loin, occupait Moyenvic par une avant-garde, Lunéville par une autre[3], et envoyait un parlementaire, qui d'ailleurs fut

---

1. *La Guerre franco-allemande*, page 384.
2. Essayer de démolir des murailles en bon état, et abritant des défenseurs résolus, avec de l'artillerie de campagne, constituait une tentative assez insolite, que l'état-major allemand s'est cru obligé de justifier. D'après lui, l'ordre envoyé au général de Gersdorff aurait dû porter le mot *einschiessen* (bloquer), tandis que, par une erreur de copie, il portait le mot *einschliessen* (bombarder). (*La Guerre franco-allemande*, page 384, notes.)
3. Le maire de Lunéville eut la faiblesse, pour ne pas dire plus, de remettre au capitaine commandant l'escadron du 2e hussards qui se présenta devant ses murs, les clefs d'or de la ville, avec une lettre adressée au Prince royal, par laquelle il s'engageait à faire droit à toutes les demandes des troupes allemandes et sollicitait, en échange, protection pour la cité et ses habitants. De semblables défaillances, heureusement rares, sont douloureuses à relater ; mais il serait indigne de l'histoire de les taire, et surtout de ne pas les stigmatiser.

reçu à coups de fusil, sommer la place de Marsal, située à proximité, de se rendre. Enfin, la 11ᵉ division (du VIᵉ corps), toujours en arrière, arrivait à Ingwiller [1].

Investissement de Strasbourg et de Phalsbourg. — Pendant ce temps, la division badoise s'était, dès le 8, portée de Brumath vers Strasbourg ; sa cavalerie, suivie de six compagnies d'infanterie montées en voiture, avait paru sur les glacis et échangé des coups de feu avec la garnison, qui semblait très peu disposée à capituler sur simple sommation ; il avait donc fallu se borner à couper la voie ferrée de Strasbourg à Lyon, ainsi que les télégraphes. Cependant, le 10, M. de Moltke adressait au général de Berger un télégramme lui enjoignant de s'opposer à tout ravitaillement de la place, et lui annonçant des renforts pour un blocus complet, qui paraissait la seule solution possible. En conséquence, la division badoise fut détachée de la IIIᵉ armée et s'installa autour de la ville, dans des positions que nous étudierons plus tard, en détail.

Deux jours après, le 12, la 11ᵉ division, enfin arrivée d'Haguenau avec l'artillerie du VIᵉ corps, se présentait devant Phalsbourg pour l'investir. Le général-major d'Eckartsberg, avec un bataillon de chasseurs, un régiment d'infanterie, un escadron et une batterie de 6, entourait la place, poussait ses avant-postes jusqu'aux abords des glacis, et sommait, pour la seconde fois, le commandant Taillant, qui refusait encore de capituler [2]. Au feu de la batterie prussienne, qui tire sur les parties des remparts où elle aperçoit des travailleurs, la place riposte sans tarder, et fait subir aux avant-postes ennemis une perte de 18 hommes, dont 5 tués. En vain le général de Tumpling, qui veut en finir, fait-il avancer

---

1. Un régiment de cette division, le 5ᵉ dragons, laissé pendant la période de concentration dans le Palatinat pour éclairer la frontière, rejoignait ce même jour, 12 août, la IIIᵉ armée. Apprenant en route les résultats de la bataille de Frœschwiller, il eut la malencontreuse idée de se porter vers Bitche, pour essayer d'y rencontrer des troupes en retraite. Il ne rencontra personne, mais reçut de la place une salve de mousqueterie qui lui abattit neuf hommes, dont 4 tués sur le coup.

2. *La Guerre franco-allemande*, page 388.

un régiment nouveau avec toute l'artillerie de corps et diriger le lendemain sur la forteresse, complètement investie, le feu de dix batteries postées à une distance moyenne de 3,000 mètres ; en vain allume-t-il des incendies dans la ville, qui, de sept heures et demie du matin à cinq heures du soir, reçoit 1,800 projectiles : le commandant Taillant oppose une invincible énergie à toutes ces tentatives et une fin de non recevoir absolue aux offres de capitulation qui lui sont faites. Le général de Tumpling est obligé de reconnaître qu'il ne viendra pas à bout de la place avec des pièces de campagne[1], et reprend, dès le soir du 14, son mouvement sur Sarrebourg. Deux bataillons et un escadron sont laissés pour observer la forteresse, et y restent jusqu'au 21, date où ils sont remplacés par des troupes de la landwehr. Nous verrons plus tard ce qu'il advint de cette courageuse ville et de son glorieux défenseur.

Marche vers la Moselle. — Dans l'après-midi du 12, le Prince royal donna l'ordre de continuer la marche vers la Moselle et, quelques heures plus tard, une dépêche émanant du grand quartier général et datée de Saint-Avold indiquait comme objectif de la IIIe armée la ligne Lunéville-Nancy. On se remit donc immédiatement en route, tandis qu'un escadron de la 4e division établissait à Château-Salins, la liaison avec la IIe armée et que l'avant-garde de cette division investissait Marsal, sommait le capitaine Leroy, commandant de cette place, de se rendre, et éprouvait un refus formel.

Le prince Albrecht fit alors avancer ses deux batteries à cheval et tirer sur la ville 87 obus, auxquels on ne put répondre que par un seul coup de canon, la garnison ne comprenant pas un artilleur ; mais comme des détachements s'étaient aventurés jusque sur les glacis, ils furent accueillis à coups de fusil, et, devant la persistance de la garnison à refuser toute capitulation, la division dut se résoudre à abandonner la partie, laissant devant Marsal quatre escadrons que releva bientôt l'avant-garde du IIe corps bavarois.

---

1. *La Guerre franco-allemande*, page 389.

Occupation de Nancy. — Le lendemain, 14 août, la 4ᵉ division atteignait Nancy et occupait la ville sans coup férir. Un de ses régiments, lancé plus en avant encore, capturait des correspondances françaises datées de Metz qui signalaient l'arrivée sous les murs de la place de l'armée de Bazaine, et la formation de l'armée de Châlons. En même temps, la cavalerie reconnaissait, non sans grande satisfaction, que l'armée française en retraite avait négligé de faire sauter les ponts de la Moselle à Frouard et à Pont-Saint-Vincent, et que le seul pont détruit était celui de la Basse-Flavigny, situé en amont. Elle avisait de ce fait la IIIᵉ armée qui atteignait, ce jour-là, la ligne Moyenvic-Lunéville et s'emparait, dans cette dernière localité, d'approvisionnements considérables, en avoine surtout. Enfin on apprenait que le maréchal de Mac-Mahon s'était replié sur Châlons, tandis que de fausses rumeurs signalaient le général de Failly comme ayant pris position dans les Vosges méridionales.

Prise de Marsal. — Pendant ce temps, la 7ᵉ brigade bavaroise (IIᵉ corps), aidée de la brigade de uhlans et de sept batteries de la réserve d'artillerie, investissait Marsal. Le malheureux capitaine Leroy ne se crut pas en état, avec sa faible garnison et ses moyens insuffisants, de résister à ces forces imposantes, et, après un feu de quelques instants, il se décida, le 14, à signer la capitulation de la place. Les Bavarois s'emparèrent ainsi de 60 bouches à feu, 3,000 fusils, et d'approvisionnements considérables que le capitaine Leroy eut le tort de ne pas détruire. Ce matériel devait malheureusement être utilisé plus tard contre nous, notamment pendant le siège de Toul[1].

Positions le 16 août. — Les deux journées suivantes furent employées par la IIIᵉ armée à poursuivre son mouvement en avant. Le 16 au soir, au moment où finissait la bataille de Rezonville, elle occupait les positions que voici :

---

1. Le capitaine Leroy a, pour ce fait, été sévèrement blâmé par le conseil d'enquête présidé par le maréchal Baraguey-d'Hilliers (voir le numéro du *Journal officiel* du 5 mai 1872).

4ᵉ division de cavalerie, à Pont-Saint-Vincent, au confluent du Madon et de la Moselle, avec ses avant-postes poussés en avant.
XIᵉ corps, à Bayon, sur la Moselle.
IIᵉ corps bavarois, à Nancy.
Iᵉ corps, à Saint-Nicolas-du-Port.
Division wurtembergeoise, à Sommerwiller.
Iᵉʳ corps bavarois, à Einwiller.
VIᵉ corps, à Blamont.
2ᵉ division de cavalerie (qui avait rejoint l'armée le 15), à Orgerviller et Montigny, couvrant la gauche de l'armée [1].

Dans l'après-midi du 16, les escadrons d'avant-postes du IIᵉ corps bavarois, s'étant avancés vers Toul, furent témoins d'un engagement qui avait lieu sur la rive nord de la Moselle et du canal de la Marne. La brigade de uhlans se porta aussitôt à Dommartin, et, pour faire une diversion utile, fit ouvrir le feu contre la place par sa batterie à cheval. Mais cette démonstration ne parut pas produire grand effet, et le combat ayant bientôt cessé au nord, la cavalerie bavaroise se retira sur Gondreville. On apprit alors que le combat auquel elle venait d'assister avait été livré par l'aile gauche de la IIᵉ armée et qu'ainsi la jonction des deux forces, effectuée depuis quelques jours déjà, existait toujours.

Nous allons maintenant laisser l'armée du Prince royal continuer son mouvement vers la Meuse. La situation des forces sur les différents théâtres d'opérations impose un retour en arrière et nous oblige à ne pas retarder davantage le récit des opérations, pleines à la fois de gloire et de douleurs, qui se sont déroulées dans les vallées de la Sarre et de la Moselle. Nous retrouverons plus tard les deux adversaires de Frœschwiller de nouveau face à face, et nous verrons leurs soldats encore une fois aux prises dans les champs si tristement célèbres de Beaumont et de Sedan.

---

1. Cette précaution était prise par suite de la persistance des rumeurs qui assignaient au 5ᵉ corps français une position d'attente dans les Vosges méridionales.

LIVRE TROISIÈME

CAMPAGNE DE LORRAINE

CHAPITRE PREMIER

BATAILLE DE SPICHEREN

Nous avons quitté les deux premières armées allemandes au moment où elles terminaient leur concentration, la Ire armée sur la Sarre, de son confluent à Sarrebruck, la IIe sur la ligne du Rhin.

Marches de la IIe armée allemande depuis le 30 juillet. — Le 29 juillet, la IIe armée, dont l'effectif allait bientôt atteindre les chiffres de 237,260 hommes, 77,349 chevaux et 546 pièces [1], avait, en exécution des ordres du généralissime, franchi le fleuve, et marché, sans la protection de la cavalerie, vers la frontière française. Déjà, à cette date, l'état-major allemand était rassuré sur les craintes d'une alliance entre l'Autriche et la France, et fixé sur l'énorme supériorité numérique des forces dont il disposait ; il connaissait en outre les entraves qu'apportait à notre offensive la pénurie des effectifs. Néanmoins, le prince Frédéric-Charles ne fit exécuter la marche en avant qu'avec une extrême pru-

---

1. Ces effectifs sont ceux que la IIe armée compta à la date du 3 août, quand les transports stratégiques furent complètement terminés.

dence et n'aventura sa cavalerie qu'en la soutenant d'assez près par de forts détachements d'infanterie. Il prit soin de rester constamment en liaison avec les Ire et IIIe armées, et avant d'aborder la longue et dangereuse zone boisée qui s'étend à l'ouest de Kaiserslautern jusqu'au cours de la Sarre, il fit arrêter un moment ses troupes de première ligne sur une position défensive, formée par la Lauter, petit affluent de la Nahe.

C'est que, malgré leur connaissance exacte de notre faiblesse, les généraux allemands craignaient encore que l'immobilité persistante de nos corps ne cachât quelque piège. Ils ne s'expliquaient pas pourquoi on avait ainsi jeté ceux-ci sur la frontière, encore incomplets et dépourvus du strict nécessaire, si ce n'était pour risquer en Allemagne une irruption hardie, destinée, par sa soudaineté, à mettre la confusion dans leur propre concentration. Dans l'incohérence de notre dispositif sur un front disproportionné, ils ne parvenaient point encore à discerner des projets accusés et ils se méfiaient, malgré eux, de cette attitude strictement défensive qui leur paraissait si peu conforme au tempérament français. Aussi leur stratégie restait-elle assez indécise, et leur marche vers la frontière ne s'exécutait-elle qu'avec les plus grandes précautions. Des étapes courtes, une cavalerie poussée très loin et cherchant, par tous les moyens, à déchiffrer l'énigme d'une situation demeurée fort obscure, une activité plus grande imprimée aux débarquements qui n'étaient pas encore terminés, enfin des fronts de marche resserrés et des corps disposés de manière à pouvoir toujours, le cas échéant, se prêter un appui réciproque, telles sont, durant cette période, les caractéristiques des mouvements assurément fort judicieux de l'ennemi.

Cependant, le 3 août, l'horizon parut s'éclairer. Ce jour-là, les avant-gardes de la 6e division de cavalerie, qui patrouillaient à une demi-journée de marche de la frontière française, à l'est de Neukirchen, furent avisées du combat qui s'était livré, la veille, à Sarrebruck. En même temps, un télégramme du grand quartier général donnait connaissance au prince Frédéric-Charles de notre démonstration sur ce point, en des termes qui semblaient y voir le prélude de l'offensive attendue chaque jour. Le prince répondit qu'il prenait des mesures pour la recevoir, mais lança néanmoins à la découverte des escadrons qui ne tardèrent pas à rétablir les choses sous leur vrai jour. Non seulement l'armée française ne marchait pas de l'avant, mais elle n'occupait même pas Sarrebruck, et ses reconnaissances ne dépassaient que fort peu la frontière, pour y rentrer aussitôt qu'elles apercevaient la cavalerie prussienne. Certes, ce n'étaient pas là les indices d'une offensive sérieuse, et les Allemands pouvaient désormais, sans crainte d'être brusquement attaqués, pousser à travers un pays libre de tout ennemi jusqu'à la Sarre et la Blies, où se trouvaient évidemment les forces françaises.

Aussitôt, M. de Moltke prescrivit, par un télégramme daté du même jour, de profiter immédiatement de ces circonstances favorables. — « L'ajournement du mouvement des Français, disait-il, permet de compter que, pour le 6 de ce mois, la IIe armée pourra se trouver déployée en avant de la zone boisée de Kaiserslautern... La IIIe armée franchit, demain, la frontière à Wissembourg. Offensive générale projetée sur toute la ligne. » En même temps, il envoyait l'ordre à la Ire armée de se porter, le 4, vers Tholey, afin d'assurer à la IIe sa coopération pour la bataille probable. Toutefois, prévoyant encore le cas où *il ne serait pas possible d'empêcher l'ennemi de se porter rapidement en avant,* il invitait le prince, si cette éventualité se produisait, à se concentrer derrière la Lauter, tandis que le général de Steinmetz viendrait alors grouper ses forces entre la Nahe et la Glan, formant ainsi avec lui une ligne en équerre contre laquelle se serait infailliblement brisée l'offensive française, si elle s'était produite à ce moment.

Mouvements de la Ire armée. — Mais déjà l'Empereur et le major général avaient renoncé, par force, à toute tentative de ce genre, et les corps français s'usaient, comme nous allons le voir, en mouvements de navette qui n'aboutissaient à rien, sinon à révéler d'une manière trop claire l'irrésolution du commandement. Les renseignements fournis par les reconnaissances allemandes, hardiment exécutées, confirmaient d'autre part les généraux en chef des deux premières armées dans cette idée qu'ils n'avaient rien à craindre; quelques-unes même laissaient supposer que nous battions en retraite. Il n'y avait donc plus à hésiter. La IIe armée s'engagea dans la fameuse zone boisée, et atteignit le 6, par ses divisions de première ligne, le front Neukirchen-Deux-Ponts. Mais il arriva que, pendant cette marche, les escadrons qui exploraient sur sa droite, durent, un moment, traverser les cantonnements de la Ire armée. Un conflit menaça de s'élever entre les deux commandants en chef; le prince Frédéric-Charles adressa à son collègue un télégramme assez sec, où il lui disait d'appuyer à droite, pour *éviter les collisions;* le général de Steinmetz s'empressa de n'en rien faire, et il fallut que M. de Moltke intervînt lui-même pour régler le différend. Il envoya, en conséquence, à la Ire armée l'ordre d'évacuer, dès le 6, la route Saint-Wendel-Tholey, tout en restant autour de ce dernier point. Ces instructions demeurèrent lettre morte, et voici comment.

Depuis le commencement de la campagne, le général de Steinmetz souhaitait ardemment d'attirer sur lui les forces de l'adversaire, « *ainsi qu'il l'avait fait avec un plein succès à l'ouverture de la campagne de* 1866[1] ». Par suite, aussitôt la nouvelle du combat de Sarrebruck connue, il avait formé le projet de se jeter en avant, et ne s'était conformé qu'à contre-cœur aux ordres du roi lui enjoignant de prendre position en arrière, à Tholey. Bien plus, craignant, s'il y restait, d'être devancé sur la frontière par le prince Frédéric-Charles et de se trouver ainsi privé de l'honneur de frapper les premiers coups, il prit sur lui, le 5, de passer outre aux instructions de M. de Moltke, et de dégager la IIe armée, non pas en faisant appuyer la sienne à droite, comme on le lui ordonnait, mais bien en avançant ses troupes sur la Sarre, par un mouvement général. Le résultat de cette marche imprévue fut la bataille de Spicheren, livrée

---

1. *La Guerre franco-allemande,* page 153.

contre les intentions du généralissime, et aussi, hélas! une nouvelle victoire pour les armes allemandes. Il est à croire cependant que le général de Steinmetz ne fut pas complètement absous par le succès. L'état-major prussien, en plaidant longuement les circonstances atténuantes, a cherché à masquer cette désobéissance véritable sous une périphrase d'un délicat euphémisme, où il est question seulement d'une « *certaine divergence dans les appréciations et dans les vues immédiates du grand quartier général et du commandant en chef de la Ire armée*[1] ». Mais l'irritation intime qu'a dû ressentir le général de Moltke, à voir ainsi son autorité méconnue, ne s'est certainement pas calmée de sitôt; cet homme à la volonté si absolue et à l'âme si sèche ne pouvait certainement pardonner un pareil mépris de ses ordres, et il est probable qu'il l'a rappelé à qui de droit, quand, après la bataille de Saint-Privat, le général de Steinmetz eut, pour la seconde fois, donné prise à des critiques. L'esprit d'indépendance un peu excessif de celui-ci fut donc une des principales causes de la disgrâce où il tomba peu après; du moins explique-t-il les mesures prises à son égard, et comment, moins d'un mois après cette affaire, la Ire armée, décapitée, passait aux mains de l'ancien antagoniste du vainqueur de Spicheren.

Reconnaissances de la cavalerie. — Cependant, tandis que se déroulaient les phases de cet incident assez singulier, la cavalerie allemande poursuivait son exploration à grandes distances. Le 4 août, la brigade Bredow (de la 5e division) partait de Deux-Ponts, à deux kilomètres de la frontière française, lançait cinq détachements sur notre territoire entre Sarreguemines et Bitche, et reconnaissait les emplacements occupés par toutes les troupes du 5e corps[2]. Le même jour, le général de Redern, qui patrouillait à l'extrême droite de la IIe armée, envoyait en reconnaissance un capitaine de

---

1. *La Guerre franco-allemande*, page 153.
2. C'est à la suite de cette reconnaissance que M. de Moltke donna l'ordre de faire le lendemain des démonstrations qui inquiéteraient le général de Failly et l'empêcheraient de rejoindre le maréchal. On a vu jusqu'à quel point il avait réussi.

hussards qui parvenait à se glisser jusqu'à Emmersweiler, sur les derrières de la position du 2ᵉ corps, et rendait compte des mouvements qu'opéraient à ce moment certaines de ses fractions pour changer d'emplacement. On en concluait, à tort, dans l'état-major prussien, que nous battions en retraite, mais on acquérait aussi cette conviction qu'une attaque de notre part devenait de jour en jour plus invraisemblable et qu'ainsi aucun obstacle ne viendrait désormais entraver l'offensive allemande[1]. En tous cas, on demeurait convaincu, non sans un certain étonnement, que la cavalerie française persistait dans son inaction, et que décidément elle ne voulait pas sortir de la zone des positions occupées par nos corps.

M. de Moltke possédait donc tous les éléments nécessaires pour agir avec promptitude ; mais comme la IIIᵉ armée était déjà engagée sur la frontière, il jugea qu'il fallait, avant de pousser les autres hardiment de l'avant, attendre le résultat de son attaque ; si celle-ci réussissait, on jetterait alors sur la Sarre les Iʳᵉ et IIᵉ armées, en les faisant soutenir sur leur flanc gauche par la IIIᵉ. Mais, jusque-là, on pouvait toujours, sans danger aucun, dégager les troupes du prince Frédéric-Charles de la zone montagneuse et boisée qui entravait leur déploiement, et les rapprocher encore davantage de la frontière. En conséquence, le 4 août, le chef d'état-major général envoyait l'ordre à la IIᵉ armée de reprendre sa marche, afin de sortir des défilés, et de se déployer en avant d'eux, sur un front assez large pour lui permettre à volonté, soit de pousser plus avant, soit de livrer bataille. Après le mouvement exécuté, elle aurait eu, en première ligne, un corps d'armée établi sur chacune des quatre grandes routes qui conduisent de la ligne Neukirchen-Deux-Ponts sur la Sarre et la Blies[2]. Les deux divisions de cavalerie devaient continuer leur service en avant, et deux corps, les XIᵉ et XIIᵉ, former

1. *La Guerre franco-allemande*, page 164.
2. Ces routes sont celles : 1° de Neukirchen à Sarrebruck ; 2° de Hombourg à Saint-Jean, par Saint-Ingbert ; 3° de Hombourg à Sarreguemines ; 4° de Einod à Rohrbach.

réserve. Enfin les gros bagages et une partie des trains restaient provisoirement en arrière, pour ne pas gêner l'écoulement des troupes dans les défilés qu'elles avaient à traverser.

Dispositions adoptées pour aborder la Sarre. — Cet ordre fut mis à exécution le 5; or, ce jour-là même, le général de Steinmetz opérait de son côté le mouvement sur la Sarre dont il a été question plus haut. La IIe armée se trouva donc enchevêtrée dans les corps de la Ire, et les dispositions prescrites par M. de Moltke devinrent en partie inexécutables. Le conflit soulevé entre les deux commandants en chef alla par suite en s'accentuant, et il eût probablement pris une acuité nouvelle sans la diversion que vint apporter l'engagement du lendemain. Mais, en résumé, et bien que n'ayant plus toute la liberté de manœuvre désirable, il n'est pas moins vrai que les forces allemandes, arrivées à une très petite distance de la frontière, présentaient maintenant, sur un front restreint et une profondeur équivalente à une seule journée de marche, des forces auxquelles les nôtres n'étaient certainement plus en état de résister. D'ailleurs, pour l'explication des événements qui vont suivre, il est indispensable d'exposer avec quelque détail les mouvements prescrits aux deux armées allemandes, et de préciser les emplacements qui leur étaient assignés pour la journée du 6.

Ire armée. — En vertu des ordres du général de Steinmetz, le VIIe corps devait s'avancer jusqu'à 3 kilomètres de la Sarre; la 13e division à Puttlingen, avec l'avant-garde à Wolklingen; la 14e division à Guichenbach, *avec l'avant-garde à Sarrebruck*. Le VIIIe corps, partant de Bettingen et de Lebach et placé un peu en arrière, mettait également ses têtes de colonne en marche vers ce point. Le Ier corps, qui venait d'être tout récemment adjoint à la Ire armée, venait en deuxième ligne, ainsi que la 1re division de cavalerie, et s'avançait à environ une journée de marche de l'échelon formé par les VIIe et VIIIe corps.

IIe armée. — Dans la IIe armée, les différents corps avaient ordre de gagner les positions suivantes:

IIIe corps à Neukirchen, *avec son avant-garde à Sarrebruck;*

Garde à Hombourg;

IVe corps à Deux-Ponts, avec son avant-garde à Neu-Hombach;

X^e corps à Waldmohr;

IXe corps à Landstuhl.

C'est-à-dire que la IIe armée devait, une fois le mouvement terminé, se trouver placée sur deux lignes : la première, formée des IIIe, IVe corps et de la Garde, sur un front de 25 kilomètres; la deuxième, formée des IXe et X^e corps, sur un front de 18 kilomètres, et à une distance de la première de 15 kilomètres environ. Enfin, le XIIe corps, encore en arrière, à Kaiserslautern, constituait une troisième ligne. Bien entendu, les 5e et 6e divisions de cavalerie ne cessaient pas de précéder l'armée et de l'éclairer en avant.

Cette disposition des forces devait amener sur la Sarre, ou très près d'elle, le soir du 6 août, trois corps d'armée et deux divisions de cavalerie. On ne comptait, d'ailleurs, attaquer nos positions que le 7 ou le 8. Mais on remarquera que deux avant-gardes, appartenant chacune à une armée différente, avaient reçu pour objectif le même point de Sarrebruck. Etant donnée la distance où elles se trouvaient de la Sarre, cette coïncidence devait provoquer leur rencontre à peu près inévitable. Aussi, très irrité de l'attitude prise par le général de Steinmetz, le prince ordonnait-il, le 6 au matin, au commandant du IIIe corps, d'employer la force, si besoin était, pour faire évacuer la ville par les troupes de la Ire armée[1]. On va voir comment l'impatience du général de Steinmetz lui évita l'obligation de recourir à une pareille extrémité.

Les 5e et 6e divisions de cavalerie avaient été chargées d'exécuter une forte pointe contre la ligne ferrée de Sarreguemines à Bitche, pour maintenir en place le général de Failly. Dans la nuit du 5 au 6, elles rece-

---

1. Colonel CANONGE, *loc. cit.*, page 75. — *La Guerre franco-allemande*, page 297.

vaient l'ordre de se tenir en contact immédiat avec l'ennemi, de chercher à faire des prisonniers et de rapporter soigneusement *tout ce qu'elles pourraient apprendre sur la direction de la retraite éventuelle des Français*. Il leur était spécialement recommandé, surtout, de se porter vivement dans la direction de Rohrbach[1].

Telles étaient les dispositions prises par le grand état-major allemand pour aborder la frontière de la Sarre. Abstraction faite des circonstances particulières dues à l'ardeur un peu inconsidérée du général de Steinmetz, on est obligé de reconnaître qu'elles témoignent d'un puissant esprit de suite et d'une science remarquable du groupement des forces. Il est assez piquant de constater, toutefois, que le même jour, et à quelques lieues de distance, deux batailles se sont engagées simultanément, contrairement aux prévisions du généralissime et même malgré les ordres formels d'un des commandants d'armée. Preuve que les succès qui en ont été la suite ne sont pas dus uniquement à la valeur des combinaisons de nos ennemis, mais bien plutôt à notre excessive infériorité numérique locale, jointe à des dispositions tactiques les plus vicieuses qui se puissent imaginer. Ce sont ces dispositions que nous allons examiner maintenant.

Mouvements de l'armée française jusqu'au 6 août. — La stérile escarmouche de Sarrebruck, mince satisfaction donnée à l'anxiété publique, n'avait procuré aucun renseignement exact sur les positions ou les mouvements de l'ennemi. Après comme avant, on en était réduit aux conjectures et aux données assez vagues que contenaient certaines dépêches parvenues au quartier impérial et signalant la formation de la Ire armée, au nord de la Sarre, ainsi que les rassemblements des troupes de la IIIe dans le grand-duché de Bade et le Palatinat. Quant à des renseignements précis, que seule la cavalerie eût pu fournir, on n'en possédait aucun, par la simple raison que celle-ci ne sortait pas

---

1. *La Guerre franco-allemande*, page 168.

de nos lignes et bornait son exploration à des reconnaissances à peine esquissées.

D'autre part, les retards dans l'arrivée des réserves et la constitution des services administratifs, en détruisant les derniers espoirs d'offensive[1], commençaient à inquiéter l'Empereur, déjà très perplexe sur le choix d'un parti à adopter. L'irrésolution à laquelle il était en proie, et qu'augmentaient encore les nouvelles reçues de Paris, allait sans cesse grandissant, et se trahissait par une série d'ordres et de contre-ordres significatifs. On déplaçait sans cesse les troupes, on les épuisait en mouvements inutiles et incohérents et, somme toute, on n'opposait personne aux mouvements offensifs que l'ennemi dessinait contre notre frontière, d'une façon chaque jour plus accusée. C'est ainsi qu'on chargea le 4ᵉ corps, campé à Boulay, d'opérer le 4 une reconnaissance offensive sur Sarrelouis et qu'on le rappela, le mouvement déjà commencé, pour le diriger sur Sierck, parce qu'on avait appris qu'un corps de 40,000 hommes était passé à Trèves. De même la Garde avait reçu, le 4, l'ordre de se porter vers Saint-Avold, ordre annulé dans la même journée. Le 5, elle était envoyée à Volmerange, dans la direction de Sarrelouis, recevait en route un premier télégramme lui prescrivant de retourner à Metz; puis, à quelques minutes de là, une seconde dépêche la dirigeant sur Courcelles-Chaussy, point qu'il était trop tard pour atteindre. Le général Bourbaki la fit donc camper, pour reprendre sa marche le 6; il n'était pas en route depuis plus d'une heure, qu'il recevait l'ordre de se rendre à Saint-Avold, puis celui de s'arrêter et enfin, à quatre heures du soir, celui de repartir pour Courcelles-Chaussy.

Sur ces entrefaites, la nouvelle du combat de Wissembourg était arrivée au quartier impérial. On en fut

---

[1]. M. le général Derrécagaix, évaluant à 233,000 hommes l'effectif de l'armée au 29 juillet, et étudiant, d'autre part, les emplacements des forces allemandes à cette date, estime que cette offensive était encore possible. (*La Guerre moderne*, tome 1ᵉʳ, page 505.) Il est à craindre, toutefois, que si elle s'était produite, la pénurie des services administratifs n'ait pas permis de la pousser bien loin.

surpris; mais on crut pouvoir parer aux dangers de la situation en faisant appuyer vers l'est les 3ᵉ et 5ᵉ corps. Cependant on s'attendait toujours à une attaque sur la Sarre, et même on la désirait, s'il faut en croire cette dépêche adressée par le maréchal Le Bœuf au général Frossard : « Il est possible que l'ennemi nous attaque bientôt sur la Sarre; ce serait une heureuse chose qu'il vînt nous offrir la bataille avec 40,000 hommes, sur un point où nous en avons 70,000, *sans compter votre corps d'armée*[1]. » On porta donc également le 4ᵉ corps de ce côté[2] et on l'établit sur la route de Boulay à Sarrelouis; puis, comme le 2ᵉ corps, prévenu de l'approche des forces ennemies, se trouvait trop en l'air, on l'autorisa, sur la demande de son chef, à prendre position plus en arrière. Enfin l'Empereur se décida à répartir, pour les opérations, l'armée française en trois groupes, et expédia aux maréchaux de Mac-Mahon et Bazaine l'avis de cette décision. — Nous avons dit, au sujet de la bataille de Frœschwiller, ce qu'elle avait d'incomplet et de tardif; nous ajouterons seulement cette remarque: qu'elle ne parait en aucune façon au vice essentiel de notre concentration, ni à cet éparpillement funeste que l'approche des armées allemandes ne permettait plus de corriger.

A la suite de tous ces mouvements, l'armée française occupa les positions suivantes :

2ᵉ Corps. Sur les hauteurs de Sarrebruck, le 5 au soir. Dans la nuit du 5 au 6, il fut disposé en arrière et vint occuper :
1ʳᵉ *division* (Vergé), Stiring et Forbach ;
2ᵉ   —   (Bataille), Œttingen ;
3ᵉ   —   (Laveaucoupet), hauteurs de Spicheren.
Quartier général, division de cavalerie et 4 batteries de réserve à Forbach.

Le 2ᵉ corps comptait, au total, 29,000 hommes environ.

3ᵉ Corps :
1ʳᵉ *division* (Montaudon), Sarreguemines ;

---

1. Colonel Fay, *Journal d'un officier de l'armée du Rhin*. — Le major général s'abusait étrangement en supposant les corps assez rapprochés les uns des autres pour fournir immédiatement ce chiffre de combattants.
2. Ce sont ces différents mouvements qui avaient confirmé l'ennemi dans l'idée que nous battions en retraite.

2ᵉ *division* (Castagny), Puttelange ;
3ᵉ — (Metman), Marienthal ;
4ᵉ — (Decaen), Saint-Avold, où se trouvaient aussi le quartier général, la cavalerie et la réserve d'artillerie.

C'était un total de près de 38,000 hommes formant quatre groupes et répartis en arc de cercle, à des distances de Spicheren variant de 12 à 23 kilomètres. Cette remarque est à ne pas oublier.

4ᵉ Corps :
1ʳᵉ *division* (de Cissey), Bouzonville (Téterchen, le 6) ;
2ᵉ — (Grenier), Boulay (Boucheporn, le 6) ;
3ᵉ — (Lorencez), Coume (Boulay, le 6).
Quartier général, division de cavalerie et réserve d'artillerie à Boulay.

Ces troupes ayant un effectif total de 27,500 hommes, occupaient des positions situées à une distance moyenne de 25 kilomètres de Wolklingen, point de passage assigné, on se le rappelle, à l'avant-garde de la 13ᵉ division prussienne.

5ᵉ Corps. A Bitche, sauf la brigade Lapasset, qui était à Sarreguemines.

Garde, à Courcelles-Chaussy.

En résumé, dans cette journée (le 5), nous avions 29,000 hommes sur la frontière, aux abords du point que les troupes allemandes allaient attaquer le lendemain. Nous comptions, en outre, trois divisions du 3ᵉ corps (environ 25,000 hommes) à une demi-marche ; enfin, il restait encore une division du 3ᵉ corps, la plus forte (environ 9,500 hommes) à une journée à peine. Nous étions, par conséquent, à mesure de concentrer, dans la matinée du 6, près de 55,000 hommes aux abords de Spicheren, et d'avoir, dans la soirée, 64,000 hommes sur le même point [1].

Mais nous avions aussi toutes nos divisions de cavalerie en arrière de nos lignes, et nous ne pouvions, par conséquent, rien connaître de ce que l'ennemi allait tenter. En outre, si comme on vient de le voir, le 3ᵉ corps se trouvait assez rapproché du 2ᵉ pour lui prêter son appui, il n'en était pas de même du 5ᵉ, tiraillé de droite et de gauche par les deux attaques simultanées de Frœschwiller et de Spicheren, du 4ᵉ,

---

1. Général Derrécagaix, *La Guerre moderne*, tome Iᵉʳ, page 514.

placé beaucoup trop loin, et surtout de la Garde, revenue à Courcelles-Chaussy. Le 6 août au matin, ne l'oublions pas, deux armées allemandes se dirigeaient sur Sarrebruck par une marche convergente, et nous ne pouvions par suite des dispositions existantes, leur opposer que deux corps d'armée. La situation, même abstraction faite de l'inaction du 3ᵉ corps, dont il sera parlé tout à l'heure, n'était donc pas égale, on en conviendra.

Description du champ de bataille. — En se repliant de Sarrebruck sur les hauteurs de Spicheren, le général Frossard avait espéré à la fois parer aux dangers de sa position trop en pointe, protéger le chemin de fer, et surveiller les débouchés de la Sarre. Sa ligne de bataille, qui allait de Stiring au Gifert-Wald, était coupée en deux par une forêt épaisse, fortement accidentée, dite forêt de Spicheren, et terminée à droite par l'éperon de *Rotherberg*, menacé, si l'ennemi parvenait à se glisser dans les bois, d'être enveloppé sans que les troupes de gauche pussent intervenir. A la vérité, cet éperon dominait la contrée et donnait des vues avantageuses sur la Sarre, mais il était beaucoup trop étroit pour qu'une troupe importante pût s'y déployer, et sur son flanc droit s'étendaient d'épais fourrés, très propices à masquer une attaque. La position du 2ᵉ corps n'était donc pas des plus avantageuses; d'autant qu'en débouchant de la Sarre, l'ennemi devait trouver un espace découvert, mouvementé seulement par quelques collines allongées et plantées de vignes assez hautes pour fournir des abris aux tirailleurs. Ces collines, orientées de l'ouest à l'est, s'épanouissaient vers l'*Exercir-Platz*, dont il a déjà été question à propos de l'affaire de Sarrebruck, et formaient les hauteurs du *Galgenberg*, du *Winterberg*, du *Nüssberg* et du *Reppertsberg*. Au centre de la ligne, une vallée tourmentée et creusée de ravins abrupts séparait nos troupes; trois maisons, l'auberge de la *Brême d'or*, la douane et la ferme dite *Baraque Mouton*, occupaient le pied des pentes sur la route de Forbach à Sarrebruck; à gauche, le village de *Stiring*, formé presque exclusivement des forges de M. de Wendel et de leurs dépendances, constituait le seul point d'appui sérieux de cette trouée de 1,800 mètres environ, dominée de tous côtés et enserrée dans des fourrés épais. Enfin la voie ferrée courait de l'est à l'ouest, doublant à quelque distance la route de Forbach à Sarrebruck.

Somme toute, nous occupions bien plutôt une série de positions qu'une ligne de bataille véritable ; par suite, la cohésion des troupes n'était pas assurée, chaque unité allait se trouver réduite à des efforts individuels, dans des conditions toutes particulières d'infériorité, et la menace perpétuelle d'une attaque venue des fourrés qui débordaient nos flancs devait provoquer l'inquiétude et l'hésitation chez nos soldats, trop peu habitués par leur instruction du temps de paix à cette guerre des bois. Certes, la position de Cadenbronn, étudiée en 1867 par le général Frossard, et placée à 7 kilomètres en arrière, était, au point de vue défensif, infiniment meilleure. Il est tout à fait regrettable que dans son mouvement de recul, le commandant du 2e corps, s'appuyant sur les résultats de ses reconnaissances antérieures, n'ait pas demandé à rétrograder jusque-là. Il est bien plus regrettable encore qu'il n'ait pas fait détruire les ponts de la Sarre, négligeant ainsi la première des mesures indiquées par la situation.

Quoi qu'il en soit, les troupes du 2e corps furent réparties de la façon suivante :

Division Laveaucoupet, sur le plateau de Spicheren, face au nord-est. La brigade Micheler formait la première ligne, devant le village ; elle avait envoyé, en arrivant vers une heure du matin, une grand'garde au pied de l'éperon du Rotherberg, dans le Gifert-Wald. La brigade Doëns et l'artillerie constituaient la 2e ligne, derrière Spicheren.

Division Vergé, à Forbach (brigade Valazé) et Stiring (brigade Jolivet).

La 1re brigade était chargée de garder la route de Sarrelouis. La 2e protégeait la gare de Stiring, avec un régiment, le 76e, placé à l'est, et l'autre, le 77e, établi à l'ouest de la route de Sarrebruck. Cette division avait placé ses grand'gardes vers la lisière des bois de Stiring et Schoneck.

Division Bataille, près d'OEttingen, sur le Kelsberg.

Nous avons déjà dit que le quartier général, la cavalerie et la réserve d'artillerie se trouvaient à Forbach. Toutefois, les deux batteries de 12 de celle-ci avaient été maintenues, on ne sait pourquoi, à Morsbach, sur les derrières.

Le 6 août, à la pointe du jour, les avant-postes de la brigade Redern remarquaient que les hauteurs du sud de Sarrebruck étaient abandonnées par les troupes qui les occupaient la veille encore. Immédiatement un escadron de hussards se lança à la découverte, accompagné d'un peloton de cuirassiers, et pénétra dans le Gifert-Wald jusqu'au pied des hauteurs de Spicheren. Là, il se heurta à la grand'garde que la brigade Micheler y avait placée, et fut reçu par le feu de quatre pièces, qui, sous la protection d'un escadron, s'étaient établies au nord du Rotherberg. Il dut reculer sans avoir pu exactement apprécier nos emplacements[1]. Mais d'autres reconnaissances exécutées pendant le même temps sur notre flanc gauche donnaient des résultats plus concluants et précisaient le mouvement en arrière des troupes du 2ᵉ corps. La cavalerie allemande supposa en conséquence que les divers détachements rencontrés par elle avaient été laissés là pour couvrir un mouvement de retraite, et son chef, le lieutenant-général de Rheinbaben, arrivé de sa personne sur l'Exercir-Platz, partagea cet avis. Vers onze heures il télégraphiait au prince Frédéric-Charles : « Les Français tiennent les hauteurs de Spicheren avec de l'artillerie et de l'infanterie ; ils commencent la retraite. » Cependant une particularité semblait inexplicable aux officiers allemands. Les ponts de la Sarre étaient intacts, et tous les débouchés praticables. Un oubli aussi complet des précautions les plus élémentaires leur paraissait tellement étrange qu'ils ne savaient à quoi l'attribuer. Mais ils jugèrent immédiatement qu'il fallait en profiter sans hésitation.

De son côté, le prince Frédéric-Charles avait été, dès la pointe du jour, informé par les rapports de la 6ᵉ divi-

---

1. *La Guerre franco-allemande*, page 292.

sion de cavalerie de l'évacuation des hauteurs de Sarrebruck. Il pensa, lui aussi, que dans ces conditions, il était indispensable de prendre possession des débouchés abandonnés, et prescrivit télégraphiquement, à 8 heures du matin, que dans chaque corps d'armée, les objectifs assignés par l'ordre de la veille seraient dépassés partout, que les deux divisions de cavalerie poursuivraient l'ennemi l'épée dans les reins, et que la 5ᵉ division d'infanterie, dont l'avant-garde seule devait occuper Sarrebruck, y serait portée tout entière[1].

Pendant ce temps, voici ce qui se passait au camp français, où les soldats s'étaient installés à une heure du matin seulement, après une marche rétrograde très courte, il est vrai, mais rendue particulièrement pénible par la précipitation avec laquelle elle s'était opérée, ainsi que par l'énervement d'une pluie continue. Le général Frossard avait reçu de Metz, à 5 heures du matin, un télégramme ainsi conçu : « *Tenez-vous prêt contre une attaque sérieuse qui pourrait avoir lieu aujourd'hui même*[2]. » Il s'occupa aussitôt de faire exécuter quelques ouvrages de campagne aux deux ailes de sa ligne de bataille. De son côté, le général de Laveaucoupet chargea son chef d'état-major, le lieutenant-colonel Billot, de faire, en compagnie du commandant du génie Peaucellier, une reconnaissance sur le front de sa division. C'était le moment précis où l'escadron prussien, parvenu jusqu'au Gifert-Wald, était obligé de tourner bride sous le feu de nos canons, et personne ne pouvait voir dans cette escarmouche insignifiante le prélude d'une grande bataille. Les deux officiers supérieurs poursuivirent donc leur inspection, mais leur attention fut attirée par des lignes de tirailleurs assez épaisses qui se montraient en avant de Sarrebruck, et par l'arrivée de batteries d'artillerie sur l'Exercir-Platz. Quelques minutes après, la lutte s'engageait spontanément par une vive canonnade ; nos pièces de l'Éperon ripostaient avec énergie, et la

---

1. C'est en donnant cet ordre que le prince autorisait l'emploi éventuel de la force pour chasser de Sarrebruck la 14ᵉ division.
2. Général Frossard, *Rapport sur les opérations du 2ᵉ corps*. Paris, Dumaine, 1872, page 36.

bataille, si ardemment désirée par le général de Steinmetz, commençait sans que celui-ci s'en doutât.

Le commandant de la 14ᵉ division prussienne (VIIᵉ corps), général de Kameke, avait en effet, pendant la marche qu'il exécutait sur Sarrebruck en vertu des ordres de son commandant en chef, été instruit par les rapports de la cavalerie de l'évacuation de la ville. « Convaincu qu'il n'avait devant lui que l'arrière-garde de Frossard en retraite, il ne voulut pas perdre un instant pour poursuivre son adversaire [1] », et fit demander au général de Zastrow, commandant du VIIᵉ corps, l'autorisation de franchir la Sarre pour occuper les hauteurs de l'ouest. La réponse fut qu'il pouvait agir d'après ses propres inspirations [2]. Certes, l'offensive du général de Kameke pouvait paraître téméraire, étant donné l'éloignement où se trouvaient encore, à cette heure matinale, le gros du VIIᵉ corps ainsi que le reste de l'armée prussienne. Elle aurait dû avoir pour lui, si nous avions su profiter de la situation, des conséquences funestes, et exercer sur la marche des corps en arrière une répercussion des plus fâcheuses. Elle procédait cependant d'une idée tactique parfaitement juste. Le général de Kameke croyait les forces françaises en retraite ; il voyait les ponts de la Sarre intacts. Il profitait donc de l'occasion qui lui était offerte pour assurer les débouchés de la rivière et s'emparer des hauteurs au sud de Sarrebruck ; il nous empêchait d'y revenir, si la retraite était par hasard contremandée. Usant donc sans plus tarder de la latitude qui lui était laissée, il ordonna à son avant-garde d'aller occuper ces hauteurs, tandis que le gros de la division hâterait sa marche vers la Sarre [3]. Peu d'instants après, le général de François,

---

1. Colonel BORBSTŒDT, *Opérations des armées allemandes*, traduction Costa de Serda. Paris, Dumaine, 1872, page 305.
2. *La Guerre franco-allemande*, page 294.
3. La formation de marche adoptée par la 14ᵉ division a été souvent citée dans les traités spéciaux. Elle était, à peu de chose près, celle que prescrivent nos règlements actuels, et qui est basée sur la répartition des différentes armes dans les colonnes suivant l'urgence de leur arrivée sur le champ de bataille. Il est inutile de dire qu'à cette époque nos adversaires en avaient malheureusement seuls encore le monopole.

chef de cette avant-garde, rencontrait le commandant du VIII° corps, général de Gœben, venu de sa personne en reconnaissance vers Sarrebruck, et en recevait la promesse d'un concours effectif, au cas où celui-ci deviendrait nécessaire. Enfin, le général de Dœring, qui commandait l'avant-garde de la 5° division (III° corps) et s'était également porté en avant pour reconnaître le terrain, fit avertir le général de François de sa présence; puis, comme il apercevait des troupes françaises venant de Stiring, et qu'il craignait que la 14° division, livrée à elle-même, ne fût pas en force, il envoya à sa brigade en marche l'ordre de continuer sans désemparer vers Sarrebruck, et rendit compte de tout cela au général d'Alvensleben, commandant du III° corps, lequel prit aussitôt ses mesures pour faire affluer sur ce point, dans le cours même de la journée, la plus grande partie possible des troupes de son corps d'armée[1].

Ce sont là de beaux exemples de solidarité, dont, il faut du reste en convenir, les généraux allemands sont coutumiers. A les rapprocher de la conduite si différente qu'ont tenue dans cette fatale journée les chefs du 3° corps français, dont nous verrons bientôt la déplorable inertie, on éprouve un sentiment de douleur et de regret; car si les principes qui animaient à cet égard nos adversaires eussent été également en honneur dans notre armée, si la loi sacrée qui impose à une troupe, sous peine de forfaiture, le devoir imprescriptible de se porter elle-même au secours de ceux qui combattent, avait été, comme aujourd'hui, gravée dans le cœur et dans la chair de tous, alors on n'aurait pas vu ce spectacle lamentable d'un corps d'armée entier écrasé à quelques kilomètres d'un autre qui ne fait rien pour le sauver. « *Péris, mais secours tes frères!* » dit le proverbe russe. Voilà la règle, voilà le devoir militaire et l'évangile du soldat. L'homme fatal qui allait bientôt perdre l'armée tout entière était seul capable de l'oublier.

Sur l'ordre du général de Kameke, l'avant-garde de

---

1. *La Guerre franco-allemande,* page 299.

la 14ᵉ division déboucha donc de Sarrebruck, en passant tranquillement la Sarre au moyen des ponts intacts, et occupa le Reppertsberg. Il était onze heures environ [1]. Ce mouvement, parfaitement vu des troupes qui occupaient l'Éperon, ne laissait aucun doute sur les intentions de l'ennemi, et le général de Laveaucoupet jugea qu'il était urgent de prendre des dispositions défensives. Il disposa en conséquence sur l'Éperon les troupes qu'il avait sous la main, c'est-à-dire le 10ᵉ bataillon de chasseurs, quelques soldats du génie et un bataillon du 40ᵉ, puis il appela à lui une batterie (8ᵉ du 17ᵉ) dont deux pièces seulement purent, en raison de l'exiguïté du terrain, se mettre en batterie. A ce moment, la batterie prussienne d'avant-garde venait se placer sur l'Exercir-Platz, et son tir ne tardait pas à obliger nos pièces à rétrograder un peu. Bientôt le 74ᵉ entra en ligne à son tour ; et un de ses bataillons s'établit dans la tranchée du chemin de fer, à Deutsch-Mühle, tandis que les deux autres formaient réserve sur le Reppertsberg.

Le général de Kameke n'apercevait toujours que peu d'infanterie française à la lisière des bois, avec quelques pièces d'artillerie ; et cette constatation devait évidemment le confirmer dans l'opinion que c'était là une simple arrière-garde. D'autre part, la possession des collines où il venait de s'établir ne suffisait pas à assurer aux troupes prussiennes en arrière le débouché tactique de la rivière ; c'était celles que nous occupions qu'il fallait conquérir. Assuré déjà du concours prochain des divers éléments voisins qui étaient en marche vers la Sarre, le commandant de la 14ᵉ division n'hésita pas à prendre une décision énergique, c'est-à-dire à se mettre en devoir de déloger de leurs positions dominantes les forces, peu importantes en apparence, qui, postées sur un véritable observatoire, ne perdaient de vue aucun de ses mouvements. Il ordonna donc au général de François d'escalader le Rotherberg.

Évidemment, ce rocher était fort difficile à enlever

[1]. Cette avant-garde se composait de un régiment d'infanterie (39ᵉ), un escadron de hussards et une batterie. Le gros de la division, qui suivait, avait en tête le 74ᵉ régiment.

de front, d'autant plus que l'artillerie qui l'occupait battait tout le terrain en avant; mais les bois situés sur les flancs constituaient des couverts favorables. Le général de François ordonna à deux bataillons de gagner le flanc gauche de la position française sur les hauteurs de Spicheren ; deux autres bataillons furent chargés d'atteindre le flanc droit par le Gifert-Wald, enfin les deux derniers furent maintenus en réserve au Reppertsberg. A ce moment (midi), les trois batteries du gros atteignaient le revers sud de cette colline, et joignaient leur feu à celui de la batterie d'avant-garde.

De notre côté, la brigade Micheler tout entière s'était portée sur l'Éperon. La colonne prussienne de gauche, s'engageant dans le ravin de Saint-Arnual, et pénétrant dans les fourrés que nous n'occupions pas, s'avança jusqu'au pied de l'Éperon et refoula le 3e bataillon du 40e, occupé à reconnaître les taillis qui le couvraient. Mais le 1er bataillon de ce régiment, accouru au secours du 3e, arrêta les progrès de l'ennemi et suffit à le maintenir sur place. Un des bataillons prussiens, qui avait essayé de se porter plus à gauche encore, fut contraint également de revenir en arrière. Aucun ennemi ne réussissait à dépasser la lisière ouest du Gifert-Wald, malgré le feu terrible dont les trois batteries, postées maintenant au Winterberg et prenant d'écharpe nos positions, couvraient la brigade Micheler.

En même temps la colonne de droite (sept compagnies), appuyée par une des batteries de l'Exercir-Platz, se dirigeait contre la division Vergé, établie à Stiring. Sur ce point, des dispositions défensives avaient été prises aussi, dès que les premières troupes prussiennes s'étaient montrées à Sarrebruck; nos forces s'étaient reportées dans les bois de Stiring, entre les *Vieilles-Houillères* et le village de Schöneck (77e de ligne), et la plaine en avant des collines (76e de ligne et 3e bataillon de chasseurs) ; deux sections de la 5e batterie du 5e avaient pris position près du 76e ; enfin la brigade Valazé gardait Forbach. La batterie de l'Exercir-Platz ouvrit tout d'abord un feu violent sur nos quatre pièces et les écrasa : il fallut que le reste de la

5ᵉ batterie et une batterie à cheval (7ᵉ du 17ᵉ) accoururent à leur secours pour les sauver d'une destruction totale. Puis bientôt l'infanterie ennemie, s'approchant à l'abri, déboucha du petit bois de Stiring, à l'est de la voie ferrée, et commença son tir contre le 76ᵉ. Heureusement ce régiment s'attendait à l'attaque ; il la reçut vigoureusement, y répondit avec une énergie soutenue, en sorte qu'après deux heures d'une lutte acharnée, l'ennemi fut obligé de se replier, avec des pertes considérables. Cependant, vers une heure et demie, un des deux bataillons allemands parvint à pénétrer dans la forêt communale de Sarrebruck et chercha à tourner la gauche du 77ᵉ. Accueilli par une violente fusillade, et s'apercevant qu'au delà du chemin de fer « la lutte prenait une mauvaise tournure[1] », il rétrograda jusque vers Drahtzug, où une de ses compagnies dut, pour protéger la retraite, soutenir « un combat meurtrier[2] ».

La situation de la droite ennemie était donc en ce moment des plus critiques[3], et le général de François, aussitôt qu'il en fut instruit, se hâta de diriger de ce côté trois compagnies des deux bataillons laissés en réserve au Reppertsberg. L'arrivée de ce renfort, vers deux heures, permit aux troupes déjà engagées de rétablir le combat ; aussi bien, vers le même temps, la 28ᵉ brigade prussienne débouchait à son tour des ponts de la Sarre et s'engageait dans les bois de Stiring. Nos soldats, fatigués par la lutte opiniâtre qu'ils venaient de soutenir, semblaient faiblir : le général Vergé dut aviser le général Frossard des dangers qui le menaçaient, et lui demander du secours. Celui-ci, toujours à Forbach, dirigea aussitôt sur Stiring le 32ᵉ de ligne et une batterie de la réserve (10ᵉ du 3ᵉ), dont l'arrivée permit d'arrêter net les progrès des Prussiens. En même temps, pour combler l'intervalle qui existait entre nos deux ailes, il donnait l'ordre au général Valabrègue de l'occuper avec quatre escadrons. Mais, au bout d'une heure et demie d'attente sous un feu qui leur infligeait des

---

1. *La Guerre franco-allemande*, page 308.
2. *Ibid*.
3. *Ibid*.

pertes cruelles, ceux-ci voyaient s'évanouir pour eux tout espoir d'intervenir ; privés des abris que leur avaient offerts jusque-là des constructions isolées, maintenant démolies par les obus prussiens, ils se retirèrent en arrière vers Stiring et se placèrent en soutien de l'artillerie de réserve.

Tentative contre le Rotherberg. — Retournons au Rotherberg, où l'action a pris une intensité nouvelle, et où la physionomie définitive de la bataille commence à se dessiner. Le général de François, comprenant très bien que cette hauteur, dont la masse rougeâtre dominait le pays, constituait la clef véritable de la position, et convaincu, d'après les rapports de la cavalerie, qu'elle n'était que faiblement occupée, avait déjà, vers une heure, fait une nouvelle tentative pour s'en emparer avant que des renforts n'y arrivassent. Prenant avec lui les deux bataillons de réserve du Reppertsberg[1], il s'était élancé, au prix de pertes très sérieuses, dans la plaine mamelonnée qui s'étend entre la Sarre et l'Éperon, et avait tenté, sous la protection des trois batteries accourues sur le Galgenberg, de déborder l'Éperon sur ses deux flancs. Poussés en avant par cet effort, les trois bataillons arrêtés depuis la matinée dans le Gifert-Wald reprirent alors l'offensive et réussirent à gagner les abords de l'Éperon. En un instant, la brigade Micheler, encore seule sur la hauteur, se trouva presque enveloppée, et le général de Laveaucoupet n'eut que le temps d'appeler à lui la brigade Doëns, maintenue jusqu'alors derrière le village de Spicheren. Deux bataillons du 63ᵉ de ligne et un bataillon du 2ᵉ franchirent aussitôt, malgré un feu terrible, le ravin qui sépare le village du Gifert-Wald, atteignirent l'Éperon, et, ouvrant sans plus tarder une fusillade meurtrière, contraignirent les Allemands du général de François à s'arrêter. Ceux-ci, décimés, tourbillonnant et à bout de forces, furent réduits à chercher des abris au pied même du rocher, et se blottirent pêle-mêle contre la base des

---

[1]. Moins les trois compagnies qui, ainsi qu'il a été dit précédemment, étaient, au même moment, dirigées sur Stiring, au secours de l'aile droite.

escarpements, où les balles partant des tranchées placées au-dessus de leur tête, ne pouvaient plus les atteindre. Mais, malgré tout, la situation n'était pas pour nous sans gravité. Dans le Gifert-Wald en effet, les Prussiens, assez bien abrités, n'étaient tenus en échec qu'au prix d'une lutte opiniâtre et sanglante; nos munitions commençaient à s'épuiser, aucune réserve n'était plus disponible, et les soldats, qui combattaient à jeun depuis de longues heures, témoignaient déjà d'une fatigue visible. Il fallut, pour maintenir leur énergie à la hauteur des circonstances, l'intervention personnelle du général de Laveaucoupet, qui, mettant l'épée à la main, se jeta en avant, et brillamment secondé par son chef d'état-major ainsi que par le commandant Peaucellier, réussit à communiquer à tous son ardeur et sa bravoure. Electrisés par cet exemple, nos fantassins oublièrent un moment leur lassitude et, dans un vigoureux et suprême effort, rejetèrent sur Winterberg les assaillants durement éprouvés.

Il était trois heures environ. L'offensive prussienne avait partout échoué, et l'attaque, exécutée par 15,000 hommes appuyés de 24 bouches à feu, contre 13,400 qui ne possédaient que 18 pièces[1], dont 6 mitrailleuses, n'avait pu prendre pied sur nos positions. Et cependant les assaillants, s'avançant constamment à l'abri de fourrés, avaient trouvé là une protection efficace, qui manquait généralement aux défenseurs, obligés de combattre en terrain découvert sur la plus grande partie de leur front, et ne sachant qu'imparfaitement d'ailleurs utiliser les couverts. Enfin la supériorité matérielle avait été acquise, dès le début, à l'artillerie adverse, et nos pièces, comme à Frœschwiller, ne luttaient qu'avec les plus grandes difficultés. Cependant le courage des soldats français suppléait à tout, si bien qu'à cette heure déjà avancée de la journée, les Prussiens non seulement ne pouvaient plus avancer, mais encore ne se maintenaient qu'avec la plus grande

---

1. L'arrivée de la batterie de réserve envoyée, vers deux heures, de Forbach à Stiring, par le général Frossard, porta ce chiffre à 24 pièces.

peine en face de notre front. Les mouvements tournants qu'ils avaient tentés, sans succès d'ailleurs, avaient développé leur ligne outre mesure, et la seule 14e division occupait une étendue de près de 6 kilomètres, alors que la position française en comptait quatre au maximum. Sa formation était donc, par cela même, excessivement mince, et il n'eût fallu qu'un effort léger pour la rompre complètement. Mais, pour que cet effort fût fait, deux choses étaient nécessaires : d'abord la ferme volonté de ne pas s'en tenir à la défense passive, ensuite la présence sur le champ de bataille du général en chef. Or, la confiance dans les positions dominantes, nous avons déjà eu plusieurs fois l'occasion de le constater avec douleur, était telle à cette époque que dès qu'on en occupait une, on ne l'abandonnait que pour battre en retraite, jamais pour foncer de l'avant ; en outre, à trois heures de l'après-midi, le général Frossard, malgré les avertissements reçus sur l'imminence d'une attaque, n'avait pas encore quitté Forbach. Dans ces conditions, il était difficile de prendre l'offensive. Quant aux Allemands qui ne connaissaient pas encore l'inertie tactique dont nous étions frappés, ils ne se sont fait depuis aucune illusion sur les périls dont les eût menacés, à cette heure, la témérité du général de Kameke, si nos généraux avaient cherché à y répondre par autre chose que la passivité. « La situation du côté des Prussiens, dit la Relation du grand état-major allemand, rendait assurément fort urgente l'entrée en ligne de troupes fraîches pour venir en aide à la 14e division, dans la lutte inégale qu'elle avait soutenue jusqu'alors sur un front de près de 6 kilomètres..... à tout instant, on pouvait s'attendre à voir l'ennemi profiter de sa grande supériorité numérique pour refouler ou pour rompre la faible ligne de bataille qui lui était opposée[1]. »

En effet, avec la brigade Valazé, restée à Forbach, avec la division Bataille, maintenue à Œttingen jusqu'à trois heures passées, le 2e corps comptait

---

[1] *La Guerre franco-allemande*, page 320.

29,000 hommes. Avec le secours du 3° corps, c'était plus de 60,000 hommes qu'on pouvait jeter sur l'armée de Steinmetz, arrivant à la Sarre par petits paquets et débouchant unité par unité, au risque de voir ses divisions renversées les unes sur les autres... : On préféra rester sur place, se borner à défendre la position jusqu'au moment où l'on se vit forcé de l'évacuer, et faire tuer des hommes au lieu de se mouvoir et de manœuvrer. Jamais aussi inconcevable inconscience des réalités de la guerre n'a été constatée ; jamais on n'a vu le commandement s'effondrer de la sorte et jamais non plus général placé dans la situation critique du général de Kameke n'a eu cette bonne fortune d'avoir affaire à un adversaire qui ait aussi peu su exploiter cette situation.

Attaque du Rotherberg. — Cependant l'état des choses n'allait pas tarder à se modifier à notre détriment, par l'entrée en ligne successive des divers éléments de la Ire armée et du IIIe corps. Vers trois heures et demie, le général d'Alvensleben atteignait Sarrebruck, amenant avec lui des batteries du IIIe corps qui couvraient aussitôt de projectiles l'éperon de Spicheren ; peu d'instants après, d'autres batteries appartenant à la 16e division (VIIIe corps) venaient augmenter encore l'intensité du feu. Trente-six pièces tiraient à la fois, contre lesquelles notre malheureuse artillerie luttait en désespérée, mais sans résultat. Le général de Kameke, voyant d'autre part les progrès de la 28e brigade vers Stiring, jugea alors que le moment était propice pour revenir à la charge, et renouvela au général de François l'ordre de s'emparer de l'Eperon, en le débordant par le Gifert-Wald.

Se mettant aussitôt à la tête d'un bataillon qui était resté, depuis son récent échec, blotti au pied de la montagne, le général de François se lance à l'escalade des rochers. Après une ascension des plus pénibles, cette troupe atteint la crête et se trouve face à face avec le 10e bataillon de chasseurs qui occupe la tranchée-abri. Un feu terrible arrête sa marche ; elle hésite, se rompt, et va redescendre en désordre l'escarpement, quand l'artillerie du Galgenberg vient faire en sa faveur une puissante diversion ; les obus qui, passant par-dessus la tête des fantassins, tombent dans la tranchée, y broient nos malheureux chasseurs, et rendent la position intenable. Le 10e bataillon est obligé de reculer et d'aller prendre position sur un versant de terrain, placé à quelque distance en arrière ; et là, il recommence ses feux à volonté. Mais il est trop affaibli maintenant pour repousser l'assaut victorieux d'un ennemi déjà supérieur en nombre, et que vient au même moment renforcer une compagnie du 39e. Tout ce qu'il peut faire, c'est de maintenir sur place les Prussiens que le général de François, l'épée à la main, essaye d'entraîner dans un suprême effort. Bientôt, le commandant de la 27e brigade, frappé de cinq balles, s'affaisse et expire payant noblement de sa vie ce premier succès si chèrement acheté.

C'était d'ailleurs le seul que l'ennemi eût remporté encore. Dans le Gifert-Wald, la brigade Micheler contenait victorieusement les efforts des bataillons qui tentaient, par ce côté, de tourner notre droite. Les Prussiens subissaient là des pertes énormes et finalement étaient repoussés. « Épuisés par cette longue lutte, ayant en partie consommé leurs munitions et ne pouvant trouver à proximité ni secours, ni approvisionnements, ils se voient contraints de battre en retraite. Les Français les suivent jusqu'à la lisière nord de la forêt, d'où ils accompagnent d'un feu rapide et meurtrier les débris qui se replient sur le Winterberg[1]. » De même, plus près du Rotherberg, le 40e de ligne tenait bon et refoulait les compagnies du 39e prussien qui formaient la droite de l'attaque allemande de ce côté. La division Laveaucoupet, sauf la perte de la tranchée de l'Éperon, réussissait donc à conserver ses positions, et sa situation semblait d'autant meilleure qu'à ce moment (4 heures) lui arrivait en renfort la brigade Fauvart-Bastoul. Le général Bataille, entendant d'OEttingen le fracas de la bataille, s'était empressé en effet de diriger

---

1. *La Guerre franco-allemande*, page 319.

cette brigade sur Spicheren, sans ses sacs ; il envoyait avec elle également un bataillon du 23ᵉ de ligne (commandant Bézard) et une batterie d'artillerie (8ᵉ du 5ᵉ, capitaine Benoist). C'était là un appoint précieux que le général de Laveaucoupet utilisa sans plus tarder. Plaçant dans le Gifert-Wald et sur les pentes est de l'Éperon deux bataillons du 66ᵉ, il envoya le reste au nord-ouest du village, face à la vallée de Stiring. Les Prussiens étaient déjà, ainsi que nous le verrons tout à l'heure, maîtres de la *Brême d'or*, d'où ils menaçaient de nous prendre à revers : l'arrivée très opportune de la brigade Bastoul vint donc à propos mettre un terme à leurs progrès.

Malheureusement, à ce faible secours, l'ennemi pouvait maintenant répondre par l'entrée en action de troupes nombreuses qui allaient, d'un seul coup, lui assurer une trop imposante supériorité numérique. Déjà apparaissaient sur les collines de la rive gauche les têtes de colonnes de la 16ᵉ division (VIIIᵉ corps) et le gros de la 5ᵉ. De nouvelles batteries, arrivant avec elles, ou débarquant de chemin de fer, prolongeaient la ligne de feu dont nos troupes du plateau avaient tant à souffrir, et venaient augmenter d'instant en instant le chiffre des pertes que l'absence de réserve rendait irréparables. Les généraux ennemis, atteignant l'un après l'autre le champ de bataille, se repassaient le commandement, par rang d'ancienneté, et donnaient à l'action, avec une direction qui se centralisait à mesure, une cohésion bien plus redoutable que les efforts décousus du début. Au général de Kameke avaient déjà succédé les généraux de Stülpnagel, commandant la 5ᵉ division, et de Gœben, commandant le VIIIᵉ corps. C'était maintenant le général de Zastrow, commandant le VIIᵉ corps, qui prenait la direction de la bataille, avec pleins pouvoirs de la pousser jusqu'au bout.

On se souvient en effet que cet officier général, pressenti par le commandant de la 14ᵉ division sur l'opportunité de s'emparer des hauteurs de Spicheren, avait laissé libre son subordonné d'agir suivant ses inspirations[1]. Toutefois, voulant, lui aussi, s'assurer l'assentiment du commandant en chef, il avait envoyé à celui-ci, vers midi, un officier de son état-major pour lui demander s'il devait amener son corps tout entier sur la Sarre. Or, voici quelle avait été textuellement la réponse du général de Steinmetz : « *L'ennemi doit être puni de sa négligence.* Afin de l'empêcher de rentrer dans les positions qu'il a évacuées sur la rive gauche de la Sarre, le commandant en chef déclare en approuver l'occupation, *dans l'intérêt de la IIe armée* ; on cherchera aussi à gêner les embarquements de troupes françaises qui ont lieu à Forbach, et qui ne paraissent couverts que par peu de monde. » Cet ordre, présomptueux mais net, devait évidemment fixer toutes les hésitations du général de Zastrow. Celui-ci n'avait donc plus, une fois en possession du commandement, qu'à prendre ses mesures pour en assurer l'exécution, en tant qu'elle était possible[2] ; et c'est ainsi qu'aussitôt après son arrivée, l'attaque de nos positions fut reprise avec une nouvelle vigueur[3].

Il était temps d'ailleurs de venir aux secours des bataillons aux prises avec les nôtres : « A la suite de la mort du général de François, dit la *Relation allemande*, la situation des cinq compagnies prussiennes du Rotherberg était devenue si fâcheuse qu'il importait de plus en plus de les soutenir. Déjà les munitions leur manquaient, et ce n'était que par des prodiges d'opiniâtreté qu'elles se maintenaient encore dans les tranchées dont elles s'étaient emparées sur la crête la

---

1. Voir page 288.
2. Dans la deuxième partie de son ordre, le général de Steinmetz faisait preuve en effet d'une certaine ignorance de la situation : car non seulement il n'y avait à Forbach, le 6 août, aucun embarquement de troupes, mais encore ce point, où se trouvait un matériel de guerre considérable, était gardé à ce moment encore par des forces assez imposantes pour jeter dans la Sarre, si on les eût mieux employées, les bataillons prussiens qui se préparaient à en déboucher.
3. L'ennemi, assez mal impressionné par le peu de réussite de ses premiers efforts, avait ralenti son action vers cinq heures, en attendant l'arrivée des renforts espérés. Cette accalmie avait même fait croire au général Frossard que la lutte allait s'éteindre, du moins pour la journée, et il en avait avisé le maréchal Bazaine.

plus avancée[1]. » On dirigea donc de leur côté des troupes fraîches, grâce auxquelles nos lignes avancées dans le Gifert-Wald furent refoulées. Le général Doëns, voyant ce mouvement de recul, fonça sur l'assaillant avec quelques compagnies du 2ᵉ de ligne et réussit à l'arrêter. Mais les renforts grossissaient sans cesse; nos soldats écrasés sous le nombre semblaient fléchir; le général Doëns, bravant les balles qui pleuvaient autour de lui, se mit résolument à leur tête, et, les électrisant par sa bravoure, fit à leur dévouement un suprême appel. Alors se déroula, dans ces fourrés obscurcis de fumée et hachés de mitraille, une lutte poignante, dont la violence dépasse toute imagination. Les officiers, qui, quel que soit leur grade, payaient de leur personne comme les simples soldats, étaient presque tous atteints. Dans cette affreuse tuerie, qui souille de larges plaques rouges le sol gazonné de la forêt, on voit tomber le brave Doëns, le colonel de Saint-Hillier, du 2ᵉ de ligne, mortellement atteint, les lieutenants-colonels Rode et de Boucheman, grièvement blessés. Bientôt il faut emporter le colonel Vittot et le lieutenant-colonel Arnoux, mis hors de combat, à l'angle ouest du bois, où combattent avec une vigueur admirable les débris du 40ᵉ de ligne. Nulle part il ne reste un officier supérieur debout. Quant aux Allemands, dont les pertes ne sont pas moins sanglantes, ils voient tomber également presque tous leurs officiers. Leurs compagnies, privées de chefs, se confondent et s'entremêlent[2], le désordre est à son comble, et c'est au prix des plus cruels sacrifices que cette lutte sauvage se prolonge, sans que l'ennemi réussisse à gagner un seul pouce de terrain.

Assaut général du Rotherberg. — Tout à coup à la gauche de la division Laveaucoupet, sur un contrefort escarpé qui se détache de l'Eperon, apparaît une troupe de cavalerie; c'est le 17ᵉ hussards (de Brunswick), que le général d'Alvensleben, impatient d'en finir, a lancé par un chemin en escalier, et qui avec des

---

1. *La Guerre franco-allemande*, page 326.
2. *Ibid.*, page 330.

efforts inouïs, est parvenu à gravir l'escarpement. Un de ses escadrons tente de se déployer; il est aussitôt désorganisé et se replie en désordre. Le général d'Alvensleben ne veut cependant pas en démordre, et ordonne aux hussards de renouveler leur absurde tentative. Le régiment tout entier se présente de nouveau; mais la fusillade qui l'accueille le force à rétrograder sans délai, et il doit, après avoir subi de lourdes pertes, aller chercher au pied de la montagne un abri d'où il n'ose plus sortir.

A peine les braves soldats de la division Laveaucoupet étaient-ils débarrassés de cet ennemi plus hardi que redoutable, qu'ils se voyaient menacés d'un danger bien autrement grave. Deux batteries, amenées à grand'peine sur l'escarpement, venaient en effet d'apparaître, et prenaient position, presque pièce par pièce, sur l'emplacement même que les hussards venaient de quitter. Leur tir, s'exerçant à courte portée, ne tardait pas, malgré la perte de la moitié des servants [1], à prendre le dessus et à éteindre la fusillade de nos bataillons épuisés, en sorte que bientôt elles parvenaient à s'installer complètement sur la crête, et balayaient de leurs projectiles toute la profondeur du plateau. Profitant de ce puissant appui, les bataillons prussiens qui, à ce moment déjà, occupaient la *Brême d'or*, se lancèrent sur les pentes boisées de la forêt de Spicheren (Spicherenwald), et y jetèrent des lignes épaisses de tirailleurs. En même temps, le régiment des grenadiers du corps, devançant la 9ᵉ brigade (IIIᵉ corps), arrivait sur le champ de bataille, « emportait le mamelon le plus méridional du Rotherberg et pénétrait dans le saillant sud-ouest du Gifert-Wald [2]. » La situation de

---

1. *La Guerre franco-allemande*, page 345.
2. La 9ᵉ brigade avait quitté ses cantonnements à trois heures, et parcouru d'une seule traite les 16 kilomètres qui séparaient ceux-ci de Saint-Johann. Elle atteignait ce point avant six heures, et son premier régiment, les grenadiers du corps, arrivé moins d'une heure après au pied du Rotherberg, s'engageait aussitôt, déterminant par son intervention la retraite des défenseurs du plateau. Pourquoi faut-il que le commandant du 3ᵉ corps français n'ait pas été animé d'une pareille ardeur à lancer au canon ses trois divisions, campées

la division Laveaucoupet, menacée d'être débordée par son flanc gauche, devenait critique, et son chef jugea prudent de ne pas la compromettre davantage. En conséquence, il ordonna à la brigade Doëns, commandée maintenant par le colonel Zentz, de se replier lentement pour venir prendre position à environ 500 mètres en arrière, juste devant le village de Spicheren. C'était là un mouvement difficile et dangereux, étant donnée la violence du feu ; nos courageux soldats l'exécutèrent cependant en bon ordre, et reculèrent par échelons, sous la mitraille, avec un admirable sang-froid. Ils formèrent alors une ligne brisée, face à la fois au nord et à l'ouest, et là, continrent par leur ferme attitude les efforts désespérés que trente-deux compagnies des IIIe, VIIe, VIIIe corps tentèrent pour les déloger.

Et pourtant, tandis que des renforts incessants arrivaient à l'ennemi, dont les corps en arrière débarquaient maintenant du chemin de fer, tandis que de nouvelles batteries augmentaient sans cesse la terrible intensité de son feu d'artillerie, nos bataillons décimés n'avaient plus un homme de réserve à jeter dans les vides qui se creusaient dans leurs rangs. Bien plus, le 67e, de la brigade Fauvart-Bastoul, était bientôt obligé de quitter le plateau pour aller dans la plaine porter secours au général Bataille, qui se débattait dans une situation difficile. Nous restions autour de Spicheren une poignée d'hommes, que le flot toujours montant des Allemands menaçait d'engloutir ! Si, à ce moment, la division Laveaucoupet avait été appuyée, les affaires eussent très probablement changé de tournure, car, malgré tout, les progrès des Allemands, arrêtés par le courage des nôtres, subissaient un temps d'arrêt marqué.

Bien que les renforts qui, depuis trois heures et demie, avaient été dirigés sur le Rotherberg et le Gifert-Wald, dit la *Relation prussienne*, eussent avantageusement modifié le combat sur ce point, le mouvement tournant, gêné par le long ravin qui se développe au sud, n'avait pas produit sur la position française l'effet qu'on en attendait. L'entrée en ligne des grenadiers du corps

à une distance du champ de bataille qui n'excédait nullement celle où se trouvait la 9e brigade prussienne ?

et des deux batteries n'avaient pu, non plus, imprimer à l'action une tournure décisive. Le peu d'espace dont les Prussiens disposaient pour se déployer rendait plus pénibles des progrès qu'il fallait acheter au prix des plus lourds sacrifices. Les longues lignes françaises couvraient toujours une position dominante, s'étendant sur tout le versant nord de Forbacherberg, depuis la forêt de Spicheren jusqu'au village du même nom. De nombreux retours offensifs, tentés par les Français du haut de cette position qu'ils occupaient en force, témoignaient clairement de leur intention de regagner le terrain perdu, à la conservation duquel les Prussiens devaient borner leurs efforts [1].

Le seul moyen pour l'ennemi de triompher de cette résistance acharnée était donc de poursuivre son mouvement tournant sur notre gauche et de prendre nos lignes à revers; c'est ce que se décida à faire le commandant du IIIe corps. A ce moment, la totalité de la 5e division était parvenue sur le champ de bataille : de nouvelles batteries arrivaient de toutes parts [2]; on possédait donc les éléments nécessaires pour tenter un suprême et dernier effort. L'artillerie allemande, forte de dix batteries (dont deux étaient déjà, nous l'avons vu, installées sur le plateau), vient prendre position sur la hauteur du Folster-Hohe, qui émerge de la plaine entre le Rotherberg et le bois de Stiring, écrasant de son feu à la fois les pièces de la division Vergé postées à Stiring et celles de la division Laveaucoupet, placées sur le Forbacherberg, et permet à l'infanterie de gravir les pentes du Spicherenwald. Une première tentative est repoussée, grâce à l'arrivée sur le plateau de deux bataillons du 8e de ligne que le général Bataille, se sentant un peu dégagé, a envoyés à son camarade de Laveaucoupet, pour combler le vide produit par le départ du 67e. A la faveur de ce petit succès, le général de Laveaucoupet tente même, vers sept heures et demie du soir, un retour offensif qui, exécuté vigoureusement, met un instant l'ennemi en déroute. Après une action fort

---

1. *La Guerre franco-allemande*, page 346.
2. Une de ces batteries, la 4e légère du 1er corps, arrivait de *Kœnigsberg* en chemin de fer, et devait débarquer à Neukirchen. A la nouvelle de la bataille de Spicheren, son capitaine prit sur lui de continuer sa route, sans désemparer, et ne débarqua qu'à Sarrebruck, d'où immédiatement il gagna le champ de bataille.

meurtrière, les contingents prussiens postés dans le Gifert-Wald se voient contraints de céder encore une fois à la violence du choc, de sorte que, à la tombée de la nuit, les Français se trouvent maîtres pendant quelques instants, du versant sud de ce bois [1].

Mais la supériorité numérique de l'assaillant, les renforts incessants qu'il reçoit et la puissance de son artillerie finissent par triompher de l'opiniâtreté de nos soldats. De nouveaux bataillons se glissent dans le long ravin qui monte de la *Baraque Mouton* au Forbacherberg; le Spicherenwald est abordé sur tous les points; nos soldats exténués sont pris en flanc et à revers et soumis à un feu épouvantable auquel ils ne peuvent presque plus répondre, faute de munitions; aussi bien la nuit est venue, et aucun secours ne peut plus leur parvenir. Vaincus enfin dans cette lutte de géants, furieux de leur impuissance, la rage au cœur, ils reculent une seconde fois, et viennent se placer sur le Forbacherberg, protégés par les batteries divisionnaires et de réserve qui, du Pfaffenberg, font feu de leurs dernières gargousses. Là, ces braves tiennent encore jusqu'à ce qu'ils soient tournés complètement; c'est seulement alors que, pour ne pas être pris, ils se résignent à battre définitivement en retraite... Quant aux deux bataillons du 8ᵉ de ligne, dont les débris sont encore dans le Spicherenwald, ils emploient ce qui leur reste de cartouches à démolir deux escadrons de dragons qui, vers neuf heures du soir, ont débouché sur le plateau, et ils n'abandonnent la partie qu'à la nuit close, après avoir vu tomber grièvement blessé leur chef, le lieutenant-colonel Gabrielli.

Défense de Stiring par la division Vergé. — La bataille de ce côté était terminée, et l'on peut dire, sans crainte d'être taxé d'exagération, que les défenseurs du plateau de Spicheren, cédant seulement au nombre, avaient déployé, pendant plus de huit mortelles heures, un courage et une fermeté qui atteignaient aux extrêmes limites des forces humaines. Mais, tandis que ces braves

---

1. *La Guerre franco-allemande,* page 352.

gens honoraient ainsi la défaite, leurs camarades de la division Vergé et de la brigade Pouget soutenaient dans la plaine une lutte également héroïque, dont il faut maintenant suivre les péripéties en détail.

Nous avons vu que la cavalerie du général de Valabrègue, jetée entre nos deux positions du Rotherberg et de Stiring, avait dû, au bout d'une heure et demie, se retirer derrière ce village. Aussitôt la batterie de mitrailleuses de la division Vergé vint prendre près de la route une position que le feu des pièces postées sur l'Exercir-Platz ne lui permit de conserver que quelques instants. En même temps, l'entrée en ligne de la 28ᵉ brigade prussienne obligeait à reculer nos tirailleurs déployés dans les bois, et ce mouvement rétrograde se propageait jusqu'aux troupes de soutien postées dans les premières maisons de Stiring, découvrant les batteries qui, ainsi qu'on l'a vu, étaient en position en avant du village. Aussitôt celles-ci furent en butte à un feu de mousqueterie tellement violent et rapproché qu'elles se trouvèrent désorganisées; un caisson de la 7ᵉ batterie du 15ᵉ, traversé par un obus, fit explosion. Ce qui restait des conducteurs chercha bien à soustraire ces malheureuses batteries à une destruction totale, mais on fut forcé d'abandonner cinq pièces, qu'on ne pouvait pas atteler faute de chevaux[1]!

Il était quatre heures. La situation de la division Vergé devenait grave, car toute la partie nord-est de la forêt de Stiring se trouvait maintenant au pouvoir de l'ennemi, et déjà des groupes épais abordaient par ce côté les premières maisons du village, près du talus du chemin de fer. Il fallut pour les chasser toute l'énergie de nos tirailleurs embusqués dans la maison d'école, et l'intervention d'une pièce de la 12ᵉ batterie, qui accourut près de l'usine, et tira sans relâche sur eux. Pendant ce temps, les fantassins de la brigade Jolivet, revenus de leur émoi passager, réussissaient à tenir en respect

---

1. Le lieutenant d'artillerie Chabord, grièvement blessé, refusa de se laisser emporter. — « Sauvez mes pièces avant tout, criait-il, puis vous m'emporterez si vous en avez le temps. » (Général Frossard, *loc. cit.*, page 44.)

les bataillons prussiens, et à faire échouer toutes leurs tentatives pour déboucher du bois et s'emparer des pièces abandonnées. Mais l'arrivée de secours devenait urgente, car les trois régiments dont disposait le général Vergé étaient hors d'état de contenir plus longtemps le flot toujours grossissant des Allemands. Heureusement, le 55° de ligne, deuxième régiment de la brigade Valazé, rentrait à ce moment d'une reconnaissance dans la vallée de la Rosselle, où il n'avait d'ailleurs rencontré aucun parti ennemi; le colonel Waldner de Freudenstein, accourant au canon, l'amena sur le champ de bataille par la voie la plus rapide et apporta ainsi aux défenseurs de Stiring un précieux appui. Il était temps, car l'ennemi, « après une lutte des plus vives et au prix des plus grandes pertes[1] », avait réussi à s'emparer de la *Brême d'or* et de la *Baraque Mouton*, grosses fermes bâties le long de la route qui mène de Stiring à Sarrebruck; de là il s'était lancé, comme nous l'avons vu, contre le flanc gauche de la division Laveaucoupet, et il menaçait maintenant, grâce à l'appui des renforts qui lui arrivaient sans cesse, d'attaquer le flanc droit de la division Vergé, si dangereusement exposée déjà sur son flanc gauche.

Le général Vergé, après avoir anxieusement parcouru les positions où tenaient encore, avec un courage héroïque, ses soldats harassés, songeait déjà à prendre des dispositions pour une retraite qui semblait s'imposer et que l'arrivée opportune du 55° permettait d'exécuter en bon ordre, quand tout à coup débouchèrent sur la route, à la hauteur de Stiring, cinq bataillons de la division Bataille, conduits par leur chef en personne. Celui-ci, jugeant au fracas persistant de la lutte que son intervention devenait urgente, avait, en effet, quitté OEttingen, et envoyant sa 2ᵉ brigade (général Fauvart-Bastoul) au général de Laveaucoupet, accourait avec la première (général Pouget[2]) au secours du général Vergé. Il porta aussitôt un bataillon du 23ᵉ sur Stiring, un

---

1. *La Guerre franco-allemande*, page 335.
2. Le général Pouget, malade, était provisoirement remplacé par le colonel Hacca, du 8ᵉ de ligne.

autre sur la gauche de la voie ferrée, et, les lançant en avant, entraîna dans son offensive hardie la brigade Valazé tout entière, qui reprit, de concert avec lui, la lisière du bois de Stiring[1]. Mais ce succès brillant ne dégageait pas le flanc gauche de la position, contre lequel se portaient les efforts de plus en plus violents de l'ennemi. Notre artillerie, écrasée par les batteries prussiennes, ne pouvait plus fournir qu'un feu insuffisant, et, pour comble de malheur, les deux batteries de la division Bataille avaient été, on ne sait pourquoi, dirigées sur Forbach, où elles n'étaient d'aucun secours. Il fallut donc recourir à nouveau à l'infanterie, et le général Bataille lança contre les bataillons prussiens qui serraient de près les abords du village au nord, deux bataillons du 67e, soutenus en seconde ligne par un bataillon du 8e, qui, seul de ce régiment, restait encore dans la plaine en ce moment[2]. Ces braves gens franchirent sous une pluie de balles l'espace découvert qui les séparait des fourrés, et, abordant vigoureusement l'ennemi à la baïonnette, le contraignirent à reculer dans le bois et à dégager les abords du village de Stiring. Saisissant alors l'occasion au vol, le commandant Gougis, du 17e d'artillerie, tenta de reprendre les pièces abandonnées quelques heures plus tôt, en avant du village. Aidé du lieutenant Rossin, de son régiment, du capitaine Pacull, du 76e de ligne, du capitaine Hiver et du soldat Dunand, du 77e, il courut à l'endroit où elles étaient. Là, malgré une grêle de balles, cette poignée d'hommes valeureux réussit à les reprendre, et à les ramener dans nos lignes aux applaudissements des spectateurs enthousiasmés[3].

Ainsi le vigoureux appui du général Bataille avait porté ses fruits et profondément modifié à notre avan-

1. *La Guerre franco-allemande*, pages 338 et 339.
2. On se rappelle qu'en arrivant à Stiring, le général Bataille, voyant la position critique de la division Vergé, avait fait descendre des hauteurs de Spicheren le 67e de ligne, mais qu'après avoir constaté la vigueur du combat livré sur le plateau, il s'était empressé d'envoyer en échange, à son camarade de Laveaucoupet, deux bataillons du 8e de ligne.
3. Général Frossard, *loc. cit.*, page 44.

tage une situation gravement compromise. Mais les troupes de cette division étaient les dernières sur lesquelles on pût compter. La non-intervention des forces du maréchal Bazaine privait le 2ᵉ corps de tout secours ultérieur. Les défenseurs de Stiring n'avaient plus une seule compagnie de réserve, et tandis que nos fantassins, épuisés par la lutte opiniâtre qu'ils soutenaient depuis le matin, se trouvaient réduits à la seule ressource de leur indomptable courage, les Allemands voyaient au contraire entrer successivement en ligne les colonnes que de judicieuses dispositions avaient groupées aux abords de la Sarre et que le sentiment de la solidarité des armes amenait les unes après les autres au combat. Les conséquences d'une pareille disproportion de forces n'étaient pas douteuses, et le moment arrivait où elles allaient se manifester brutalement.

Cependant le général Frossard, comprenant enfin que ses troupes livraient une grande bataille, venait d'arriver à Stiring. De son côté, le général de Steinmetz, qui ne s'était pas non plus beaucoup hâté, était apparu sur les hauteurs de Sarrebruck à sept heures du soir, à l'instant où « le grondement de l'artillerie française de Pfaffenberg, mêlé au bruit plus faible de la fusillade, y marquait les dernières convulsions de cette lutte gigantesque[1]. » Les deux généraux en chef se trouvaient donc face à à face; mais si le second arrivait à temps pour assister à une victoire, au gain de laquelle il n'avait pris d'ailleurs qu'une part insignifiante, le premier n'avait plus qu'à enregistrer une défaite dont la responsabilité lui incombait dans une large mesure. Déjà le combat prenait à ce moment une tournure que l'intervention du commandement supérieur ne pouvait plus modifier, et la nuit seule était capable de mettre un terme à cette sanglante hécatombe.

Du côté prussien, en effet, un régiment du IIIᵉ corps (le 52ᵉ) venait de déboucher des ponts de la Sarre : son arrivée, imprimant à l'attaque une énergie nouvelle, ravivait l'ardeur de l'ennemi, et devenait le signal d'une

---

1. *La Guerre franco-allemande*, page 353.

reprise de l'offensive; le mouvement enveloppant qui menaçait la gauche de la division Vergé se dessinait d'une manière plus nette, et bientôt nos troupes, écrasées par une artillerie qu'étaient venues renforcer les batteries à cheval de la cavalerie, se voyaient presque complètement prises à revers. Harassées de fatigue, épuisées et découragées, elles faiblissent; mais leur défaillance ne dure pas. « Un vigoureux retour offensif, que le général Valazé fait opérer par le 55° de ligne, nous remet en possession du terrain perdu et du bois en avant où le commandant Millot, avec un bataillon de cette troupe, se cramponne énergiquement. En même temps, le 3ᵉ bataillon de chasseurs, soutenu par un bataillon du 76ᵉ de ligne, reprend les taillis qui bordent, à droite, la route de Sarrebruck. L'ennemi éprouve des pertes énormes, les nôtres sont considérables aussi. Il est alors sept heures et demie du soir. Les Prussiens redoublent leurs efforts. Les 32°, 55° de ligne et un bataillon du 77° les repoussent avec la même vigueur, protégés par 12 pièces de l'artillerie de réserve. A l'approche de la nuit, ce combat si meurtrier durait encore et se poursuivait dans les premières maisons de Stiring[1]. »

Retraite générale. — Tout à coup, le bruit sourd d'une canonnade lointaine se fait entendre en arrière, du côté de Forbach. Le général Frossard, en proie à une anxiété cruelle, songe à sa ligne de retraite qu'une action engagée de ce côté, où il n'a laissé que des forces insignifiantes, va terriblement compromettre. Il songe aussi à l'énorme quantité de matériel qui se trouve à Forbach et qui va devenir la proie de l'ennemi. Il voit sa droite chassée de ses positions, sa gauche débordée et presque tournée, son front pressé par des flots d'assaillants que vont grossir encore les bataillons dont la sombre masse se profile déjà sur l'horizon, vers Sarrebruck. Il sent ses soldats à bout de souffle et incapables de prolonger plus longtemps une résistance qui dépasse les limites de leurs forces. Comprenant que

---

1. Général Frossard, *loc. cit.*, page 48.

l'heure est venue, s'il ne veut pas sacrifier ce qui reste de son malheureux corps d'armée, d'abandonner une lutte désormais sans espoir, il donne alors l'ordre de la retraite, et prescrit aux généraux Vergé et Bataille de se retirer par la route de Sarreguemines, la seule qu'il croie libre encore.

Prise de Stiring. — Mais l'ennemi a vu le mouvement de recul et s'élance à la suite de nos régiments désorganisés. A la tête de sa brigade, que renforcent des bataillons et des compagnies arrivés là pêle-mêle, le général de Woyna se porte à l'attaque des forges et des amas de scories qui les entourent d'un rempart circulaire derrière lequel nos fantassins sont encore embusqués. Ces défenses, témoins quelques heures auparavant d'une lutte acharnée, sont enlevées, et l'ennemi pénètre avec nous dans les rues de Stiring-Wendel[1]. Il est huit heures trois quarts du soir. Cependant nos braves régiments n'abandonnent point la partie sans faire payer aux Allemands leur victoire. Le 32e, le 55e et le 77e exécutent de nombreux retours offensifs et ne reprennent leur marche rétrograde que quand le nombre a eu enfin raison de leur résistance opiniâtre[2]. Mais, dans l'obscurité et le désordre de la nuit, qu'illuminent de leurs sinistres lueurs les bâtiments en flammes des usines, nulle direction d'ensemble ne peut plus être imprimée à cette lutte désespérée. Des officiers et des soldats, qui se battent encore dans les bâtiments isolés, sont faits prisonniers; ceux qui peuvent s'échapper brûlent ce qui leur reste de cartouches et finissent par être massacrés... A travers l'incendie, la lutte meurtrière se continue, au hasard, dans des recoins sanglants où succombent des héros ignorés qui n'ont pas voulu se rendre... A onze heures seulement, la fusillade cesse de crépiter et aux suprêmes convulsions de la bataille succède un lugubre silence, que viennent seuls troubler les râles des mourants.

. . . .

1. *La Guerre franco-allemande*, page 354.
2. *Ibid.*, page 355.

Défense de Forbach par le lieutenant-colonel Dulac.
— La détermination prise par le général Frossard de battre en retraite lui avait été dictée, comme on vient de le voir, par l'écho d'une canonnade engagée à Forbach. Que s'était-il donc passé de ce côté?

La garde de la ville avait été confiée à deux escadrons du 12ᵉ dragons, commandés par le lieutenant-colonel Dulac, et à la compagnie de réserve du génie. Le général Frossard, rassuré par les rapports de la reconnaissance envoyée le matin dans la vallée de la Rosselle (55ᵉ de ligne), lesquels ne signalaient de ce côté aucune trace de l'ennemi, avait jugé cette force suffisante pour mettre à l'abri d'un coup de main le matériel très important qui se trouvait en gare. Mais, vers sept heures du soir, le lieutenant-colonel Dulac aperçut, débouchant de la forêt de Forbach et longeant la vallée, deux colonnes assez fortes qui faisaient mine de se diriger sur Forbach. C'était l'avant-garde de la 13ᵉ division prussienne qui, en vertu des ordres cités plus haut[1], avait franchi la Sarre à Wolklingen, vers midi. Elle comptait quatre bataillons, trois escadrons, en tout 4,600 hommes, et deux batteries.

Etant donnée la distance qui sépare Wolklingen de Forbach (12 kilomètres environ), cette avant-garde aurait dû se présenter beaucoup plus tôt devant la ville; mais elle avait perdu en route deux grandes heures, par suite des circonstances que relate en ces termes le grand état-major prussien : « Vers quatre heures, la colonne approchait de la Grande-Rosselle... Depuis cinq heures du matin, les troupes avaient constamment marché, sans s'arrêter même pour préparer leur repas; elles avaient parcouru 38 kilomètres environ, sans rencontrer l'ennemi et sans découvrir d'autre indice de sa présence qu'un camp considérable que l'on apercevait au loin, sur les hauteurs de Forbach. A l'est, le bruit de la canonnade, étouffée par la vaste étendue des bois, avait cessé de retentir; l'action engagée dans cette direction semblait terminée. En outre, le commandant

---

1. Voir page 278.

de la division, qui marchait avec l'avant-garde, avait reçu du quartier-général de la Ire armée une communication portant que le grand quartier général paraissait ne pas avoir encore l'intention d'entamer, ce jour-là, une affaire sérieuse sur la rive gauche de la Sarre. L'ensemble de ces indications déterminait le général de Glümer à faire halte au nord de la Grande-Rosselle et à placer ses avant-postes : l'ordre était envoyé au gros de bivouaquer à Wolklingen.

« Cependant, vers six heures, l'écho de la canonnade commençait à parvenir de nouveau à la Grande-Rosselle ; en même temps, les patrouilles de hussards lancées en avant rapportaient que le combat continuait au sud de Sarrebruck ; à ce moment un officier envoyé par le général de Zastrow (commandant de corps d'armée) arrivait aussi, annonçant que la 14e division était vivement engagée sur les hauteurs de Spicheren, et demandant à la 13e division de prendre part à l'action. En conséquence, l'avant-garde reprenait immédiatement son mouvement sur Forbach[1]. »

Cette halte intempestive sauva le 2e corps d'armée d'une complète destruction ; car il est bien évident que si, vers six heures du soir, la 13e division avait débouché sur les derrières de la position de Stiring, comme elle pouvait le faire en coupant au court à travers la forêt de Forbach, la division Vergé, prise entre deux feux et privée de toute ligne de retraite, eût été tout entière anéantie.

Quoi qu'il en soit, lorsque le général von der Goltz, commandant de l'avant-garde en question, déboucha, vers sept heures, en face de Forbach, il trouva rangée devant lui, sur le *Kanichenberg*[2], la petite troupe du colonel Dulac, qui occupait, au sommet de la colline, une tranchée-abri construite, le matin, par les soldats de la brigade Valazé, et agrandie par les sapeurs de la compagnie de réserve du génie. Il fut accueilli par une fusil-

---

1. *La Guerre franco-allemande*, page 357.
2. Le Kanichenberg (montagne des lapins) est une colline située à l'ouest de Forbach, qui commande la vallée de la Rosselle et couvre la station ainsi que les abords de la voie ferrée de Nancy à Sarrebruck.

lade nourrie, qui lui donna le change sur l'effectif des défenseurs de la ville et l'empêcha de s'engager tout de suite à fond. Le lieutenant-colonel Dulac eût été cependant fort empêché de résister, fût-ce quelques minutes (car il n'avait pas même, au début, assez de monde pour occuper toute la tranchée), si un secours imprévu ne lui était arrivé peu d'instants auparavant. C'était un détachement de 200 réservistes, que le sous-lieutenant Arnaudy, du 2ᵉ de ligne, amenait à son régiment et qu'il avait eu la présence d'esprit de conduire au colonel Dulac aussitôt qu'en débarquant de la gare, il avait pu juger de la gravité de la situation. Ces 200 hommes, bien qu'ils eussent quitté les drapeaux depuis plus de deux ans, et ignorassent même le maniement du fusil Chassepot, prirent place dans la tranchée, pêle-mêle avec les dragons à pied, les sapeurs et quelques pontonniers. Pendant près de deux heures, ils réussirent par un feu, sinon savamment exécuté, au moins courageusement entretenu, à contenir les bataillons prussiens, et ils n'abandonnèrent leur poste que lorsque, menacé d'être tourné par sa gauche, le lieutenant-colonel Dulac leur en eût donné l'ordre formel. Pour protéger la retraite, les dragons remontèrent à cheval, et dans la nuit noire, qu'illuminait seule par instant la lumière des coups de feu, un escadron chargea sans hésiter l'enfanterie ennemie stupéfaite de tant d'audace. Grâce à cette intrépide diversion, les survivants purent se replier avec leur chef dans la direction de Forbach, barricader le pont du chemin de fer et regagner la ville, tandis que deux batteries de la réserve (6ᵉ et 10ᵉ du 15ᵉ), qui n'avaient pas donné de la journée, s'établissaient sur les hauteurs qui dominent Forbach à l'est, criblaient les Allemands de projectiles, malgré l'obscurité, et les obligeaient à s'arrêter.

Cette poignée d'hommes, par son sang-froid, sa fermeté, l'énergie de son chef et l'heureux esprit d'initiative du sous-lieutenant Arnaudy, avait donc contenu des forces vingt fois supérieures, augmenté les pertes de l'ennemi, interdit l'entrée de Forbach, et permis au 2ᵉ corps d'effectuer sa retraite. Une inscription placée sur un monument du cimetière de Forbach rappelle leur vaillante conduite[1].

Fin de la bataille. — La bataille de Spicheren venait de prendre fin. Obéissant aux ordres du général Frossard, la division de Laveaucoupet se mit, vers dix heures du soir, en retraite sur Behren ; les troupes du général Vergé prirent, à peu près au même moment, la direction de Sarreguemines, et celles du général Bataille, restées les dernières dans la plaine pour couvrir le mouvement, se replièrent peu après, par le même chemin. Quant aux Allemands, dont les troupes « épuisées de fatigue et confondues par une lutte incessante et acharnée[2] », étaient hors d'état d'entreprendre une poursuite quelconque, ils bivouaquèrent sur le champ de bataille arrosé de tant de sang et laissèrent, sans les inquiéter, nos malheureux soldats marcher pendant toute cette nuit douloureuse, pour se dérober à l'étreinte du vainqueur. Nous verrons bientôt quelles dispositions furent prises des deux côtés dans la matinée du lendemain. Mais il est indispensable, avant de poursuivre la suite du récit, d'examiner quelles furent les conséquences de cette défaite si déplorable et si glorieuse à la fois, et par suite de quelles fautes le courage de nos valeureux soldats se trouva gaspillé avec une aussi vaine prodigalité. La connaissance exacte des erreurs passées peut seule nous préserver de leur retour, et l'analyse cruelle mais nécessaire des défaillances qui nous ont conduits à notre perte est, pour tous ceux auxquels incombera l'honneur de venger la patrie, la meilleure garantie contre le danger d'y retomber.

Pertes. — Les pertes étaient sanglantes et témoignaient de l'acharnement de la lutte. Le 2ᵉ corps français comptait 37 officiers et 283 hommes tués, 168 officiers et 1,494 hommes blessés, 174 officiers et

---

1. *Honneur aux braves du 12ᵉ dragons tombés au combat de Forbach ; c'est à leur valeur que la ville dut son salut.* — Par suite d'une omission regrettable, cette inscription est muette sur la part glorieuse prise à la défense par les réservistes et les sapeurs du génie.
2. *La Guerre franco-allemande*, page 355.

1,922 hommes disparus, ces derniers presque tous tués ou grièvement blessés : au total, 4,078 hommes hors de combat[1]. Quant aux Allemands, ils avaient 49 officiers et 794 hommes tués, 174 officiers et 3,482 hommes blessés, 372 disparus : au total, 4,871 hommes hors de combat. Mais nous avions perdu en outre tous les approvisionnements et un équipage de pont qu'on n'avait pu sauver dans le désordre final, et que l'ennemi captura le 7 à Forbach. Le 2º corps, disons-le à son honneur, ne laissa sur le champ de bataille ni un canon ni un drapeau.

Effectifs engagés. — La victoire que les Allemands venaient de remporter était due, incontestablement, à leur grande supériorité numérique. Elle seule leur avait permis d'exécuter sur les deux flancs de la position ces mouvements enveloppants qui obligèrent, à neuf heures du soir, nos courageux soldats à abandonner celle-ci. Elle seule avait triomphé d'une bravoure héroïque, et telle que l'histoire n'en enregistre point d'exemple plus éclatant. C'est donc avec surprise qu'on lit dans l'ouvrage du maréchal de Moltke, *La Guerre de 1870-71*, la phrase que voici relative à la bataille de Spicheren : « *Malgré tous les renforts* (que reçurent les Allemands), *les forces insuffisantes qui avaient entrepris l'attaque n'atteignirent jamais, à aucun moment de la journée, l'effectif de l'adversaire.* » Examinons donc les chiffres, et nous jugerons après.

Le 2º corps comptait au total, le 6 août au matin, 29,980 hommes, 5,099 chevaux et 90 pièces (dont 18 mitrailleuses). Dans ce nombre sont compris tous les non-combattants. Au début de la journée, tant que les seules troupes engagées furent, du côté français, la division Laveaucoupet et la brigade Valazé, du côté allemand la brigade de François, bientôt renforcée de la brigade de Woyna (28º brigade), les forces s'équilibrèrent à peu près : 13,400 Français environ contre 15 à 16,000 Allemands. Mais quand, dans l'après-midi, la

---

[1]. La division de Laveaucoupet comptait à elle seule 130 officiers et 1,782 hommes hors de combat. Un de ses régiments, le 40º, avait perdu quatre officiers supérieurs, sur cinq.

5ᵉ division prussienne, puis successivement des fractions plus ou moins importantes des 6ᵉ, 13ᵉ, 16ᵉ divisions d'infanterie et des 5ᵉ et 6ᵉ divisions de cavalerie eurent franchi la Sarre et gagné le champ de bataille, tandis que de notre côté la seule division Bataille apportait l'appoint de ses 9,000 hommes à nos effectifs, la balance se rompit rapidement et les forces des Allemands dépassèrent le chiffre de 45,000 hommes, 11,000 chevaux et 108 pièces de canon tandis que les nôtres se maintenaient forcément aux quantités citées plus haut[1].

Telle est l'exacte vérité, puisée aux sources les plus documentaires. Il est regrettable que, pour exalter ses soldats victorieux, M. de Moltke ait jugé à propos de l'altérer et cherché à retirer aux nôtres la seule consolation que leur a laissée la défaite, celle d'avoir sauvé l'honneur des armes. Plusieurs fois encore nous aurons malheureusement à constater, dans l'ouvrage du célèbre chef d'état-major allemand, cette tendance à vouloir dénaturer les chiffres, quand leur éloquence le gêne. Ce sont là des procédés mesquins, contraires à la dignité de l'histoire, et qu'il est pénible de voir employer par un homme dont la valeur, d'ailleurs incontestable, a été secondée dans une large mesure par une fortune qui ne se lassait jamais.

Reste maintenant à examiner une question capitale au point de vue des responsabilités. Cette supériorité numérique, dont l'adversaire a tiré un si grand profit, l'armée française pouvait-elle l'avoir ? La réponse ne fait, hélas ! aucun doute, et une étude attentive des positions qu'occupaient respectivement le 6 au matin les divers corps allemands et le 3ᵉ corps français, démontre qu'aussi bien et mieux que les premiers, le second pouvait arriver sur le champ de bataille en temps utile. Comment donc ne l'a-t-il pas fait? C'est ce que nous allons chercher à expliquer par les faits.

---

1. En prenant à la lettre les indications données par le grand état-major allemand lui-même (tome I, supplément XIV) sur les troupes engagées, on trouve que 33 bataillons, 33 escadrons, 18 batteries, plus les services accessoires, ont pris part à la bataille de Spicheren. Il suffit d'attribuer à chacune des unités leur effectif de guerre pour arriver au chiffre de 45,260 hommes ayant combattu.

Mouvements exécutés dans la journée du 6 août par le 3ᵉ corps. — Lorsque, à neuf heures 10 minutes du matin, le général Frossard entendit les premiers coups de canon tirés par la batterie d'avant-garde de la 14ᵉ division prussienne, il en prévint le maréchal Bazaine, son chef direct[1], à Saint-Avold, et lui demanda en même temps, afin de protéger ses flancs qu'il jugeait exposés, d'envoyer à Grossbliedersdorff une brigade de la division Montaudon, et vers Merlebach et Rosbrück la division Decaen[2]. Le maréchal n'ayant fait à cette communication aucune réponse, le commandant du 2ᵉ corps envoya à dix heures un nouveau télégramme ainsi conçu :

> L'ennemi fait descendre, des hauteurs de Sarrebruck vers nous, de fortes reconnaissances, infanterie et cavalerie : mais il ne prononce pas encore son mouvement d'attaque. Nous avons pris nos mesures sur les plateaux et sur la route[3].

Quarante minutes plus tard, troisième dépêche, où commence à percer l'inquiétude :

> On me prévient que l'ennemi se présente à Rosbrück et à Merlebach, c'est-à-dire derrière moi. Vous devez avoir des forces de ce côté ?

A 11 heures 15, le maréchal répond :

> D'après les ordres de l'Empereur, j'ai porté les divisions Castagny et Metman sur Puttelange et Marienthal. Je n'ai plus personne à Rosbrück ni à Merlebach ; j'envoie en ce moment une brigade de dragons dans cette direction[4].

On voit que Bazaine ne dit rien de la division Decaen, tout entière autour de Saint-Avold, et qu'il lui eût été si facile d'expédier à Rosbrück conformément à la demande du général Frossard. Voulait-il à tout prix garder la position de Saint-Avold ? Obéissait-il à l'idée que lui a prêtée le rapporteur du conseil de guerre de

---

1. On se rappelle que, depuis la veille, le maréchal Bazaine était investi du commandement supérieur des 2ᵉ, 3ᵉ et 4ᵉ corps.
2. Général Frossard, *loc. cit.*, page 37.
3. *L'Armée du Rhin*, par le maréchal Bazaine. Paris, Plon, 1872, page 27.
4. *Ibid.*

Trianon, de conserver intactes pour des circonstances ultérieures les troupes de son corps d'armée? Toujours est-il qu'au même moment il envoyait aux généraux Metman et Castagny le capitaine de Locmaria avec des instructions singulières qui ne répondaient nullement aux besoins du 2e corps, et n'avaient d'autre résultat que de leur faire exécuter un mouvement inutile, de très peu d'étendue, et ne modifiant en rien la situation générale. D'après ces instructions, la division Metman devait se porter sur Macheren et Bening, la division Castagny sur Farchswiller et Theding. C'était les rapprocher de Saint-Avold beaucoup plus que de Spicheren. En informant de ces mouvements le général Frossard, le maréchal lui *conseillait* de se couvrir vers Rosbrück avec une brigade de la division Bataille, et de se concentrer sur Cadenbronn, s'il se sentait trop vigoureusement pressé.

Le conseil était bon sans doute ; mais mieux eût valu un ordre, que le maréchal était en droit de donner et qui eût eu pour résultat de grouper, sur une position meilleure et plus resserrée, les forces réunies des 2e et 3e corps.

Sur ces entrefaites, à une heure 26 minutes, le général Frossard, voyant le danger grossir, expédiait à Saint-Avold un quatrième télégramme :

> Je suis fortement engagé, tant sur la route et dans le bois que sur les hauteurs de Spicheren ; c'est une bataille. Prière de faire marcher rapidement votre division Montaudon vers Grossbliedersdorff et votre brigade de dragons sur Forbach.

Satisfaire à cette demande n'était pas bien compromettant : aussi, à deux heures 30 minutes, le maréchal donne-t-il des ordres dans ce sens. Puis il ne bougea plus.

Il est surprenant, en vérité, que le maréchal n'ait pas compris que sa place était, non pas à Saint-Avold, mais à Spicheren, sur le champ de bataille, et le rapporteur du conseil de guerre lui a amèrement et justement reproché cette erreur.

Rien ne retient le maréchal à Saint-Avold, a-t-il dit ; la voie ferrée peut le conduire en vingt minutes à Forbach. Où pourrait-il mieux se rendre compte que sur le champ de bataille des péripéties de la lutte et des dispositions à prendre? N'est-il pas à craindre, en agissant autrement, qu'au lieu de diriger les événements, il ne soit emporté par eux? Pressé de questions, le maréchal se borne à répondre qu'il a jugé plus utile sa présence à Saint-Avold, centre de ses opérations[1].

Cependant les divisions Metman, Castagny et Montaudon ont reçu leur ordre de mouvement. Voyons de quelle manière elles l'ont exécuté.

1° *Division Montaudon.* — Vers une heure de l'après-midi, le général Montaudon avait reçu, à Sarreguemines, un télégramme du major général, daté de Metz, l'avisant que le général Frossard était aux prises avec l'ennemi et qu'il devait lui-même s'attendre à être attaqué à son tour. Le commandant de la 1re division fit aussitôt lever le camp, porta ses troupes sur une position au nord de la ville, entre la Sarre et la Blies, et partit de sa personne en reconnaissance. Sur ces entrefaites, arrivait, à deux heures 40, l'ordre du maréchal de se porter sur Grossbliedersdorff; on courut après le général, et on ne le rejoignit qu'à trois heures et demie seulement[2]. Aussitôt les troupes furent ramenées en ville, traversèrent la Sarre, et se mirent en route; mais ces divers mouvements avaient demandé une heure et demie, et il était cinq heures du soir quand la tête de colonne put déboucher de Sarreguemines; elle avait 14 kilomètres à parcourir pour rejoindre le 2e corps. Pensant alors qu'il valait mieux prendre un chemin de traverse, le général Montaudon, au lieu de marcher sur Grossbliedersdorff, coupa à gauche et se dirigea sur Ruhling. La nuit le surprit comme il venait de dépasser ce village, et il dut s'arrêter, n'ayant parcouru *que 4 kilomètres en trois heures!*

2° *Division Castagny.* — Le général Castagny avait été, dès le 4 août, mis à la disposition du général Frossard par le maréchal Bazaine. Comme, le 6, il entendait distinctement le bruit de la canonnade de Spicheren,

---

1. *Procès Bazaine.* Audience du 7 octobre 1873. — Rapport.
2. Encore un résultat déplorable de ce dualisme dans le commandement, qui s'exerçait à la fois de Saint-Avold et de Metz.

point dont il n'était éloigné que de 19 kilomètres, et qu'il ne recevait aucun ordre, il prit sur lui, vers midi, de faire marcher sa division de Puttelange dans la direction du champ de bataille. Il avait déjà atteint le village de Guebenhausen, quand il fut rejoint, à une heure, par le capitaine de Locmaria, qui lui apportait l'ordre du maréchal prescrivant de se porter à Farchswiller et Theding. Il continua donc sa route. Mais, ayant envoyé en éclaireurs son aide de camp avec deux escadrons, il fut bientôt prévenu que le bruit du canon avait cessé de se faire entendre. Sans chercher à se renseigner davantage, il fit rebrousser chemin à ses troupes et reprit la route de Puttelange[1]. Cependant, comme vers six heures et demie il allait atteindre ce bourg, le bruit d'une forte canonnade frappa de nouveau son oreille ; pour la seconde fois, il fit demi-tour, et reprit la route de Forbach. Peu d'instants après, il rencontrait un officier de l'état-major du maréchal qui lui communiquait l'ordre de se porter au secours du général Frossard. Il était trop tard, car, à la nuit close, la division Castagny n'avait pu atteindre que le village de Folkling, à 8 kilomètres du champ de bataille, et à 6 kilomètres de Forbach. D'ailleurs on apprenait là la défaite du 2ᵉ corps ainsi que sa retraite sur Sarreguemines, et la division Castagny n'avait plus qu'à regagner son point de départ. Elle y arriva le 7, à l'aube, après avoir marché toute la nuit.

3° *Division Metman*. — Cette division était partie dès midi et demi, de Marienthal, pour surveiller entre Bening et Merlebach les débouchés de la Rosselle. Marchant avec une inconcevable lenteur, elle ne put atteindre ce dernier village qu'à trois heures, et encore avec sa première brigade, l'autre ayant été maintenue à Macheren par le maréchal. Puis, là, elle attendit jusqu'à sept heures et demie du soir, heure où lui parvint une dépêche du général Frossard qui demandait du secours. Le général Metman partit aussitôt et arriva à Forbach

---

1. *Procès Bazaine.* Déposition du général de Castagny. Audience du 27 octobre 1873.

à neuf heures. Mais le 2ᵉ corps était déjà en pleine retraite et la ville se défendait seule, ainsi que nous l'avons raconté plus haut. Le général Metman craignit probablement d'engager ses troupes fatiguées à cette heure tardive et dans l'obscurité, et il les mit en route vers Puttelange, qu'il atteignit le 7 au matin.

4° *Brigade de Juniac*. — Reste la brigade de dragons de Juniac, que le maréchal Bazaine avait fait partir de Saint-Avold à onze heures et demie. Arrivée à Forbach vers deux heures, elle se mit à la disposition du commandant du 2ᵉ corps; mais celui-ci ne sachant où l'utiliser, crut devoir la renvoyer à Bening, qu'elle quitta à deux heures du matin[1].

Considérations générales. — Ainsi donc, trois divisions d'infanterie et une brigade de cavalerie avaient été mises en mouvement; mais, par suite de l'absence complète de précision dans les ordres donnés, d'inexplicables lenteurs et de regrettables défaillances, aucune de ces forces n'avait paru sur le champ de bataille, où leur intervention eût été si utile. Quant à la division Decaen, que le maréchal ne voulait pas éloigner de Saint-Avold, elle n'avait pas bougé[2], pas plus que l'artillerie de réserve; en sorte que de ces 45,000 hommes, répartis à des distances du théâtre de l'action qui variaient de 14 à 23 kilomètres, c'est-à-dire de trois à cinq heures de marche, pas un n'avait pris part au combat. Ce piètre résultat prouve, comme le dit la Relation prussienne, que « la tendance à joindre l'adversaire, toujours prédominante chez les Allemands, l'esprit de camaraderie, de solidarité des chefs et leur coutume de prendre l'initiative en temps opportun sont toutes choses qui paraissent ne pas avoir existé au même degré dans l'armée française[3]. » Il prouve aussi que la façon dont

---

1. *Procès Bazaine*. Déposition du général de Juniac. Même audience.
2. Un seul de ses régiments fut envoyé, par chemin de fer, à Forbach, lorsque après six heures du soir, le général Frossard eut informé le maréchal de l'abandon des hauteurs de Spicheren, en ajoutant : « *Envoyez-moi des troupes très vite et par tous les moyens.* » Quand ce régiment arriva devant Forbach, la voie était coupée. Il rétrograda moitié sur Puttelange, moitié sur Saint-Avold.
3. *La Guerre franco-allemande*, page 368.

s'exerçait chez nous le commandement laissait singulièrement à désirer.

Le grand quartier général, en effet, pas plus que les commandants de corps d'armée, n'avait su se procurer des renseignements précis sur les mouvements de l'adversaire. Il ignorait encore à quel point celui-ci nous était supérieur au quadruple point de vue du nombre, de l'instruction, du matériel d'artillerie et de l'emploi de la cavalerie. Apprenant que des éclaireurs ennemis se montraient partout à la fois, il crut qu'il devait se garder partout, et ne se trouva en force nulle part. Au surplus, chaque fois que nous étions attaqués, à Wissembourg, à Frœschwiller, à Spicheren, les généraux, qui ignoraient absolument les desseins et les dispositions des Allemands, croyaient n'avoir à vider qu'une simple affaire d'avant-postes et leurs yeux ne se dessillaient que quand il était trop tard. C'est une erreur de ce genre qui, en retenant le général Frossard à Forbach, le 6 août, l'empêcha de se rendre *de visu* compte exact de la situation, et de formuler d'une façon nette et précise, dès le début de la bataille, la nature des secours qui lui étaient nécessaires et l'urgence de leur arrivée[1].

Quant à la stérilité des mouvements du 3⁰ corps, on doit en rechercher la cause principale dans l'inertie dont, pour la première fois ce jour-là, le maréchal Bazaine a donné une preuve qui, malheureusement, ne

---

1. Le commandant du 2⁰ corps a expliqué comme suit son absence prolongée du théâtre de l'action : « Une grande partie de la journée, le général Frossard s'était tenu en arrière de sa gauche, à proximité de sa division de réserve, du télégraphe, de l'arrivée possible des secours. D'incessantes relations avec ses deux ailes, qui ne communiquaient entre elles que par le point où il se trouvait, l'avaient mis en mesure de répartir suivant les besoins son insuffisante réserve » (*loc. cit.*, page 49). Il n'en est pas moins vrai que jusqu'à une heure de l'après-midi, le commandant du 2⁰ corps ne semble pas s'être rendu compte de l'importance de l'affaire. La première dépêche où il soit question d'une bataille est datée de 1 heure 25 ; encore n'insiste-t-elle pas sur l'urgence du besoin de renforts au lieu même de l'action. Il est permis de croire que si le général Frossard s'était trouvé à Spicheren dès la matinée, il aurait pu apprécier beaucoup plus vite l'importance du combat qui s'engageait, et préciser plus nettement le danger que couraient ses troupes, si elles n'étaient pas secourues à temps.

devait pas rester la dernière. Certes, les trois divisions Montaudon, Castagny et Metman auraient pu mieux faire, et on regrette de n'avoir pas à constater dans leurs mouvements cet esprit de décision et d'initiative qui caractérisaient à un si haut degré les procédés allemands. Mais il est juste d'ajouter aussi que jamais direction plus indécise n'a été imprimée à des troupes dans des circonstances aussi critiques, et que jamais l'effacement du commandant en chef devant la pression des événements n'a été aussi complet. Le rapporteur du conseil de guerre de Trianon a insisté avec énergie sur cet effacement coupable, et il l'a stigmatisé dans des termes que nous croyons devoir reproduire ici.

En résumé, *dit l'acte d'accusation dressé contre le maréchal Bazaine*, en ne donnant pas en temps utile des ordres aux troupes placées sous son commandement, en restant éloigné du champ de bataille, et par conséquent dans l'impossibilité de diriger le combat, en n'indiquant pas de point de ralliement à son armée, le maréchal Bazaine a pleinement assumé la responsabilité de la perte de la bataille de Spicheren, du désordre qui marqua les journées suivantes, du découragement profond qui en résulta pour nos troupes et de l'exaltation extraordinaire que ces événements inspirèrent à l'ennemi. On ne trouve d'explication plausible à la conduite du maréchal que dans le parti pris de ne pas compromettre les troupes placées sous ses ordres directs et de les conserver intactes. L'exactitude de cette appréciation résulte d'un propos tenu par le maréchal le soir du combat. D'après le dire d'un témoin qui en a déposé, le maréchal, s'exprimant sur la position en flèche si dangereuse du général Frossard, fit la réflexion *qu'il ne s'était pas soucié d'engager ses divisions à la suite de celles du général.*

Chose singulière! le maréchal paraissait considérer sa responsabilité comme tout à fait dégagée dans cette circonstance. — *Il y a trois ans que le général Frossard étudie la position de Forbach et qu'il la trouve superbe pour y livrer bataille*, dit-il à un officier qui en a déposé, — *eh bien! il l'a maintenant cette bataille!* Qui donc commandait cette bataille, si ce n'est le maréchal Bazaine ? Le maréchal Bazaine nie formellement le premier de ces deux propos. Quant au second, il déclare ne pouvoir se souvenir des paroles prononcées peut-être dans un moment de mauvaise humeur. Mais en tout cas il déclare qu'il n'a pu y avoir dans ses expressions, et encore moins dans sa pensée, un sentiment hostile au général Frossard ou dénigrant pour ce qui venait de se passer.

Quelles que soient les explications fournies par le

maréchal pour sa défense, le fait est là, brutal et douloureux. C'est parce qu'il n'a pas donné d'ordre que ses trois divisions sont parties trop tard ; c'est parce qu'il ne leur avait pas précisé le but à atteindre qu'elles ont erré, toute une journée, sans autre résultat que de se fatiguer inutilement. Si les principes pratiqués par l'adversaire eussent été observés chez nous, la division Montaudon serait arrivée à Spicheren à trois heures, la division Metman à trois heures et demie, la division Castagny à quatre heures. Quant au maréchal, il se fût trouvé sur le champ de bataille dès midi, pour prendre la direction de l'action et faire agir en un effort d'ensemble les 60,000 hommes qu'il avait sous la main, et qu'auraient appuyés près de 150 bouches à feu. Qui doute, à n'en juger que d'après la bravoure déployée par nos soldats dans une lutte si terrible, si inégale et si longue, que la victoire nous serait restée alors ?

De même, la présence du général Frossard à Spicheren dès huit heures du matin aurait eu pour résultat probable de mettre en ligne beaucoup plus rapidement la brigade Valazé et la division Bataille. « Par conséquent, dès les premières heures de la lutte, nous aurions eu une supériorité marquée, même en artillerie. Par suite, il est permis d'admettre, en voyant la vigueur de l'action, que l'attaque de l'Éperon, du Gifert-Wald et du Stiringerwald auraient échoué[1]. » D'autant plus que la tactique des Allemands n'était pas exempte de reproches. Sans parler, en effet, de la témérité du général de Kameke, qui engage avant de savoir à qui il aura affaire une simple avant-garde contre des positions difficiles et fortement occupées, ni de l'absence de direction méthodique qui a caractérisé les premières heures de la lutte, on est en droit de critiquer le développement excessif donné presque tout de suite à la 14ᵉ division, alors qu'on ne pouvait pas prévoir encore le moment exact où paraîtraient les renforts attendus. « Les troupes arrivaient en partie par petites fractions, goutte à goutte

---

1. Général DERRÉCAGAIX, *La Guerre moderne*, tome Iᵉʳ, page 527.

en quelque sorte », a écrit le prince de Hohenlohe[1], et il en résulta dans les unités un tel mélange que les officiers durent renoncer à rétablir les liens tactiques[2]. Tout cela aurait pu avoir des conséquences graves, si on ne s'était pas borné de notre côté à une défensive passive, et si le 3ᵉ corps était venu renforcer le 2ᵉ.

Consequences de la bataille de Spicheren. — Mais à quoi bon raviver encore les regrets, par l'évocation d'un succès qu'on a laissé échapper? Le fait malheureusement trop certain est que cette nouvelle défaite, subie le même jour que le désastre de Frœschwiller, avait des conséquences plus fatales encore. L'armée française était forcée d'évacuer la ligne de la Sarre et d'abandonner à l'ennemi tout le territoire qui s'étend jusqu'aux places de la Moselle, Thionville et Metz. Quant à la barrière des Vosges, elle était absolument perdue pour nous, et la marche en avant de l'armée victorieuse du Prince royal pouvait s'effectuer sans crainte pour son flanc gauche. Les derniers espoirs d'offensive s'évanouissaient définitivement. Il ne fallait plus maintenant songer qu'à s'opposer aux progrès d'un adversaire rendu plus entreprenant encore par ses succès, et qui trouvait de singulières facilités d'existence dans les approvisionnements considérables que nous avions accumulés entre la Moselle et la frontière, sans profit pour nos soldats. Enfin, les trois défaites que nous venions de subir coup sur coup plongeaient le pays dans la douleur et la stupéfaction, l'armée dans le découragement, le commandement supérieur dans le désarroi. La France était ouverte à l'ennemi, notre infériorité cruellement démasquée, et l'avenir, gros de sombres nuages, tenait déjà suspendue sur nos têtes la menace terrible de l'invasion qui, pour la troisième fois depuis le commencement du siècle, allait déchaîner

---

1. *Lettres sur l'artillerie*, Paris, Vesthausser, 1886, page 33.
2. Dans le Gifert-Wald, on vit jusqu'à trente-deux compagnies de corps différents mélangées entre elles d'une façon presque inextricable. (Capitaine Bonnet, *Guerre franco-allemande*, Paris, Dumaine, 1878, tome Iᵉʳ, page 69.)

jusqu'au cœur de la patrie le sinistre fléau de ses ruines et de ses horreurs !

Ceux qui, à ce moment fatal, avaient atteint l'âge d'homme se souviennent encore de l'angoisse dont furent alors déchirés tous les cœurs français, et il n'en est pas un qui ne soit prêt à donner aujourd'hui jusqu'à la dernière goutte de son sang pour en éviter le retour.

CHAPITRE II

ÉVÉNEMENTS MILITAIRES ET POLITIQUES
DU 7 AU 14 AOUT 1870

RETRAITE DE L'ARMÉE FRANÇAISE.

Il était trois heures du matin quand, le 7 août, les dernières troupes françaises évacuèrent le plateau de Spicheren. La retraite du 2° corps s'effectuait lentement, péniblement, dans un encombrement déplorable produit par les convois de voitures et de cacolets qui se mélangeaient aux colonnes, à travers une nuit noire, et au milieu d'une confusion qui s'explique par ce fait que le général Frossard, laissé par le maréchal Bazaine dans la plus complète ignorance des positions occupées par le 3° corps, n'avait pu fixer à ses troupes aucun point de ralliement[1]. C'est seulement à son arrivée à Sarreguemines que le commandant du 2° corps, apprenant la défaite de Frœschwiller et jugeant avec raison que, dans ces conditions, il risquait, s'il continuait le mouvement le long de la frontière, de se trouver pris entre les deux armées victorieuses, expédia à tout son corps d'armée l'ordre de rétrograder sur Puttelange. Il enjoignit même

---

1. Cette ignorance dura jusque dans la matinée du 7. A ce moment, le général Frossard reçut du maréchal le télégramme suivant, expédié dans la nuit : « Vous avez pour couvrir votre ligne de retraite, la division Castagny, qui est en avant de Folkling, et la division Metman, qui campe à Bening. Vous ferez bien de battre en retraite sur la position de Cadenbronn d'abord. »

à la brigade Lapasset, qu'il trouva dans la ville, de le suivre, et en fit son arrière-garde. Depuis cette date, la brigade Lapasset, qu'on désigna sous le nom de *brigade mixte*, resta attachée au 2ᵉ corps[1].

Fort heureusement, les Allemands ne tentèrent même pas de nous poursuivre. Épuisés par le rude combat de la veille, un peu surpris même de leur triomphe, ils n'osèrent ou ne purent pas le compléter, et ne lancèrent sur les traces de l'armée battue que quelques escadrons, assez timidement d'ailleurs. Un régiment de hussards envoyé vers Sarreguemines n'entrait dans la ville que « vers la fin de l'après-midi[2] » et après avoir constaté qu'elle était évacuée. Il y capturait toutefois « des approvisionnements considérables en vivres et en matériel de campement, ainsi que quelques locomotives demeurées en arrière[3] ».

Le 8 au matin, les 2ᵉ et 3ᵉ corps se trouvaient donc à une certaine distance de la frontière et à l'abri d'une attaque immédiate; mais, ici comme en Alsace, on avait négligé en se retirant de couper les voies ferrées, de détruire les ouvrages d'art et de donner des ordres pour le sauvetage du matériel. Le dévouement des agents de la Compagnie parvint à arracher des mains de l'ennemi la majeure partie des wagons, des machines et des appareils télégraphiques, ainsi que la caisse de l'armée; mais, si complet qu'il ait été, il ne put réussir à mettre la voie hors de service, et, moins d'une semaine plus tard, les Allemands trouvèrent dans son utilisation un puissant auxiliaire pour leur marche sur Metz.

Projet de concentration à Châlons. — Cependant les deux nouvelles foudroyantes des désastres du 6 août avaient plongé dans le désarroi le plus complet l'état-

---

1. On se souvient que la brigade Lapasset (1ʳᵉ de la 2ᵉ division du 5ᵉ corps), qui devait le 6 août rejoindre à Bitche son corps d'armée, en lui amenant de Sarreguemines un convoi de 150 voitures, ses ambulances et son trésor, avait été retenue dans cette dernière ville par le général Montaudon, qui jugeait son départ trop dangereux. Elle avait avec elle le 3ᵉ lanciers, 1 escadron des 12ᵉ chasseurs et 5ᵉ hussards, enfin une batterie d'artillerie (7ᵉ du 2ᵉ). Elle resta ainsi constituée jusqu'à la capitulation de Metz.
2. *La Guerre franco-allemande*, page 400.
3. *Ibid.*

major impérial. Là, on avait pensé d'abord à jeter rapidement vers Saint-Avold toutes les forces disponibles afin d'inquiéter sur son flanc droit la marche de l'ennemi ; des ordres furent même préparés pour le mouvement, dans la nuit qui suivit la bataille. Mais on ne tarda pas à reconnaître que la dissémination des différents corps rendait l'opération impraticable, et on y renonça. Passant alors tout à coup à un parti diamétralement opposé, l'Empereur résolut d'opérer la concentration de l'armée sur un point très éloigné de la frontière, à Châlons par exemple, dans l'espoir d'avoir plus de temps à lui et aussi de couvrir Paris ; entre temps, un premier point de ralliement serait donné sous Metz.

Ce plan avait le défaut grave de livrer à l'adversaire, sans coup férir, une énorme étendue de territoire dont l'abandon n'était nullement imposé par les circonstances. Malgré les pénibles insuccès des débuts, la situation n'était pas à ce point désespérée qu'on dût songer dès lors à couvrir la capitale, et il ne manquait pas, entre la frontière et le camp de Châlons, de lignes de défense où l'armée du Rhin aurait pu se masser pour faire tête à l'envahisseur. Un aussi long mouvement de recul, exécuté d'une seule traite, devait avoir pour conséquences de semer dans l'armée et dans le pays la démoralisation et l'inquiétude. Mais il avait au moins le mérite d'être basé sur une idée et de tendre à un but défini ; tandis que la plus déplorable confusion présida seule aux opérations décousues par lesquelles on crut devoir le remplacer.

Quoi qu'il en soit, la résolution de l'Empereur sembla un moment devoir être suivie d'exécution. Le 2ᵉ corps reçut l'ordre de se diriger directement sur le camp de Châlons, le 3ᵉ et 4ᵉ celui de se replier sur Metz[1]. La Garde, qui s'était avancée jusqu'à Longeville-lès-Saint-Avold, fut renvoyée à Courcelles-Chaussy. Enfin, le 6ᵉ corps, qui, le 5 août, avait reçu de l'Empereur l'ordre de porter à

---

1. Le 4ᵉ corps, bien que placé, pour les opérations, sous les ordres du maréchal Bazaine, fut rappelé à Metz par *un ordre direct du major général*, sans même que le maréchal en fût prévenu.

Nancy, par voie ferrée, ses trois divisions d'infanterie[1], et de se faire rejoindre là par son artillerie et sa cavalerie marchant par les voies de terre, dut retourner au camp de Châlons. En même temps, l'état de siège était proclamé dans les départements du Haut et du Bas-Rhin, de la Moselle et de la Meurthe, et la place de Metz recevait un gouverneur en la personne du général Coffinières de Nordeck. Le major général porta le nouveau plan de campagne à la connaissance du gouvernement dans les termes que voici :

Metz, 7 août, 5 heures soir. — L'Empereur a décidé que l'armée entière se concentrerait sur Châlons, où Sa Majesté pourrait avoir 150,000 hommes et au delà, si nous parvenons à y réunir les corps de Mac Mahon et de Failly. Douay restera à Belfort. L'Empereur va diriger, sur-le-champ, tous les impedimenta sur Châlons. Envoyez-y, de votre côté, des vivres et des munitions. L'aile gauche, sous le maréchal Bazaine, sera concentrée sous Metz d'ici quarante-huit heures, dans sept jours à Châlons.

Opposition du ministère. Retraite sur Metz. — Mais le Conseil des ministres, au reçu de ce télégramme, s'empressa d'y répondre par des objections basées sur les considérations militaires énoncées plus haut. Il se faisait en même temps l'écho des plaintes et des récriminations générales, et l'interprète du sentiment de désillusion pénible qui avait gagné la nation et allait, à Paris, jusqu'à l'irritation. Il faisait comprendre qu'une retraite nouvelle produirait dans le pays un effet déplorable, et pourrait avoir les conséquences les plus graves. De son côté, l'Impératrice, comprenant les dangers dont la dynastie était menacée en cas de recul trop prolongé, désirait vivement qu'on livrât bataille le plus vite possible, et insistait auprès de l'Empereur pour qu'avant tout, il prît conseil du maréchal Bazaine, lequel, on ne sait pourquoi, jouissait dans l'opinion publique, et surtout dans les rangs de l'opposition parlementaire, d'une réputation d'habile capitaine que rien dans son passé ne semblait cependant justifier. Le souverain était trop

---

1. La 4ᵉ division du 6ᵉ corps avait été laissée provisoirement à Paris, dans la crainte de complications politiques et de troubles que l'effervescence de la population ne faisait que trop redouter.

profondément affecté par les premiers revers pour résister à ces influences diverses ; son esprit, frappé et éperdu devant la soudaineté des désastres, n'avait plus l'indépendance nécessaire pour suivre logiquement et fermement une voie quelconque. Aussi abandonna-t-il son projet presque aussi soudainement qu'il l'avait conçu, et se laissa-t-il entraîner vers les murailles de Metz, par cette sorte d'attraction passive qu'exercent les places fortes sur les généraux irrésolus. Dès le 7 au soir, il adressait à l'Impératrice le télégramme suivant :

> La retraite sur Châlons devient trop dangereuse ; je puis être plus utile à Metz avec 100,000 hommes bien réorganisés. Il faut que Canrobert retourne à Paris et soit le noyau d'une nouvelle armée. Ainsi, deux grands centres, Paris et Metz. Telle est notre conclusion. Prévenez-en le Conseil. Rien de nouveau.

En même temps, il faisait expédier au ministère de la Guerre, par le major général, l'ordre de rappeler à Paris les quatrièmes bataillons qu'on avait rassemblés au camp de Châlons. Une division d'infanterie de marine était réunie dans la capitale, sous le commandement du général de Vassoigne, et le régiment d'artillerie de la marine y était transporté également. Enfin, les trois corps d'armée de la frontière (2e, 3e et 4e), la Garde, la réserve générale d'artillerie qui était à Nancy et la 1re division de réserve de cavalerie, qui était à Lunéville, devaient prendre sans délai la direction de Metz. On espérait que la forte armée formée ainsi sous cette place pourrait, soit arrêter celle du prince Frédéric-Charles, « soit se jeter sur les flancs ou les derrières de celle qui semblait devoir pénétrer par Saverne. »

Le mouvement de concentration commença aussitôt. Dans la nuit du 8 au 9, les 2e, 3e et 4e corps se mirent en marche et reculèrent de quelques kilomètres sans que l'ennemi, dont les éclaireurs suivaient cependant d'assez près nos colonnes, eût rien tenté pour entraver notre retraite. Toutefois, deux escadrons de uhlans firent mine de marcher sur Longeville-lès-Saint-Avold ; la vue des divisions Decaen et Clérembault, encore en position sur les hauteurs avoisinantes, les fit s'arrêter. L'intention de l'Empereur était de faire occuper à l'armée une position défensive sur la Nied française entre les Étangs et Pange, et de se retirer ensuite, si la bataille qu'on attendait là avait encore une issue malheureuse, sous les murs de Metz, entre la Seille et la Moselle, en avant des deux forts de Queuleu et de Saint-Julien, qui protègent la place à l'est. Il donna en conséquence l'ordre aux différents corps d'armée de hâter leur mouvement, malgré la persistance du mauvais temps, qui rendait les marches particulièrement pénibles, et le désarroi du service des subsistances, qui, au milieu de tous ces contre-ordres ne parvenait pas à assurer les distributions avec quelque régularité. Cependant, grâce à la valeur des troupes, dont le moral savait triompher de tant de souffrances, grâce aussi à la mollesse de l'ennemi, la retraite s'effectua en bon ordre, et, le 10, la ligne défensive de la Nied française se trouva occupée dans toute sa longueur.

A cette date, le 2ᵉ corps occupait Rémilly, le 3ᵉ corps s'étendait de Pange à Silly, le 4ᵉ corps occupait une position vers Sainte-Barbe et Glatigny. La Garde campait en arrière du 3ᵉ corps, à Maizery et Colligny. Enfin, la division de cavalerie de Forton (3ᵉ de la réserve), qui venait d'arriver à Metz, s'établissait à Montigny-les-Metz, tandis que la réserve générale d'artillerie formait son parc en avant de Borny. Toutes ces troupes étaient, par décret du 9, placées sous le commandement du maréchal Bazaine, mais sans que celui-ci prît encore le titre de général en chef.

Cependant la plus grande ignorance des mouvements de l'ennemi continuait à régner au grand quartier général. Les reconnaissances de la cavalerie, exécutées toujours à une distance dérisoire, ne perçaient jamais la ligne des patrouilles de découverte qui couvraient le front des armées allemandes. Des escarmouches stériles et la capture de quelques uhlans dont on ne pouvait tirer que des renseignements sans valeur, tels étaient les seuls résultats de ces maigres chevauchées où la bravoure de nos cavaliers restait paralysée devant des adversaires dont la supériorité consistait surtout en une connaissance beaucoup plus précise de leur métier. Il en résultait pour l'état-major impérial une inquiétude toujours croissante, et une indécision chaque jour plus pénible. Si le gouvernement lui-même n'avait pas réussi à se procurer quelques renseignements assez exacts, l'armée française eût marché complètement à l'aveugle..... C'est ainsi que, le 10 août, l'Impératrice télégraphiait à l'Empereur :

> Je crois absolument nécessaire que vous ayez des renforts. D'après les avis que j'ai reçus, la jonction des deux armées prussiennes va vous mettre au moins 300,000 hommes sur les bras. Appelez à vous les troupes de Châlons et tout ce que vous pourrez rassembler.

Or ceci était plus facile à dire qu'à faire. Le 6e corps reçut bien l'ordre de se porter immédiatement de Châlons sur Metz, et le 5e, qui opérait alors la retraite dont nous avons raconté les difficultés (livre II, chap. III), celui de rejoindre l'Empereur si c'était possible. Mais l'arrivée de ces renforts demeurait problématique, et en tous cas sa date ne pouvait être escomptée. D'autre part le maréchal Bazaine n'acceptait qu'avec répugnance la mission de défendre la position de la Nied ; il estimait, non sans motif, que le champ laissé à l'armée française sur son front n'y était ni assez découvert ni assez étendu ; que la proximité des bois de Hayes et de Chuby offrait à l'adversaire de trop sérieux avantages, et que son propre effectif ne lui permettait pas de les disputer à celui-ci. Quant à l'offensive, que le maréchal Le Bœuf préconisait d'autant plus que l'arrivée successive des réservistes avait assez sensiblement grossi les effectifs de l'armée, Bazaine ne se croyait pas en état de la prendre, avant de pouvoir compter sur les corps attendus. Enfin, on venait d'apprendre que l'armée du Prince royal était aux portes de Nancy, menaçant de tourner nos forces de Lorraine. C'était là une cause nouvelle d'inquiétude, peu faite pour apporter une trêve aux perplexités du souverain. Celui-ci se laissa encore une fois conduire par les événements, et, abandonnant non seulement l'idée de reprendre l'offensive, annoncée cependant déjà par le major général au ministre de la Guerre, mais encore celle de défendre la ligne de la Nied, il revint à son premier projet de concentration au camp de Châlons. Un conseil de guerre tenu à Pange, le 10 août, sous sa présidence, décida que l'armée du Rhin gagnerait Châlons par Verdun, en franchissant la Moselle; qu'elle laisserait dans la place de Metz une garnison suffisante pour la défendre, et qu'elle se grossirait enfin, à Châlons, des 1er, 5e et 7e corps. C'était, depuis le 6, la troisième modification apportée au plan d'opérations; les circonstances allaient en amener une quatrième, définitive cette fois [1]. Mais, en attendant, les différents corps furent, dès le 11, dispersés de la façon suivante :

2e CORPS. — Quartier général à Mercy-le-Haut, avec *la brigade Lapasset*, qui se retrancha au château; 2e et 3e *divisions*, face au sud, sur les hauteurs qui s'étendent de Peltre à Magny-sur-Seille; 1re *division*, en deuxième ligne, entre la Basse-Bevoye et la route de Strasbourg.

3e CORPS. — Quartier général à Borny; 1re *division*, à Grigny; 2e *division*, à Montoy; 3e *division*, à Colombey; 4e *division*, à Nouilly.

4e CORPS.— Quartier général au château de Grimont; 1re *division*, à Mey; 2e *division*, devant le fort Saint-Julien; 3e *division*, à côté de Chieulles.

GARDE IMPÉRIALE, en réserve derrière Borny.

LES RÉSERVES GÉNÉRALES d'artillerie et de cavalerie, dans les positions que nous avons indiquées plus haut.

Événements politiques. Chute du ministère Ollivier. — Pendant que l'armée du Rhin se fatiguait ainsi en marches et contre-marches qui n'apportaient à nos affaires déjà compromises aucune amélioration, des événements graves s'étaient déroulés à Paris, où le

---

1. Dans son ouvrage *Les Grandes batailles de Metz*, M. Alfred Duquet semble croire qu'au reçu de la dépêche du 10 août, envoyée par l'Impératrice, Napoléon III résolut de livrer bataille sous Metz, « espérant ainsi s'assurer le concours des gros canons de rempart. » C'est là une erreur. La concentration du 11, sous les murs de la place, n'était qu'un mouvement préparatoire à la retraite sur Châlons, et l'Empereur, revenu définitivement à son premier projet, désirait exécuter celui-ci le plus tôt possible, sans combattre. (Voir les *Souvenirs du général Jarras*, Paris, Plon, 1892, page 68). La bataille du 14, due comme celle du 6, à l'initiative un peu excessive d'un chef d'avant-garde allemand, fut au contraire une surprise pour le souverain et pour le maréchal, qui ne comptaient la livrer ni l'un ni l'autre, sans cependant pour cela pressentir les déplorables conséquences qu'elle devait avoir.

gouvernement venait de passer entre des mains nouvelles. Le jour même où la valeur de nos soldats succombait sous le nombre, dans les deux sanglantes batailles du 6 août, une dépêche, affichée sur les murs de la Bourse par on ne sait quel tripoteur d'affaires, annonçait une grande victoire et la destruction presque complète de l'armée du Prince royal. On juge de l'émotion soulevée par une pareille nouvelle. En un clin d'œil, la ville se pavoisa d'oriflammes et des illuminations furent préparées pour le soir.

Mais une heure ne s'était pas écoulée que la joie patriotique de la population faisait place à la plus amère des désillusions : on apprenait que la nouvelle était fausse et qu'un spéculateur malhonnête en était seul l'auteur. Aussitôt la colère de la foule se manifesta par des mouvements tumultueux qui eurent pour théâtre, vers trois heures de l'après-midi, la Bourse et le Ministère de l'Intérieur. Dans l'une, on faillit tout saccager ; devant l'autre, on exigea que M. Ollivier parût et dît lui-même quelle était la vérité.

Or celui-ci rentrait à peine de Saint-Cloud, où il avait été porter à l'Impératrice la nouvelle du combat de Wissembourg. Il dut se montrer au balcon et affirmer, ce qui était vrai, qu'il n'en connaissait pas d'autre ; il jura, au milieu de clameurs hostiles et injurieuses, que le ministère ne cachait rien à la presse, et qu'il allait rechercher, pour les punir, les auteurs de la manœuvre indigne qui venait de se produire. Il ajouta que le maréchal de Mac-Mahon se préparait à prendre une revanche éclatante de la surprise de Wissembourg, où il avait fallu deux corps d'armée allemands pour venir à bout d'une seule division française, et parvint avec quelques autres lieux communs à dissiper le rassemblement. L'idée que certains membres du cabinet avaient trempé dans l'abominable affaire du matin n'en persista pas moins dans les milieux populaires, et quelques journaux opposants s'empressèrent de s'en faire les échos complaisants.

Cependant, le 7, arrivait un télégramme de l'Empereur annonçant les désastres de Frœschwiller et de

Spicheren, et faisant appel au patriotisme français. L'Impératrice accourut à Paris en toute hâte, et le ministère convoqua immédiatement les Chambres pour le surlendemain 9, au lieu du 11, date fixée primitivement. Une proclamation, affichée sur-le-champ, en instruisit la capitale, tandis que paraissait à l'*Officiel* un décret de la Régente versant dans la garde nationale tous les citoyens âgés de 30 à 40 ans en état de porter les armes, et annonçant un projet de loi destiné à incorporer dans la garde mobile tous les hommes âgés de moins de 30 ans.

Ces dernières mesures devaient incontestablement augmenter le chiffre des individus sous les armes. Mais étaient-elles capables de faire des soldats, et, comme le disait dans son rapport le général Dejean, ministre de la Guerre, de *former de nouvelles troupes de campagne à envoyer à l'Empereur?* Pouvait-on improviser des officiers pour conduire ces troupes, et créer de toutes pièces ce qui leur était nécessaire pour s'armer, s'équiper, marcher et combattre? Le ministre espérait mobiliser sans délai 610,000 hommes qu'il décomposait ainsi : 1° Les troupes de la marine; 2° les régiments encore disponibles de France et d'Algérie (nous avons vu ce qu'il en restait); 3° les 4es bataillons des 100 régiments d'infanterie portés chacun à 900 hommes en y incorporant des mobiles; 4° une portion de la gendarmerie organisée en unités de combat; 5° 60,000 jeunes soldats de la classe de 1869 arrivés sous les drapeaux du 8 au 12 et *pouvant partir au bout d'un mois;* enfin la garde mobile et les francs-tireurs évalués ensemble à 400,000 hommes. Il n'est pas besoin de se livrer à de longs calculs pour voir à quel point se leurrait le ministre dans ses espérances, et quel temps était nécessaire pour donner à ces levées nouvelles la seule apparence de la cohésion. L'événement a prouvé d'ailleurs que l'organisation de toutes ces forces ne devait se faire qu'à la longue quand il était déjà trop tard pour venir appuyer les armées de première ligne; le seul secours qu'aient reçu celles-ci leur est venu, en effet, de l'infanterie de marine et des quatrièmes bataillons; quant au reste, on ne pouvait raisonnablement y compter de longtemps.

Quoi qu'il en soit, le Sénat et le Corps législatif se réunirent à la date indiquée, au milieu d'une émotion facile à comprendre. La multitude, houleuse et menaçante, dut être contenue par la force autour du Palais-Bourbon, et c'est au bruit d'interruptions passionnées et de sourdes clameurs que M. Emile Ollivier ouvrit la séance de la Chambre, à laquelle il venait demander des sacrifices nouveaux. — *Nous voulons bien faire tous les sacrifices*, s'écria M. Emmanuel Arago, *mais sans vous !* — Le ministre, décontenancé par l'hostilité générale dont cette apostrophe et d'autres plus injurieuses encore indiquaient la violence, essaya de faire une diversion en exaltant l'héroïsme de l'armée. Il ne put réussir à étouffer les voix qui l'accusaient d'imprévoyance et d'incurie. Brûlant alors ses vaisseaux, il posa la question de confiance; on lui répondit par un ordre du jour, qu'avait proposé Clément Duvernois, et dont l'insolente ambiguïté constituait le plus sanglant des outrages. — *Le Corps législatif, décidé à soutenir un cabinet capable de pourvoir à la défense du pays, passe à l'ordre du jour.*

Ministère Palikao. — C'était lui signifier son congé. M. Ollivier porta immédiatement la démission du cabinet à l'Impératrice, et quand il revint, à six heures du soir, au Palais-Bourbon, ce fut pour annoncer que le général de Montauban, comte de Palikao, avait été chargé par la Régente d'en constituer un nouveau[1]. Dès

---

1. Cousin de Montauban, né en 1796, s'engagea de bonne heure dans la cavalerie et prit part, en qualité de lieutenant, à la prise d'Alger. Il fit toute sa carrière dans notre nouvelle colonie, devint général de brigade en 1851, général de division en 1855 et fut promu, à cette date, au commandement de la province de Constantine. Choisi par l'Empereur, en 1860, pour diriger l'expédition de Chine, il fit preuve dans cette circonstance de remarquables qualités de capitaine et d'administrateur. Mais il ne sut malheureusement pas empêcher le pillage des immenses richesses du Palais d'Été, et fut accusé à tort, par l'opinion, d'en avoir détourné à son profit une large part. Aussi quand l'Empereur qui, en récompense de ses services, l'avait nommé, dès 1860, grand-croix de la Légion d'honneur, sénateur en 1861, et comte de Palikao en 1862, voulut couronner sa carrière par

le lendemain, celui-ci se présentait devant les Chambres, se constituait en *ministère de la défense nationale*, ce qui lui valut du Parlement un accueil chaleureux, et faisait accepter d'enthousiasme toutes ses propositions, dont certaines cependant, telles que le cours forcé des billets de banque, et l'émission de 600 millions de papier nouveau, pouvaient passer pour révolutionnaires. On vota à l'armée des remerciements qu'elle méritait, et l'on décréta qu'elle avait bien mérité de la patrie; puis on adopta d'urgence une série de mesures destinées à grossir encore les effectifs, et à se procurer de l'argent. C'est ainsi que tous les hommes de 25 à 35 ans, célibataires ou veufs, qui n'appartenaient pas à la garde mobile, furent appelés sous les drapeaux; que des engagements volontaires furent admis, sans condition, pour la durée de la guerre; que le contingent tout entier, fixé à 140,000 hommes, fut convoqué sans tirage au sort; enfin, que l'emprunt de guerre fut porté de 500 millions à un milliard. Comme palliatif à ces décrets rigoureux, la somme de 4 millions, votée le 14 juillet pour venir en aide aux familles des militaires sous les armes, était élevée à 25 millions. Le ministère pensait qu'avec toutes ces ressources il lui serait possible de faire face à l'invasion. Néanmoins il se préoccupa sans délai de l'éventualité d'un siège de la capitale, et deux de ses membres les plus actifs [1], MM. Henri Chevreau et Clément Duvernois, se mirent à l'œuvre avec une ardeur et une intelligence auxquelles il faut rendre hommage, pour accumuler dans Paris la plus grande quantité possible de vivres, de bétail sur pied et d'approvisionnements

l'octroi d'une récompense nationale, trouva-t-il dans le Corps législatif une vive opposition qui triompha de la volonté du souverain. Celui-ci, pour éviter un échec certain, dut faire retirer le projet de loi. Le comte de Palikao fut nommé en 1865 commandant du 4e corps d'armée à Lyon, et il occupait cette haute position quand l'Impératrice-régente lui offrit le ministère. Il est mort en 1878.

1. Les membres principaux du cabinet du 10 août étaient, outre le général de Palikao, *président du Conseil et ministre de la Guerre*, l'amiral Rigault de Genouilly, *ministre de la Marine*, M. Henri Chevreau, *ministre de l'Intérieur*, M. Magne, *ministre des Finances*, M. Clément Duvernois, *ministre de l'Agriculture et du Commerce*, le prince de La Tour-d'Auvergne, *ministre des Affaires étrangères*.

de toute espèce. C'est grâce à leur habileté et à leur dévouement que Paris dut de pouvoir résister pendant cinq mois à l'un des blocus les plus rigoureux dont l'histoire fasse mention.

Le maréchal Bazaine est nommé au commandement en chef de l'armée du Rhin. — Mais les débats orageux qui avaient précédé et accompagné au Corps législatif la chute du ministère Ollivier devaient malheureusement avoir à l'armée une répercussion fatale. La violence avec laquelle certains orateurs de l'opposition avaient attaqué le commandement, le peu de mesure qu'ils apportaient dans leurs récriminations [1], et l'insistance qu'ils mettaient à réclamer pour l'armée un nouveau chef, finissaient par enlever à l'état-major impérial toute autorité et tout prestige. Dans la séance du 9, qui fut particulièrement tumultueuse, des députés accusèrent formellement certains généraux d'impéritie, et critiquèrent la présence à l'armée de l'Empereur, qui entravait, disaient-ils, la liberté d'un commandement qu'il n'était plus capable d'exercer. — « *Que le maréchal Bazaine soit mis à la tête des troupes*, s'écria Jules Favre d'une voix qui dominait le bruit, *et que l'Empereur revienne à Paris !* » — Puis, comme il n'osait pas encore parler de déchéance, le même député proposa de nommer une commission exécutive prise dans le sein du Corps législatif.

Tout naturellement, l'Empereur, tenu au courant de ces discussions passionnées, s'inquiétait des symptômes menaçants qu'elles dévoilaient, et se demandait s'il pourrait résister au courant de l'opinion publique, à laquelle il avait dû céder tant de fois. Ses amis eux-mêmes lui conseillaient d'abandonner un commandement que son état de santé lui rendait particulièrement difficile, et joignaient leurs instances à celles de l'Impératrice pour que le maréchal Bazaine en fût définitivement investi. En outre, ainsi que l'a écrit un des historiens de la guerre, « le maréchal, proposé par l'opposition,

---

[1]. Dans la séance du 11 août, M. de Kératry demanda que le maréchal Le Bœuf fût traduit devant une commission d'enquête du Corps législatif.

poussé par l'opinion, était désiré aussi par l'armée, qui se lassait des tergiversations. La faveur publique, par une de ces inexplicables révolutions de la popularité, se déclarait tout à coup pour l'ancien commandant de la désastreuse expédition du Mexique, pour le chef du 3ᵉ corps de l'armée du Rhin, qui, après tout, n'avait pas fait plus que d'autres, qui, le jour de la bataille de Forbach, n'avait point, certes, montré tout le zèle possible. L'opinion ne laissait même pas la liberté du choix au souverain ou au gouvernement[1]... » L'Empereur, incapable, au milieu de ses tortures physiques et morales, de faire tête à toutes ces influences diverses, dut taire ses répugnances pour l'homme auquel, trois ans auparavant, il avait refusé les honneurs militaires dus à un maréchal de France, et, par décret du 12 août, jour néfaste entre tous, il nomma le maréchal Bazaine au commandement en chef de l'armée du Rhin. « La toute-puissance d'une opinion mobile et inquiète[2] » avait imposé sa volonté.

Or l'armée du Rhin, une des plus belles qu'ait jamais eue la France, comptait 178,000 hommes, 39,500 chevaux, 446 pièces et 84 mitrailleuses. Composée d'officiers pleins d'énergie et de dévouement, de soldats aguerris, vétérans de rudes et glorieuses guerres, animée d'un puissant esprit de discipline et de bravoure, une pareille force, bien commandée, conduite par un chef décidé et vigoureux, était capable, et elle l'a prouvé, d'enrayer net les incroyables succès que les Allemands avaient dus, depuis le début de la campagne, à l'éparpillement de nos forces et à l'incohérence de notre direction. Peut-être même qu'un homme de guerre digne de ce nom aurait trouvé dans la valeur de ses soldats les moyens de reconquérir la victoire. — « Le maréchal, lui, n'appela à son aide qu'une somnolence égoïste, une sorte d'indifférence pour les intérêts généraux, un petit esprit et de petits moyens[3]... »

---

1. Ch. de Mazade, *La Guerre de France* (1870-1871). Paris, Plon, 1875, tome Iᵉʳ, page 135.
2. *Ibid.*
3. Général Deligny, *Armée de Metz* (1870), page 5.

Le général Jarras, chef d'état-major général. — Pour comble de malheur, en même temps que s'opérait la transmission du commandement, d'importantes modifications étaient apportées, avec une précipitation fâcheuse, dans le haut personnel de l'état-major général. Les fonctions de major général étaient supprimées et à la place du maréchal Le Bœuf, demeuré à l'armée momentanément sans emploi, le général Jarras, deuxième aide-major, prenait, auprès du maréchal Bazaine, celles de chef d'état-major général, sans que celui-ci eût été consulté. Or, « pour être constamment en mesure de remplir ses fonctions dans toute leur étendue, le chef d'état-major a besoin d'une autorité qu'il ne peut tenir que de la confiance du commandement. Il ne peut rien faire par lui-même sans l'ordre ou l'autorisation de son chef, et, s'il agit sous sa propre responsabilité, ce ne peut être qu'avec l'assurance qu'il seconde les intentions de celui-ci. De là résulte la nécessité d'une entente complète et incessante entre le commandement et le chef d'état-major[1]. » Jamais un seul instant cette entente n'exista entre Bazaine et le général Jarras. Bien au contraire, le maréchal affecta constamment vis-à-vis de son chef d'état-major une défiance telle que celui-ci fut parfois le dernier informé des projets d'opérations. — « J'espérais, a écrit le général, que le maréchal Bazaine, qui jusqu'alors m'avait témoigné de la bienveillance, faciliterait ma tâche : ce fut là mon erreur. En effet, dès le commencement, le maréchal m'a systématiquement tenu à l'écart, sans me faire part de ses projets, si ce n'est au moment où il me donnait ses instructions pour transmettre ses ordres à l'armée, de telle sorte que je n'avais pas le temps de les étudier et de proposer ensuite les mesures de détail qui pouvaient me paraître nécessaires ou utiles[2]. » Dans de telles conditions, le service ne pouvait évidemment pas fonctionner...

Escarmouches aux avant-postes. — Cependant, bien

---

1. *Souvenirs du général Jarras*, page 80.
2. *Ibid.*

qu'ayant abdiqué le commandement suprême, l'Empereur voulut user encore une fois des droits de sa couronne pour faire achever le mouvement qu'il avait commencé vers Châlons. Il pressa donc le maréchal de franchir la Moselle et lui écrivit, le 12 : « Plus je pense à la position qu'occupe l'armée et plus je la trouve critique ; car, si une partie était enfoncée et qu'on se retirât en désordre, les forts n'empêcheraient pas la plus épouvantable confusion. Voyez ce qu'il y a à faire, et, si nous ne sommes pas attaqués demain, prenez une résolution. » C'est que les forces ennemies commençaient à nous serrer de près, et l'aventure arrivée au 6ᵉ corps montrait que le flanc droit de l'armée du Rhin était déjà, à cette date, singulièrement menacé.

On sait que ce corps d'armée avait reçu, le 10 août, l'ordre de se porter sur Metz. Il prit immédiatement le chemin de fer à Châlons, et dès le 12, deux de ses divisions, la 1ʳᵉ et la 3ᵉ, arrivèrent à Metz : l'une s'établit près de Montigny, entre Seille et Moselle, l'autre à la Grange Mercier et dans les forts de Saint-Quentin et de Plappeville. La 2ᵉ division quitta Châlons ce même jour. Quant à la 4ᵉ, qu'on avait jusque-là maintenue à Paris, elle arriva à Metz dans la nuit du 12 au 13 et s'établit près de Woippy. Son artillerie, formée au camp de Châlons, en partait le 12 pour la rejoindre à Metz. Mais ces transports ne s'étaient pas tous effectués sans encombre, et il s'en fallait que le 6ᵉ corps se trouvât au grand complet ; il avait dû laisser en arrière, sans espoir de les retrouver, sa division de cavalerie, toute l'artillerie de réserve et celle des 2ᵉ et 4ᵉ divisions (moins une batterie), la réserve du génie, les services administratifs, enfin trois régiments, les 14ᵉ, 20ᵉ et 31ᵉ, de la 2ᵉ division. Voici comment ce fâcheux événement s'était produit.

Déjà le 12 au matin, en arrivant à Dieulouard, les trains qui amenaient la 1ʳᵉ division durent s'arrêter parce que des uhlans stationnaient sur la voie et s'occupaient à la détruire. Aussitôt quelques hommes des 10ᵉ et 100ᵉ de ligne descendirent de wagon, firent feu, et mirent les uhlans en fuite. La voie put être rétablie, et les trains se remettre en marche. Ils avaient à peine dépassé Pont-à-Mousson qu'une troupe de cavaliers ennemis, composée d'environ 50 hussards et dragons, pénétrait dans la ville, coupait le télégraphe et se mettait en devoir de détruire la voie ferrée, près de la gare. Mais le général Margueritte, qui commandait la 1re brigade de la division du Barail, avait été prévenu. Faisant aussitôt monter à cheval le 1er régiment de chasseurs d'Afrique, il prit à une heure et demie la route de Pont-à-Mousson, y arriva vers quatre heures, surprit dans une auberge, près du Mont-Mousson, le peloton de hussards qu'il captura tout entier, et lança aussitôt sur la gare un demi-escadron qui s'empara de presque tout le détachement de dragons. Un officier et 14 cavaliers ennemis étaient tués ; 2 officiers et 26 cavaliers étaient prisonniers et une trentaine de chevaux tombaient entre nos mains. C'est à peine si 8 à 10 hommes avaient pu se sauver en traversant la Moselle à la nage ; quant à nous, nous ne comptions que 2 chasseurs tués et 3 blessés. Aussitôt cette brillante affaire terminée, le général Margueritte fit rétablir la voie, juste à temps pour que la 4e division, qui arrivait en gare à ce moment, pût continuer sa route sur Metz.

Malheureusement, l'ennemi ne s'en tint pas à cette tentative avortée : le lendemain 13, un détachement de dragons de la Garde se portait de nouveau entre les stations de Frouard et Dieulouard et coupait la voie par une longue tranchée. Les trains qui amenaient les 14e, 20e et 31e de ligne durent s'arrêter les uns derrière les autres ; des hommes du 14e de ligne descendirent de wagon pour chasser les cavaliers ennemis et rétablir les communications. Ils furent accueillis par le feu d'une batterie à cheval dont les projectiles ne tardèrent pas à atteindre la machine du train de tête et à lui faire de graves avaries. Le mécanicien fut obligé de rétrograder en toute hâte, et tout ce qui restait du 6e corps, reconnaissant l'impossibilité de pousser plus avant, retourna au camp de Châlons.

Ces divers épisodes indiquaient nettement la présence de forces sérieuses sur notre droite ; mais, en même temps, des engagements partiels qui survinrent dans les journées du 12 et du 13 tout autour de nos positions prouvèrent que l'ennemi nous talonnait d'assez près, et cherchait à pénétrer nos desseins. Le 12, le 4ᵉ chasseurs qui opérait une reconnaissance un peu en avant de Peltre et de Jury fut attaqué par des détachements du 11ᵉ hussards prussiens et du 13ᵉ uhlans; une rencontre sans importance s'en suivit et les deux partis tournèrent bride chacun de leur côté. Au même moment, deux escadrons du 2ᵉ chasseurs d'Afrique qui patrouillaient sur la rive gauche de la Nied française se heurtaient à une brigade de cavalerie prussienne, accompagnée d'une batterie à cheval, et se voyaient forcés de reculer. L'ennemi les poursuivait jusqu'à Laquenexy, qu'il canonnait, et ne s'arrêtait que devant des troupes d'infanterie déployées devant Ars-Laquenexy. Enfin, des détachements prussiens se montraient entre Noisseville et Retonfey, d'où le 11ᵉ bataillon de chasseurs les chassait à coups de fusil, vers Coincy, où ils reculaient devant le 90ᵉ de ligne, et à Jury. Partout, on voyait les éclaireurs atteindre nos avant-postes, et ne se replier qu'après avoir observé nos positions, tandis que notre cavalerie ne réussissait pas à percer l'épais rideau des patrouilles adverses. En outre, et c'était là le plus grave, on signalait la présence de plusieurs escadrons à une douzaine de kilomètres au sud de Metz, ce qui semblait indiquer une tentative pour tourner notre aile droite. L'avant-garde de la 6ᵉ division de cavalerie allemande s'était en effet étendue jusqu'à Corny, afin de masquer la marche enveloppante de la IIᵉ armée, dont il sera parlé plus loin.

L'armée se prépare à franchir la Moselle. — Ces graves nouvelles ne laissaient pas d'accroître les inquiétudes de l'Empereur, qui s'effrayait à la pensée de voir l'armée coupée de Châlons. — « Il n'y a pas un moment à perdre pour faire le mouvement arrêté », écrivait-il le 13 au maréchal. Mais celui-ci ne semblait nullement partager ces craintes. Il jugeait préférable, au contraire, « soit d'attendre l'ennemi dans nos lignes, soit d'aller à lui par un mouvement général d'offensive[1] ». Il comptait, a-t-il dit dans son ouvrage justificatif, réussir à rejeter les forces prussiennes derrière la Nied et se porter ensuite par la vallée de la Moselle jusqu'à Frouard, pour occuper la position de la forêt de Hayes, qui s'étend entre Nancy et Toul. Mais l'Empereur revint à la charge avec insistance ; il venait d'ailleurs de recevoir de l'Impératrice une dépêche qui, bien que contenant des renseignements inexacts, indiquait le danger auquel le mouvement d'ensemble opéré par les armées allemandes exposait l'armée de Metz[2].

Le 13, dans la soirée, il écrivait au maréchal cette lettre impérative :

La dépêche que je vous envoie de l'Impératrice montre bien l'importance que l'ennemi attache à ce que nous ne passions pas sur la rive gauche ; *il faut donc tout faire pour cela. Si vous croyez devoir faire un mouvement offensif, qu'il ne nous entraîne pas de manière à ne pas pouvoir opérer notre passage.* »

Le maréchal, cette fois, se décida, et donna les ordres nécessaires pour faire franchir à l'armée les ponts que le général Coffinières avait, dès le 12, fait jeter sur la Moselle par ordre de l'Empereur. Malheureusement, une crue subite, survenue dans la nuit du 12 au 13, avait mis hors de service ces ponts trop légèrement construits, et il fallut toute la journée du 13 et la matinée du 14 pour les rétablir. L'opération se trouva donc retardée par force, et ne commença que ce jour-là, à midi, alors que l'armée du général de Steinmetz était déjà, comme nous allons le voir, assez rapprochée de nous pour l'entraver.

Mouvements des Ire et IIe armées allemandes.

Les troupes victorieuses à Spicheren n'avaient rien tenté, le lendemain, pour profiter de leur succès. Le

---

1. Maréchal BAZAINE, *L'Armée du Rhin*. Paris, Plon, 1872, page 50.
2. Cette dépêche disait que les deux armées de Steinmetz et du prince Frédéric-Charles avaient opéré leur jonction ; que celui-ci se dirigeait sur Verdun en passant au nord de Metz et qu'en même temps le Prince royal contournait la place par le sud.

désordre où elles se trouvaient les obligeait tout d'abord à consacrer au moins une journée à la reconstitution des unités tactiques, et en outre le général de Steinmetz, n'ayant que de vagues données sur les mouvements des Français, voulait attendre sur place que le Ier corps, encore assez loin en arrière, eût rejoint. Il faisait un brouillard épais ; les renseignements fournis par la cavalerie manquaient de précision. On savait bien que des forces sérieuses se trouvaient encore à Boulay et Saint-Avold, mais on croyait le corps du maréchal de Mac-Mahon en retraite sur Bitche, et l'on avait même envoyé dans cette direction, et au delà de la Blies, une partie de la IIe armée, pour lui couper la retraite ; le IVe corps, accompagné de la brigade de cavalerie de Bredow, alla ainsi jusqu'à Rohrbach. Le lendemain cependant, ces troupes qui n'avaient trouvé personne devant elles signalaient l'erreur ; en même temps, un régiment de hussards entrait à Sarreguemines et faisait connaître que les forces françaises paraissaient gagner la Moselle. Enfin, le 8 au soir, le contact était repris d'une façon suffisante pour qu'on pût considérer comme certaine notre retraite dans cette direction.

Aussitôt M. de Moltke forma le projet de lancer la IIe armée au sud de Metz, vers le cours moyen de la Moselle, afin de tourner la droite française, tandis que la Ire attaquerait de front :

> On supposait, dit à ce sujet la *Relation allemande*, que l'empereur Napoléon était sur la Moselle avec une armée composée de cinq corps. Si on voulait l'aborder de front, en même temps que l'on tournerait sa droite *avec des forces supérieures*, il fallait, dès à présent, maintenir en arrière notre aile droite, c'est-à-dire la Ire armée. Son mouvement offensif devait être, en effet, d'autant plus ralenti que, par suite des circonstances relatées plus haut [1], l'aile gauche de la IIe armée avait dû s'étendre fort loin vers le sud, tandis que le centre achevait encore de se masser.

Mais, fidèle à sa tactique habituelle, l'état-major allemand entendait ne nous attaquer qu'avec toutes ses forces réunies ; le mouvement de l'aile marchante

---

[1］L'envoi d'une partie de ses forces pour couper la retraite du 1er corps français.

(IIe armée) ne commença donc pas immédiatement. Dans la journée du 9, le prince Frédéric-Charles massa ses corps aux environs de Sarrebruck, sur la rive droite de la Sarre, sauf le Xe, qui franchit la rivière à Sarreguemines, et le IIIe, qui occupa Saint-Avold évacué par nous. Sa cavalerie se porta en avant. Quant à la Ire armée, qui le 8 avait appuyé à droite, vers Wölklingen, afin de laisser libre au prince Frédéric-Charles, par ordre supérieur, la route de Sarrebruck à Saint-Avold, elle ne bougea pas, se bornant à envoyer sa cavalerie à Puttelange et Sarralbe, où nous n'avions plus personne, et annonçant à M. de Moltke, lequel n'en savait encore rien, le départ des troupes françaises de Bouzonville et de Boulay.

Le grand quartier général allemand était venu, le 9, à quatre heures du soir, s'établir à Sarrebruck. Quatre heures après, le chef d'état-major général, sûr enfin d'avoir tout son monde sous la main, et complètement renseigné sur notre mouvement de retraite, ordonnait un mouvement général en avant, par ce télégramme :

Les renseignements recueillis font supposer que l'ennemi s'est retiré derrière la Moselle ou la Seille. Les trois armées prendront cette direction.
Les routes suivantes leur seront respectivement affectées, savoir :
IIIe armée : les routes Sarre-Union-Dieuze et au sud ;
IIe armée : les routes Saint-Avold-Nomény et au sud ;
Ire armée : les routes Sarrelouis-Boulay-Les Étangs et au sud.
Afin de couvrir ce mouvement, la cavalerie devra être lancée au loin et soutenue par des avant-gardes à grandes distances, de manière à laisser aux armées le temps de se concentrer en cas de besoin. Sa Majesté prescrira les modifications qu'il y aurait lieu d'apporter aux directions indiquées ci-dessus, par suite de la position ou des mouvements de l'ennemi. La journée du 10 août pourra être mise à profit par la Ire et la IIe armée pour laisser reposer les troupes, ou pour les amener sur les routes qui leur sont affectées. L'aile gauche ne pouvant atteindre la Sarre avant le 12, les corps de l'aile droite n'auront à accomplir que des marches relativement courtes.

Journée du 10 août. — Le mouvement commença dès le 10, et donna lieu, dans la Ire armée[1], à des inci-

---

[1]. La Ire armée, qu'étaient venus renforcer le Ier corps (général de

dents qu'il n'est pas inutile de signaler. Tout d'abord, la marche fut très dure. « Les distances à parcourir n'avaient rien d'exagéré, mais on s'était croisé, à Forbach, avec des colonnes du III° corps; des à-coups s'étaient produits sur la route de Wölklingen à Carling, laquelle était commune à une grande partie de la Ire armée ; en résumé, la journée avait été fort pénible. Les troupes passaient la nuit au bivouac, sous une pluie torrentielle, couchées, sans paille, sur un sol argileux. Ce fut le lendemain seulement que l'on parvint, au prix de nouvelles et sérieuses difficultés, à faire arriver les convois demeurés en arrière sur la route de Sarrebruck-Forbach [1]. » En second lieu, les divisions de cavalerie furent maintenues *en arrière* de l'infanterie (l'état-major allemand ne nous dit pas pourquoi), et il en résulta la perte absolue du contact, ainsi qu'un manque complet de renseignements [2]. On voit, d'après cela, combien dans l'armée du général de Steinmetz, celui-là même qui avait voulu *nous punir de notre négligence,* on était éloigné de la perfection. Il faut convenir que le prince Frédéric-Charles s'entendait mieux à faire la guerre, car, à la fin de cette journée, le gros de sa cavalerie était poussé en avant à une distance moyenne de 18 kilomètres, et les patrouilles gagnaient une vingtaine de kilomètres au delà. Une d'elles atteignit même les environs de Pange et, embusquée dans un bois, put observer toutes nos positions dans la Nied.

Journée du 11. — Le 11, le prince porta quatre corps (III°, IV°, X° et Garde) en avant de la Sarre, sur une ligne allant des environs de Saar-Union à Faulquemont, sur la Nied allemande; les deux autres corps (IX° et XII°) débouchaient dans le même temps par Forbach et Sarreguemines ; l'ensemble du mouvement était couvert par la cavalerie, dont trois brigades patrouillaient en avant sur un grand arc de cercle compris entre la Seille (Nomény) et la Sarre (Sarrebourg), tandis que la

---

Manteuffel) et la 1re division de cavalerie, avait à cette date, un effectif de 116,000 hommes, 37,000 chevaux et 270 pièces.

1. *La Guerre franco-allemande,* page 413.
2. *Ibid.*

6ᵉ division et les dragons de la Garde servaient de soutien à ces éclaireurs.

Quant à la Iʳᵉ armée, elle ne bougea pas ; seule une reconnaissance de cavalerie s'avança jusqu'au confluent des deux Nied. La distance qui séparait ses corps, toujours groupés au nord de Saint-Avold, de l'extrême droite de la IIᵉ armée, à Faulquemont, dépassait 15 kilomètres, et l'on n'avait, pour boucher ce trou, qu'*un seul* régiment, les grenadiers du corps, laissé à Saint-Avold pour la garde du grand quartier général. Cette situation présentait un danger réel, en cas d'une attaque de l'armée française. D'autre part, les renseignements arrivés au grand quartier général faisaient connaître que nous avions pris position sur la Nied française, pour y accepter la bataille. M. de Moltke jugea qu'il devenait urgent de concentrer ses troupes davantage, et lança, à sept heures du soir, l'ordre suivant :

> Il paraît assez probable qu'une notable partie de l'armée ennemie se trouve en avant de Metz, sur la rive gauche de la Nied française. Il devient donc nécessaire de concentrer davantage la Iʳᵉ et la IIᵉ armée, et S. M. le roi a ordonné ce qui suit :
>
> Cette concentration aura lieu sur le IIIᵉ corps, à Faulquemont. La Iʳᵉ armée portera demain, de bonne heure, deux corps sur la ligne Boulay-Morange, un corps vers Boucheporn.
>
> La IIᵉ armée dirigera le IXᵉ corps sur Longeville, à l'ouest de Saint-Avold ; le IIᵉ corps fera avancer vers ce dernier point tout ce qu'il aura de disponible [1]. Le Xᵉ corps viendra derrière le IIIᵉ. La Garde, le IVᵉ et le XIIᵉ appuieront vers la gauche de la position indiquée ci-dessus, de façon à pouvoir la renforcer, ou à continuer dans la direction de Nancy, suivant le cas.

Journée du 12. — Le mouvement s'exécuta dans la matinée du 12. Mais, dès l'après-midi, M. de Moltke était avisé que non seulement il n'avait plus à craindre d'offensive de notre part, mais que nous avions abandonné la ligne de la Nied ; que nous nous concentrions sous Metz, à l'est de la ville ; que le pays, au-dessus de cette place et jusqu'à la Moselle, était au contraire complètement dégagé et que les principaux points de

---

1. Le IIᵉ corps, laissé d'abord en Allemagne, venait seulement de rejoindre la IIᵉ armée ; il avait commencé, le 9 août, à débarquer à Neukirchen.

passage de la rivière n'étaient même pas gardés. Il n'hésita plus un instant à reprendre la marche en avant.

Autant que les renseignements recueillis permettent d'en juger, *télégraphia-t-il aux commandants en chef*, la masse principale des forces ennemies se retire, par Metz, au delà de la Moselle. Sa Majesté ordonne ce qui suit :

La Ire armée se portera demain, 13 août, sur la Nied française, le gros sur la ligne Les Étangs-Pange, et fera occuper la gare de Courcelles. La cavalerie poussera des reconnaissances et franchira la Moselle en aval. La Ire armée couvrira ainsi la droite de la IIe.

La IIe armée gagnera la ligne Buchy-Château-Salins, placera ses avant-postes sur la Seille et cherchera à s'assurer, si cela est possible, des ponts de la Moselle à Pont-à-Mousson, Dieulouard, Marbache, etc. La cavalerie fera des reconnaissances au delà de la Moselle.

La IIIe armée continuera son mouvement sur la ligne Nancy-Lunéville.

Ainsi, le mouvement enveloppant décidé le 8 août se dessinait maintenant d'une façon très nette. La Ire armée, marchant sur nos traces, allait se déployer sur la Nied, tandis que la IIe, gagnant la Moselle, tournerait notre aile droite. Cependant les marches de l'armée allemande ne s'exécutaient pas sans difficultés ni souffrances.

Diverses circonstances, dit à cet égard l'état-major prussien, avaient concouru à rendre la situation particulièrement pénible. Les routes étaient défoncées par des pluies persistantes ; cheminer latéralement était impossible. L'installation des hommes et des chevaux avait été rendue si difficile qu'il devenait indispensable de bivouaquer fréquemment. La marche en pays montagneux n'était pas familière à des hommes originaires de la plaine ; on avait à supporter tantôt des grandes chaleurs, tantôt des pluies incessantes. Tout cela exerçait une action si fâcheuse sur l'état sanitaire des troupes, *qu'une division, par exemple, qui n'avait pas encore vu le feu, comptait 582 malades*[1].

Journée du 13. — Le roi était venu en personne ranimer l'ardeur un peu éteinte de ses soldats, et marchait à cheval, au milieu de ses colonnes, sur la route centrale de Faulquemont à Metz. Le soir du 13, les différents corps allemands occupaient les positions suivantes, qu'il est nécessaire de connaître pour s'expliquer l'engagement du lendemain.

1. *La Guerre franco-allemande*, page 422.

Ire Armée. — Ier corps, à Courcelles-Chaussy. VIIe corps, à Pange ; la distance de ce point à Courcelles ne dépassait pas 8 kilomètres. VIIIe corps, formant la réserve générale, à Varize, à 5 kilomètres en arrière. Les avant-postes s'étendaient de Sainte-Barbe jusqu'au delà de Laquenexy, par Retonfey et Ogy. La 3e division de cavalerie patrouillait au nord-est de Metz.

IIe Armée. — Deux corps, les IIIe et IXe, cantonnés à Béchy et Herny, avaient pour mission de soutenir la Ire armée, si elle était attaquée. Un autre, le Xe, occupait Nomény sur la Seille, et Pont-à-Mousson sur la Moselle. Le IVe corps était à Château-Salins, la Garde entre le IVe corps et le IXe, le XIIe en réserve derrière celui-ci. Quant à la cavalerie (5e et 6e divisions), elle occupait la ligne Pontoy-Pont-à-Mousson, afin de « dérober la marche de la IIe armée aux vues de Metz », et ses patrouilles s'avançaient jusqu'en vue même de la place.

A l'examiner dans son ensemble, ce dispositif était évidemment ingénieux. Il affectait cette forme en équerre, chère à M. de Moltke, grâce à laquelle le flanc droit de la IIe armée se trouvait théoriquement protégé par la Ire, et réciproquement. Si, en effet, l'armée française attaquait la IIe armée, celle-ci devait faire front par un à-droite, et la Ire assaillir notre flanc gauche. Si, au contraire, nous nous portions contre le général de Steinmetz, alors la IIe armée jetterait sur notre flanc droit les IIIe et IXe corps. Enfin, si nous essayions de remonter la rive gauche de la Moselle pour nous porter contre le prince Frédéric-Charles et l'attendre au passage de la rivière, celui-ci pourrait, en cas de nécessité, se replier sur l'armée du Prince royal, « tandis que la Ire armée, laissant des troupes en observation devant Metz, serait en position de franchir la Moselle au-dessus et dans le voisinage de la place, et de se porter sur les derrières de l'adversaire [1]. »

Tout cela était parfaitement exact, une fois le mouvement terminé. Mais, pendant son exécution, en était-il de même ? L'état-major prussien, en justifiant dans une longue digression apologétique les mesures adoptées, a bien soin de passer sous silence les dangers auxquels l'armée de Steinmetz restait exposée durant la marche du 13, tandis que le prince Frédéric-Charles exécutait

---

1. *La Guerre franco-allemande.*

de son côté une longue marche de flanc. Ce danger n'était point imaginaire, et M. le général Derrécagaix l'a fait ressortir d'une façon lumineuse :

> Si l'armée de Metz, a-t-il écrit, avait attaqué la Ire armée, le 13, vers trois heures de l'après-midi, elle aurait trouvé les troupes prussiennes fatiguées par leur étape et encore en formation de marche. Le temps de se déployer, d'engager le combat et de le soutenir, leur eût bien demandé deux heures, avant qu'on pût songer à prévenir les corps voisins. A quatre heures et demie ou cinq heures, les IIIe et IXe corps auraient été sur le point de finir leurs marches. *Leurs têtes de colonnes auraient eu à parcourir 18 et 22 kilomètres en plus, s'il leur avait fallu atteindre la gauche du champ de bataille*[1]. Elles auraient donc eu à franchir, avant la nuit, une distance égale à l'étape de la journée. Pouvaient-elles arriver à temps ? Et n'y avait-il pas ce jour-là, pour l'armée française, une de ces occasions que les hommes de guerre expérimentés ne manquent jamais de saisir ? Il est permis de le croire, surtout quand on songe qu'elle disposait alors d'un effectif de 176,000 hommes, et que la Ire armée prusienne ne pouvait mettre en ligne plus de 90,000 hommes [2].

Mais notre cavalerie n'était ni assez entreprenante, ni assez habile pour fournir, par ses renseignements, des bases fermes aux décisions du commandement. De tous ces mouvements, qui tendaient à nous tourner par la droite, tandis que nous serions maintenus de front, l'Empereur avait bien, comme on l'a vu, une intuition vague, non une connaissance exacte. Aussi ne sut-il pas prendre un parti avec fermeté, et l'imposer au maréchal, qui faisait preuve d'une singulière indolence. Dès les premiers désastres, le commandement, démoralisé par les événements, se contenta de les subir ; d'incertain et hésitant qu'il était au début, il devint passif, et ce fut là notre malheur. Car, les Allemands l'ont reconnu eux-mêmes, jusqu'au 14 août, nous n'avions aucun motif de désespérer du succès.

Obligé de franchir la Moselle sur des points très éloignés les uns des autres, ont-ils dit, l'ennemi pouvait commettre des fautes

---

1. De Béchy, point d'arrivée du IIIe corps, à Pange, extrême gauche de la Ire armée, il y a au moins trois heures et demie de marche. De Herny, où se serait trouvé le IXe corps, à Pange, il y en a plus de quatre.

2. *La Guerre moderne*, tome II, page 57.

ÉVÉNEMENTS DU 7 AU 14 AOUT 1870

(*et il en a commis*), qui, habilement exploitées, auraient pu, pour un jour et sur un point, assurer la supériorité aux Français. Or, un succès remporté sur une partie de l'armée allemande contraignait l'autre à s'arrêter[1].

L'occasion se trouva donc perdue de ressaisir la victoire, et grand fut l'étonnement des Allemands quand ils s'aperçurent que non seulement l'armée française ne prenait pas l'offensive, mais encore ne bougeait pas de ses positions. Le général-major de Sperling, chef d'état-major de la Ire armée, ne pouvant s'expliquer une pareille inaction, voulut se rendre un compte plus exact de la situation et parcourut à cheval, le 13, la ligne des avant-postes prussiens, depuis Laquenexy jusqu'à Retonfey. Partout devant lui nos troupes demeuraient immobiles. Il s'empressa d'en aviser le chef d'état-major général, à Herny, et celui-ci en éprouva une satisfaction dont la phrase suivante, de la *Relation allemande*, n'est que l'écho affaibli : « En différant leur passage sur la rive gauche de la Moselle, contrairement à ce que l'on avait supposé jusqu'alors, les Français abondaient dans le sens de l'état-major allemand, dont les plans devenaient ainsi d'une exécution plus facile. » Aussitôt M. de Moltke, qui savait libres d'autre part les ponts de la Moselle[2], lança des ordres pour que la IIe armée franchît la rivière dès le lendemain ; mais comme il pouvait s'attendre à une affaire entre les troupes du général de Steinmetz et les nôtres, qui restaient en présence les unes des autres, il s'arrangea de manière que l'aile droite de la IIe armée pût, le cas échéant, voler au secours de la Ire, et prescrivit, en conséquence, le 13, à neuf heures du soir, les dispositions que voici :

Ordres pour le 14. — D'après les nouvelles reçues jusqu'alors, de forts contingents ennemis étaient encore aujourd'hui à Servigny et à Borny, en deçà de Metz. Sa Majesté ordonne ce qui suit :
La Ire armée demeurera demain, 14 août, dans ses positions sur

---

[1]. *La Guerre franco-allemande*, page 408.
[2]. Après la brillante escarmouche de Pont-à-Mousson, le général Margueritte avait télégraphié à Metz pour signaler l'importance de ce point et l'urgence qu'il y avait à en assurer la garde. Il reçut en réponse l'ordre d'abandonner la ville et de se replier.

la Nied; des avant-gardes seront chargées d'observer si l'ennemi se replie ou s'il se porte offensivement en avant. En prévision de cette dernière éventualité, il est essentiel que demain les III⁰ et IX⁰ corps de la II⁰ armée, s'arrêtent respectivement à hauteur de Pagny et à Buchy ; ainsi établis à une distance de 8 kilomètres[1], ils seront prêts à rompre, en temps utile, pour s'engager dans une affaire sérieuse qui se produirait devant Metz. D'autre part, la Ire armée est en mesure de s'opposer, par une attaque de flanc, à toute entreprise de l'adversaire vers le sud.

Les autres corps de la II⁰ armée continueront leur marche vers la partie de la Moselle comprise entre Pont-à-Mousson et Marbache. Le X⁰ corps prendra position en avant de Pont-à-Mousson.

La cavalerie des deux armées s'avancera aussi loin que possible; elle inquiétera la retraite de l'ennemi, si celui-ci venait à se replier par la route de Metz à Verdun.

On voit, d'après ces prescriptions, que M. de Moltke n'avait nullement l'intention d'attaquer, et que son seul but était de gagner le plus rapidement possible la rive gauche de la Moselle. L'affaire du lendemain fut donc, encore une fois, engagée à l'encontre de ses projets, et n'eut d'autre cause qu'un nouvel excès d'initiative chez un général de brigade ennemi. Quant à nous, au lieu de poursuivre à tout prix notre mouvement de retraite, et de répondre à l'offensive allemande par le déploiement d'un simple rideau de troupes qu'auraient appuyé les gros canons des forts, nous eûmes le tort immense d'accepter la bataille, sans toutefois la pousser à fond pour profiter au moins de notre supériorité numérique, en sorte que nous fîmes le jeu d'un adversaire qui ne cherchait qu'à gagner du temps pour jeter sur notre flanc, au sud-ouest de Metz, toutes les forces du prince Frédéric-Charles. Dans ce moment de crise aiguë où la perte de quelques heures devait entraîner des conséquences incalculables, l'hésitation du commandement nous perdit.

---

1. L'un de l'autre, mais non de la Ire armée. Il est étrange que M. de Moltke les ait envoyés sur des points aussi éloignés de celle-ci, alors surtout qu'il les destinait à lui porter secours, le cas échéant.

CHAPITRE III

BATAILLE DE BORNY ET JOURNÉE DU 15 AOUT

Bataille de Borny. — Le terrain sur lequel était placée l'armée française (sauf le 6ᵉ corps) s'étendait en arc de cercle sur la rive droite de la Moselle et de la Seille, à une distance de 5 ou 6 kilomètres de la place de Metz. Il était constitué par deux plateaux, celui de Borny et celui de Sainte-Barbe, que séparaient les deux ravins de Colombey et de Montoy, réunis un peu à l'est de Mey, et coupé, principalement sur les bords de ce dernier, par des pentes encaissées et profondes. Cette circonstance devait être mise à profit par l'ennemi, pour s'avancer à l'abri de nos coups. En arrière se trouvaient les trois forts de Saint-Julien, de Bellecroix et de Queuleu, dont seul le second n'avait pas de vues suffisantes pour apporter à la lutte l'appoint de sa grosse artillerie ; ces forts étaient longés respectivement par les trois routes de Bouzonville, de Sarrelouis et de Château-Salins. Enfin, à l'est, courait une ligne de hauteurs boisées, que jalonnent les villages de Servigny, Noisseville, Ogy et qui dominait sensiblement le plateau de Borny.

Les armées allemandes s'étaient mises en devoir, dès la matinée du 14, d'exécuter les prescriptions contenues dans l'ordre que nous avons donné au chapitre précédent. La Iʳᵉ, qui n'avait pas à bouger, lançait vers le nord-ouest, à Vigy, la 3ᵉ division de cavalerie. La IIᵉ envoyait le IIIᵉ corps occuper Vigny (5ᵉ division) et

Louvigny (6ᵉ), et le IXᵉ occuper Buchy (18ᵉ division) et Béchy (25ᵉ). Ces deux corps, destinés, comme on sait, à soutenir, s'il en était besoin, la Iʳᵉ armée, s'en trouvaient encore distants cependant de 18 kilomètres environ, soit de plus de quatre heures de marche. Les autres corps se dirigeaient vers la Moselle, précédés par des masses de cavalerie, dont un parti donna lieu, même, à un incident qui ne manque pas de saveur. Un escadron du 2ᵉ dragons de la Garde, qui était arrivé jusque près de Toul, se heurta, sous les murs même de la place, à un peloton de 35 cuirassiers et gendarmes français; il rejeta sans grande difficulté cette poignée d'hommes sur le faubourg et s'avança à leur suite, fort surpris que les remparts restassent silencieux. Le capitaine pensa alors que la place était évacuée et envoya un officier pour la sommer; mais celui-ci ne reçut que « cette laconique réponse : — *Repassez une autre fois*, — et bientôt, des maisons et des jardins, les coups de feu se mirent à pleuvoir sur les dragons[1]. » Ils eurent toutes les peines du monde à regagner la campagne, non toutefois sans avoir réussi à détruire les écluses destinées à tendre les inondations.

Cependant l'état-major prussien ne comprenait rien à notre immobilité. « La singulière persistance des Français à demeurer sous Metz, alors que déjà deux corps prussiens avaient atteint la Moselle moyenne et que la cavalerie courait le pays jusqu'à la route de Verdun, ne pouvait guère indiquer d'autre intention que celle d'attaquer la Iʳᵉ armée qui, par suite du développement donné au mouvement de la IIᵉ, pouvait paraître isolée[2]. » Quant au général de Steinmetz, il considérait sa mission comme ayant un caractère principalement défensif, sauf cependant le cas où nous tenterions quelque chose vers le sud, et il ne songeait nullement, du moins c'est l'état-major allemand qui l'affirme, « à entreprendre une attaque de front contre des masses ennemies établies sous la protection de leurs forts[3]. »

1. *La Guerre franco-allemande*, page 441.
2. *Ibid.*, page 443.
3. *Ibid.*, page 448.

L'armée française commence son mouvement. Premiers engagements. — Les choses en étaient là, quand, le 14, l'armée française, enfin dirigée sur la ligne de retraite indiquée par l'Empereur, commença à s'ébranler. Déjà, depuis le matin, les convois étaient passés sur la rive gauche; vers midi et demi, les corps placés aux ailes (2ᵉ et 4ᵉ) se mirent en marche à leur tour, et engagèrent leurs têtes de colonnes sur les routes qui, derrière eux, conduisaient à Metz. Le 3ᵉ corps et la Garde impériale devaient rester les derniers sur le plateau, afin de couvrir le mouvement.

Jusqu'à quatre heures, il ne se produisit aucun incident. L'écoulement par les ponts de la Moselle s'opérait d'une façon régulière, sous les yeux même de l'état-major général; déjà le 2ᵉ corps en entier, ainsi que deux divisions du 4ᵉ, avait évacué les hauteurs, et deux divisions du 3ᵉ corps (1ʳᵉ et 4ᵉ) étaient en marche, quand tout à coup un petit nuage de fumée blanche sortit des bois, vers Coincy, et un obus vint s'abattre entre les fermes de Bellecroix et de Sébastopol. A ce moment, les 2ᵉ et 3ᵉ divisions du 3ᵉ corps, restées les dernières, se préparaient, déjà formées en colonnes de route, à prendre à leur tour la direction de Metz, et n'attendaient plus pour cela que la rentrée de leurs grand'-gardes. Elles se déployèrent aussitôt et coururent à leurs positions de combat. Dans la 3ᵉ division (Metman), la 1ʳᵉ brigade (général de Potier) occupa le bois situé à l'ouest de Colombey, ayant le 29ᵉ de ligne (colonel Lalanne) sur la lisière est et le 7ᵉ de ligne (colonel Cottret) sur la lisière sud; une partie de ce dernier régiment se porta également dans les tranchées-abris qui avaient été construites en terrain découvert, dans la direction de la Grange-aux-Bois. Le 7ᵉ bataillon de chasseurs (moins une compagnie de grand'garde restée au château d'Aubigny) s'établit sur le chemin qui va de Colombey à la route de Sarrebruck. La 2ᵉ brigade (Arnaudeau) se plaça en seconde ligne, en avant de la ferme de Sébastopol.

Dans la 2ᵉ division (Castagny), la 2ᵉ brigade (Duplessis) se déploya à 500 mètres environ à l'ouest du ravin de Colombey, à cheval sur les routes de Sarrelouis et de Sarrebruck, le 69ᵉ (colonel Le Tourneur) au nord et le 90ᵉ (colonel de Courcy) au sud. Un bataillon du 19ᵉ, qui avait fourni une grand'garde restée à Montoy, occupait le point de réunion des deux routes. Enfin, le 15ᵉ bataillon de chasseurs vint se poster, pour relier les deux divisions, dans un petit bois de sapins qui borde le côté droit de la route de Colombey à Bellecroix. Les trois autres bataillons du 19ᵉ, ainsi que le 41ᵉ (colonel Saussier), de la 1ʳᵉ brigade (Nayral), formaient une seconde ligne, en arrière de Bellecroix.

En même temps, les troupes du général de Ladmirault qui étaient déjà dans la vallée[1], gravissaient les rampes qu'elles venaient de descendre une heure avant, et accouraient au pas de charge au secours du 3ᵉ corps. Ce fut un spectacle inoubliable! Sur la route en lacets qui grimpe de la vallée, les fantassins poudreux et ruisselants de sueur, mais superbes d'énergie, couraient, l'œil enflammé, et grimpaient la côte d'un pas rapide que rythmaient les roulements ininterrompus de la charge. Les artilleurs, fouaillant leurs chevaux lancés au galop, passaient dans une trombe de poussière, et jetaient aux coteaux boisés d'alentour des bruits de tonnerre, que l'écho renvoyait aux bataillons déjà engagés, comme pour leur donner confiance. Tous ces braves gens, las de reculer, écoutaient enfin sonner l'heure de la bataille attendue depuis si longtemps, et promise comme une revanche des longues journées de retraite devant un ennemi qu'on ne voyait jamais. Et dans le bruit croissant du combat s'élevait une clameur immense, un cri poussé à la fois par des milliers de poitrines, cri d'amour de la Patrie, cri de joie et d'espérance, où se résumaient tous les sacrifices, tous les dévouements, tous les courages, où se fondaient les amertumes des revers dans la foi robuste de l'avenir, le cri de : *Vive la France!*

Certes, au point de vue tactique, ce retour offensif

---

1. C'étaient les divisions de Cissey (1ʳᵉ) et de Lorencez (3ᵉ). La division Grenier n'avait pas encore quitté le plateau.

était une erreur, et nous en aurons la preuve bientôt : mais qui oserait en faire un reproche au général de Ladmirault?

Cependant, la lutte engagée si inopinément avait pris rapidement un caractère d'intensité qui témoignait de ce désir ardent qu'avait l'armée française d'en venir aux mains. Mais avant d'en entamer le récit, il est nécessaire de revenir en arrière et d'expliquer par suite de quelles circonstances elle avait éclaté, pour ainsi dire spontanément.

Depuis que notre mouvement de retraite était commencé, les généraux prussiens, postés sur les hauteurs qui dominent le ravin de Colombey, en observaient les différentes phases. Le commandant du Ier corps, général de Manteuffel, supposant un instant que nous préparions peut-être une attaque contre la IIe armée, avait même, dès deux heures et demie, fait donner l'alerte à ses deux divisions, cantonnées à Courcelles-Chaussy et aux Etangs, et les tenait prêtes à toute éventualité. D'autre part, le général von der Goltz, qui commandait à Laquenexy l'avant-garde du VIIe corps, constatait que notre mouvement rétrograde avait bien réellement Metz pour objectif et que, par conséquent, nous cherchions à franchir la Moselle. Dans ces conditions, il crut pouvoir prendre sur lui de nous arrêter; prévenant aussitôt les deux divisions de son corps d'armée de la prise d'armes exécutée par le Ier corps, il quitta à trois heures et demie son bivouac et fit demander au général de Manteuffel, ainsi qu'à la 1re division de cavalerie, de soutenir son offensive.

Ainsi, pour la troisième fois en huit jours, une bataille allait s'engager sur la simple initiative d'un commandant d'avant-garde, et contrairement aux intentions du général en chef. Pour excuser le général de Goltz, la Relation prussienne prétend que son intention primitive était seulement d'occuper Colombey. C'est possible; mais il n'en est pas moins vrai qu'en mettant, sans ordres, ses troupes en mouvement, il entamait une lutte dont il ne pouvait ni prévoir l'importance, ni maîtriser les développements. Ce sont là des pratiques dangereuses, et il a fallu l'inertie du maréchal Bazaine pour qu'elles aient, cette fois encore, réussi.

Quoi qu'il en soit, l'avant-garde du général de Goltz, composée de deux régiments, un bataillon de chasseurs, un régiment de hussards et deux batteries légères, s'ébranla dans la direction du plateau de Borny. Deux bataillons et une batterie furent dirigés par Marsilly sur le château d'Aubigny. Un bataillon marcha sur Colombey, par Ars-Laquenexy. Le régiment de hussards couvrit le mouvement, à droite, et le reste des troupes suivit en arrière, d'assez près. La compagnie de chasseurs à pied français, qui était de grand'garde au château d'Aubigny, fut bientôt assaillie par des forces supérieures, tournée presque par le sud, et dut, après une courte défense, rejoindre son bataillon. L'ennemi put ainsi, sans difficulté, s'établir dans le château, et occuper le revers ouest du ravin de Colombey.

Mais deux batteries du 3ᵉ corps étaient venues au galop se poster sur la crête du plateau, entre Borny et la route de Sarrebruck, et ripostaient victorieusement au feu de la seule batterie allemande qui fût encore en position. Le combat devint immédiatement très vif, en sorte que les diverses fractions de l'avant-garde prussienne durent entrer en ligne successivement. Elles occupèrent Colombey et s'étendirent vers le nord, jusqu'à la Planchette, qui n'était occupée que par une grand'garde, et qui fut enlevée après quelques moments d'une chaude fusillade. Mais, pendant ce temps-là, la brigade Arnaudeau s'était déployée à son tour. Le 59ᵉ (colonel Duez) avait pris position entre la ferme de Sébastopol et le bois de Borny ; le 71ᵉ (colonel de Férussac) envoyait deux bataillons dans le chemin creux qui, partant de Bellecroix, vient aboutir un peu à l'est de la même ferme, et son troisième bataillon renforcer la première ligne. Ces troupes dirigeaient maintenant sur l'adversaire un feu violent qui l'empêchait absolument de déboucher du ravin. « On se trouvait ainsi, dit la Relation allemande, avoir pris pied solidement sur le revers opposé du ravin ; mais, pour le moment, il n'était pas possible d'aller au delà. Les Français occupaient en grand nombre les hauteurs à l'ouest et au nord de Colombey, jusqu'à la route de Sarrebruck, de sorte que, de ce côté aussi, les compagnies qui avaient marché sur la Planchette ne pouvaient gagner du terrain sur le revers ouest du ravin[1]. » D'autre part, la batterie même qui avait ouvert le feu la première, prise d'écharpe par une troisième batterie française accourue en avant du bois de Borny, était obligée de reculer jusqu'au sud-ouest de Coincy où venait de s'établir la deuxième batterie d'avant-garde. Enfin, la 4ᵉ division du 3ᵉ corps (général Aymard)[2], interrompant aussi son mouvement de retraite, arrivait à son tour sur ses positions de combat. Le 11ᵉ bataillon de chasseurs (commandant de Paillot) prolongeait au nord de l'intersection des deux routes la ligne formée par le 69ᵉ, laissant entre lui et ce régiment place pour les deux batteries de la division. A sa gauche, le 44ᵉ de ligne (colonel Fournier) s'était déployé jusqu'au moulin de la Tour. Le reste de la division formait une deuxième ligne, en arrière.

Il était alors plus de cinq heures; la brigade de Goltz, seule encore en face de toutes ces forces, aurait couru les plus grands dangers, si l'on avait, de notre côté, abandonné une attitude passive devenue sans excuse. Car de deux choses l'une : ou le maréchal Bazaine voulait, coûte que coûte, effectuer sa retraite sur Verdun, et dans ce cas le meilleur parti à prendre eût été de laisser l'ennemi, qui s'avançait témérairement sous le canon des forts, se heurter aux murs de Metz, comme l'a écrit le major von der Goltz. Il était facile de le contenir jusqu'à la nuit avec le 3ᵉ corps et la Garde encore en position, tandis qu'on aurait hâté le mouvement des autres corps sur la rive gauche. Ou bien, si le maréchal jugeait l'occasion bonne pour infliger aux Allemands une leçon sérieuse, alors il pouvait sans hésiter profiter de la situation critique où ils s'étaient mis par leur

---

1. *La Guerre franco-allemande*, page 452.
2. Le général Decaen avait été, le 12 août, nommé au commandement du 3ᵉ corps, vacant par suite de l'élévation du maréchal au commandement suprême, et remplacé à la tête de la 4ᵉ division par le général Aymard.

propre imprudence, et bousculer leurs avant-gardes avec les forces supérieures dont il disposait, pour les rejeter sur leurs renforts. Il n'adopta aucune de ces deux solutions, ne prit pas de détermination, et laissa la lutte se développer sans lui assigner d'objectif défini. Il ne parut pas se rendre compte que le retour offensif opéré par le général de Ladmirault, de sa seule initiative et de son seul instinct de soldat, allait à l'encontre de ses projets ultérieurs, et son intervention se borna à l'ordre donné au général Decaen « de prendre ses dispositions de combat pour repousser victorieusement l'attaque[1]. »

Arrivée du Ier corps. — Cependant le général de Manteuffel, répondant à l'appel du général von der Goltz, expédiait en hâte sur le champ de bataille les troupes de son corps d'armée[2]. Une batterie légère, prenant les devants, vint, un peu après cinq heures, s'établir au sud-ouest de Montoy; presque en même temps, deux autres batteries prenaient position à l'ouest de la *Brasserie* de Noisseville, à cheval sur la route de Sarrebruck, tandis que des masses d'infanterie apparaissaient sur les crêtes qui dominent Montoy. Aussitôt le 11e bataillon de chasseurs et le 44e de ligne dirigèrent sur les arrivants un feu meurtrier qui les contint sur la rive droite du ravin de Lauvallier. La 3e brigade prussienne, qui, au fur et à mesure de l'arrivée de ses divers éléments, les avait déployés à droite de la 26e brigade, sur le double éperon compris à hauteur de Montoy entre les deux routes de Sarrelouis et de Sarrebruck, essaya vainement à plusieurs reprises de gravir les pentes ouest du ravin, afin de nous chasser de la crête que nous occupions. Tous ses efforts échouèrent devant la solidité de nos soldats et les effets terribles du fusil Chassepot. Malheureusement, nous subissions dans le même temps

---

1. *Rapport du maréchal Bazaine sur la bataille de Borny.*
2. Le général de Manteuffel leur avait ordonné « d'entrer vigoureusement en action et de refouler l'adversaire, mais sans se laisser entraîner dans la zone du feu des forts ». Il suffit de jeter un coup d'œil sur la carte pour voir qu'en débouchant de Noisseville et surtout de Nouilly, elles s'y trouvaient déjà.

des pertes regrettables. Le colonel Fournier, du 44e, un brave et vigoureux soldat, tombait mortellement frappé, après avoir eu son cheval blessé sous lui. Le général Duplessis, atteint d'une balle qui lui brisait le bras, était obligé de quitter le champ de bataille et de remettre le commandement de sa brigade au colonel de Courcy. Enfin, le général Decaen, placé depuis deux jours à peine à la tête du 3e corps, recevait une blessure grave, aux suites de laquelle il ne devait pas tarder à succomber[1]. Le maréchal lui-même, que sa bravoure calme d'autrefois n'avait pas abandonné, formant avec l'inertie de son commandement un singulier contraste, le maréchal fut atteint peu après, en parcourant la ligne de feu, d'un éclat d'obus au-dessus du sein gauche, qui déchira une de ses épaulettes et le contusionna assez fortement[2].

Sur ces entrefaites, la tête de la 1re division prussienne était, à son tour, arrivée à Noisseville, en sorte que tout l'espace compris entre Colombey et Nouilly se trouvait maintenant garni de troupes. L'action se déroulait avec une intensité toujours croissante, sans que l'ennemi gagnât du terrain, mais aussi sans que nos bataillons, qu'aucun ordre ne poussait de l'avant, sortissent de leur attitude passivement défensive. Des masses d'artillerie allemande, appartenant soit à la 13e division[3], soit au 1er corps, venaient successive-

1. C'est en se portant vers le 71e de ligne, placé comme on l'a vu, en avant de la ferme de Sébastopol, que le général Decaen reçut au genou droit une balle qui, contournant la rotule, se logea dans le jarret. Malgré la gravité de cette blessure, le général résista aux instances de son aide de camp, le commandant Munier, qui voulait lui faire quitter le champ de bataille, et resta à cheval. Trois quarts d'heure plus tard, voyant le maréchal passer devant lui, Decaen voulut le rejoindre; mais son cheval, frappé d'une balle au cou, s'abattit brusquement : la jambe blessée se trouva prise sous la monture, et les chairs déchirées furent douloureusement meurtries. Il fallut cependant l'intervention du maréchal lui-même pour décider le vaillant général à se laisser emporter à l'ambulance, où il mourut peu de jours après.
2. C'était la sixième blessure ou contusion que le maréchal, en plus de trente-neuf ans de service dont trente-cinq années de guerre, recevait ce jour-là.
3. Une de ces batteries (la 5e lourde du 7e régiment) avait essayé de franchir le ravin devant Colombey, et s'était mise en position à

ment soutenir l'infanterie déjà épuisée par cette lutte opiniâtre, et vers six heures du soir, 60 bouches à feu, en batterie depuis Coincy jusqu'à la Brasserie, vomissaient sur nos braves fantassins la mitraille et la mort. Et cependant, si, grâce à ce puissant appui, quelques tirailleurs ennemis avaient réussi à gravir, vers Lauvallier et la Planchette, le versant ouest du ravin, « il était toujours impossible aux Allemands de pousser plus avant vers Bellecroix. Ceux-ci échouaient de même entre Colombey et la route de Sarrebruck, dans toutes les tentatives pour gagner du terrain sur la rive gauche du ruisseau, le défenseur n'ayant pas encore été contraint d'évacuer le petit bois de sapins de la route de Colombey à Bellecroix[1] ».

Ainsi nos positions demeuraient intactes ; des troupes fraîches, toutes bouillantes d'ardeur, nous arrivaient sur la gauche et il n'y aurait eu qu'à les pousser d'un signe pour infliger à la Ire armée prussienne un échec sanglant. Mais personne n'osait, le maréchal étant présent, prendre sur soi de faire ce signe, et celui-ci semblait au contraire redouter qu'on s'engageât trop à fond[2]. D'ailleurs, loin de chercher à imprimer à la

---

l'angle est du parc de ce village, dans une petite prairie qui borde le ruisseau ; en un instant, criblée d'obus, de balles de mitrailleuses et de fusils, elle vit tomber son capitaine, tous ses officiers, et un tel nombre de sous-officiers, d'hommes et de chevaux que le service des pièces devint impossible. Il fallut que le plus jeune de ses lieutenants, moins grièvement atteint que les autres, la retirât du feu, avec l'aide de l'infanterie, et allât l'abriter derrière les maisons du village. Ce ne fut que longtemps après que cette batterie put venir reprendre part à l'action ; encore avait-elle une de ses pièces, sans avant-train, traînée par un seul cheval.

1. *La Guerre franco-allemande*, page 462.
2. « *J'étais sur le champ de bataille*, a dit au conseil de guerre de Trianon le général de Castagny, *et je remarquai que le maréchal était un peu irascible. Il me dit :* « *C'est insensé de faire un feu comme* « *cela ! Vous n'y songez pas ! Brûler autant de cartouches !* » Ce fait tendrait à prouver que le maréchal n'avait pas accepté volontiers la bataille, et désirait qu'elle ne prît que le moins d'importance possible, pour ne pas contrarier la retraite sur Verdun. Mais alors, pourquoi n'a-t-il pas, au début, empêché qu'elle prît ce développement excessif ? Tant de contradictions sont véritablement étranges. Il semble que jusqu'ici le maréchal, apathique et inerte, ait été la proie des événements. Bientôt, débordé par eux, il cherchera à les maîtriser ; mais, trop médiocre capitaine pour subjuguer la victoire, il

bataille une direction d'ensemble, et de coordonner par son intervention les efforts un peu décousus de ses soldats, il n'exerçait son action que sur les détails tactiques, et pas toujours très heureusement, comme on va voir.

Cependant, sur la gauche de notre ligne, la division Grenier (2ᵉ du 4ᵉ corps), qui s'était déployée aux premiers coups de canon, occupait maintenant les positions suivantes : La 1ʳᵉ brigade (général Bellecour) tenait le village de Mey par le 1ᵉʳ bataillon du 13ᵉ de ligne, et le petit bois qui est situé au nord-est de ce village par le 5ᵉ bataillon de chasseurs (commandant Carré); entre ces deux points se tenait le 3ᵉ bataillon du 13ᵉ, le 2ᵉ restant en réserve au nord, contre le bois. Le 43ᵉ de ligne (colonel de Viville) était massé à gauche du 13ᵉ, le couvrant de ce côté. Enfin, l'artillerie de la division (commandant de Larminat) s'était mise en batterie entre les deux régiments, sa droite à l'angle nord-est du bois. Quant à la 2ᵉ brigade (général Pradier), elle formait une seconde ligne, débordant fortement la gauche de la première.

Ces troupes avaient devant elles l'avant-garde de la 2ᵉ division prussienne qui, nous l'avons vu, arrivait par Noisseville et Nouilly. Elles étaient à peine postées que des groupes ennemis, se glissant à couvert par des ravins, débouchèrent sur le plateau de Mey et marchèrent contre elles ; une fusillade nourrie éclata aussitôt, et les tirailleurs prussiens durent reculer en désordre à travers les vignes qui couvraient les pentes des coteaux. Mais bientôt des renforts leur arrivèrent et ils revinrent à la charge sous la protection d'une puissante artillerie qui s'étalait maintenant jusqu'au village de Servigny ; cinq compagnies du 44ᵉ prussien, sur lesquelles nos pièces et nos mitrailleuses, toutes occupées à contre-battre les batteries allemandes, ne pouvaient pas tirer, se glissèrent dans le ravin, débordèrent Nouilly et vinrent se déployer face aux défen-

---

trébuchera dans ces compromissions équivoques où ont sombré à la fois et la fortune de la France et son propre honneur !

seurs du bois de Mey, sans réussir à les déloger. Le combat sur ce point prit très rapidement une extrême violence, mais se continua cependant jusque vers sept heures sans amener de résultats sérieux.

Arrivée de la 25ᵉ brigade. — Sur ces entrefaites, d'autres éléments du VIIᵉ corps avaient fait leur apparition sur le champ de bataille. Informé vers quatre heures un quart que la brigade de Goltz était déjà sérieusement engagée, le général de Zastrow, bien qu'il « regardât comme peu conforme à l'esprit des dispositions du commandant en chef de la Iʳᵉ armée d'entreprendre une attaque sérieuse dans la direction de Metz[1] », n'avait pas hésité à envoyer aussitôt vers le théâtre de l'action la 14ᵉ division, avec toute l'artillerie de corps, et s'était dirigé lui-même vers Colombey. Arrivé là, il se rendit immédiatement compte de la gravité de l'affaire, et, prenant le commandement de l'aile gauche, il lança sur le ruisseau de Colombey la 25ᵉ brigade, qui avait suivi d'elle-même la 26ᵉ (celle du général de Goltz). Puis il fit prévenir la 14ᵉ division, encore en arrière, que sa 28ᵉ brigade devait appuyer l'aile gauche du général de Goltz, tandis que la 27ᵉ resterait à sa disposition, en réserve générale.

Il était un peu plus de cinq heures et demie. La 25ᵉ brigade, conduite par son chef, le général de Osten-Sacken, s'engagea dans le ravin de Coincy et gravit les hauteurs de gauche du ruisseau de Colombey. Là, elle se trouva face à face avec la brigade Nayral qui venait de se déployer à son tour, plaçant deux bataillons du 41ᵉ dans le chemin creux bordé de peupliers qui joint Colombey à la ferme de Bellecroix, le 3ᵉ en réserve derrière, et le 19ᵉ de ligne à droite, couronnant la crête dans la direction de la Grange-aux-Bois. Une « action furieuse[2] » s'engagea aussitôt, dans laquelle le bataillon prussien qui formait la tête de la colonne d'attaque perdit en un instant son chef et ses quatre commandants de compagnie. En vain ce bataillon est-

---

1. *La Guerre franco-allemande*, page 462.
2. *Ibid.*, page 463.

il soutenu par de nouvelles troupes, qui gravissent les pentes derrière lui ; nos fantassins tiennent bon, malgré des pertes énormes, et contiennent le flot des assaillants. Malheureusement, peu après six heures, le 19e de ligne, qui n'a plus de cartouches, est obligé de se replier sur Borny. Il est immédiatement remplacé par le 71e, de la brigade Arnaudeau, jusqu'alors tenu en réserve. Mais les Allemands, qui ont vu le mouvement, profitent immédiatement du léger désordre qui en est la conséquence inévitable et se précipitent sur le petit bois de sapins qui borde le chemin vers son milieu ; ce bois était depuis le commencement de la bataille défendu avec un admirable courage par le 15e bataillon de chasseurs, et tous les efforts de la brigade de Goltz étaient venus s'y briser. Se voyant assailli à la fois de front et de flanc, le 15e bataillon recule et laisse les fantassins du général Osten-Sacken prendre pied dans le taillis. Mais ce succès est de courte durée ; nos chasseurs reviennent bien vite à la charge ; les 41e et 71e criblent le bois de projectiles, si bien que, « battues de trois côtés par le feu de l'ennemi, les compagnies qui l'occupent sont refoulées avec de grandes pertes, et viennent se heurter, dans leur retraite précipitée, au 2e bataillon du 73e qui les suivait et dont elles arrêtent du même coup le mouvement[1] ».

Le général de Osten-Sacken rallie ses troupes dans le ravin, puis, ayant reçu de nouveaux renforts, les ramène sur le petit bois. Cette fois, attaqué par près de 6,000 hommes, le bataillon de chasseurs se voit menacé d'un enveloppement complet. Il a perdu presque le tiers de son effectif ; la majorité de ses officiers est hors de combat. Toute résistance devient impossible ; le bois et le chemin creux sont occupés par l'ennemi, qui s'empresse de les garnir dans la crainte d'un retour offensif, et leurs défenseurs se replient sur la réserve de la brigade Nayral, qui les recueille un peu en avant de la ferme de Sébastopol. Cette chaude action, pendant laquelle a coulé tant de sang, n'a pas duré plus d'une

---

1. *La Guerre franco-allemande*, page 464.

heure, de cinq heures trois quarts à six heures trois quarts.

Recul des troupes du 3ᵉ corps. — C'est alors que le maréchal Bazaine, effrayé des ravages que produisait dans nos rangs le tir de l'infanterie prussienne embusquée dans le bois et sous les couverts[1], eut la malencontreuse idée de reporter ses troupes en arrière. Il espérait probablement ainsi obliger l'ennemi à sortir des fourrés, pour nous poursuivre, et à s'avancer à découvert ; il ne réussit qu'à produire un désordre qui faillit nous devenir fatal. Rien n'est plus dangereux, en effet, que de faire opérer à des troupes engagées un mouvement de recul, à moins qu'elles ne soient protégées par une contre-attaque ou soutenues en arrière par des forces déjà en position, qu'elles démasquent en se retirant ; l'effet moral produit par les manœuvres de ce genre est toujours funeste, et quels que soient les avantages tactiques qu'on compte en retirer, ils ne compensent jamais l'atteinte portée à la solidité de la ligne de bataille. On le vit bien quand le maréchal ordonna aux deux divisions Castagny et Metman de reculer jusqu'à hauteur de la ferme de Bellecroix, et de s'établir entre cette ferme et la route de Borny à Colombey. A peine le 41ᵉ avait-il commencé son mouvement, que les Prussiens se précipitèrent sur les positions abandonnées, et accompagnèrent de leurs feux le régiment qui cependant battait en retraite, par échelons de bataillons, dans un ordre remarquable. Par suite, le 7ᵉ de ligne, encore engagé dans le bois de Colombey, se trouva tout à fait découvert sur son flanc gauche et pris d'enfilade par les tirailleurs ennemis ; cette situation, toujours impressionnante, amena le désordre dans ses rangs, et c'est avec une précipitation fâcheuse qu'il gagna le bois de Borny, en perdant sur le parcours un monde énorme. Il fallut toute l'énergie des officiers pour rétablir l'ordre et reformer le régiment sur sa nouvelle position ; là, la lutte reprit avec une

---

1. Les Prussiens, cachés dans les taillis, étaient devenus « tellement invisibles, que nul ne pourrait affirmer en avoir vu une seule fraction constituée. » (*Rapport du général Metman.*)

vigueur nouvelle, et l'intervention de la division Montaudon, qui était venue se déployer en avant de Borny, face au sud-est, permit de la soutenir avec succès. Le recul de cette minime fraction de notre ligne fut d'ailleurs le seul avantage obtenu par les Allemands ; ils ne réussirent pas à chasser les bataillons postés au nord de la route de Sarrebruck et « essayèrent en vain de pousser plus avant vers la jonction des deux routes à Bellecroix[1] ». Tous leurs efforts se brisèrent contre l'opiniâtreté de nos soldats.

Succès du 4º corps devant Mey. — Tandis que ces événements se déroulaient sur le front du 3º corps, les troupes du 4º, après des péripéties diverses, remportaient sur le 1ᵉʳ corps prussien un avantage marqué. Nous avons laissé la division Grenier aux prises, en avant de Mey, avec l'avant-garde de la 2ᵉ division prussienne, et nous avons vu diverses fractions de la 1ʳᵉ division venir, par Flanville et Montoy, prolonger vers le nord la ligne de bataille du VIIᵉ corps. La 2ᵉ division, dans sa précédente attaque, n'avait pu nous enlever le bois de Mey ; mais dès qu'elle se vit suffisamment renforcée, elle revint à la charge, sous la protection de l'artillerie, dont les batteries débouchaient une à une, déborda le village de Nouilly, et gravit la pente ouest du ravin, menaçant de couper du 3ᵉ corps la division Grenier. Le général de Cissey, qui venait d'arriver, envoya alors au secours de celle-ci le 20ᵉ bataillon de chasseurs, pour occuper le village et permettre au bataillon du 13ᵉ de se porter dans le bois. En même temps un bataillon du 64ᵉ accourait dans ce même bois, le franchissait et se lançait en avant sur la crête du ravin, accompagné par une compagnie (de Fleury) du 5ᵉ bataillon de chasseurs. Mais là, accueillie par un feu d'enfer et une véritable trombe d'obus, cette malheureuse infanterie, dont les deux chefs avaient été mortellement frappés, fut obligée de s'arrêter, tourbillonna sur elle-même, et finalement recula en désordre, tandis que les Prussiens se précipitaient à sa suite, entouraient

---

1. *La Guerre franco-allemande*, pag. 465.

le bois par le sud et en chassaient les défenseurs, surpris de cette agression subite. En vain le bataillon du 13ᵉ, conduit par le commandant Commerçon, essaya-t-il un retour offensif, qui ne put réussir ; la division Grenier tout entière dut reculer jusqu'au village[1], et bien qu'elle dirigeât de là une violente fusillade sur les assaillants, elle ne put les empêcher de pénétrer dans le vide qui existait entre elle et le 3ᵉ corps.

La situation devenait inquiétante; l'artillerie du Iᵉʳ corps prussien, en position entre Poixe et la route de Sarrebruck, tonnait maintenant de ses 50 bouches à feu contre les abords de Mey, où la terre était littéralement labourée par les projectiles; des fourrés situés en avant partait une fusillade continue, qui nous faisait subir de lourdes pertes, et des masses nouvelles, se glissant à l'abri des longs ravins, menaçaient de couper en deux notre ligne. Le général de Ladmirault sentit que le moment était venu de tenter un suprême effort : dirigeant directement sur Mey la division de Cissey, qui débouchait par le fort Saint-Julien et le château de Grimont, il envoie la tête de la division Lorencez sur la route des Etangs vers Villers-l'Orme menacer la droite ennemie. De son côté, le général Grenier rassemble entre le bois et le village de Mey tout ce qu'il a de disponible. Le colonel Lion, du 13ᵉ de ligne, son drapeau à la main, groupe autour de lui, à la faveur d'une haie élevée, un bataillon formé d'éléments réunis au hasard, et fait ouvrir le feu à volonté contre le bois. Le 20ᵉ bataillon de chasseurs s'élance hors du village et menace le flanc sud du taillis, que les 1ᵉʳ et 6ᵉ de ligne de la division de Cissey attaquent par le nord. Enfin le général Grenier fait sonner la charge; tout ce monde se rue sur le petit bois, en chasse l'ennemi, et le refoule en désordre, dans une nuit noire, sur les vignes et le ravin de Nouilly. Des fractions des 1ʳᵉ et

---

1. La relation du grand état-major allemand (page 481) prétend que les troupes prussiennes se sont emparées du village de Mey « au milieu de l'obscurité devenue complète ». C'est une erreur absolue; le bois de Mey a été perdu quelque temps par nous, mais le village n'a jamais cessé de nous appartenir.

2ᵉ divisions prussiennes qui, à la faveur du succès passager de l'aile droite, s'étaient avancées jusqu'au moulin de la Tour, furent entraînées dans cette débâcle, et il fallut que le lieutenant-général de Bentheim se jetât au-devant des fuyards pour les arrêter[1]. Il était huit heures du soir.

Cependant le mouvement de la division Lorencez sur la route de Bouzonville inquiétait les Allemands ; ils dirigèrent contre elle le tir des pièces postées entre Servigny et Poixe, et, l'obscurité aidant, parvinrent à l'arrêter ; en même temps, le général de Bentheim réunissait en deux grosses masses ce qu'il avait pu contenir des fuyards, se mettait à leur tête, l'épée en main, et, remontant les pentes du ravin de Lauvallier, se portait en face des troupes du 4ᵉ corps que la nuit avait déjà empêchées d'ailleurs de pousser plus avant. Les deux adversaires restèrent donc en présence, et le feu s'éteignit peu à peu. Cependant, vers neuf heures et demie, l'arrivée sur le champ de bataille des diverses fractions du 1ᵉʳ corps qui n'avaient pas encore pris part à la lutte, sembla devoir ranimer l'action. Le général de Ladmirault, inquiété par des coups de fusil qui partaient des vignes de Servigny et des terrains découverts au nord de Nouilly, fit exécuter par la division de Cissey, dans cette dernière direction, une vigoureuse charge à la baïonnette qui refoula définitivement les Prussiens. Il ne s'arrêta même que sur un ordre du maréchal, qui lui prescrivait de franchir la Moselle sans délai[2].

Ainsi, de ce côté, nous restions incontestablement maîtres du champ de bataille ; au centre, nous tenions toujours la croisée des deux routes et la ferme de Bellecroix ; voyons maintenant ce qui s'était passé à droite.

Arrivée de la 28ᵉ brigade et de la 18ᵉ division. — Là, vers sept heures et demie, des forces assez considérables, appartenant à la 28ᵉ brigade allemande, et

---

1. *La Guerre franco-allemande*, page 482.
2. *Procès Bazaine*, déposition du général de Ladmirault.

venues par la route d'Ars-Laquenexy à Grigy, s'étaient déployées au sud de la Grange-aux-Bois; notre flanc droit, tout à fait découvert, était ainsi menacé d'autant plus sérieusement que, quelque temps après, d'autres troupes ennemies apparurent vers Mercy-le-Haut, sur les crêtes évacuées le matin même par le 2ᵉ corps. C'était l'avant-garde de la 1ʳᵉ division de cavalerie, qui arrivait de Mécleuves, où son chef, le général de Hartman, l'avait concentrée aux premiers bruits du canon, et celle de la 18ᵉ division (du IXᵉ corps), qui était partie de Buchy à cinq heures, après avoir marché toute la journée. Ces forces trouvèrent heureusement devant elles la division Montaudon, qui s'était déployée derrière le bois de Borny, et la 1ʳᵉ brigade de voltigeurs de la Garde (général Brincourt), que le maréchal avait envoyé chercher et qui avait pris position à la droite de la division Montaudon, entre celle-ci et le fort Queuleu. Elles purent cependant occuper Grigy et la Grange-aux-Bois, et établirent des batteries sur la hauteur de Mercy; mais le fort de Queuleu éteignit bien vite celles-ci avec de grosses pièces et les obligea à se retirer. Ce fut d'ailleurs là la seule part que les forts de la rive droite aient prise à l'action qui s'était déroulée sous le feu de leurs canons[1].

Fin de la bataille. — La nuit était complètement tombée. Sur toute l'étendue du champ de bataille, le feu cessait insensiblement, et les troupes des deux armées, paralysées par l'obscurité, s'arrêtaient sur l'emplacement même où elles se trouvaient[2]. Bientôt le silence ne fut plus troublé que par les hourras des Allemands auxquels leurs chefs voulaient absolument inculquer l'idée de la victoire, et les fanfares des musiques militaires, qui jouaient l'hymne *Heil dir im Siegerkranz*[3]! Aussitôt le maréchal Bazaine donna à toutes ses troupes « l'ordre de reprendre leur marche sur Metz et de franchir la Moselle, en occupant, par

---

1. W. Rustow, *loc. cit.*, page 213, *en note*.
2. Sauf cependant la 1ʳᵉ division de cavalerie et la 18ᵉ division, qui regagnèrent leurs anciens bivouacs.
3. « Salut à toi, au jour de la victoire! »

échelons, les dernières crêtes qui protègent les deux routes de Sarrebourg et de Sarrelouis. Le mouvement s'effectua sans que l'ennemi songeât à l'inquiéter[1]. » Mais cependant il ne put commencer immédiatement, par suite de la nécessité où l'on était, dans les corps qui avaient combattu, de remettre de l'ordre dans les unités, de s'occuper des blessés et de remplacer les munitions consommées. Jusque vers deux heures du matin, les 3e et 4e corps demeurèrent donc sur place, séparés à peine par quelques mètres des troupes allemandes, et mêlant leurs brancardiers aux brancardiers ennemis dans la triste besogne du relèvement des blessés. Le général de Steinmetz avait en effet ordonné la retraite des Ier et VIIe corps sur leurs anciens emplacements; toutefois, « afin de permettre l'enlèvement des blessés et de *laisser aux troupes le sentiment de leur victoire*, l'évacuation des *positions conquises* ne devait commencer qu'après quelques heures[2]. » Ce que le général en chef allemand appelait *positions conquises* se bornait en réalité à cette bande de terrain, longue de deux kilomètres et large à peine d'un, qui s'étend du ruisseau de Colombey au fameux chemin creux bordé de peupliers; c'était là tout ce que l'ennemi avait pu nous enlever de terre; partout ailleurs il avait échoué devant nos positions.

Pertes. — Cette bataille, à laquelle « une direction générale fit défaut de part et d'autre[3] », qui avait été engagée inconsidérément et soutenue au hasard, fut, malgré son peu de durée, particulièrement meurtrière. Nous comptions 3 généraux blessés, dont 1 mortellement, 39 officiers et 335 hommes tués, 157 officiers et 2,484 hommes blessés, enfin 590 disparus, en tout 3,608 individus hors de combat. Quant aux Allemands, leurs pertes étaient plus sensibles encore : elles atteignaient le chiffre de 4,906 hommes hors de combat, se décomposant ainsi : 1,189 tués, dont 70 officiers, 3,590 blessés, dont 152 officiers, enfin 127 disparus.

1. Rapport officiel du maréchal Bazaine sur la bataille de Borny.
2. *La Guerre franco-allemande*, page 488.
3. Colonel CANONGE, *loc. cit.*, tome II, page 104.

Il est vrai de dire que leurs effectifs dépassaient les nôtres de beaucoup, puisqu'ils avaient mis en ligne deux corps d'armée et demi, soit environ 70,000 hommes, contre moins de deux corps d'armée français, soit 50,000 hommes : au point de vue de l'artillerie, en particulier, leur supériorité numérique s'affirmait par 192 pièces engagées contre 156, dont 36 mitrailleuses.

Résultats de l'affaire de Borny. — Quels étaient, maintenant, les résultats de cette rencontre sanglante ? Au point de vue purement tactique, nous pouvions certainement nous considérer comme victorieux, et l'impression générale ressentie par les troupes qui avaient si valeureusement lutté pour conserver les positions de Bellecroix et de Mey était incontestablement celle d'un succès. Si, à la vérité, l'assaillant avait pris pied sur le versant ouest du ravin de Colombey, c'était d'une façon tellement précaire que, de son propre aveu, il ne pouvait pas y rester.

> Il n'était pas impossible, dit en effet à ce sujet la *Relation allemande*, qu'au point du jour les masses ennemies que l'on supposait encore entre les forts et en arrière ne cherchassent à déboucher de nouveau, avec des troupes fraîches, contre *la position assez en l'air du Ier et du VIIe corps.* Ces considérations déterminaient le général de Steinmetz à ordonner la retraite de ces deux corps[1]... »

Aussi l'armée française, qui, pour la première fois depuis le commencement de la campagne, couchait sur un champ de bataille qu'un ennemi supérieur en nombre n'avait pu conquérir, éprouva-t-elle ce soir-là un sentiment d'émotion joyeuse où elle voulut lire l'augure de jours meilleurs. Dans ses bivouacs, établis au milieu des morts et des mourants que la lune éclairait de sa lueur blafarde, elle salua le retour espéré des anciennes gloires, la fin des angoisses et des tristesses, et l'aurore de triomphes nouveaux. « Vous avez rompu le charme », disait le lendemain l'Empereur au maréchal, et le mot était ratifié par l'armée tout entière, bien convaincue que c'en était fini des amertumes de la

---

1. *La Guerre franco-allemande*, page 487.

défaite... Hélas! il n'en était rien, et ce premier succès, si ardemment désiré, si joyeusement acclamé, nous était, en réalité, plus préjudiciable qu'utile. Nous avions, en livrant la bataille, fait le jeu des Allemands.

Que cherchaient ceux-ci, en effet? Retarder le plus possible notre passage sur la rive gauche afin de permettre à la IIe armée d'achever son mouvement tournant. Cependant leur désir de nous maintenir sur les plateaux où nous étions campés n'allait pas jusqu'à leur faire commettre l'imprudence de nous attaquer dans la zone même d'action des forts de Metz, et il résulte de leurs propres dires que, sans la bouillante ardeur du général de Goltz, notre retraite, si tardive qu'elle fût, aurait pu s'effectuer sans encombre.

Il n'était pas dans les intentions du commandant en chef de la Ire armée, a écrit le grand état-major prussien, d'aborder les Français dans la zone même de la place; rien, dans le contenu des rapports parvenus au quartier général de Varize jusque dans les premières heures de l'après-midi, ne faisait non plus prévoir une rencontre pour le 14. Aussi, quand vers cinq heures, des dépêches ultérieures du Ier et du VIIe corps eurent apporté la nouvelle, *fort surprenante dans ces conditions*, qu'une action était imminente, sinon même déjà entamée, sur le plateau de Metz, le général de Steinmetz s'était dirigé vers la route de Sarrelouis, et avait envoyé des officiers de son état-major sur les divers points du champ de bataille *pour ordonner, en son nom, de rompre le combat*[1].

Bien plus, malgré les heureux résultats de l'initiative du général de Goltz, la publication officielle n'a pas hésité à infliger à celui-ci un blâme implicite.

Le résultat de la bataille de Colombey-Nouilly[2], y est-il dit, a montré, une fois de plus, qu'un sentiment aussi vif de solidarité, qu'une telle promptitude de décision renferment le germe de résultats féconds; *mais il ne faut pas se dissimuler, pour cela, que ce mode de batailles improvisées est de nature à entraîner maints dangers, et, sous ce rapport, un utile enseignement peut être tiré de la journée du 14 août.*

Ainsi donc, cette lutte à laquelle prirent part plus de 100,000 hommes a été provoquée par un simple inci-

1. *La Guerre franco-allemande*, page 486.
2. C'est ainsi que les Allemands ont appelé l'affaire du 14.
3. *La Guerre franco-allemande*, page 491.

dent, auquel ne s'attendaient ni l'un ni l'autre des généraux en chef. Ceci prouve qu'à la guerre il est indispensable de se préoccuper d'avance de toutes les éventualités et de se mettre en garde contre des événements qui, bien que non prévus, peuvent cependant quelquefois surgir spontanément du seul fait de la situation tactique. Le 14, le maréchal Bazaine devait savoir qu'une armée ennemie le talonnait; les escarmouches des avant-postes, les patrouilles de cavalerie allemande qui se montraient partout, les prisonniers faits en maints endroits, tout cela prouvait clairement que les vainqueurs de Spicheren nous suivaient d'assez près. Il est vrai de dire que notre cavalerie, toujours aussi peu experte dans l'art des reconnaissances, avait laissé le commandant en chef dans l'ignorance de la position exacte occupée par l'ennemi, et que le maréchal pouvait très bien ne pas se douter que l'armée de Steinmetz fût cantonnée à moins de huit kilomètres de la sienne. Mais il connaissait cependant, lui-même en a convenu, la situation générale, et il savait parfaitement que, d'un moment à l'autre, il pouvait être attaqué. Avait-il pris toutes les précautions nécessaires pour parer au danger, et suffisamment protégé sa marche rétrograde? Était-il même assuré, en la commençant, de pouvoir l'effectuer jusqu'au bout, sans avoir à redouter aucune entrave imprévue? C'est ce à quoi les faits répondent par eux-mêmes, et il suffit de les rappeler pour voir que le commandant en chef avait malheureusement négligé de prendre une quelconque des mesures préalables qui seules eussent pu garantir sa liberté d'action.

Point de cavalerie en arrière pour surveiller et renseigner; pas même de patrouilles ni de reconnaissances. Des grand'gardes d'infanterie, postées à un ou deux kilomètres, c'est-à-dire à une distance à peine suffisante pour protéger contre une surprise brutale les troupes qu'elles étaient chargées de couvrir : voilà en quoi consistait uniquement notre service de sûreté. Au lieu de tenir avec de fortes arrière-gardes les directions, parfaitement définies, par où l'ennemi pouvait se présenter en cas d'attaque, et d'effectuer, sous leur protection et celle des forts, le mouvement de retraite auquel on semblait décidé, on ne s'était même pas préoccupé de s'assurer la possession des débouchés naturels qui aboutissaient à la position ni de se garantir contre le danger que présentaient les couverts dont étaient semés les abords de celle-ci. Bien plus, les quelques points d'appui que tenaient nos grand'gardes, tels que la Planchette, Montoy, le château d'Aubigny, avaient été abandonnés à eux-mêmes, et nulle part on n'avait songé à soutenir les petites unités qui les occupaient au début. Un si complet oubli des règles les plus élémentaires de la tactique explique surabondamment les maigres résultats de nos efforts et justifie les critiques que les Allemands ont formulées à notre adresse.

Il est difficile, ont-ils dit, de comprendre pourquoi, dès le principe, les Français ne refoulèrent pas avec plus de vigueur les tentatives partielles qui marquèrent le début de l'offensive allemande. Il est vrai que déjà l'armée française avait commencé à passer la Moselle par ses deux ailes; mais au centre, c'est-à-dire précisément au point contre lequel fut dirigé le premier effort du général de Goltz, le 3ᵉ corps était sous les armes et encore entièrement formé [1] dans des positions parfaitement disposées pour repousser une attaque. A peu de distance derrière lui, la Garde constituait une réserve compacte. Alors que, en tout état de cause, il eût été avantageux, pour couvrir et assurer la retraite, de se maintenir par de fortes arrière-gardes sur le ravin de Colombey, nous voyons, au contraire, les points de passage les plus importants, tels que Colombey, la Planchette, Lauvallier, Nouilly, emportés de première lutte par les têtes de colonnes prussiennes, qui continuèrent ensuite à s'y maintenir pendant longtemps, sans être autrement soutenues [2].

Si donc notre succès ne fut pas nettement dessiné, c'est d'abord parce que les dispositions prises par nous ne répondaient pas aux conditions exigées par la défensive, et aussi parce qu'une direction résultant logiquement d'un plan mûrement arrêté d'avance avait complètement fait défaut.

1. Ceci n'est pas tout à fait exact : nous avons vu que deux divisions seulement du 3ᵉ corps, sur quatre, étaient encore en position. Mais, à ce point près, l'argument n'en a pas moins sa valeur.
2. *La Guerre franco-allemande*, page 491.

Au point de vue stratégique, la bataille de Borny devait exercer sur les événements ultérieurs les conséquences les plus graves. En laissant les 3ᵉ et 4ᵉ corps accepter la bataille, le maréchal Bazaine avait singulièrement compromis le succès de la retraite sur Verdun, et perdu une journée que la IIᵉ armée devait mettre à profit. Passe encore si, comme il en exprimait l'idée dans sa lettre du 13 à l'Empereur, il eût pris résolument l'offensive avec toutes ses forces, et lancé ses 170,000 hommes sur les 90,000 de Steinmetz. Mais cette résistance passive, avec l'arrière-pensée de reprendre aussitôt que possible le passage de la Moselle, ne répondait à aucune visée stratégique, et ne pouvait rien amener de fécond. Faut-il voir dans ces perpétuelles hésitations du maréchal l'effet des appréhensions produites par les nouvelles erronées qu'il avait reçues de Paris, ou bien sont-elles seulement le résultat de ce manque de caractère dont il n'a malheureusement donné que trop de preuves depuis ? C'est ce qui jusqu'ici n'a pu être précisé. Mais le fait certain est qu'elles ont permis à l'armée du prince Frédéric-Charles d'accomplir sans difficulté son dangereux mouvement de flanc, et que lorsque avec une journée de retard les forces françaises atteignirent enfin le plateau de Gravelotte, ce fut pour se heurter aux avant-gardes prussiennes, qui venaient leur barrer le chemin.

Journée du 15 août.

Mouvement de l'armée française. — Dans la nuit du 14 au 15, les différents corps de l'armée du Rhin qui avaient été engagés, reprirent, conformément aux ordres du maréchal, leur marche vers la Moselle. Ils ne reçurent cependant pas pour cela de nouvelles instructions, et se bornèrent à poursuivre l'exécution de celles qui, envoyées le 13, avaient subi dans leur accomplissement l'arrêt causé par l'affaire de Borny. Nous allons donc voir quelle en était la teneur.

Le 13, dans la matinée, le maréchal avait expédié à son chef d'état-major, le général Jarras, un ordre de mouvement général[1] aux termes duquel l'armée du Rhin devait gagner le point de Gravelotte, situé sur la route de Metz à Verdun, en une seule colonne, forte de plus de 150,000 hommes[2]. Arrivée là, elle se serait scindée. Deux corps d'armée, les 2e et 6e, avec les réserves générales, auraient continué par Mars-la-Tour et Mauheulles ; les trois autres auraient pris la route de Conflans et d'Etain. On a vu comment la rupture des ponts de la Moselle avait retardé le départ jusqu'au 14 à midi ; malgré tout, le maréchal comptait pouvoir réunir toute son armée, autour de Gravelotte, le 14 au soir, et il l'écrivait à l'Empereur, quelques instants avant d'être attaqué à Colombey : « J'espère que le mouvement sera terminé ce soir ; les troupes ont ordre de camper en arrière des abords de ces routes (celle de Mars-la-Tour et celle de Conflans), afin de les prendre demain matin. » C'était se faire des illusions bien étranges, car une marche exécutée dans des conditions pareilles présentait des causes d'impossibilité matérielle que les chiffres suivants, donnés par M. le général Lewal, démontrent clairement. En formation simple, c'est-à-dire l'infanterie par quatre hommes de front, la cavalerie par deux et les voitures par une, la longueur de la colonne totale eût atteint 226 kilomètres 450 mètres ; en formation doublée, cette longueur était encore de 152 kilomètres 236 mètres ! Par suite, il fallait, pour que la queue de la colonne puisse arriver au bivouac indiqué, dans le premier cas 74 heures 56 minutes ; dans le deuxième cas 47 heures 33 minutes. Même au delà de Gravelotte, quand on aurait marché sur deux colonnes, celle du nord aurait encore compris 92,252 hommes, celle du sud 53,335 hommes.

Cet effectif énorme dépassait tout ce que Napoléon Ier avait cru pouvoir se permettre de plus considérable en ce genre... Les observations les plus motivées furent soumises au commandant en

---

1. Voir aux pièces justificatives la pièce n° 9.
2. Le 13 au soir, l'armée du Rhin comptait 176,195 hommes. Le général Lewal évalue à 152,587 hommes l'effectif qui devait lui rester après l'affaire du 14, défalcation faite des malades et de la garnison de Metz.

chef au sujet de l'impossibilité matérielle du mouvement indiqué. Il insista dans son dessein d'engager toute l'armée dans ce défilé qui enserre la route de Metz à Gravelotte, par Moulins [1].

Et cependant, il aurait pu sans difficulté, disposer, pour gagner les plateaux de la rive gauche, des quatre routes que voici :

1° De Metz à Gravelotte, par Moulins, environ 13 kilomètres ;

2° De Metz à Verneville par Plappeville, Lessy, Châtel-Saint-Germain, 15 kilomètres ;

3° De Metz à Habonville par Lorry et Amanvillers, 16 kilomètres ;

4° De Metz à Sainte-Marie-aux-Chênes, par Woippy, Saulny et Saint-Privat-la-Montagne, 15 kilomètres.

M. le général Lewal, dont la compétence à cet égard s'impose, estime qu'en utilisant ces quatre routes, l'armée, pour se rendre des points qu'elle occupait le 13 sur la rive droite, jusqu'à destination, n'aurait eu besoin que de 27 à 28 heures en formation ordinaire de marche, de 19 à 20 heures en formation doublée. Par suite, si le mouvement avait commencé dès le 14 au matin, sous la protection d'un corps d'armée laissé vers Borny, pour le couvrir, et s'il s'était exécuté avec la ferme volonté de refuser formellement le combat, il eût été certainement terminé le 15 au soir ; dans ces conditions, la bataille de Rezonville fût très probablement devenue un succès décisif, qui aurait singulièrement modifié la tournure des affaires [2].

Pourquoi donc cette obstination fatale du maréchal ? Craignait-il, s'il s'étalait vers le nord, une attaque sur

---

1. Général LEWAL, *Études de guerre, Tactique de marche*. Paris, Dumaine, 1876, pages 206 et suivantes.

2. L'armée disposait, pour franchir la Moselle, de cinq ponts, dont deux dans la ville. On aurait donc pu affecter à chaque corps d'armée un pont et même une route, en exécutant le mouvement par échelons. Quant à la cavalerie, elle aurait dû franchir la rivière le 13 au soir, et prendre ainsi une journée d'avance. Mais, pour tout cela, il eût fallu construire plus solidement les trois ponts jetés sur la Moselle, ou tout au moins se hâter davantage de les reconstruire. Les exercices exécutés journellement par les pontonniers dans leurs garnisons prouvent que le temps employé à cette réfection a été absolument excessif.

son flanc droit? Interrogé à ce sujet par le président du conseil de guerre de Trianon, il a lui-même répondu : « Non ! » Voulait-il ralentir le mouvement de retraite, afin d'être débarrassé de la présence de l'Empereur, dont le départ était fixé au 16, et rester ensuite maître absolu de ses actions? C'est plus probable, et les événements ultérieurs semblent donner à cette hypothèse quelque valeur. Quoi qu'il en soit, l'armée essaya d'obéir à ses ordres déplorables; mais, ainsi que c'était à prévoir, elle ne put pas y réussir.

Le mouvement avait été commencé, comme on l'a vu précédemment, le 14 un peu avant midi, par les 2e, 6e corps[1] et les réserves générales (cavalerie et artillerie). Dès quatre heures, les deux corps, arrêtés par l'encombrement dû à l'entassement sur les routes des convois et des parcs, étaient obligés de s'arrêter au pied du mont Saint-Quentin et d'y passer la nuit, tandis que la réserve d'artillerie allait s'engager sur la route de Lessy, pour essayer de faire de la place. Le 15, de grand matin, ils se remirent en marche, précédés par la division de cavalerie de Forton, qui arriva vers huit heures entre Rezonville et Mars-la-Tour. Là, celle-ci se heurta à deux escadrons de dragons allemands qui, à son approche, se replièrent sur Puxieux; la brigade Murat, envoyée à leur poursuite, alla jusqu'à Tronville; mais, accueillie par le feu d'une batterie à cheval, elle remonta vers le nord, et revint trouver le gros de la division, qui, de son côté, s'était avancée jusqu'à Mars-la-Tour. Des masses assez importantes de cavalerie se montraient vers l'ouest et le général de Forton ne crut pas prudent de les attaquer; il n'avait cependant devant lui, à ce moment que la brigade Redern (15e)[2] qui avait pour

1. Le 2e corps était à Mercy-lès-Metz ; le 6e dans les forts et près de Woippy, c'est-à-dire déjà, au moins en partie, sur la rive gauche.
2. Jusqu'à deux heures de l'après-midi, la brigade Redern resta seule en présence de notre cavalerie. A ce moment, elle fut rejointe par les deux autres brigades de sa division (brigades Barby et Bredow), en sorte que trente-quatre escadrons se trouvèrent réunis au sud de Mars-la-Tour. Quand le général de Forton se fut retiré, ces troupes s'établirent au bivouac, la brigade Redern à Xonville, la brigade Barby à Puxieux, la brigade Bredow à Suzemont, à cheval sur la grande route.

mission, comme on le verra plus loin, de surveiller la route de Gravelotte à Verdun et de tâcher d'inquiéter les troupes qui s'y seraient engagées; cette brigade, bien qu'accompagnée de deux batteries, n'était certainement pas de force à lutter avec la division de Forton, suivie à courte distance par la division du Barail. Mais notre cavalerie, d'une bravoure si éclatante sur le champ de bataille, ne savait à cette époque que se sacrifier pour sauver les situations désespérées. Elle se retira donc, après une canonnade sans importance, et s'en revint bivouaquer auprès de Vionville, à côté de la division de Valabrègue (2e corps), qui venait d'y arriver de son côté. Quant aux 2e et 6e corps, ils s'établirent vers deux heures de l'après-midi auprès de Rezonville; la cavalerie, qui aurait dû les couvrir, se trouvait exactement à 2 kilomètres 800 mètres en avant d'eux, et n'avait personne sur le flanc gauche, pourtant sérieusement menacé.

La Garde, qui suivait les 2e et 6e corps, était partie de Plantières, le 14, à la nuit; elle atteignit Gravelotte le 15 au soir, ayant mis près de vingt-quatre heures à faire 17 kilomètres et demi, en raison des à-coups imprimés à sa marche par les difficultés d'écoulement des deux corps qui la précédaient. Après son arrivée, 73,164 hommes se trouvaient sur la rive gauche de la Moselle. C'était tout ce qui avait pu suivre la route indiquée par l'ordre du maréchal.

Les 3e et 4e corps avaient dû, en effet, dès le début, renoncer à s'engager sur le chemin de Gravelotte. Le 3e corps, parti le 14, vers deux heures du matin, des environs de Borny, atteignit les ponts de la Moselle dans la matinée du 15. De là il se porta comme il put vers l'objectif indiqué, mais ne réussit à faire arriver qu'une seule de ses divisions, le 15 au soir, à Saint-Marcel; deux autres rejoignirent avec peine dans la nuit et la matinée du 16; la quatrième ne parvint pas à quitter la Maison-de-Planches, où elle était bivouaquée. Quant au 4e corps, son mouvement s'effectua avec des péripéties telles, qu'il n'est pas inutile d'entrer à son sujet dans quelques détails circonstanciés.

Parti le 13, vers une heure et demie du matin, des environs de Grimont et de Mey, il mit neuf heures pour arriver au hameau du Sansonnet, sur la rive gauche de la Moselle. Ses unités, confondues par les hasards de la lutte et les à-coups d'une marche de nuit opérée pêle-mêle, se trouvaient à ce point en désordre qu'il dut faire une halte, pour procéder à un rassemblement qui s'imposait, et c'est à midi seulement qu'il put reconstituer son ordre de bataille[1]. Peu après, le général de Ladmirault le remettait en route, en commençant par la 3ᵉ division (Lorencez). Mais celle-ci, en arrivant sur la route de Gravelotte, seule désignée par l'ordre de mouvement, la trouva tellement encombrée d'équipages de ponts, de troupes de toute nature et même de cavalerie[2], qu'elle fut dans l'impossibilité d'avancer. Le commandant du 4ᵉ corps lui ordonna alors, de sa propre autorité, de prendre la route de Lessy, qu'il croyait libre; là encore, on se heurta à des troupes auxquelles la même idée était venue, comme par exemple la réserve d'artillerie tout entière, et l'on ne put atteindre Lessy que le 15 au soir. Dès le lendemain, la division de Lorencez fut dirigée sur Sainte-Marie-aux-Chênes, qu'elle atteignit seulement le 16, vers une heure de l'après-midi. Quant aux deux autres divisions, elles restèrent au Sansonnet et dans la plaine de Woippy, attendant que les chemins fussent dégagés pour s'en servir à leur tour. Nous verrons bientôt comment leur chef réussit à les faire déboucher à temps sur le champ de bataille de Rezonville.

Ainsi, le mouvement général prescrit le 13 août par le maréchal, commencé le 14 à midi, et qui, d'après lui, devait exiger tout au plus une demi-journée, ne se

---

[1]. « J'ai dû, écrivait au maréchal le général Ladmirault, garder les positions jusqu'à une heure du matin et diriger alors les troupes vers les ponts de la Moselle. *A peine avais-je pu rallier tout le monde à midi.* » Le temps employé par le 4ᵉ corps pour parcourir 9 kilomètres n'est d'ailleurs pas excessif, étant donné qu'il comptait 32.600 hommes et qu'il avait dû opérer, de nuit, le passage d'une rivière.

[2]. *Procès Bazaine*, déposition du général de Ladmirault.

termina que le 16, à une heure avancée de l'après-midi. Bien que l'ordre de n'utiliser que la seule route de Gravelotte n'ait point été exécuté partout, plus de cinquante heures avaient cependant été nécessaires pour l'accomplir, et encore n'était-ce pas sans des difficultés considérables. Il est vrai de dire que l'affaire de Borny, en retenant près de douze heures deux corps d'armée sur la rive gauche, l'avait retardé dans de notables proportions; mais on peut affirmer hardiment que dans les conditions imposées par le commandant en chef, il ne pouvait, en aucun cas, se terminer avant le 16 au matin, et encore à grand'peine. L'obstination du maréchal, raisonnée ou non, était donc en contradiction formelle avec le projet de retraite rapide sur Châlons, auquel il avait paru se rallier définitivement; elle permet, en tout cas, d'émettre quelque doute sur sa sincérité à cet égard.

En outre, ce qui était non moins grave, on n'avait détruit aucun des ponts de la Moselle, par lesquels allaient passer les corps de la IIe armée. Du jour où la retraite par Metz fut décidée, cette destruction s'imposait cependant, pour protéger l'aile gauche; seule, une arche du pont du chemin de fer à Longeville fut brisée, et ce pont, situé sous le feu du fort Saint-Quentin, ne pouvait précisément pas être utilisé par l'ennemi. « En prévision des événements qui se déroulaient, a dit le général de Rivières dans son rapport, des dispositifs de mine avaient été ménagés dans les ponts de Magny et de Marly, sur la Seille, dans les deux ponts d'Ars et dans celui de Pont-à-Mousson, sur la Moselle; enfin, à Novéant, existait un pont suspendu qui pouvait être détruit en quelques minutes. Des demandes réitérées furent adressées au général en chef, dans la journée du 13 et dans la matinée du 14, par les habitants de Novéant et d'Ars, pour que l'autorisation fût donnée de renverser les ponts. Aux deux premières dépêches, on répondit : *Attendez*. Une troisième resta sans réponse. De son côté, le service local du génie faisait auprès du général Coffinières une démarche semblable pour la destruction du pont d'Ars, démarche qui n'aboutit qu'à un refus[1]. » Cette négligence, qu'on ne peut s'expliquer que par l'idée déjà préconçue chez le maréchal de se créer une excuse pour ne pas s'éloigner de Metz, eut les conséquences les plus fâcheuses; l'ennemi n'avait pas encore ses équipages de ponts, et la destruction des passages existants eût certainement retardé l'armée du prince Frédéric-Charles de deux ou trois jours[2], pendant lesquels notre mouvement sur Verdun se fût terminé sans encombre; l'aveu suivant, qu'on trouve dans une publication allemande quasi officielle, en dit long à cet égard :

> Ces ponts laissés intacts par l'ennemi *n'étaient ni défendus ni même surveillés*, et ils nous furent de la plus grande utilité. Il est hors de doute que celui de Pont-à-Mousson et surtout celui de Novéant, dont la destruction n'eût demandé que peu de temps, nous ont rendu de très grands services et que nous devons en partie à leur conservation le succès de la journée du 16 août[3]. »

Cependant, le maréchal, ainsi qu'il l'avait dit dans son ordre de mouvement, s'était rendu auprès de l'Empereur, au quartier général de Longeville-lès-Metz. Il y arriva à une heure du matin, le 15, et eut avec le souverain une entrevue qu'il a racontée lui-même en ces termes :

> Quoique Sa Majesté fût souffrante et au lit, je fus immédiatement introduit dans sa chambre; l'Empereur m'accueillit avec son affabilité habituelle. Je lui racontai ce qui s'était passé et je lui exprimai mes inquiétudes pour les journées suivantes, *les Allemands ayant trouvé libres les routes qu'ils avaient à suivre pour prendre position entre Meuse et Moselle, par conséquent sur notre ligne de retraite*. Je fis part à l'Empereur de la souffrance que j'éprouvais et j'ajoutai que, craignant de ne pouvoir supporter les allures du cheval, je le priais de me faire remplacer. Sa Majesté, me touchant l'épaule et la partie brisée de l'épaulette, me répondit avec cette bonté qui charmait ceux qui pouvaient l'approcher : « Ça ne sera rien, c'est l'affaire de quelques jours, et vous venez de briser le charme. » — L'Empereur ajouta : « J'attends une réponse de l'Empereur d'Autriche et du Roi d'Italie; ne compromet-

---

1. *Procès Bazaine*, Rapport.
2. *Ibid.*, réquisitoire.
3. *Opérations du corps du génie allemand*, par A. Gœtze, capitaine au corps du génie prussien.

tons rien par trop de précipitation et évitons, avant tout, de nouveaux revers[1]. »

Que dire de l'inconsciente ingénuité du général en chef, qui déplore la facilité laissée aux Allemands pour prendre position sur ses derrières, alors qu'il lui eût été si facile de la leur retirer ! Que penser aussi des persistantes illusions de ce malheureux Empereur, qui escompte encore l'appui d'alliés problématiques, à l'heure où les événements ne laissent plus déjà aucun doute sur le parti que dicte à ceux-ci leur intérêt ! N'y a-t-il pas quelque chose de tragique dans cette entrevue, au pied d'un lit d'auberge, du souverain éperdu avec le lieutenant félon qui s'apprête à tromper sa confiance, et dans cet aveu poignant d'une suprême espérance dont la réalisation est impossible désormais ?...

C'est ainsi que se termina la nuit du 14 au 15, sans donner lieu à de nouveaux incidents. Mais, dès six heures du matin, une batterie prussienne étant venue se poster près du château de Frescaty[2], envoya quelques obus aux troupes qui se pressaient sur la route de Gravelotte, entre Longeville et Moulins. L'un d'eux tomba malheureusement au milieu d'un groupe d'officiers du 10ᵉ de ligne, occupés à faire le rapport, emporta les deux jambes du colonel Ardant du Picq, officier des plus remarquables et des plus justement appréciés, et blessa mortellement un adjudant-major et un chef de bataillon. Le quartier impérial, situé à quelque distance, ne se trouvait plus en sécurité, et bien que le fort Saint-Quentin ait rapidement, avec quelques coups de canon de gros calibre, obligé cette batterie à la retraite, on jugea prudent de faire partir pour Gravelotte l'Empereur et son fils. Ils y arrivèrent dans la matinée, et, vers une heure de l'après-midi, le maréchal Bazaine vint les y rejoindre à son tour.

Je trouvai l'Empereur se promenant dans son quartier, a-t-il écrit ; je lui souhaitai sa fête en lui offrant un petit bouquet cueilli

---

1. Ex-maréchal BAZAINE, *Épisodes de la guerre de 1870 et le blocus de Metz*, Madrid, Gaspard, 1883, page 70.
2. Elle appartenait à la 6ᵉ division de cavalerie, ainsi qu'il sera dit plus loin.

dans le jardin de mon logement. Après m'avoir remercié, l'Empereur me demanda à haute voix : « Faut-il partir? » Surpris d'une telle question, je répondis que *je ne savais rien de ce qui se passait devant nous*, et j'engageai Sa Majesté à attendre. Cette réponse parut lui plaire, et se tournant vers les officiers de sa maison, il leur dit, de façon à être entendu de tous : « Messieurs, nous restons, mais que les bagages restent chargés! » — Les troupes, tristes et abattues, continuaient à défiler sur la route devant l'auberge; pas une acclamation, pas un vivat ne fut proféré à la vue du souverain et de son fils[1].

Ainsi, le 15 à midi, le maréchal, de son propre aveu, *ignorait ce qui se passait devant lui*, et hésitait encore, malgré que tout fût bien convenu entre lui et l'Empereur, sur le parti qu'il prendrait. En tout cas, comme l'a dit le général de Rivières, il avait évidemment la pensée de ne pas poursuivre immédiatement sa marche sur Verdun, et ses conversations avec l'intendant Wolf et le commandant Sers ne laissent pas de doute à cet égard[2]. Alors, pourquoi gardait-il le silence vis-à-vis de ses troupes, et vis-à-vis de l'Empereur! Pourquoi n'avouait-il pas franchement, comme il l'a fait plus tard, son désir de « rester prêt à donner la main à Metz[3] », si ce n'est pour ne pas fournir à Napoléon III un prétexte de demeurer à l'armée? Nous verrons tout à l'heure combien le projet de ne pas s'éloigner de Metz était ancré dans sa pensée, puisqu'il n'attendit que le départ définitif du souverain pour le mettre à exécution.

MOUVEMENTS DE LA IIe ARMÉE ALLEMANDE. — Revenons maintenant un peu en arrière, et examinons par quelle série de mouvements l'armée du prince Frédéric-Charles atteignit les positions sur lesquelles nous allons la trouver le 16 au matin. De la Ire armée, il n'y a eu

---

1. Ex-maréchal BAZAINE, *Épisodes de la guerre de 1870 et le blocus de Metz*, page 72.
2. A l'intendant Wolf, qui lui demandait quelle direction prendrait l'armée, il répondait : « Je n'en sais rien ; si j'avais tout mon monde réuni, je serais disposé à me jeter sur l'ennemi pour le refouler vers Pont-à-Mousson. » Au commandant Sers, il se plaignait des embarras que causait l'indécision de l'Empereur et exprimait son mécontentement d'être obligé de passer la Meuse, ajoutant que s'il était libre, il ne la passerait pas. (Procès Bazaine, audience du 24 octobre 1873.)
3. Ex-maréchal BAZAINE, *Épisodes*, page 77.

effet point à parler, puisqu'elle conserva ses emplacements précédents, et se borna à quelques déplacements de détail, qui amenèrent le 15 au soir la ligne de ses avant-postes sur un arc de cercle partant de Malroy, sur la Moselle, pour aboutir à Jury, en passant par Servigny et Marsilly.

Dès le 14, le commandant de la IIe armée, arrivé à Pont-à-Mousson, s'était mis en devoir de lancer le plus tôt possible ses troupes au delà de la Moselle; mais le 15, dans la matinée, il recevait de M. de Moltke un télégramme l'avisant du combat de la veille et lui enjoignant de pousser vers la route Metz-Verdun. Aussitôt il donna l'ordre au général de Voigts-Rhetz, qui commandait le Xe corps et avait provisoirement avec lui la 5e division de cavalerie, de porter cette division sur la rive gauche de la Moselle[1], d'abord vers la route Metz-Verdun, puis vers Metz, de manière à s'assurer si l'armée française avait déjà quitté la place, ou si elle était encore en voie d'effectuer sa retraite. Les deux divisions du Xe corps devaient s'avancer dans la vallée de la Moselle et au nord-ouest, pour soutenir la cavalerie. La brigade de dragons de la Garde, qui se trouvant à Rozéville était appelée à Thiaucourt, à la disposition du général de Voigts-Rhetz; enfin les autres corps étaient poussés vivement vers la rive gauche de la Moselle, en sorte que les positions occupées dans la soirée du 15 se trouvèrent ainsi réparties :

5e *division de cavalerie* (dont nous avons relaté l'engagement avec la division de Forton), à cheval sur la route de Verdun, à l'ouest de Mars-la-Tour. Un de ses escadrons poussait même au nord jusqu'à Jarny pour se relier aux partis que la Ire armée aurait pu jeter sur la rive gauche, au nord de Metz.

IIIe *corps*, à Pagny et Arnaville, sur le Rupt de Mad. Ce corps, qui avait franchi la Moselle *aux ponts de Novéant* et de Champey, envoya aussitôt après son arrivée, vers minuit, occuper Gorze (5 kilomètres) et Dornot (3 kilomètres) par des détachements dont la force était respectivement d'un bataillon et de six pelotons.

X^e *corps*, à Thiaucourt (19e division) et à Pont-à-Mousson (20e).

---

1. La 5e division avait déjà, le 14, porté deux de ses brigades sur la rive gauche, savoir : la brigade Barby à Thiaucourt, et la brigade Redern à Beney. La brigade Bredow seule se trouvait encore à Pont-à-Mousson.

Garde, à Dieulouard; la brigade de dragons à Thiaucourt, celle de uhlans à Ménil-la-Tour, celle de cuirassiers et gardes du corps, à Bornécourt.

IV⁰ *corps*, à Marbache.

C'est-à-dire que quatre corps d'armée tenaient la ligne de la Moselle, tandis qu'une division de cavalerie occupait déjà la route directe de Metz à Verdun. Quant aux autres corps, ils se trouvaient encore en arrière, le IX⁰ à Verny, le XII⁰ à Nomény et Moncheux; enfin le II⁰, qui n'avait rejoint que tardivement atteignait Han-sur-Nied.

Pendant ce temps, la 6⁰ division de cavalerie était restée en observation devant Metz, battant le pays jusqu'aux faubourgs de la place. Trois escadrons, accompagnés de deux pièces, s'avançaient jusqu'à Montigny-lès-Metz, éventraient à coups de sabre des sacs de vivres abandonnés dans la gare, et mettant, malgré le brouillard, leurs canons en batterie, lançaient dans nos camps ces quelques obus dont l'un causait la mort si regrettable du colonel Ardant du Picq.

Mais ces divers incidents, ainsi que les rapports venus de Puxieux et de Mars-la-Tour, avaient clairement démontré au prince Frédéric-Charles que nous étions en pleine retraite vers la Meuse, et que nous ne prenions aucune précaution pour protéger notre flanc de son côté. Il jugea, en conséquence, qu'il avait tout intérêt à nous inquiéter, et arrêta le 15, à sept heures du soir, des dispositions en vertu desquelles les III⁰ et X⁰ corps, avec deux divisions de cavalerie, devaient effectuer le lendemain une puissante diversion sur la route de Verdun. Pour cela faire, il était enjoint au III⁰ corps et à la 6⁰ division de cavalerie de franchir la Moselle en aval de Pont-à-Mousson[1], et de se diriger ensuite, le corps d'armée sur Vionville et Mars-la-Tour, par Gorze, la cavalerie sur Thiaucourt et la route de Verdun. Le X⁰ corps, se groupant au préalable à Thiaucourt, devait s'avancer jusqu'à Saint-Hilaire et Maizeray, à l'ouest de Mars-la-Tour. Le IV⁰ corps était

---

1. Pour ceux de leurs éléments qui ne l'avaient pas encore fait.

envoyé à Sillegny, pour de là suivre le III⁰ corps sur Gorze, le 17. Enfin, les corps qui se trouvaient encore en arrière de la ligne de la Moselle recevaient l'ordre d'y arriver, puis de continuer leur marche vers la Meuse en traversant la plaine de la Woëvre, en cherchant à se mettre en communication, vers Nancy, avec la droite de la III⁰ armée, et en faisant reconnaître par leur cavalerie les débouchés de la Meuse, ainsi que les points de passage entre Verdun et Commercy.

En chargeant deux seulement de ses corps d'armée de la démonstration sur la route de Verdun, le prince Frédéric-Charles ne se conformait qu'incomplètement aux instructions envoyées par M. de Moltke, le 15, à six heures et demie du soir, lesquelles semblaient prescrire un mouvement général contre notre flanc gauche. « L'avantage obtenu dans la soirée d'hier, y était-il dit, par le I⁰ʳ et le VII⁰ corps s'est produit dans des conditions qui excluent toute idée de poursuivre l'ennemi. Ce n'est que *par une vigoureuse offensive de la II⁰ armée contre les routes de Metz à Verdun, par Fresnes et par Étain,* que l'on peut recueillir les fruits de cette victoire. » Il est vrai que M. de Moltke ajoutait : « Le commandant en chef de la II⁰ armée demeure chargé de conduire cette opération, d'après sa propre inspiration. » Or l'inspiration du prince Frédéric-Charles ne fut pas heureuse, puisqu'elle exposa les III⁰ et X⁰ corps à un désastre que tout autre que le maréchal Bazaine n'eût pas manqué de leur infliger. Le commandant en chef de la II⁰ armée jugea prudent, avant de s'engager à fond, de reconnaître exactement la situation de l'armée française ; mais, par cela même, il mit en présence de forces très supérieures une partie de ses troupes, que les autres fractions n'étaient pas en état de secourir à propos. C'était pour nous une bonne fortune inespérée, dont le triste général qui nous commandait ne sut pas ou ne voulut pas profiter.

En même temps qu'il envoyait les instructions qui précèdent au prince Frédéric-Charles, M. de Moltke prescrivait à la I⁰ armée de se porter, le 16, sur la ligne Arry-Pommérieux, entre Seille et Moselle. Toutefois, pour se garder contre toute tentative offensive de la garnison de Metz, dont on ignorait la force, le Ier corps devait aller s'établir à Courcelles-sur-Nied, et y rester jusqu'à ce qu'il eût été relevé par la 3e division de landwehr, arrivant de Sarrelouis. Ces divers mouvements furent exécutés dans la journée du 16, et la 1re armée, qui ainsi ne prit point part à la bataille de Rezonville, se trouva le soir tout entière (moins le Ier corps), prête à franchir la Moselle à son tour. La 3e division de cavalerie, qui revenait de Malroy et de Vry, s'installa un peu en arrière, à Mécleuves; quant au quartier général, il se transporta à Coin-sur-Seille, où il passa la nuit du 16 au 17.

Tentative sur Thionville. — Pour en finir avec la journée du 15, il est nécessaire de relater succinctement l'échec d'un coup de main tenté par les Allemands contre la place de Thionville. Le 12 août, une reconnaissance opérée par le 8e cuirassiers (de la 3e division de cavalerie) s'était heurtée à quelques dragons français en train de fourrager vers Stuckange, et leur avait enlevé un réserviste prussien retenu dans la place. Cet homme, qui avait travaillé aux fortifications, connaissait parfaitement les êtres, et se faisait fort, disait-il, d'amener, au moyen d'un gué, dont il savait l'emplacement exact, des troupes d'attaque sur la rive gauche de la Moselle, à un kilomètre environ en amont de la ville, pour les diriger ensuite sur le point faible de l'enceinte. Il ajoutait que tous les matins, à quatre heures, une cloche donnait le signal de l'ouverture des portes, et que c'était là une circonstance dont on pouvait profiter[1].

Le général de Gneisenau, commandant la 31e brigade d'infanterie (VIIIe corps), fut donc chargé d'enlever la place, et partit de Gometange, le 14, à cinq heures du soir, avec sa brigade, un escadron de hussards, une batterie et une compagnie de pionniers. Le réserviste servait de guide à la colonne. A la tombée de la nuit,

---

1. Ces détails sont tirés de la *Guerre franco-allemande*, par le grand état-major prussien, pages 150 et suivantes.

on s'arrêta et le général fit part de ses projets à tous les officiers jusques et y compris les capitaines : un détachement devait passer le fameux gué ; un autre couper la voie ferrée et le télégraphe ; un troisième pénétrer dans la ville par deux côtés ; enfin deux bataillons formaient soutien, tandis que deux autres feraient une diversion vers la tête de pont située sur la rive droite. La communication terminée, on se remit en marche. Mais voici que vers minuit, tandis qu'on traversait « par un beau clair de lune » la forêt de Stuckange, l'avant-garde fut brusquement interpellée par des patrouilles françaises ; on continua cependant à s'avancer, et l'on arriva jusqu'au bois de Yutz, tout près de la place, où l'on s'établit au bivouac. « Là encore, des cavaliers français venaient maintes fois jusque sur le bois dans lequel se trouvaient cachés les avant-postes prussiens ; l'adversaire était sur ses gardes, on n'en pouvait plus douter. »

C'est que la place avait fait bonne garde et déjoué les tentatives de l'ennemi ; celui-ci ne voulut pas cependant se retirer *sans tenter au moins quelque chose*. Il attaqua donc, suivant le plan arrêté, vers trois heures du matin ; mais, accueilli par une violente canonnade, il dut se retirer, sans plus tarder. Il en était pour ses frais, une perte de quatre soldats blessés, et une marche de dix-sept heures, faite pour ainsi dire sans interruption.

Le jour qui se levait à ce moment allait éclairer une des plus terribles et des plus sanglantes batailles du siècle. La fortune, jusque-là si implacable, nous offrait l'occasion de prendre une revanche décisive, et de venger nos armes de tant d'insuccès douloureux. Le récit qui va suivre montrera comment la victoire a encore une fois trompé notre attente, et par suite de quelles défaillances coupables elle a définitivement déserté nos drapeaux.

FIN DU PREMIER VOLUME

APPENDICE

Pièce n° 1.

LA DÉPÊCHE D'EMS

Nous enregistrons ici, sans commentaires, les confidences que M. de Bismarck a cru devoir faire à un journal de Vienne, la *Nouvelle Presse libre*, confidences qui n'ont point été démenties, du moins au fond, et qui font la lumière complète sur l'incident à la fois si grave et si extraordinaire, dont est sortie la guerre de 1870-1871.

Le 13 juillet 1870, le chef d'état-major de Moltke, le ministre de la guerre de Roon et le chancelier de Bismarck étaient réunis à table, chez ce dernier. Les trois personnages devisaient sur les événements, et se félicitaient de l'attitude récemment prise par la France, attitude qui, en compliquant la situation déjà tendue, semblait déjà devoir *« écarter le danger d'une issue faiblotte et sans gloire »*, quand tout à coup arriva d'Ems un télégramme signé du prince Radziwill, aide de camp du roi ; c'était le compte rendu des derniers incidents et en quelque sorte un procès-verbal des négociations poursuivies auprès du roi Guillaume par le comte Benedetti, ambassadeur de France. Il était ainsi conçu :

« Le comte Benedetti, qui a eu ce matin avec le roi un entretien à la suite duquel un aide de camp a été envoyé au chargé d'affaires de France pour lui communiquer que le prince de Hohenzollern avait confirmé par écrit au roi la renonciation de son fils, déclara qu'il avait reçu, après son entretien avec le roi, une nouvelle dépêche du duc de Gramont, par laquelle il était chargé de demander un nouvel entretien, afin que le roi :

« 1° Approuvât la renonciation du prince ;

« 2° Fournît l'assurance que cette candidature ne serait plus posée de nouveau à l'avenir.

« Le roi a envoyé encore une fois son aide de camp chez Benedetti pour lui faire part de son approbation expresse à la renonciation. Quant au second point, le roi s'en est référé à ce qu'il avait dit, le matin, à Benedetti. Néanmoins, Benedetti demanda un autre entretien. Là-dessus, Sa Majesté m'envoya pour la troisième fois près du comte Benedetti, qui se trouvait à table vers six heures du soir, pour lui répondre que Sa Majesté devait décidément refuser d'entrer dans de nouvelles discussions au sujet de déclarations obligatoires pour l'avenir; que ce qu'il avait dit le matin était son dernier mot en cette affaire, et qu'il ne pouvait que s'y référer simplement. Là-dessus, Benedetti déclara se contenter, de son côté, de cette déclaration[1]. »

Laissons maintenant parler M. de Bismarck :

« Quand j'eus donné lecture de cette dépêche, dit-il, Roon et Moltke laissèrent tomber d'un même mouvement couteau et fourchette sur la table et reculèrent leur chaise. Il y eut un long silence. *Nous étions tous profondément abattus. Nous avions le sentiment que l'affaire se perdait dans les sables.* Je m'adressai alors à Moltke et lui posai cette question : — « L'instrument dont « nous avons besoin pour la guerre, notre armée, est-elle réellement « assez bonne pour que nous puissions commencer la guerre en « comptant avec la plus grande probabilité sur le succès? » Moltke avait une confiance inébranlable comme un roc. — « Nous n'avons « jamais eu de meilleur instrument qu'en ce moment, fit-il. » Roon en qui j'avais, il est vrai, moins de confiance, confirma pleinement ce qu'avait dit Moltke. — « Eh bien! alors, continuez tranquille- « ment à manger, dis-je à mes deux commensaux. »

« Je m'assis à une petite table ronde en marbre qui était placée à côté de la table où l'on mangeait, je relus attentivement la dépêche, je pris mon crayon, et *je rayai délibérément tout le passage où il était dit que Benedetti avait demandé une nouvelle*

---

1. Contrairement à l'affirmation du prince de Bismarck, M. de Caprivi, chancelier impérial, a, dans la séance du Reichstag du 23 novembre 1892, prétendu que ce n'était point la dépêche de M. de Radziwill qui avait été expédiée à Berlin, mais une autre, due à la plume du conseiller intime de Abeken, et dont la teneur serait la suivante :

« Sa Majesté m'écrit : — *Benedetti m'a abordé à la promenade pour me demander d'une manière finalement très pressante de l'autoriser à télégraphier que je m'engageais pour toujours à ne jamais plus donner mon approbation, si les Hohenzollern posaient de nouveau leur candidature. J'ai refusé d'un ton assez sérieux à la fin de notre conversation parce qu'on ne doit pas et qu'on ne peut pas prendre de pareils engagements à tout jamais. Je lui dis naturellement que je n'avais encore rien reçu.* — Sa Majesté a reçu à l'instant même une lettre du vieux prince de Hohenzollern. Comme Sa Majesté avait dit à Benedetti qu'elle attendait des nouvelles du prince, le roi a décidé, sur la proposition du comte Eulenbourg et de moi, et en considération de l'opinion exprimée plus haut, de ne plus recevoir Benedetti et de lui faire dire par son aide de camp : — Que Sa Majesté avait reçu du prince de Hohenzollern la confirmation de la nouvelle que Benedetti avait déjà reçue de Paris, et que Sa Majesté n'avait plus rien à dire à l'ambassadeur. — Sa Majesté s'en remet à Votre Excellence, c'est-à-dire au chancelier de la Confédération, comte Bismarck, pour décider si la nouvelle réclamation de Benedetti et le refus qui lui a été opposé doivent être communiqués à nos ministres à l'étranger et la presse. »

APPENDICE 395

audience, etc. Je ne laissai subsister que la tête et la queue. *Maintenant la dépêche avait un tout autre air.* Je la lus à Moltke et à Roon dans la nouvelle rédaction que je lui avais ainsi donnée. Ils s'écrièrent tous deux : — « Magnifique ! cela va produire son « effet ! » — *Nous continuâmes à manger de meilleur appétit.*

« J'ordonnai immédiatement de faire envoyer le plus rapidement possible, par le bureau des télégraphes, la dépêche à tous les journaux et à toutes les missions. Et nous étions encore réunis que déjà nous recevions les renseignements désirés sur l'effet que la dépêche avait produit à Paris. *Elle y avait éclaté comme une bombe.* Alors qu'on avait adressé à notre roi une demande humiliante, *la dépêche fit croire aux Français que leur représentant avait été brusqué par notre roi...* Il était là, l'effet cherché »...

Pièce n° 2.

ORDRE DE BATAILLE DE L'ARMÉE DU RHIN (1er AOUT 1870)

Commandant en chef : l'Empereur NAPOLÉON III.
Major général : Maréchal LE BŒUF.
Aides-majors généraux : { Général de division LEBRUN.
                             — — JARRAS.
Commandant de l'artillerie : Général de division SOLEILLE.
     —   *du génie :* Général de division COFFINIÈRES DE NORDECK.
Intendant de l'armée : Intendant général WOLFF.
Médecin en chef de l'armée : Médecin-inspecteur baron LARREY.

GARDE IMPÉRIALE

Commandant en chef : Général de division BOURBAKI.
Chef d'État-major : Général de brigade D'AUVERGNE.

1re Division d'Infanterie : Général de division DELIGNY.

1re *Brigade :* Gal BRINCOURT.	2e *Brigade :* Gal GARNIER.
Baton de chasseurs : Commt DUFAURE DU BESSOL.	3e régt de voltigeurs : Col LIAN.
1er régt de voltigeurs : Col DUMONT.	4e régt de voltigeurs : Col PONSARD.
2e régt de voltigeurs : Col PEYCHAUD.	

ARTILLERIE : 2 batteries de 4 et une de mitrailleuses. — Une compagnie de génie.

2e Division d'Infanterie : Général de division PICARD.

1re *Brigade :* Gal JEANNINGROS.	2e *Brigade :* Gal LE POITEVIN DE LA CROIX-VAUBOIS.
Régt des zouaves : Col GIRAUD.	2e régt de grenadiers : Col LECOINTE.
1er régt de grenadiers : Col THÉOLOGUE.	3e régt de grenadiers : Col COUSIN.

ARTILLERIE : 2 batteries de 4 et une de mitrailleuses. — Une compagnie de génie.

Division de Cavalerie : Général de division DESVAUX.

1re **Brigade :** Gal HALNA DU FRÉTAY.
Rég^t des guides : C^{ol} DE PERCIN-NORTHUMBERLAND.
Rég^t de chasseurs : C^{ol} DE MONTARBY.

2e **Brigade :** G^{al} DE FRANCE.
Rég^t de lanciers : C^{el} DE LATHEULADE.
Rég^t de dragons : C^{el} SAUTEREAU-DUPART.

3e **Brigade :** Général DU PREUIL.
Régiment de cuirassiers : Colonel DUPRESSOIR.
— de carabiniers : Colonel PETIT.
ARTILLERIE : 2 batteries à cheval de 4.
Réserve d'artillerie : Colonel CLAPPIER, du régiment à cheval.
(4 batteries à cheval de 4.)
Parc d'artillerie : Colonel de VASSOIGNE, du régiment monté [1].

1er CORPS D'ARMÉE

Commandant en chef : Maréchal DE MAC-MAHON, duc de Magenta.
Chef d'État-major : Général de brigade COLSON.

1re **Division d'Infanterie :** Général de division DUCROT.

1re **Brigade :** Gal MORÉNO.
13e bat^{on} de chasseurs : Comm^t DE BONNEVILLE.
18e rég^t d'inf^{ie} : C^{ol} BRÉGER.
96e rég^t d'inf^{ie} : C^{ol} DE FRANCHESSIN.

2e **Brigade :** G^{al} DE POSTIS DU HOULBEC.
45e rég^t d'inf^{ie} : C^{ol} BERTRAND.
1er rég^t de zouaves : C^{ol} CARTERET-TRECOURT.

ARTILLERIE : 2 batteries de 4 et une de mitrailleuses. — Une compagnie du génie.

2e **Division d'Infanterie :** Général de division DOUAY (Abel).

1re **Brigade :** Gal PELLETIER DE MONTMARIE.
16e bat^{on} de chasseurs : Comm^t D'HUGUES.
50e rég^t d'inf^{ie} : C^{ol} ARDOIN.
74e rég^t d'inf^{ie} : C^{ol} THEUVEZ.

2e **Brigade :** Général PELLÉ.
78e rég^t d'Inf^{ie} : C^{ol} BRICE.
1er rég^t de tirailleurs algériens : C^{ol} de MORANDY.

ARTILLERIE : 2 batteries de 4 et une de mitrailleuses. — Une compagnie de génie.

3e **Division d'Infanterie :** Général de division RAOULT.

1re **Brigade :** G^{al} L'HÉRILLER.
3e bat^{on} de chasseurs : C^t POYET.
36e rég^t d'Inf^{ie} : C^{ol} KRIEN.
2e rég^t de zouaves : C^{ol} DÉTRIE.

2e **Brigade :** Gal LEFEBVRE.
48e rég^t d'inf^{ie} : C^{ol} ROGIER.
2e rég^t de tirailleurs algériens : C^{ol} SUZZONI.

---

[1]. Le parc d'artillerie n'avait pas rejoint le 1er août, pas plus que la réserve de génie, le parc de génie et une partie des troupes d'administration.

ARTILLERIE : 2 batteries de 4 et une de mitrailleuses. — Une compagnie du génie.

4ᵉ Division d'Infanterie : Général de division DE LARTIGUE.

1ʳᵉ *Brigade* : Gᵃˡ FRABOULET DE KERLÉADEC.
1ᵉʳ batᵒⁿ de chasseurs : Commᵗ BUREAU.
56ᵉ régᵗ d'infⁱᵉ : Cᵉˡ MÉNA.
3ᵉ régᵗ de zouaves : Cᵉˡ BOCHER.

2ᵉ *Brigade* : Gᵃˡ LACRETELLE.
87ᵉ régᵗ d'infⁱᵉ : Cᵉˡ BLOT[1].
3ᵉ régᵗ de tirailleurs algériens : Cᵉˡ GANDIL.

ARTILLERIE : 2 batteries de 4 et une de mitrailleuses. — Une compagnie de génie.

Division de Cavalerie : Général de division DUHESME.

1ʳᵉ *Brigade* : Gᵃˡ DE SEPTEUIL.
3ᵉ régᵗ de hussards ; Cᵉˡ D'ESPEUILLES.
11ᵉ régᵗ de chasseurs : Cᵉˡ D'ASTUGUE.

2ᵉ *Brigade* : Gᵃˡ DE NANSOUTY.
2ᵉ régᵗ de lanciers : Cᵉˡ POISSONNIERS.
6ᵉ régᵗ de lanciers : Cᵉˡ TRIPART.
10ᵉ régᵗ de dragons : Cᵉˡ PERROT.

3ᵉ *Brigade* : Général MICHEL.
8ᵉ régiment de cuirassiers : Colonel GUIOT DE LA ROCHÈRE.
9ᵉ régiment de cuirassiers : Colonel WATERNAU.

Réserve d'artillerie : Colonel DE WASSART D'ANDERNAY.
   2 batteries de 12.
   2 batteries de 4 (montées).
   4 batteries de 4 (à cheval).

Parc d'artillerie et de génie et réserve de génie.

2ᵉ CORPS D'ARMÉE

Commandat en chef : Général de division FROSSARD.
Chef d'Etat-major : Général de brigade SAGET.

1ʳᵉ Division d'Infanterie : Général de division VERGÉ.

1ʳᵉ *Brigade* : Gᵃˡ LETELLIER-VALAZÉ.
3ᵉ batᵒⁿ de chasseurs : Commᵗ THOINA.
32ᵉ régᵗ d'infⁱᵉ : Cᵉˡ MERLE.
55ᵉ régᵗ d'infⁱᵉ : Cᵉˡ DE WALDNER DE FREUDENSTEIN.

2ᵉ *Brigade* : Gᵃˡ JOLIVET.
76ᵉ régᵗ d'infⁱᵉ : Cᵉˡ BRICE.
77ᵉ régᵗ d'infⁱᵉ : Cᵉˡ FÉVRIER.

ARTILLERIE : 2 batteries de 4 et une de mitrailleuses. — Une compagnie du génie.

---

1. Le 87ᵉ était resté à Strasbourg dont il formait la garnison.

2ᵉ Division d'Infanterie : Général de division BATAILLE.

1ʳᵉ *Brigade* : Gᵃˡ POUGET.
12ᵉ batᵒⁿ de chasseurs : Commᵗ JEANNE-BEAULIEU.
8ᵉ régᵗ d'infⁱᵉ : Cᵉˡ HACA.
23ᵉ régᵗ d'infⁱᵉ : Cᵉˡ ROLLAND.

2ᵉ *Brigade* : Gᵃˡ FAUVART-BASTOUL.
66ᵉ régᵗ d'infⁱᵉ : Cᵉˡ AMELLER.
67ᵉ régᵗ d'infⁱᵉ : Cᵉˡ MANGIN.

ARTILLERIE : 2 batteries de 4 et une de mitrailleuses. — Une compagnie du génie.

3ᵉ Division d'Infanterie :

Général de division MERLE DE LABRUGIÈRE DE LAVEAUCOUPET.

1ʳᵉ *Brigade* : Gᵃˡ DOENS.
10ᵉ batᵒⁿ de chasseurs : Commᵗ SCHENK.
2ᵉ régᵗ d'infⁱᵉ : Cᵉˡ DE Sᵗ-HILLIER.
63ᵉ régᵗ d'infⁱᵉ : Cᵉˡ ZENTZ.

2ᵉ *Brigade* : Gᵃˡ MICHELER.
24ᵉ régᵗ d'infⁱᵉ : Cᵉˡ D'ARGUESSE.
40ᵉ régᵗ d'infⁱᵉ : Cᵉˡ VITTOT.

ARTILLERIE : 2 batteries de 4 et une de mitrailleuses. — Une compagnie du génie.

Division de Cavalerie : Général de division MARMIER[1].

1ʳᵉ *Brigade* : Gᵃˡ DE VALABRÈGUE.
4ᵉ régᵗ de chasseurs : Cᵉˡ DU FERRON.
5ᵉ régᵗ de chasseurs : Cᵉˡ DE SÉRÉVILLE.

2ᵉ *Brigade* : Gᵃˡ BACHELIER.
7ᵉ régᵗ de dragons : Cᵉˡ DE GRESSOT.
12ᵉ régᵗ de dragons : Cᵉˡ D'AVOCOURT.

Réserve d'Artillerie : Colonel BEAUDOIN.
    2 batteries de 12.
    2 batteries de 4 (montées).
    2 batteries de 4 (à cheval).
Parc d'artillerie, réserve et parc du génie.

3ᵉ CORPS D'ARMÉE

Commandant en chef : Maréchal BAZAINE[2].
Chef d'État-major : Général de brigade MANÈQUE.

1ʳᵉ Division d'Infanterie : Général de division MONTAUDON.

1ʳᵉ *Brigade* : Gᵃˡ baron AYMARD.
18ᵉ batᵒⁿ de chasseurs : Commᵗ RIGAULT.
51ᵉ régᵗ d'infⁱᵉ : Cᵉˡ DELEBECQUE.
62ᵉ régᵗ d'infⁱᵉ : Cᵉˡ DAUPHIN.

2ᵉ *Brigade :* Gᵃˡ CLINCHANT.
81ᵉ régᵗ d'infⁱᵉ : Cᵉˡ COLLAVIER D'ALBICI.
95ᵉ régᵗ d'infⁱᵉ : Cᵉˡ DAVOUST D'AUERSTAEDT.

ARTILLERIE : 2 batteries de 4 et une de mitrailleuses. — Une compagnie du génie.

---

1. N'a pas rejoint.
2. Le maréchal Bazaine a été remplacé, le 12 août, par le général Decaen, tué à Borny, et celui-ci par le maréchal Le Bœuf.

2e Division d'Infanterie : Général de division DE CASTAGNY.

1re *Brigade :* G^{al} baron NAYRAL.
15e bat^{on} de chasseurs : Comm^t LAFOUGE.
19e rég^t d'inf^{ie} : C^{el} DE LAUNAY.
41e rég^t d'inf^{ie} : C^{el} SAUSSIER.

2e *Brigade :* Gal DUPLESSIS.
69e rég^t d'inf^{ie} : C^{el} LE TOURNEUR.
90e rég^t d'inf^{ie} : C^{el} DE COURCY.

ARTILLERIE : 2 batteries de 4 et une de mitrailleuses. — Une compagnie du génie.

3e Division d'Infanterie : Général de division METMAN.

1re *Brigade :* G^{al} DE POTIER.
7e bat^{on} de chasseurs : Comm^t RIGAUD.
7e rég^t d'inf^{ie} : C^{el} COTTERET.
29e rég^t d'inf^{ie} : C^{el} LALANNE.

2e *Brigade :* Gal ARNAUDEAU.
59e rég^t d'inf^{ie} : C^{el} DUEZ.
71e rég^t d'inf^{ie} : C^{el} DE FERUSSAC.

ARTILLERIE : 2 batteries de 4 et une de mitrailleuses. — Une compagnie du génie.

4e Division d'Infanterie : Général de division DECAEN
(puis AYMARD).

1re *Brigade :* G^{al} DE BRAUER.
11e bat^{on} de chasseurs : Comm^t DE PAILLOT.
44e rég^t d'inf^{ie} : C^{el} FOURNIER.
60e rég^t d'inf^{ie} : C^{el} BOISSIE.

2e *Brigade :* Gal SANGLÉ-FERRIÈRE.
80e rég^t d'inf^{ie} : C^{el} JANIN.
35e rég^t d'inf^{ie} : C^{el} PLANCHUT.

ARTILLERIE : 2 batteries de 4 et une de mitrailleuses. — Une compagnie du génie.

Division de Cavalerie : Général de division DE CLÉREMBAULT.

1re *Brigade :* G^{al} DE BRUCHARD.
2e rég. de chasseurs : C^{el} PELLETIER.
3e rég^t de chasseurs : C^{el} SANSON DE SANTAL.
10e rég^t de chasseurs : C^{el} NÉRIN.

2e *Brigade :* Gal GAYAULT DE MAUBRANCHES.
2e rég^t de dragons : C^{el} DU PATY DE CLAM.
4e rég^t de dragons : C^{el} CORNAT.

3e *Brigade :* Général BÉGOUGNE DE JUNIAC.
5e rég^t de dragons : Colonel LACHÈNE.
8e rég^t de dragons : Colonel BOYER DE FONSCOLOMBE.

Réserve d'artillerie : Colonel DE LAJAILLE.
    2 batteries de 12.
    2 batteries de 4 (montées).
    4 batteries de 4 (à cheval).
Parc d'artillerie, réserve et parc du génie.

4e CORPS D'ARMÉE

Commandant en chef : Général de division DE LADMIRAULT.
Chef d'État-major : Général de brigade OSMONT.

1re Division d'Infanterie : Général de division COURTOT DE CISSEY.

1re *Brigade :* G^{al} comte BRAYER.
20e bat^{on} de chasseurs : Comm^t DE LABARRIÈRE.
1er rég^t d'inf^{ie} : C^{ol} FRÉMONT.
6e rég^t d'inf^{ie} : C^{ol} LABARTHE.

2e *Brigade :* G^{al} DE GOLBERG.
57e rég^t d'inf^{ie} : C^{ol} GIRAUD.
73e rég^t d'inf^{ie} : C^{ol} SUPERVIELLE.

ARTILLERIE : 2 batteries de 4 et une de mitrailleuses. — Une compagnie du génie.

2e Division d'Infanterie : Général de division ROSE[1] (puis GRENIER).

1re *Brigade :* Gal VÉRON dit BELLECOURT.
5e bat^{on} de chasseurs : Comm^t CARRÉ.
13e rég^t d'inf^{ie} : C^{ol} LION.
43e rég^t d'inf^{ie} : C^{ol} DE VIVILLE.

2e *Brigade :* Gal PRADIER.
64e rég^t d'inf^{ie} : C^{ol} LÉGER.
98e rég^t d'inf^{ie} : C^{ol} LECHESNE.

ARTILLERIE : 2 batteries de 4 et une de mitrailleuses. — Une compagnie du génie.

3e Division d'Infanterie :

Général de division LATRILLE comte DE LORENCEZ.

1re *Brigade :* G^{al} comte PAJOL.
2e bat^{on} de chasseurs : Comm^t LE TANNEUR.
15e rég^t d'inf^{ie} : C^{ol} FRABOULET DE KERLÉADEC.
33e rég^t d'inf^{ie} : C^{ol} BOUNETOU.

2e *Brigade :* Gal BERGER.
54e rég^t d'inf^{ie} : C^{ol} CAILLOT.
65e rég^t d'inf^{ie} : C^{ol} SÉE.

ARTILLERIE : 2 batteries de 4 et une de mitrailleuses. — Une compagnie du génie.

Division de Cavalerie : Général de division LEGRAND.

1re *Brigade :* G^{al} DE MONTAIGU.
2e rég^t de hussards : C^{ol} CARRELET.
7e rég^t de hussards : C^{ol} CHAUSSÉE.

2e *Brigade :* G^{al} baron DE GONDRECOURT.
3e rég^t de dragons : C^{ol} BILHAU.
11e rég^t de dragons : HUYN DE VERNÉVILLE.

Réserve de l'artillerie : Colonel SOLEILLE.
    2 batteries de 12.
    2 batteries de 4 (montées).
    2 batteries de 4 (à cheval).
Parc d'artillerie, réserve et parc de génie.

5e CORPS D'ARMÉE

Commandant en chef : Général de division DE FAILLY.
Chef d'Etat-major : Général de brigade BESSON.

---

1. N'a pas rejoint pour cause de maladie.

1re Division d'Infanterie : Général de division GOZE.

1re *Brigade :* Gal GRENIER (puis SAURIN).
4e bat^{on} de chasseurs : Comm^t FONCEGRIVES.
11e rég^t d'inf^{ie} : C^{el} DE BEHAGLE.
46e rég^t d'inf^{ie} : C^{el} PICHON.

2e *Brigade :* G^{al} baron NICOLAS-NICOLAS.
61e rég^t d'inf^{ie} : C^{el} DU MOULIN.
86e rég^t d'inf^{ie} : C^{el} BERTHE.

ARTILLERIE : 2 batteries de 4 et une de mitrailleuses. — Une compagnie du génie.

2e Division d'Infanterie :
Général de division DE L'ABADIE D'AYDREIN.

1re *Brigade :* Gal LAPASSET [1].
14e bat^{on} de chasseurs : Comm^t PLANCK.
84e rég^t d'inf^{ie} : C^{el} BENOIT [2].
97e rég^t d'inf^{ie} : C^{el} COPMARTIN.

2e *Brigade :* G^{al} DE MAUSSION [3].
49e rég^t d'inf^{ie} : C^{el} KAMPF.
88e rég^t d'inf^{ie} : C^{el} COURTY [4].

ARTILLERIE : 2 batteries de 4 et une de mitrailleuses. — Une compagnie du génie.

3e Division d'Infanterie : Général de division GUYOT DE LESPART.

1re *Brigade :* Gal ABATUCCI.
19e bat^{on} de chasseurs : Comm^t DE MARQUÉ.
17e rég^t d'inf^{ie} : C^{el} WEISSEMBURGER.
27e rég^t d'inf^{ie} : C^{el} DE BAROLET.

2e *Brigade :* G^{al} DE FONTANGES DE COUZAN.
30e rég^t d'inf^{ie} : C^{el} WIRBEL.
68e rég^t d'inf^{ie} : C^{el} PATUREL.

ARTILLERIE : 2 batteries de 4 et une de mitrailleuses. — Une compagnie du génie.

Division de Cavalerie : Général de division BRAHAUT.

1re *Brigade :* G^{al} vicomte Pierre DE BERNIS.
5e rég^t de hussards : C^{el} FLOGNY.
12e rég^t de hussards : C^{el} DE TUCÉ.

2e *Brigade :* G^{al} DE LA MORTIÈRE.
3e rég^t de lanciers : C^{el} THOREL.
5e rég^t de lanciers : C^{el} DE BOERIO.

Réserve d'artillerie : Colonel DE SALIGNAC-FÉNELON.
  2 batteries de 12.
  2 batteries de 4 (montées).
  2 batteries de 4 (à cheval).

Parc d'artillerie, réserve et parc du génie.

---

1. Pendant le mouvement de retraite de Frœschwiller sur Châlons, la brigade Lapasset, accompagnée du 3e lanciers, d'une compagnie du 14e bataillon de chasseurs et d'une batterie, fut coupée de sa division ; elle rejoignit l'armée de Metz et fut rattachée au 2e corps.
2. Le 84e ne rejoignit que le 4 août.
3. Nommé bientôt après au commandement de la 3e division du 14e corps.
4. Nommé bientôt après au commandement de la 1re brigade de la 3e division du 14e corps.

6° CORPS D'ARMÉE

Commandant en chef : Maréchal CERTAIN-CANROBERT.
Chef d'État-major : Général de brigade HENRY.

1re Division d'Infanterie : Général de division TIXIER.

1re *Brigade :* Gal PÉCHOT.
9° bat^{on} de chasseurs : Comm^t MATHELIN.
4° rég^t d'inf^{ie} : C^{el} VINCENDON.
10° rég^t d'inf^{ie} : C^{el} ARDANT DU PICQ.

2° *Brigade :* Gal LEROY DE DAIS.
12° rég^t d'inf^{ie} : C^{el} LEBRUN.
100° rég^t d'inf^{ie} : C^{el} GRÉMION.

ARTILLERIE : 2 batteries de 4 et une de mitrailleuses. — Une compagnie du génie.

2° Division d'infanterie : Général de division BISSON[1].

1re *Brigade :* Gal NOEL (puis ARCHINARD).
9° rég^t d'inf^{ie} : C^{el} ROUX.
14° rég^t d'inf^{ie} : C^{el} LOUVENT.

2° *Brigade :* Gal MAURICE.
20° rég^t d'inf^{ie} : C^{el} DE LA GUIGNERAYE.
31° rég^t d'inf^{ie} : C^{el} SAUTEREAU.

ARTILLERIE : 2 batteries de 4 et une de mitrailleuses. — Une compagnie du génie.

3° Division d'infanterie : Général de division LAFONT DE VILLIERS.

1re *Brigade :* Gal BECQUET DE SONNAY.
75° rég^t d'inf^{ie} : C^{el} AMADIEU.
91° rég^t d'inf^{ie} : C^{el} DAGUERRE.

2° *Brigade :* Gal COLIN.
93° rég^t d'inf^{ie} : C^{el} GAUZIN.
94° rég^t d'inf^{ie} : C^{el} DE GESLIN.

ARTILLERIE : 3 batteries de 4. — Une compagnie du génie.

4° Division d'Infanterie : Général de division LEVASSOR-SORVAL.

1re *Brigade :* G^{al} DE MARGUENAT.
25° rég^t d'inf^{ie} : C^{el} GIBON[2].
26° rég^t d'inf^{ie} : C^{el} HANRION.

2° *Brigade :* G^{al} comte DE CHANALEILLES.
28° rég^t d'inf^{ie} : C^{el} LAMOTHE.
70° rég^t d'inf^{ie} : C^{el} BERTIER.

ARTILLERIE : 3 batteries de 4[3]. Une compagnie de génie.

---

1. Le 6e corps n'arriva pas au complet à son point de concentration. Par suite d'incidents dont le détail a été donné dans le cours du récit, certains de ses éléments furent coupés et définitivement séparés de lui. En particulier, la division Bisson laissa en arrière les 14e, 20e et 31e régiments d'infanterie et se trouva réduite au 9e régiment, tout seul. Les troupes laissées en arrière entrèrent dans la composition du 12e corps.
2. Nommé le 26 septembre général de brigade en remplacement du général de Marguenat, tué à Rezonville, et mortellement blessé lui-même, le 7 octobre, à Ladonchamps.
3. L'artillerie et le génie de cette division n'arrivèrent pas à Metz.

Division de Cavalerie : Général de division DE SALIGNAC-FÉNÉLON[1].

1ʳᵉ *Brigade* : Gᵃˡ TILLIARD.
1ᵉʳ régᵗ de hussards : Cᵉˡ de BAUF-
FREMONT.
6ᵉ régᵗ de chasseurs : Cᵉˡ BONVOUST.

2ᵉ *Brigade* : Gᵃˡ SAVARESSE.
1ᵉʳ régᵗ de lanciers : Cᵉˡ OUDINOT
DE REGGIO.
7ᵉ régᵗ de lanciers : Cᵉˡ PÉNIER.

3ᵉ *Brigade* : Général YVELIN DE BÉVILLE.
5ᵉ régᵗ de cuirassiers : Colonel DUBESSEY DE CONTENSON.
6ᵉ régᵗ de cuirassiers : Colonel MARTIN.

Réserve d'artillerie : Général de brigade BERTRAND[2].
  2 batteries de 12.
  4 batteries de 4 (montées).
  2 batteries de 4 (à cheval).
Parc d'artillerie, réserve et parc du génie.

7ᵉ CORPS D'ARMÉE

Commandant en chef : Général de division DOUAY (Félix).
Chef d'Etat-major : Général de brigade RENSON.

1ʳᵉ Division d'Infanterie : Général de division CONSEIL-DUMESNIL.

1ʳᵉ *Brigade* : Général NICOLAÏ.
17ᵉ batᵒⁿ de Chasseurs : Commᵗ
MERCHIER.
3ᵉ régᵗ d'infⁱᵉ : Cᵉˡ CHAMPION.
21ᵉ régᵗ d'infⁱᵉ : Cᵉˡ MORAND[3].

2ᵉ *Brigade* : Gᵃˡ MAIRE.
47ᵉ régᵗ d'infⁱᵉ : Cᵉˡ DE GRAMONT[4].
99ᵉ régᵗ d'infⁱᵉ : Cᵉˡ CHAGRIN DE
Sᵗ-HILAIRE.

ARTILLERIE : 2 batteries de 4 et une de mitrailleuses. — Une compagnie de génie.

2ᵉ Division d'Infanterie : Général de division LIÉBERT.

1ʳᵉ *Brigade* : Gᵃˡ GUIOMAR.
6ᵉ batᵒⁿ de chasseurs : Commᵗ DE
BEAUFORT.
5ᵉ régᵗ d'infⁱᵉ : Cᵉˡ BOYER.
37ᵉ régᵗ d'infⁱᵉ : Cᵉˡ DE FORMY DE
LA BLANCHETÉE.

2ᵉ *Brigade* : Gᵃˡ DE LA BASTIDE.
53ᵉ régᵗ d'infⁱᵉ : Cᵉˡ JAPY.
89ᵉ régᵗ d'infⁱᵉ : Cᵉˡ MUNIER.

ARTILLERIE : 2 batteries de 4 et une de mitrailleuses. — Une compagnie du génie.

1. Cette division ne rejoignit pas : le 18 août on en constitua une autre, commandée par le général du Barail et ayant la composition suivante :
1ʳᵉ *Brigade* : Gᵃˡ DE LAJAILLE.
2ᵉ régᵗ de chasseurs d'Afrique : Cᵉˡ
DE LA MARTINIÈRE.
2ᵉ régᵗ de chasseurs de France : Cᵉˡ
PELLETIER.

2ᵉ *Brigade* : Gᵃˡ DE BRUCHARD.
3ᵉ régᵗ de chasseurs : Cᵉˡ DE SANSAL.
10ᵉ régᵗ de chasseurs : Cᵉˡ NÉRIN.

2. Les réserves d'artillerie et du génie, ainsi que l'intendance du corps d'armée ne purent rejoindre ; la réserve d'artillerie fut reconstituée au moyen des ressources de la réserve générale de l'armée.
3. Nommé général de brigade le 25 août en remplacement du général Nicolaï, malade, et tué à Beaumont.
4. Nommé général de brigade en remplacement du général Maire, tué à Frœschwiller.

3ᵉ Division d'Infanterie : Général de division DUMONT.

1ʳᵉ *Brigade* : Gᵃˡ BORDAS.
52ᵉ régᵗ d'infⁱᵉ : Cᵒˡ AVELINE.
79ᵉ régᵗ d'infⁱᵉ : Cᵒˡ BRESSOLLES [1].

2ᵉ *Brigade* : Gᵃˡ BITTARD DES PORTES.
82ᵉ régᵗ d'infⁱᵉ : Cᵒˡ GUYS.
83ᵉ régᵗ d'infⁱᵉ : Cᵒˡ SÉATELLI.

ARTILLERIE : 2 batteries de 4 et une de mitrailleuses. — Une compagnie du génie.

Division de cavalerie : Général de division baron AMEIL.

1ʳᵉ *Brigade* : Gᵃˡ CAMBRIEL.
4ᵉ régᵗ de hussards : Cᵒˡ DE LAVIGERIE.
4ᵉ régᵗ de lanciers : Cᵒˡ FÉLINE.
8ᵉ régᵗ de lanciers : Cᵒˡ DE DAMPIERRE.

2ᵉ *Brigade* : Gᵃˡ JOLIF-DUCOULOMBIER [2].
6ᵉ régᵗ de hussards : Cᵒˡ GUILLON.
6ᵉ régᵗ de dragons : Cᵒˡ TILLION.

Réserve d'artillerie : Colonel AUBAC.
  2 batteries de 12.
  2 batteries de 4 (montées).
  2 batteries de 4 (à cheval).
Parc d'artillerie, réserve et parc du génie.

RÉSERVE DE CAVALERIE

1ʳᵉ Division de Cavalerie : Général de division DU BARAIL [3].

1ʳᵉ *Brigade* : Gᵃˡ MARGUERITTE.
1ᵉʳ régᵗ de chasseurs d'Afrique : Cᵒˡ CLICQUOT.
3ᵉ régᵗ de chasseurs d'Afrique : Cᵒˡ DE GALLIFFET.

2ᵉ *Brigade* : Gᵃˡ DE LAJAILLE.
2ᵉ régᵗ de chasseurs d'Afrique : Cᵒˡ DE LA MARTINIÈRE.
4ᵉ régᵗ de chasseurs d'Afrique : Cᵒˡ DE QUÉLEN.

ARTILLERIE : 2 batteries à cheval.

2ᵉ Division de cavalerie :
Général de division vicomte BONNEMAIN.

1ʳᵉ *Brigade* : Gᵃˡ GIRARD.
1ʳᵉ régᵗ de cuirassiers : Cᵒˡ DE VANDŒUVRE.
4ᵉ régᵗ de cuirassiers : Cᵒˡ BILLET.

2ᵉ *Brigade* : Gᵃˡ DE BRAUER.
2ᵉ régᵗ de cuirassiers : Cᵒˡ ROSETTI.
3ᵉ régᵗ de cuirassiers : Cᵒˡ LAFUTSUN DE LACARRE.

ARTILLERIE : 2 batteries à cheval.

---

1. Ce régiment, qui ne rejoignit pas et céda sa place au 72ᵉ (colonel Bartel) fut affecté au 12ᵉ corps.
2. Cette brigade ne rejoignit pas. Elle prit part à la campagne de la Loire.
3. Cette division, dont 3 régiments seulement avaient rejoint, fut disloquée avant le blocus de Metz. La brigade Margueritte, après avoir, le 16 août, escorté l'Empereur de Gravelotte à Verdun, fut dirigée sur Sainte-Menehould où elle servit à constituer une nouvelle division, attachée, comme on le verra plus loin, à l'armée de Châlons. Le reste entra dans la composition de la division de cavalerie affectée au 6ᵉ corps, en remplacement de la division de Salignac-Fénélon, qui n'avait pas rejoint. (Voir plus haut).

APPENDICE 405

3ᵉ **Division de Cavalerie** : Général de division DE FORTON.

1ʳᵉ *Brigade :* Gᵃˡ Prince MURAT.
1ᵉʳ régᵗ de dragons : Cᵉˡ DE FOR-
CEVILLE.
9ᵉ régᵗ de dragons : Cᵉˡ REBOUL.

2ᵉ *Brigade :* Gᵃˡ DE GRAMONT, duc
DE LESPARRE.
7ᵉ régᵗ de cuirassiers : Cᵉˡ NITOT.
10ᵉ régᵗ de cuirassiers : Cᵉˡ YUNC-
KER.

ARTILLERIE : 2 batteries à cheval.

Réserve générale d'artillerie : Général de division CANU.
1ʳᵉ division : Colonel SALVADOR (8 batteries de 12).
2ᵉ division : Colonel TOUSSAINT (8 batteries à cheval).
Parc : Colonel HENNET.

Grand parc de campagne (non formé) : Général de brigade DE MITRECÉ.

Réserve générale du génie : Colonel RÉMOND (2 compagnies de sapeurs, une de mineurs et un détachement de sapeurs-conducteurs.)
Grand parc du génie (a rejoint le 12 août seulement à Metz).

Pièce n° 3.

ORDRE DE BATAILLE DES ARMÉES ALLEMANDES
(1ᵉʳ AOUT 1870)

Généralissime : GUILLAUME Iᵉʳ, roi de Prusse.
Chef d'Etat-major général : Général de l'infanterie bᵒⁿ DE MOLTKE.
Quartier-maître général : Général-lieutenant DE PODBIELSKI.
Inspecteur général de l'artillerie : Général de l'infanterie DE HINDERSIN.
Inspecteur général du génie : Général-lieutenant DE KLEIST.

Présents au grand quartier général :
{ Général de l'infanterie DE ROON, Ministre de la guerre.
Général-major comte DE BISMARCK-SHŒNHAUSEN, Chancelier de la Confédération de l'Allemagne du Nord.

Iʳᵉ ARMÉE

Commandant en chef : Général de l'infanterie DE STEINMETZ.
Chef d'Etat-major général : Général-major DE SPERLING.

VIIᵉ CORPS D'ARMÉE
Général de l'infanterie DE ZASTROW.

13ᵉ Division d'Infanterie : Général-lieutenant DE GLÜMER.

25ᵉ *Brigade :* Gᵃˡ-majᵒʳ DE OSTEN,
dit SACKEN.
Régᵗ n° 13 (1ᵉʳ de Westphalie)[1].
Régᵗ n° 73 (fusiliers du Hanovre).

26ᵉ *Brigade :* Gᵃˡ-majᵒʳ von der
GOLTZ.
Régᵗ n° 15 (2ᵉ de Westphalie).
Régᵗ n° 55 (6ᵉ de Westphalie).

---

1. Chaque régiment allemand porte deux numéros ; l'un qui correspond à son rang dans la province d'où il est originaire, le second qui provient du numérotage général de l'armée.

Bataillon de chasseurs de Westphalie n° 7.
8° régiment de hussards (1ᵉʳ de Westphalie).
4 batteries (2 légères et 2 lourdes) du régiment d'artillerie de campagne n° 7 (de Westphalie)[1].

14ᵉ Division d'Infanterie : Général-lieutenant DE KAMEKE.

27° Brigade : Gᵃˡ-majᵒʳ DE FRANÇOIS.
Régᵗ n° 39 (fusiliers du Bas-Rhin).
Régᵗ n° 74 (1ᵉʳ de Hanovre).

28ᵉ Brigade : Gᵃˡ-majᵒʳ DE WOYNA.
Régᵗ n° 53 (5° de Westphalie).
Régᵗ n° 77 (2° de Hanovre).

Régiment de hussards de Hanovre n° 15.
4 batteries de régiment d'artillerie de campagne n° 7.

Artillerie de corps[2] : { 2 batteries à cheval du régiment n° 7.
4 batteries montées du régiment n° 7.

VIIIᵉ CORPS D'ARMÉE
Général de l'infanterie DE GŒBEN

15ᵉ Division d'Infanterie : Général-lieutenant DE WELTZIEN.

29° Brigade : Gᵃˡ-majᵒʳ DE WEDELL.
Régᵗ n° 33 (fusiliers de la Prusse orientale).
Régᵗ n° 60 (7° de Brandebourg).

30° Brigade : Gᵃˡ-majᵒʳ DE STRUBBERG.
Régᵗ n° 28 (2° rhénan).
Régᵗ n° 67 (4° de Magdebourg).

Bataillon de chasseurs rhénan n° 8.
Régiment de hussards du Roi n° 7 (1ᵉʳ rhénan).
Un groupe de 4 batteries du régiment d'artillerie de campagne n° 8.

16ᵉ Division d'Infanterie : Général-lieutenant DE BARNEKOW.

31° Brigade : Gᵃˡ-majᵒʳ DE GNEISENAU.
Régᵗ n° 29 (3° rhénan).
Régᵗ n° 69 (7° rhénan).

32ᵉ Brigade : Cᵒˡ DE REX.
Régᵗ n° 40 (fusiliers de Hohenzollern).
Régᵗ n° 72 (4° de Thuringe).

9° régiment de hussards (2° rhénan).
Un groupe d'artillerie du régiment n° 8.

Artillerie de corps : { 2 batteries à cheval du régiment n° 8.
4 batteries montées du régiment n° 8.

2° Division de Cavalerie : Général-lieutenant von der GRŒBEN.
(Constituée le 3 août.)

6° Brigade : Gᵃˡ-majᵒʳ DE MIRUS.
Régᵗ de cuirassiers n° 8 (rhénan).
Régᵗ de uhlans n° 7 (rhénan).

7° Brigade : Gᵃˡ-majᵒʳ DE DOHNA.
Régᵗ de uhlans n° 5 (Westphalie).
Régᵗ de uhlans n° 14 (2° de Hanovre).

---

1. Chaque division d'infanterie avait en plus une ou deux compagnies de pionniers, prises dans le bataillon du corps d'armée, et un détachement sanitaire.
2. L'artillerie de corps comprenait deux groupes (*Abtheilungen*), l'un à cheval (2 batteries), l'autre monté (4 batteries). — Chaque corps d'armée avait en outre 4 colonnes de munitions d'infanterie, 5 d'artillerie, un bataillon du train et un équipage de pont.

APPENDICE 407

Une batterie à cheval du régiment n° 7.

1ᵉʳ Abtheilung des chemins de fer de campagne.
1ᵉʳ Abtheilung des télégraphes de campagne.

IIᵉ ARMÉE

Commandant en chef : Général de la cavalerie FRÉDÉRIC-CHARLES, prince de Prusse.
Chef d'Etat-major : Général-major DE STIEHLE.

CORPS DE LA GARDE

Général de la cavalerie prince Auguste DE WURTEMBERG.

1ʳᵉ Division d'Infanterie : Général-major DE PAPE.

1ʳᵉ *Brigade* : Gᵃˡ-majᵒʳ DE KESSEL.
1ᵉʳ régᵗ à pied de la garde.
3ᵉ régᵗ à pied de la garde.

2ᵉ *Brigade* : Gᵃˡ-major DE MEDEM.
2ᵉ régᵗ à pied de la garde.
Régᵗ de fusiliers de la garde.
4ᵉ régᵗ à pied de la garde.

Bataillons de chasseurs de la garde.
Régiment des hussards de la garde.
Un groupe d'artillerie.

2ᵉ Division d'Infanterie : Général-lieutenant DE BUDRITZKI.

3ᵉ *Brigade* : Cᵒˡ DE KNAPPSTÆDT.
1ᵉʳ régᵗ de grenadiers (Empereur Alexandre).
3ᵉ régᵗ de grenadiers (Reine Élisabeth).

4ᵉ *Brigade* : Gᵃˡ-majᵒʳ DE BERGER.
2ᵉ régᵗ de grenadiers (Empereur François).
4ᵉ régᵗ de grenadiers : (Reine Augusta).

Bataillon de tirailleurs de la garde.
2ᵉ régᵗ de uhlans de la garde.
Un groupe d'artillerie.

Division de Cavalerie de la garde : Général-lieutenant comte de GOLTZ

1ʳᵉ *Brigade* : Gᵃˡ-major DE BRANDEBOURG 1ᵉʳ.
Régᵗ des gardes de corps.
Régᵗ de cuirassiers de la garde.

2ᵉ *Brigade* : Gᵃˡ-lieutᵗ prince ALBERT DE PRUSSE (fils).
1ᵉʳ régᵗ de uhlans de la garde.
2ᵉ régᵗ de uhlans de la garde.

3ᵉ *Brigade* : Général-lieutenant comte DE BRANDEBOURG II.
1ᵉʳ régiment de dragons de la garde.
2 régiment de dragons de la garde.

Artillerie de corps : { Groupe à cheval (3 batteries).
{ Groupe monté (4 batteries).

IIIᵉ CORPS D'ARMÉE

Général-lieutenant D'ALVENSLEBEN II.

5ᵉ Division d'Infanterie : Général-lieutenant DE STULPNAGEL.

9ᵉ *Brigade* : Gᵃˡ-majᵒʳ DE DOERING.
Régᵗ de grenadiers du corps n° 8 (1ᵉʳ de Brandebourg).
Régᵗ n° 48 (5ᵉ de Brandebourg).

10ᵉ *Brigade* : Gᵃˡ-majᵒʳ DE SCHWÉRIN.
Régᵗ de grenadiers n° 12 (2ᵉ de Brandebourg).
Régᵗ n° 52 (6ᵉ de Brandebourg).

Bataillon de chasseurs n° 3 (de Brandebourg).
2° régiment de dragons de Brandebourg n° 12.
Un groupe d'artillerie du régiment de campagne n° 3.

6° Division d'Infanterie : Général-lieutenant DE BUDDENBROCK.

11° *Brigade :* G^{al}-maj^{or} DE ROTH-MALER.
Rég^t n° 20 (3° de Brandebourg).
Rég^t n° 56 (fusiliers de Brandebourg).

12° *Brigade :* C^{ol} DE BISMARCK.
Rég^t n° 24 (4° de Brandebourg).
Rég^t n° 64 (8° de Brandebourg).

1er rég^t de dragons de Brandebourg n° 2.
Un groupe d'artillerie du régiment de campagne n° 3.
Artillerie de corps : { 2 batteries à cheval du régiment n° 3.
{ 4 batteries montées du régiment n° 3.

IV° CORPS D'ARMÉE

Général de l'infanterie D'ALVENSLEBEN Ier.

7° Division d'Infanterie : Général-lieutenant DE SCHWARZHOFF.

13° *Brigade :* G^{al}-maj^{or} DE BORRIES.
Rég^t n° 26 (1er de Magdebourg).
Rég^t n° 66 (3° de Magdebourg).

14° *Brigade :* G^{al}-maj^{or} DE ZYCHLINSKI.
Rég^t n° 27 (2° de Magdebourg).
Rég^t n° 93 (d'Anhalt).

Bataillon de chasseurs de Magdebourg n° 4.
Régiment de dragons de Westphalie n° 7.
Un groupe d'artillerie du régiment n° 4.

8° Division d'Infanterie : Général-lieutenant DE SCHÖLER.

15° *Brigade :* G^{al}-maj^{or} DE KESSLER.
Rég^t n° 31 (1er de Thuringe).
Rég^t n° 71 (3° de Thuringe).

16° *Brigade :* C^{ol} DE SCHEFFLER.
Rég^t n° 86 (fusiliers du Schleswig-Holstein).
Rég^t n° 96 (7° de Thuringe).

Régiment de hussards de Thuringe n° 12.
Un groupe d'artillerie du régiment n° 4.
Artillerie de corps : { 2 batteries à cheval du régiment n° 4.
{ 4 batteries montées du régiment n° 4.

IX° CORPS D'ARMÉE[1]

Général de l'infanterie DE MANSTEIN.

18° Division d'Infanterie : Général-lieutenant DE WRANGEL.

35° *Brigade :* G^{al}-maj^{or} DE BLUMENTHAL.
Rég^t n° 36 (fusiliers de Magdebourg).
Rég^t n° 84 (Schleswig).

36° *Brigade :* G^{al}-maj^{or} DE BELOW.
Rég^t de grenadiers n° 11 (2° de Silésie).
Rég^t n° 85 (Holstein).

---

1. Le chef d'état-major du IX° corps était le colonel Bronsart de Schellendorf, l'écrivain militaire bien connu, depuis ministre de la guerre.

APPENDICE

Bataillon de chasseurs du Lauenbourg n° 9.
Régiment de dragons de Magdebourg n° 6.
Un groupe d'artillerie du régiment n° 9.

25ᵉ Division d'Infanterie : (Grand-ducale Hessoise)
Général-lieutenant prince Louis DE HESSE.

49ᵉ *Brigade* : Gᵃˡ-major DE WITTICH[1].
1ᵉʳ régᵗ hessois (gardes de corps).
2ᵉ régᵗ hessois (grand-duc).
1ᵉʳ batᵒⁿ de chasseurs (garde).

50ᵉ *Brigade* : Cᵉˡ DE LYNCKER.
3ᵉ régᵗ hessois (du corps).
4ᵉ régᵗ hessois (Prince Charles).
2ᵉ batᵒⁿ de chasseurs (du corps).

25ᵉ *Brigade de cavalerie* : Général-major DE SCHLOTTHEIM.
1ᵉʳ régiment de cavalerie (chevau-légers de la garde).
2ᵉ régᵗ de cavalerie (chevau-légers du corps).
Groupe de batteries de campagne hessoises (deux lourdes et trois légères).

Artillerie de corps : { 2 batteries à cheval du régiment n° 9.
{ 4 batteries montées du régiment n° 9.

Xᵉ CORPS D'ARMÉE[2]
Général de l'infanterie DE VOIGTS-RHETZ.

19ᵉ Division d'Infanterie : Général-lieutenant DE SCHWARTZKOPPEN.

37ᵉ *Brigade* : Cᵉˡ LEHMANN.
Régᵗ n° 78 (Frise orientale).
Régᵗ n° 91 (Oldenbourg).

38ᵉ *Brigade* : Gᵃˡ-majᵒʳ DE WEDELL.
Régᵗ n° 16 (3ᵉ de Westphalie).
Régᵗ n° 57 (8ᵉ de Westphalie).

1ᵉʳ régiment de dragons de Hanovre n° 9.
Un groupe d'artillerie du régiment n° 10.

20ᵉ Division d'Infanterie : Général-major DE KRAATZ-KOSCHLAU.

39ᵉ *Brigade* : Gᵃˡ-majᵒʳ DE WOYNA.
Régᵗ n° 56 (7ᵉ de Westphalie).
Régᵗ n° 79 (3ᵉ de Hanovre).

40ᵉ *Brigade* : Gᵃˡ-majᵒʳ DE DIRINGSHOFEN.
Régᵗ n° 17 (4ᵉ de Westphalie).
Régᵗ n° 92 (de Brunswick).

Bataillon de chasseurs de Hanovre n° 10.
2ᵉ régiment de dragons de Hanovre n° 16.
Un groupe d'artillerie du régiment n° 10.

Artillerie de corps : { 2 batteries à cheval du régiment n° 10.
{ 4 batteries montées du régiment n° 10.

XIIᵉ CORPS D'ARMÉE (Royaume de Saxe)
Général de l'infanterie Prince royal DE SAXE.

---

1. Le général de Wittich fut, peu après Saint-Privat, nommé au commandement de la 22ᵉ division (IXᵉ corps, IIIᵉ armée).
2. Le chef d'état-major du Xᵉ corps était le colonel de Caprivi, depuis chancelier de l'Empire allemand.

23ᵉ Division d'Infanterie (1ʳᵉ saxonne) : Général-lieutenant Prince Georges de Saxe.

45ᵉ Brigade : Gᵃˡ-majᵒʳ de Crau-shaar[1].
1ᵉʳ régᵗ de grenadiers (de corps) n° 100.
2ᵉ régᵗ de grenadiers n° 101.
Régᵗ de tirailleurs n° 108.

46ᵉ Brigade : Gᵃˡ-majᵒʳ de Montbé.
3ᵉ régᵗ d'infⁱᵉ n° 102.
4ᵉ régᵗ d'infⁱᵉ n° 103.

1ᵉʳ régiment de reîtres.
Un groupe d'artillerie du régiment n° 12.

24ᵉ Division d'Infanterie :

Général-major Nehroff de Holderberg.

47ᵉ Brigade : Gᵃˡ-majᵒʳ de Léonhardi.
5ᵉ régᵗ d'infⁱᵉ n° 104.
6ᵉ régᵗ d'infⁱᵉ n° 105.
1ᵉʳ batᵒⁿ de chasseurs n° 12.

48ᵉ Brigade : Cᵒˡ de Schultz.
7ᵉ régᵗ d'infⁱᵉ n° 106.
8ᵉ régᵗ d'infⁱᵉ n° 107.
2ᵉ batᵒⁿ de chasseurs n° 13.

2ᵉ régiment de reîtres.
Un groupe d'artillerie du régiment n° 12.

12ᵉ Division de Cavalerie : Général-major comte zur Lippe.

23ᵉ Brigade : Gᵃˡ-majᵒʳ Krug de Nidda.
Régᵗ de reîtres de la garde.
1ᵉʳ régᵗ de uhlans saxons n° 17.

24ᵉ Brigade : Gᵃˡ-majᵒʳ Senfft de Pilsach.
3ᵉ régᵗ de reîtres.
2ᵉ régᵗ de uhlans n° 18.

Une batterie à cheval.
Artillerie de corps : { 2 groupes montés de 3 batteries. Un groupe à cheval de 2 batteries.

5ᵉ Division de cavalerie : Général-lieutenant de Rheinbaben.

11ᵉ Brigade : Gᵃˡ-majᵒʳ de Barby.
Régᵗ de cuirassiers n° 4 (Westphalie).
Régᵗ de uhlans n° 13 (1ᵉʳ de Hanovre).
Régᵗ de dragons n° 19 (Oldenbourg).

12ᵉ Brigade : Gᵃˡ-majᵒʳ de Bredow.
Régᵗ de cuirassiers n° 7 (Magdebourg).
Régᵗ de uhlans n° 16 (Vieille-Marche).
Régᵗ de dragons n° 13 (Schleswig-Holstein).

13ᵉ Brigade : Général-major de Redern.
Régiment de hussards n° 10 (Magdebourg).
Régiment de hussards n° 11 (2ᵉ de Westphalie).
Régiment de hussards n° 17 (Brunswick).
2 batteries à cheval.

---

1. Tué à Saint-Privat.

APPENDICE

6° Division de Cavalerie :

Général-lieutenant duc Guillaume DE MECKLEMBOURG-SCHWERIN.

14° *Brigade :* G^{al}-maj^{or} DE GRÜTER.
Rég^t de cuirassiers n° 6 (Brandebourg).
Rég^t de uhlans n° 3 (1er de Brandebourg).
Rég^t de uhlans n° 15 (Schleswig-Holstein).

15° *Brigade :* G^{al}-maj^{or} DE RAUCH.
Rég^t de hussards de Brandebourg n° 3 (hussards de Ziethen).
Rég^t de hussards n° 16 (Schleswig-Holstein).

Une batterie à cheval.

Une Abtheilung des chemins de fer de campagne.
Une Abtheilung des télégraphes de campagne.

III° ARMÉE

Commandant en chef : Général de l'infanterie FRÉDÉRIC-GUILLAUME, prince royal de Prusse[1].
Chef d'État-major : Général-lieutenant DE BLUMENTHAL[2].

V° CORPS D'ARMÉE

Général-lieutenant DE KIRCHBACH.

9° Division d'Infanterie : Général-major DE SANDRART.

17° *Brigade :* C^{ol} DE BOTHMER.
Rég^t n° 58 (3° de Posen).
Rég^t n° 59 (4° de Posen).

18° *Brigade :* G^{al}-maj^{or} DE VOIGTS-RHETZ.
Rég^t de grenadiers du Roi n° 7 (2° de la Prusse occidentale).
Rég^t n° 47 (2° de Basse Silésie).

1er bataillon de chasseurs de Silésie n° 5.
1er régiment de dragons de Silésie n° 4.
Un groupe d'artillerie du régiment n° 5.

10° Division d'Infanterie : Général-lieutenant DE SCHMIDT.

19° *Brigade :* C^{ol} DE HENNING.
Rég^t de grenadiers n° 6 (1er de la Prusse orientale).
Rég^t n° 46 (1er de Basse-Silésie).

20° *Brigade :* G^{al}-major WALTHER DE MONTBARRY.
Rég^t n° 37 (fusiliers de Westphalie).
Rég^t n° 50 (3° de Basse-Silésie).

Régiment de dragons de la Marche électorale n° 14.
Un groupe d'artillerie du régiment n° 5.
Artillerie de corps : { 2 batteries à cheval.
{ 4 batteries montées.

---

1. A la personne du commandant en chef était attaché le général-lieutenant de Werder, depuis commandant de la division badoise et du XIV° corps.
2. Depuis feld-maréchal-général.

XIᵉ CORPS D'ARMÉE

Général-lieutenant DE BOSE[1].

21ᵉ Division d'Infanterie : Général-lieutenant DE SCHACHTMEYER.

41ᵉ Brigade : Cᵒˡ DE KOBLINSKI.	**42ᵉ Brigade :** Gᵃˡ-majᵒʳ DE THILE.
Régᵗ de fusiliers n° 80 (de Hesse).	Régᵗ n° 82 (2ᵉ de Hesse).
Régᵗ n° 87 (de Nassau).	Régᵗ n° 88 (2ᵉ de Nassau).

Bataillon de chasseurs de Hesse n° 11.
2ᵉ régᵗ de hussards de Hesse n° 14.
Un groupe d'artillerie du régiment n° 11.

22ᵉ Division d'Infanterie : Général-lieutenant DE GERSDORFF[2].

43ᵉ Brigade : Cᵒˡ DE KONTZKI.	**44ᵉ Brigade :** Gᵃˡ-majᵒʳ DE SCHKOPP.
Régᵗ n° 32 (2ᵉ de Thuringe).	Régᵗ n° 83 (3ᵉ de Hesse).
Régᵗ n° 95 (6ᵉ de Thuringe).	Régᵗ n° 94 (5ᵉ de Thuringe).

1ᵉʳ régiment de hussards de Thuringe n° 13.
Un groupe d'artillerie du régiment n° 11.
Artillerie de corps : { 2 batteries à cheval. 4 batteries montées.

Iᵉʳ CORPS BAVAROIS

Général de l'infanterie von der TANN-RATHSAMHAUSEN.

1ʳᵉ Division d'Infanterie : Général-lieutenant DE STÉPHAN.

1ᵉʳ Brigade : Gᵃˡ-majᵒʳ DIETL.	**2ᵉ Brigade :** Gᵃˡ-majᵒʳ DE ORFF.
Régᵗ d'infⁱᵉ du corps.	2ᵉ régᵗ d'infⁱᵉ (Prince royal).
1ᵉʳ régᵗ d'infⁱᵉ (du Roi).	11ᵉ régᵗ d'infⁱᵉ (von der Tann).
2ᵉ batᵒⁿ de chasseurs.	4ᵉ batᵒⁿ de chasseurs.

9ᵉ bataillon de chasseurs.
3ᵉ régiment de chevau-légers.
Un groupe du 1ᵉʳ régiment d'artillerie.

2ᵉ Division d'Infanterie : Général-lieutenant DE PAPPENHEIM[3].

3ᵉ Brigade : Gᵃˡ-majᵒʳ SCHUMACKER.	**4ᵉ Brigade :** Gᵃˡ-major von der TANN.
3ᵉ régᵗ d'infⁱᵉ.	10ᵉ régᵗ d'infⁱᵉ.
12ᵉ régᵗ d'infⁱᵉ.	13ᵉ régᵗ d'infⁱᵉ.
1ᵉʳ batᵒⁿ de chasseurs.	7ᵉ batᵒⁿ de chasseurs.

4ᵉ Régiment de chevau-légers.
Un groupe d'artillerie du 1ᵉʳ régiment d'artillerie.

---

1. Grièvement blessé à Frœschwiller et remplacé par le général de Gersdorff.
2. Tué à Sedan et remplacé par le général-major de Wittich. — A partir du mois d'octobre 1870, la 22ᵉ division est séparée du XIᵉ corps et entre dans l'*Armée-Abtheilung* confiée au grand-duc de Mecklembourg-Schwerin.
3. Remplacé, dès le début, pour cause de maladie, par le général Schumacker, qui fut lui-même remplacé par le colonel Heyl, du 12ᵉ régiment.

Brigade de cuirassiers : Général-major DE TAUCH.
    1er régiment de cuirassiers.
    2e régiment de cuirassiers.
    6e régiment de chevau-légers.
    Une batterie à cheval.

Artillerie de réserve { Un groupe de 4 batteries (dont 2 à cheval). 2 groupes de 2 batteries.

Une division de génie de campagne, avec 2 équipages de pont et l'équipage de télégraphes de campagne.

IIe CORPS BAVAROIS

Général de l'infanterie DE HARTMANN.

3e Division d'Infanterie : Général-lieutenant DE WALTHER.

5e *Brigade :* G^{al}-maj^{or} DE SCHLEICH.	6e *Brigade :* C^{el} DE WISSELL.
6e rég^t d'inf^{ie}.	14e rég^t d'inf^{ie}.
7e rég^t d'inf^{ie}.	15e rég^t d'inf^{ie}.
8e bat^{on} de chasseurs.	3e bat^{on} de chasseurs.

    1er régiment de chevau-légers.
    Un groupe d'artillerie.

4e Division d'Infanterie : Général-lieutenant DE BOTHMER.

7e *Brigade :* G^{al}-maj^{or} DE THIERECK.	8e *Brigade :* G^{al}-maj^{or} MAILLINGER.
5e rég^t d'inf^{ie}.	5e bat^{on} de chasseurs.
9e rég^t d'inf^{ie}.	3e bat^{on} des 1er et 5e rég^{ts} d'inf^{ie}.
6e bat^{on} de chasseurs.	3e bat^{on} des 11e et 14e rég^{ts} d'inf^{ie}.
	1er bat^{on} du 7e rég^t d'inf^{ie}.

    10e bataillon de chasseurs.
    2e régiment de chevau-légers.
    Un groupe d'artillerie.

Brigade de uhlans : Général-major DE MULZER.
    1er et 2e régiments de uhlans.
    5e régiment de chevau-légers.
    Une batterie à cheval.

Artillerie de réserve { Un groupe de 3 batteries (dont une à cheval). 2 groupes de 2 batteries.

Une division de génie de campagne avec 2 équipages de pont et l'équipage de télégraphes de campagne.

Division Wurtembergoise : Général-lieutenant D'OBERNITZ[1].

1re *Brigade :* G^{al}-maj^{or} DE REITZENSTEIN.	2e *Brigade :* G^{al}-maj^{or} DE STARKLOFF.
1er rég^t d'inf^{ie}.	2e rég^t d'inf^{ie}.
7e rég^t d'inf^{ie}.	5e rég^t d'inf^{ie}.
2e bat^{on} de chasseurs.	3e bat^{on} de chasseurs.

    3e *Brigade :* Général-major DE HUGEL.
        3e régiment d'infanterie.
        8e régiment d'infanterie.
        1er bataillon de chasseurs.

---

1. De l'armée prussienne.

Brigade de cavalerie : Général-major de Scheler.
  1er, 3e et 4e régiments de cavalerie.

9 batteries formant 3 groupes.
Pionniers, train, etc.

Division Badoise : Général-lieutenant de Beyer[1].

1re *Brigade :* Gal-lieut du Jarrys baron de la Roche.
  1er régt de grenadiers (du corps).
  Baton de fusiliers du 4e régt.
  2e régt de grenadiers.

3e *Brigade :* Gal-major Keller.
  3e régt d'infie.
  5e régt d'infie.

3e régiment de dragons.
Un groupe d'artillerie et une compagnie de pontonniers.
Brigade de cavalerie : Général-major de la Roche-Starkenfels.
  1er régiment de dragons (du corps).
  2e régiment de dragons.
  Une batterie à cheval.
Artillerie de corps : Un groupe monté.

4e Division de Cavalerie :

Général de la cavalerie prince Albrecht de Prusse (père).

8e *Brigade :* Gal-major de Hontheim.
  Régt de cuirassiers n° 5 (Prusse orientale).
  Régt de uhlans n° 10 (Posen).

9e *Brigade :* Gal-major de Bernhardi.
  Régt de uhlans n° 1 (Prusse occidentale).
  Régt de uhlans n° 6 (Thuringe).

10e *Brigade :* Général-major de Krosigk.
  2e régiment de hussards de corps n° 2.
  Régiment de dragons rhénans n° 5.
2 batteries à cheval.

Deux sections des chemins de fer de campagne.
La section bavaroise des chemins de fer de campagne.

Outre les trois armées, il restait en Allemagne un certain nombre de troupes actives *mobilisées*, qui ne furent envoyées en France que plus tard. Voici quelle était leur constitution.

Ier CORPS D'ARMÉE

Général de la cavalerie baron de Manteuffel.

1re Division d'Infanterie : Général-lieutenant de Benthein.

1re *Brigade :* Gal-major de Gayl.
  Régt de grenadiers (Prince royal) n° 1 (1er de la Prusse orientale).
  Régt n° 41 (5e de la Prusse orientale).

2e *Brigade :* Gal-major de Falkenstein.
  Régt de grenadiers n° 3 (2e de la Prusse orientale).
  Régt n° 43 (6e de la Prusse orientale).

Bataillon de chasseurs de la Prusse orientale n° 1.
Régiment de dragons de Lithuanie n° 1.
Un groupe d'artillerie du régt de campagne n° 1.

---

1. Ministre de la guerre grand-ducal.

2ᵉ Division d'Infanterie : Général-major DE PRITZELWITZ.

3ᵉ *Brigade* : Gᵃˡ-majᵒʳ DE MEMERTY.
Régᵗ de grenadiers n° 4 (3ᵉ de la Prusse orientale).
Régᵗ n° 44 (7ᵉ de la Prusse orientale).

4ᵉ *Brigade* : Gᵃˡ-majᵒʳ DE ZGLINITYKI.
Régᵗ de grenadiers n° 5. (4ᵉ de la Prusse orientale).
Régᵗ n° 45 (8ᵉ de la Prusse orientale).

Régiment de dragons de la Prusse orientale n° 10.
Un groupe d'artillerie.
Artillerie de corps : { 2 batteries à cheval.
{ 4 batteries montées.

IIᵉ CORPS D'ARMÉE

Général de l'infanterie DE FRANSECKY.

3ᵉ Division d'Infanterie : Général-major DE HARTMANN.

5ᵉ *Brigade* : Gᵃˡ-majᵒʳ DE KOBLINSKY.
Régᵗ de grenadiers n° 2 (1ᵉʳ de Poméranie).
Régᵗ n° 42 (6ᵉ de Poméranie).

6ᵉ *Brigade* : Cᵒˡ DE DECKEN.
Régᵗ n° 14 (3ᵉ de Poméranie).
Régᵗ n° 54 (7ᵉ de Poméranie).

Bataillon de chasseurs de Poméranie n° 2.
Régiment de dragons de Neumark n° 3.
Un groupe d'artillerie.

4ᵉ Division d'Infanterie : Général-lieutenant HANN DE WEIRHEIN.

7ᵉ *Brigade* : Gᵃˡ-majᵒʳ DE TROSSEL.
Régᵗ de grenadiers de Colbert n° 9. (2ᵉ de Poméranie).
Régᵗ n° 49 (6ᵉ de Poméranie).

8ᵉ *Brigade* : Gᵃˡ-majᵒʳ DE KETTLER.
Régᵗ n° 21 (4ᵉ de Poméranie).
Régᵗ n° 61 (8ᵉ de Poméranie).

Régiment de dragons de Poméranie n° 11.
Un groupe d'artillerie.
Artillerie de corps : { 2 batteries à cheval.
{ 4 batteries montées.

VIᵉ CORPS D'ARMÉE

Général de la cavalerie DE TÜMPLING.

11ᵉ Division d'Infanterie : Général-lieutenant DE GORDON.

21ᵉ *Brigade* : Gᵃˡ-majᵒʳ DE MALACHOWSKY.
Régᵗ de grenadiers n° 10 (1ᵉʳ de Haute-Silésie).
Régᵗ n° 18 (1ᵉʳ de Posen).

22ᵉ *Brigade* : Gᵃˡ-majᵒʳ D'ECKARTSBERG.
Régᵗ de fusiliers n° 38 (Silésie).
Régᵗ n° 51 (4ᵉ de Basse-Silésie).

2ᵉ bataillons de chasseurs de Silésie n° 6.
2ᵉ régiment de dragons de Silésie n° 8.
Un groupe d'artillerie du régiment de campagne n° 6.

12ᵉ Division d'Infanterie : Général-lieutenant DE HOFFMANN.

23ᵉ *Brigade* : Gᵃˡ-majᵒʳ GÜNDEL.
Régᵗ nᵒ 22 (1ᵉʳ de Haute-Silésie).
Régᵗ nᵒ 62 (3ᵉ de Haute-Silésie).

24ᵉ *Brigade* : Gᵃˡ-majᵒʳ DE FABECK.
Régᵗ nᵒ 23 (2ᵉ de Haute-Silésie).
Régᵗ nᵒ 63 (4ᵉ de Haute-Silésie).

3ᵉ Régiment de dragons de Silésie nᵒ 15.
Un groupe d'artillerie.
Artillerie de corps : { 2 batteries à cheval.
{ 4 batteries montées.

1ʳᵉ Division de Cavalerie : Général-lieutenant DE HARTMANN.

1ʳᵉ *Brigade* : Gᵃˡ-majᵒʳ DE LÜDERITZ.
Régᵗ de cuirassiers de la Reine nᵒ 2 (Poméranie).
Régᵗ de uhlans nᵒ 4 (1ᵉʳ de Poméranie).
Régᵗ de uhlans nᵒ 9 (2ᵉ de Poméranie).
Une batterie à cheval.

2ᵉ *Brigade* : Gᵃˡ-majᵒʳ BAUMGARTH.
Régᵗ de cuirassiers nᵒ 3 (Prusse orientale).
Régᵗ de uhlans nᵒ 8 (Prusse orientale).
Régᵗ de uhlans nᵒ 12 (Lithuanie).

2ᵉ Division de Cavalerie :

Général-lieutenant DE STOLBERG-WERNIGERODE.

3ᵉ *Brigade* : Gᵃˡ-majᵒʳ DE COLOMB.
Régᵗ de cuirassiers du corps nᵒ 1 (Silésie).
Régᵗ de uhlans nᵒ 2 (Silésie).

4ᵉ *Brigade* : Gᵃˡ-majᵒʳ DE BARNEKOW.
1ᵉʳ régᵗ de hussards de corps nᵒ 1.
Régᵗ de hussards de Blücker nᵒ 5 (Poméranie).

5ᵉ *Brigade* : Général-major DE BAUMBACH.
    Régiment de hussards nᵒ 4 (1ᵉʳ de Silésie).
    Régiment de hussards nᵒ 6 (2ᵉ de Silésie).
2 batteries à cheval.

17ᵉ Division d'Infanterie : Général-lieutenant DE SCHIMMELMANN[1].

33ᵉ *Brigade* : Gᵃˡ-majᵒʳ DE KOTTWITZ.
Régᵗ nᵒ 75 (1ᵉʳ hanséatique).
Régᵗ nᵒ 76 (2ᵉ hanséatique).

34ᵉ *Brigade* (mecklembourgeoise) : Cᵒˡ DE MANTEUFFEL.
Régᵗ de grenadiers de Mecklembourg nᵒ 89.
Régᵗ de fusiliers de Mecklembourg nᵒ 90.

Bataillon de chasseurs de Mecklembourg nᵒ 14.
17ᵉ *Brigade de cavalerie* : Général-major DE RAUCH.
    1ᵉʳ régiment de dragons de Mecklembourg nᵒ 17.
    2ᵉ régiment de dragons de Mecklembourg nᵒ 18.
    2ᵉ régiment de uhlans de Brandebourg nᵒ 11.
Une batterie à cheval.
Un groupe d'artillerie (mecklembourgeois), etc.

---

1. Bientôt remplacé par le général de Tresckow.

Division de Landwehr de la Garde : Général-lieutenant DE LOEN.

1re *Brigade* : C^{el} DE GAUDY. 1er rég^t de landwehr de la Garde. 2e rég^t de landwehr de la Garde.	2e *Brigade* : C^{el} DE RŒHL. 1er rég^t de landwehr des grenadiers de la Garde. 2e rég^t de landwehr des grenadiers de la Garde.

2e régiment de hussards de réserve.
Un groupe d'artillerie de réserve de la Garde.
Une compagnie de pionniers de forteresse du Xe corps.
Equipage de pont du Xe corps d'armée.

1re Division de Landwehr : Général-major DE TRESCKOW.

1re *Brigade* : C^{el} DE BUDDENBROCK. 1er rég^t combiné de landwehr n° 14-21 (Poméranie). 2e rég^t combiné de landwehr n° 21-25 (Poméranie).	2e *Brigade* : G^{al}-maj^{or} en disponibilité D'AVEMANN. 3e rég^t combiné de landwehr n° 26-61 (Poméranie). 4e rég^t combiné de landwehr n° 61-66 (Poméranie).

2e régiment de uhlans de réserve.
Un groupe d'artillerie de réserve (une batterie du IIe corps, deu du IXe).
Une compagnie de pionniers de forteresse du IIe corps.

2e Division de Landwehr : Général-major DE SELCHOW.

3e *Brigade* : C^{el} D'ARNOLDI. 1er rég^t combiné de landwehr n° 8-48 (Brandebourg). 2e rég^t combiné de landwehr n° 12-52 (Brandebourg).	4e *Brigade* : C^{el} RANISCH. 3e rég^t combiné de landwehr n° 20-60 (Brandebourg). 4e rég^t combiné de landwehr n° 24-64 (Brandebourg).

4e régiment de uhlans de réserve.
Un groupe d'artillerie de réserve (3 batteries du Xe corps).

3e Division de Landwehr : Général-major SCHULER DE SENDEN.

5e *Brigade* : G^{al}-maj^{or} DE RUVILLE. Rég^t combiné de landwehr n° 6-18 (Prusse orientale). Rég^t combiné de landwehr n° 18-46 (Basse-Silésie).	6e *Brigade* : C^{el} DE GILSA. Rég^t combiné de landwehr n° 19-59 (1er de Posen). Rég^t combiné de landwehr n° 19-59 (2e de Posen).

1er régiment de dragons de réserve.
Un groupe combiné d'artillerie de réserve (3 batteries du Ve corps)
Une compagnie de pionniers de forteresse du Ve corps.

Restaient encore, disponibles et mobilisées, une section *(Abtheilung)* de chemins de fer de campagne (n° 3) et une section de télégraphes de campagne (n° 4).

Pièce n° 4.

1° Au Peuple allemand !

De toutes les branches de la patrie allemande, de toutes les classes du peuple allemand, même d'au delà des mers, il m'a été adressé, à l'occasion de la lutte qui va s'ouvrir pour l'honneur et pour l'indépendance du pays, de si nombreux témoignages de dévouement, d'esprit de sacrifice pour la commune patrie, de la part de communes, de corporations, d'associations et de simples particuliers, que j'éprouve un irrésistible besoin de reconnaître publiquement cet accord de l'esprit allemand, et d'ajouter à l'expression de ma Royale gratitude l'assurance que je rendrai au peuple allemand confiance pour confiance et que je la maintiendrai immuable. L'amour de la commune patrie, l'élan unanime de toutes les branches allemandes et de leurs princes ont effacé toutes les divergences, ont fait disparaître toutes les oppositions. Réconciliée, unie, comme elle ne l'a jamais été, l'Allemagne peut prétendre à trouver, dans son accord comme dans son droit, la garantie que la guerre lui procurera une paix durable, et que de cette semence de sang, Dieu fera éclore la moisson bénie de la liberté et de l'unité allemandes.

Signé : GUILLAUME

2° A mon Peuple !

Au moment de rejoindre l'armée, afin de combattre avec elle pour l'honneur de l'Allemagne et pour la conservation de nos biens les plus précieux, je veux, en considération de l'élan unanime de mon peuple, accorder une amnistie pour les crimes et délits politiques. J'ai chargé mon ministre d'Etat de me soumettre un décret dans ce sens.

Comme moi, mon peuple sait que la rupture de la paix et les hostilités ne peuvent nous être imputés.

Mais provoqués, nous sommes résolus, comme nos pères et avec une entière confiance en Dieu, à entreprendre la lutte pour sauver la patrie.

Berlin, le 31 juillet 1870.

Signé : GUILLAUME

Pièce n° 5.

Français !

Il y a dans la vie des peuples des moments solennels où l'honneur national, violemment excité, s'impose comme une force irrésistible, domine tous les intérêts, et prend seul en mains la direction des destinées du pays.

Une de ces heures décisives vient de sonner pour la France.

La Prusse, à qui nous avons témoigné, pendant et depuis la guerre de 1866, les dispositions les plus conciliantes, n'a tenu aucun compte de notre bon vouloir et de notre longanimité.

Lancée dans une voie d'envahissements, elle a éveillé toutes les défiances, nécessité partout des armements exagérés, et fait de l'Europe un camp où règnent l'incertitude et la crainte du lendemain.

Un dernier incident est venu révéler l'instabilité des rapports nationaux et montrer toute la gravité de la situation.

En présence de nouvelles prétentions de la Prusse, nos réclamations se sont fait entendre.

Elles ont été éludées et suivies de procédés dédaigneux. Notre pays en a ressenti une profonde irritation, et aussitôt un cri de guerre a retenti d'un bout de la France à l'autre.

Il ne nous reste plus qu'à confier nos destinées au sort des armes. Nous ne faisons pas la guerre à l'Allemagne dont nous respectons l'indépendance.

Nous faisons des vœux pour que les peuples qui composent la grande nationalité germanique disposent librement de leurs destinées.

Quant à nous, nous réclamons l'établissement d'un état de choses qui garantisse notre sécurité et assure l'avenir. Nous voulons conquérir une paix durable, basée sur les vrais intérêts des peuples, et faire cesser cet état précaire où toutes les nations emploient leurs ressources à s'armer les unes contre les autres.

Le glorieux drapeau, que nous déployons encore une fois devant ceux qui nous provoquent, est le même qui porta à travers l'Europe les idées civilisatrices de notre grande Révolution.

Il représente les mêmes principes, il inspire le même dévouement.

Français, je vais me mettre à la tête de cette vaillante armée qu'anime l'amour du devoir et de la patrie.

Elle sait ce qu'elle vaut, car elle a vu dans les quatre parties du monde la victoire s'attacher à ses pas.

J'emmène mon fils avec moi, malgré son jeune âge ; il sait quels sont les devoirs que son nom lui impose, et il est fier de prendre sa part dans les dangers de ceux qui combattent pour la patrie.

Dieu bénisse nos efforts ! Un grand peuple qui défend une cause juste est invincible.

NAPOLÉON

Pièce n° 6.

EMPLACEMENTS OCCUPÉS PAR LES ARMÉES BELLIGÉRANTES LE 3 AOUT 1870

I. — ARMÉE FRANÇAISE

GRAND QUARTIER GÉNÉRAL A METZ

1er Corps.
- 1re Division. — Reichshoffen.
- 2e — Wissembourg.
- 3e — Haguenau.
- 4e — Strasbourg.
- Division de cavalerie. — Wissembourg, Seltz, Brumath.

2e Corps.
- 1re Division. — Hauteurs devant Sarrebruck.
- 2e — Id.
- 3e — Hauteurs de Saint-Arnual.
- Division de cavalerie. — Forbach.

3e Corps.
- 1re Division. — Devant Forbach.
- 2e — Rosbrück, Saint-Avold.
- 3e — Ham-sous-Varsberg.
- 4e — Boucheporn.
- Division de cavalerie. — Longeville — près Saint-Avold.

4e Corps.
- 1re Division. — Bouzonville.
- 2e — Boulay.
- 3e — Teterchen.
- Division de cavalerie. — Bouzonville et Boulay.

5e Corps.
- 1re Division. — Sarreguemines.
- 2e — Gross-Bliedersdof, Welferding.
- 3e — Bitche.
- Division de cavalerie. — Bitche et Sarreguemines.

6e Corps.
- 1re et 2e Division. — Camp de Châlons.
- 3e Division. — Soissons.
- 5e — Paris.
- Division de cavalerie. — Paris, camp de Châlons.

7e Corps.
- 1re Division. — Colmar.
- 2e — Belfort.
- 3e — Lyon.
- Division de cavalerie. — Lyon et Altkirch.

Réserve de cavalerie.
- Garde impériale. — Metz.
- 1re Division. — Lunéville.
- 2e — Sarrebourg, Fénestrange.
- 3e — Pont-à-Mousson.

Réserve générale d'artillerie. — Metz.

II. — ARMÉES ALLEMANDES

Iʳᵉ Armée.	VIIIᵉ Corps. — Heussweiler. VIIᵉ — Merzig, Losheim. 3ᵉ Division de cavalerie. — Losheim, Lebach.
IIᵉ Armée.	IIIᵉ Corps. — Konken, Baumholder. IVᵉ — Kaiserslautern, Bruchmühlbach. Xᵉ — Fürfeld. XIIᵉ — Alzey. IXᵉ — Kircheimbolanden, Grünstadt. Garde. — Dürkheim et Kaiserslautern. (Cavalerie.) 5ᵉ Division de cavalerie. — Eiweiler, Guichenbach, Hombourg, Pirmasens. 6ᵉ Division de cavalerie. — Hombourg, Neukirchen.
IIIᵉ Armée.	IIᵉ Corps bavarois. — Bergzabern et Wolsheim-près-Landau. Vᵉ — Billigheim. XIᵉ — Rohrbach. 4ᵉ Division de cavalerie. — Offenbach-près-Landau. Division badoise. — Pforz, Hagenbach. — wurtembergeoise. — Knielingen (rive droite du Rhin). Iᵉʳ Corps bavarois. — Germersheim.

Pièce n° 7.

LETTRE DU MARÉCHAL DE MAC-MAHON
Commandant le 1ᵉʳ corps

AU GÉNÉRAL DE FAILLY
Commandant le 5ᵉ corps.

ARMÉE DU RHIN *Camp de Frœschwiller, le 6 août 1870.*

1ᵉʳ Corps d'armée

Le Maréchal-Commandant.

Mon cher Général,

Vous avez été mis sous mes ordres par l'Empereur. Il est de la plus grande importance que nous concertions ensemble nos opérations.

Attaqué, avant-hier, près de Wissembourg, par l'armée du Prince Royal, qui m'était très supérieure, j'ai été obligé de me retirer jusque près de Reichshoffen. Il est urgent que nous combinions nos opérations. D'après des renseignements dans lesquels on doit avoir confiance, l'ennemi ferait un mouvement pour se porter vers les crêtes des Vosges et nous séparer. Si ce mouvement se confirme, nous devons attaquer les Allemands dans les défilés. Si, au contraire, ils occupent seulement les positions de Wissembourg et de Lembach, ayant le gros de leurs forces dans la plaine, nous combattrons ensemble pour leur enlever leurs positions.

Mettez donc en route immédiatement une de vos divisions. Il serait à désirer qu'elle pût coucher ce soir à Philippsbourg, occupant sur sa gauche les positions qui commandent la route de Neunhoffen, et de là sur Ober-Steinbach, qui serait attaqué le même jour par quatre brigades arrivant par des routes différentes du camp de Reichshoffen.

Prévenu de l'exécution de ce mouvement, vous enverriez une autre division, par la grande route de Bitche à Wissembourg, sur Sturtzelbronn, poussant en avant si elle rencontrait l'ennemi, qui se trouverait ainsi pris en flagrant délit et enveloppé de toutes parts.

Une brigade de la dernière division se porterait sur Lemberg, qui est la clef des Vosges de ce côté; elle aurait avec elle une batterie d'artillerie. L'autre brigade resterait à Bitche, prête à se porter, soit sur Sturtzelbronn, soit sur Philippsbourg, suivant les événements. Il serait prudent que la brigade de Lemberg se retranchât. Il y a des outils à Lichtenberg et à la Petite-Pierre, 1,500 dans chaque place, qui permettraient de faire ce travail.

Si, au contraire, l'armée du Prince Royal est concentrée dans les environs de Lembach et dans la plaine du Rhin, la division qui viendra la première ne sera pas arrêtée à Philippsbourg. Vous feriez marcher par la même route la 2e division et une brigade de la 3e; la dernière brigade serait dirigée vers Lemberg, d'où elle pourrait gagner la Petite-Pierre, si elle était obligée de battre en retraite.

Répondez-moi par plusieurs voies différentes, je vous adresse la présente par trois voies différentes.

Le Maréchal commandant le 1er corps,

Maréchal DE MAC MAHON.

P. S. — En résumé, envoyez le plus tôt possible votre 1re division à Philippsbourg et tenez les deux autres prêtes à marcher.

P. S. — Maintenez, s'il est possible, vos communications avec Philippsbourg.

Pièce n° 8.

I. — PROCLAMATION DU ROI GUILLAUME AUX ARMÉES ALLEMANDES

Hombourg, 8 août 1870.

Soldats ! la poursuite de l'ennemi, repoussé après de sanglantes rencontres, a déjà conduit une grande partie de notre armée au delà de la frontière. Aujourd'hui et demain, plusieurs corps fouleront le sol français. Je compte que vous saurez conserver tout particulièrement sur le territoire ennemi cette discipline qui vous a distingués jusqu'ici.

Nous ne faisons pas la guerre aux habitants paisibles ; il est, au contraire, du devoir de tout bon soldat de protéger les propriétés privées et de ne pas souffrir que des actes d'indiscipline, même isolés, viennent ternir la bonne réputation de nos troupes.

J'ai confiance dans le bon esprit qui anime l'armée, comme aussi dans la prudence et la sévérité des chefs.

Signé : GUILLAUME.

II. — PROCLAMATION AU PEUPLE FRANÇAIS

Nous, Guillaume, roi de Prusse, aux habitants des portions de territoire français occupées par les armées allemandes, faisons savoir ce qui suit : Lorsque l'empereur Napoléon attaqua sur terre et sur mer *la nation allemande*, qui voulait et veut encore vivre en paix avec le peuple français, j'ai pris le commandement en chef des armées allemandes pour repousser cette attaque. Les événements militaires m'ont conduit à franchir les frontières de la France. *Je fais la guerre aux soldats français et non pas aux habitants* dont les personnes et les biens seront en sûreté tant qu'ils ne m'enlèveront pas, par des agressions contre les troupes allemandes, le droit de les protéger. Les généraux qui commandent chaque corps feront connaître au public les mesures qu'ils sont autorisés à prendre contre les communes et les particuliers qui se mettraient en contravention contre les lois de la guerre. Ils régleront également tout ce qui concerne les réquisitions nécessaires aux besoins des troupes, et, pour faciliter les transactions entre les troupes et les habitants, ils fixeront la différence des cours entre les monnaies allemandes et françaises.

Saint-Avold, le 11 août 1870.

Signé : GUILLAUME.

Pièce n° 9.

ORDRE DE MOUVEMENT DE L'ARMÉE DU RHIN LE 13 AOUT 1870

Le général Jarras s'assurera, avec le concours du général Coffinières, que les artères principales de Metz conduisant aux deux ponts de la ville seront libres dans l'après-midi, pour le passage des bagages de la Garde et du 3ᵉ corps, ainsi que de la réserve du général Canu. Ces bagages et convois devront se garer au Ban-Saint-Martin ; à cet effet, le général Jarras donnera l'ordre aux divisions Forton et du Barail de quitter leur camp vers une heure de l'après-midi. Leurs bagages resteront au Ban-Saint-Martin, pour prendre place dans le convoi, de sorte que les divisions soient aussi légères que possible. La division Forton suivra la route de Verdun par Mars-la-Tour, la division du Barail celle de Verdun par Doncourt-lès-Conflans ; elles s'éclaireront en avant et sur le flanc découvert, et se relieront entre elles. Elles s'établiront toutes les deux à Gravelotte, s'il y a assez d'eau. Dans le cas contraire, l'une serait à Gravelotte, l'autre à Rezonville. Elles échelonneront deux ou trois escadrons en avant, sur la droite et sur la gauche, de manière à bien couvrir le terrain et à permettre aux troupes de déboucher plus tard.

Le général Jarras préviendra également les parcs de tous les corps de se mettre en mouvement, quand l'on saura que les convois des 2ᵉ et 4ᵉ corps commenceront leur mouvement. Ces parcs se placeront sur le même emplacement que les convois de leur corps d'armée, mais en tête de ces convois. On devra, à cet effet, faire reconnaître ces emplacements à l'avance, pour voir s'ils sont suffisants ; dans le cas contraire, les parcs devraient suivre les mouvements des troupes.

Des ordres ont été expédiés ce matin, de très bonne heure, aux 2ᵉ et 4ᵉ corps. Ils vont être adressés à la Garde et au 5ᵉ corps. Le général Jarras devra prévenir le 6ᵉ corps.

Le 2ᵉ et le 6ᵉ corps placeront leurs convois entre Longeville et Moulin-lès-Metz. Le 4ᵉ placera le sien à gauche de ses ponts, vers la Maison-de-Planches. Le 3ᵉ corps, la Garde et la réserve du général Canu placeront leurs convois au Ban-Saint-Martin.

Le 2ᵉ et le 6ᵉ corps suivront la route de Verdun par Mars-la-Tour, Harville, Manheulle ; le 4ᵉ et le 3ᵉ s'avanceront vers Conflans, Etain ; la Garde suivra le 3ᵉ corps, ou exécutera les ordres qui lui seront donnés par l'Empereur.

Le mouvement des troupes ne commencera vraisemblablement que dans la soirée, au clair de la lune ; si cela est possible, il commencera dans l'après-midi.

Le général Jarras est prié d'envoyer un officier à Borny, pour faire dire à M. le Maréchal si le Ban-Saint-Martin sera libre vers deux heures, et si les artères de la ville seront dégagées pour laisser passer les bagages du 3º corps et de la Garde.

Dès que M. le Maréchal aura reçu les rapports de ses reconnaissances, s'il n'y a rien de convenu, il ira prendre les ordres de l'Empereur, à Metz. Mais il ne peut savoir à quelle heure cela lui sera possible.

Au quartier général de Borny, le 13 août 1870.

Le Maréchal commandant en chef l'armée du Rhin,

Signé : BAZAINE.

TABLE DES MATIÈRES

Avant-propos   1

Première partie. — L'ARMÉE IMPÉRIALE

LIVRE PREMIER

La déclaration de guerre.

Chapitre premier. — Les causes de la guerre.   1
Chapitre II. — L'armée française en 1870. 36
   Organisation et commandement. 42
   Infanterie 53
   Cavalerie 57
   Artillerie 62
   Subsistances et service de santé 68
   Conclusion. 74
Chapitre III. — Les armées allemandes en 1870. 77
   A). Armée fédérale : Commandement et état-major. 81
                        Infanterie 87
                        Cavalerie. 91
                        Artillerie. 94
                        Génie 97
                        Subsistances, service de santé . . . 98
                        La landwehr. 99
   B). États du sud : Royaume de Bavière 101
                    Royaume de Wurtemberg. 103
                    Grand-duché de Bade. 104
   Conclusion. 105

TABLE DES MATIÈRES

Chapitre IV. — La mobilisation	108
I. — Armée française	108
II. — Armées allemandes	124
Chapitre V. — Premières opérations	139
I. — Projets d'opérations français	139
II. — Projets d'opérations allemands	148
III. — Premiers mouvements de troupes	153
Combat de Sarrebruck	159

LIVRE II

Campagne d'Alsace.

Chapitre premier. — Combat de Wissembourg	165
Chapitre II. — Bataille de Fræschwiller	192
Chapitre III. — Retraite sur Châlons	244
I. — Retraite des 1ᵉʳ et 5ᵉ corps	244
II. — Retraite du 7ᵉ corps	258
III. — Marche de la IIIᵉ armée allemande vers la Meuse	260

LIVRE III

Campagne de Lorraine.

Chapitre premier. — Bataille de Spicheren	272
Chapitre II. — Événements militaires et politiques du 7 au 14 août 1870	325
I. — Retraite de l'armée française	325
II. — Chute du ministère Ollivier	334
III. — Mouvement des IIᵉ et IIIᵉ armées allemandes	345
Chapitre III. — Bataille de Borny et journée du 15 août	355
Mouvement de l'armée française	378
Mouvements de la IIᵉ armée allemande	387

TABLE DES MATIÈRES 429

APPENDICE

Pièce n° 1.	— La dépêche d'Ems.	393
—	2. — Ordre de bataille de l'armée du Rhin au 1er août 1870	395
—	3. — Ordre de bataille des armées allemandes au 1er août 1870	405
—	4. — Proclamation du roi Guillaume à l'Allemagne et au peuple prussien.	418
—	5. — Proclamation de l'empereur Napoléon au peuple français.	418
—	6. — Emplacements occupés par les armées belligérantes le 3 août 1870.	420
—	7. — Lettre du maréchal de Mac-Mahon au général de Failly	421
—	8. — Proclamation du roi Guillaume aux armées allemandes et au peuple français	423
—	9. — Ordre de mouvement de l'armée du Rhin le 13 août 1870.	424

CARTES

1. — Théâtre des opérations de la première partie de la guerre.
2. — Environs de Wissembourg.
3. — Champ de bataille de Frœschwiller.
4. — Rive gauche de la Sarre et champ de bataille de Spicheren.
5. — Région entre Sarre et Moselle.
6. — Champ de bataille de Borny.

Paris. — Imp. PAUL DUPONT, 4, rue du Bouloi (Cl.) 29.3.95.

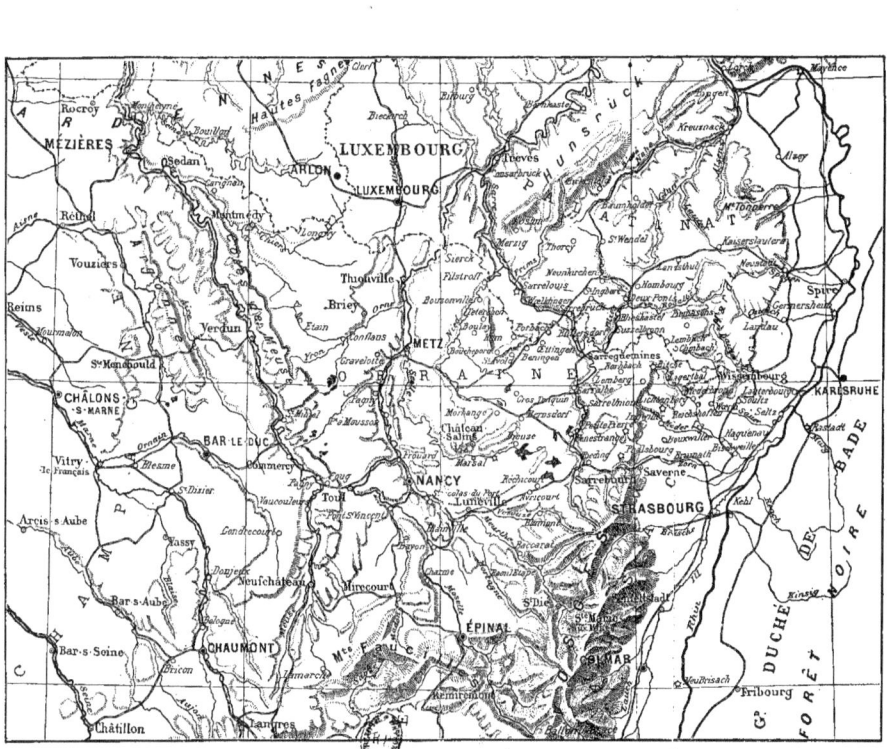

I. — 1.   THÉÂTRE DES OPÉRATIONS DE LA PREMIÈRE PARTIE DE LA GUERRE

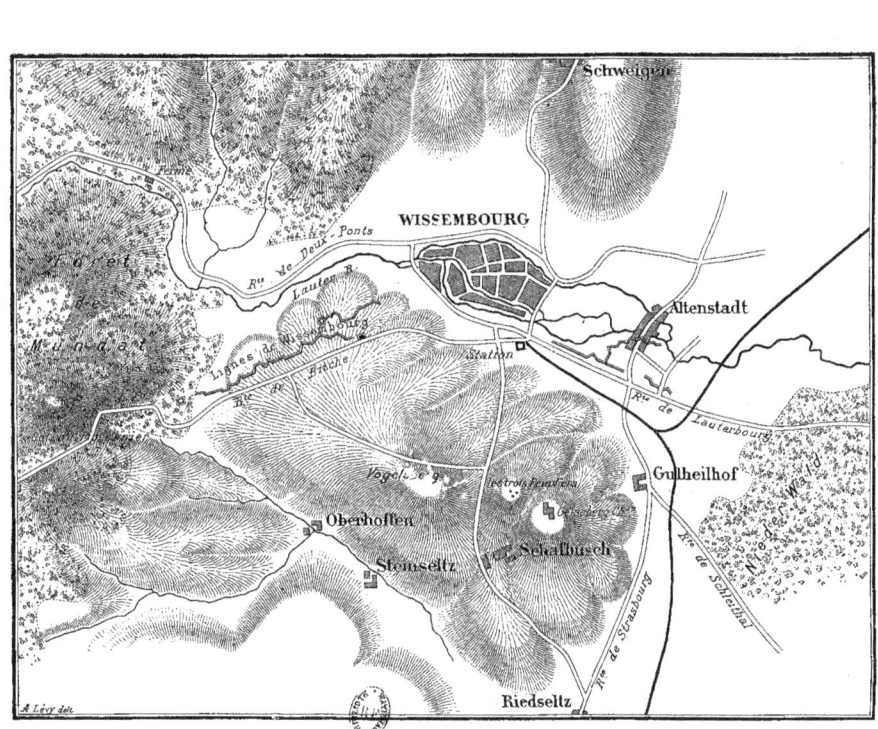

ENVIRONS DE WISSEMBOURG

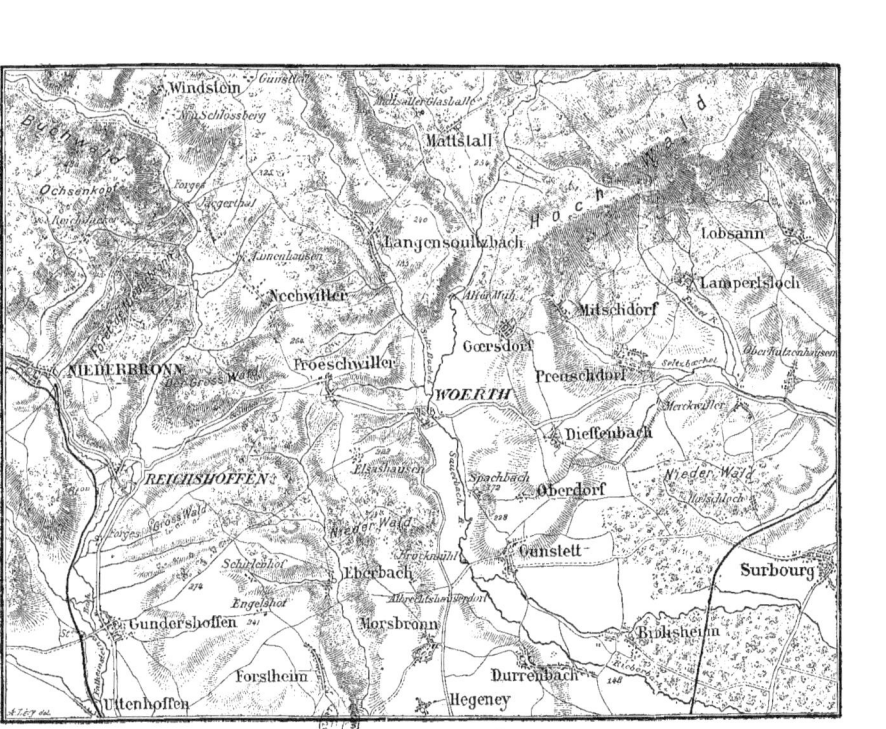

CHAMP DE BATAILLE DE FROESCHVILLER

1. — 4. RIVE GAUCHE DE LA SARRE ET CHAMP DE BATAILLE DE SPICHEREN

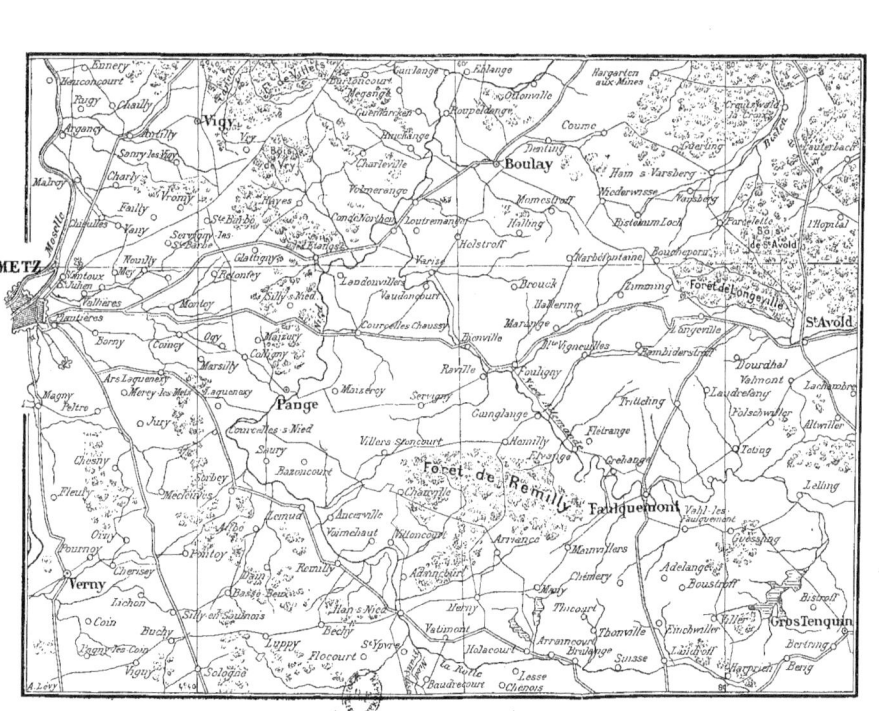

I. — 5.   RÉGION ENTRE SARRE ET MOSELLE

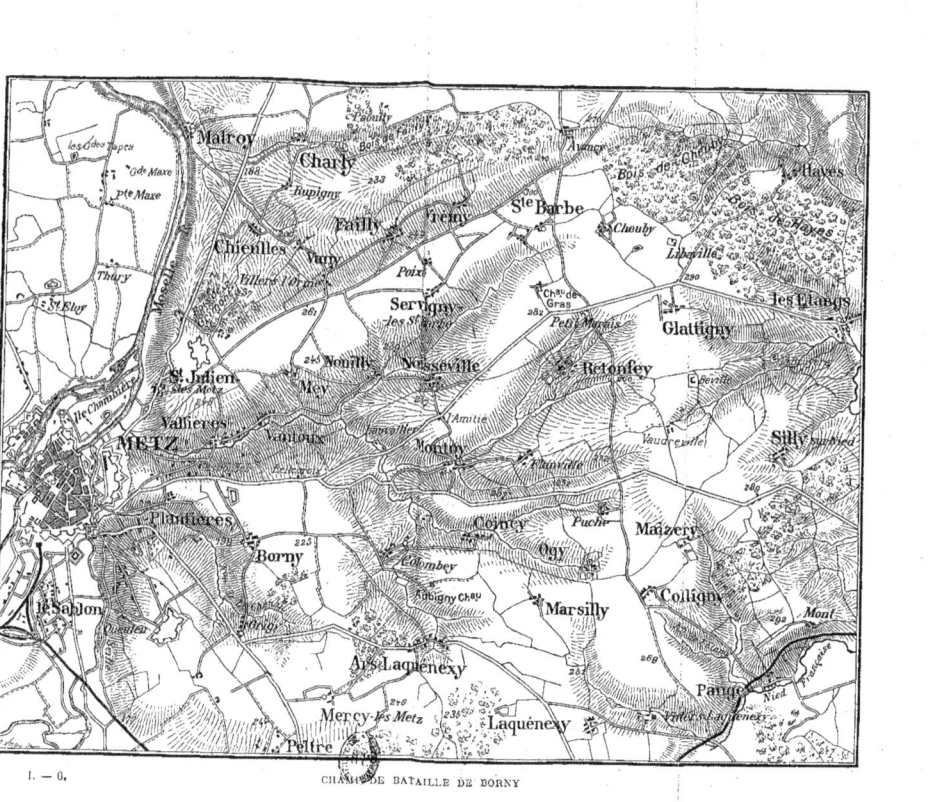

CHAMP DE BATAILLE DE BORNY

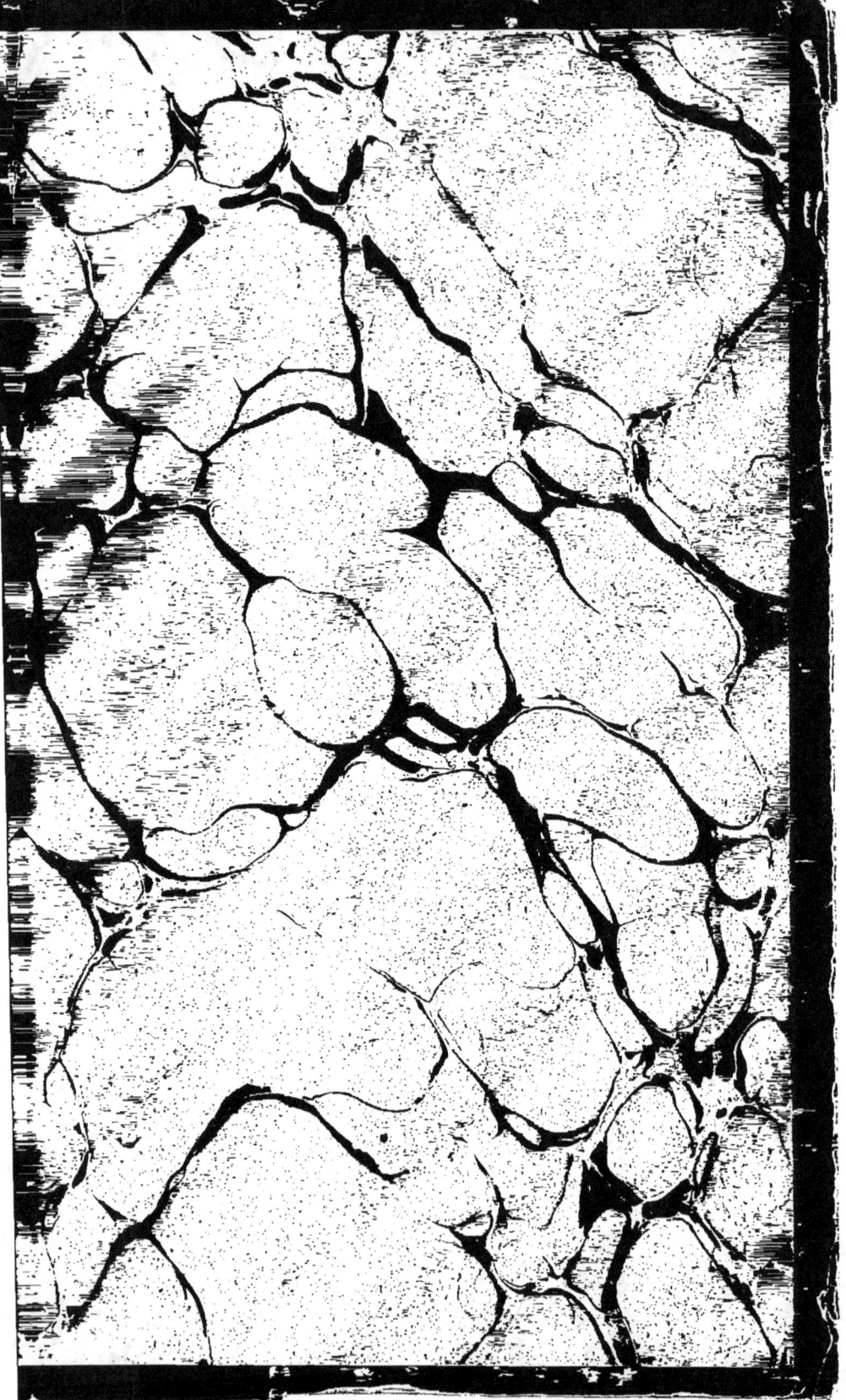

www.ingramcontent.com/pod-product-compliance
Lightning Source LLC
Chambersburg PA
CBHW070531230426
43665CB00014B/1650